ESG의 이해와 실천

이태호 지음

율곡출판사

들어가는 글

ESG 운동이 본격적으로 태동된 후로 ESG를 배우고자 하는 많은 학생들의 수요가 있었으나 ESG를 체계적으로 가르칠 교재를 찾기 어려웠다. 대학교에서 ESG의 이해와 실천을 강의하던 나에게도 같은 고민이 다가왔다. 한 학기 강의를 마치고 나니 어느 정도 자료가 축적되었고 교과서를 직접 한 번 써보자라는 생각을 하게 되었다. 그러한 생각의 결과물이 바로 이 책이다.

본서는 ESG를 배우는 학생들을 위한 교과서로 쓰여졌다. ESG란 말이 도입된 지 얼마 되지 않았기에 용어의 정의부터가 생소한 것이 사실이다. 그리고 아직 ESG가 무엇인지 학문적으로 정립되어 있지 않다. 따라서 시중에 나와 있는 ESG에 대한 책들 중 이론적인 바탕에서 체계적으로 쓰여진 교과서용 교재는 아직 없다. 본서는 이러한 사정에 맞추고 또한 필자가 실제로 대학교에서 ESG를 강의하기 위해 교재로 개발하였다. 따라서 용어의 정의로부터 시작하여 거의 모든 부분을 커버하려고 노력하였다. 순서대로 강의하면 한 학기의 ESG 개론서로서 충분하리라 생각된다.

무더운 여름날을 책과 씨름하면서 천학비재한 내가 이러한 과업을 해도 되는 걸까? 라는 생각이 들었지만 당장 가르칠 교과서가 필요하기에 후안무치하게도 이 책을 펴낸다. 저에게 경제학을 가르쳐 주신 정운찬 총장님,

그리고 지금은 하늘나라에 계신 풀러신학교의 Glen. H. Stassen 교수님께 감사를 드리고, 늘 책을 보고 있는 아버지와 남편을 이해해 준 아내 이근숙과 원영. 원경 두 딸에게도 감사를 보낸다.

많은 독자들의 질정과 격려가 있기를 바라며, 본서 중 잘못된 부분에 대한 책임은 온전히 저자에게 있음을 밝힌다.

2024년 2월 잠실에서

오산 이태호 씀

차례

〈그림 목차〉

〈표 목차〉

서론

CHAPTER 01

최근에 발생한 신림동 살인사건은 우리 사회가 얼마나 차별적인지 그리고 불평등한지를 단면적으로 보여주는 사건이다. 내가 불행하니까 남도 불행해져야 한다는 생각 자체를 할 수 있다는 것이 벌써 탈출구 없는 사회를 연상하게 해 준다. 피의자는 전과 3범에 소년범 송치횟수가 14회라고 하니 어떤 삶을 살아왔을지 짐작이 간다. 그리고 남을 죽여서라도 나의 한을 풀겠다는 그런 마음가짐을 볼 때 얼마나 절망적인 상황에 처해 있는지도 알 수 있다.

이 문제를 단순히 개인의 일탈로 볼 수 있을까? 필자의 생각으로는 이것은 질주하는 신자유주의 자본주의에서 낙오한 사람의 처절한 항변이라고 보인다. 왜 나만 불행해야 하는가?

한편 폭우와 폭염이 반복되는 날씨는 인류의 생존마저도 위협하는 상태가 되었다. 이러한 현상이 전 세계적으로 일어나는 것으로 보아서는 이것은 단순한 기후 문제가 아니라 지구온난화의 영향으로 보인다. 그러니까 시스템적인 위기이지 단순한 국지적 문제가 아니라는 것이다.

그렇다면 이러한 현상의 배후에 어떤 원인이 있을까? 이러한 부익부 빈익빈 현상과 기후변화에 의한 기상이변의 주인공은 바로 탐욕이다. 부에 대한 탐욕이 자산의 취득을 극한적으로 추구하게 만들며 지구의 자원을 탄소로 바꾸고 있는 것이다. 그래서 이러한 탐욕의 결과가 소수의 자산가와 다수의 빈곤계층을 만들며 억제되지 않은 탄소배출로 인하여 지구온난화를 가져오는 것이다.

그런데 이러한 탐욕의 추구는 지구의 정치 시스템이나 국제협력 등으로 막을 수 없다. 탐욕의 추구는 고도 성장의 추구를 가져오며 고도 성장을 추구하지 않는 정권의 몰락을 가져오기에 이 지상의 어느 정권도 지속가능한 성장을 추구하지 못한다. 지금까지 고도성장을 추구하지 않은 정권은 다 몰락하였다. 그러니 누가 정치적으로 고도성장을 막으려 할 수 있을까? 그래서 지구는 지금 파멸로 다가가고 있음에도 이를 막을 방법이 없다. 테슬라의 사주 엘런 머스크가 이야기하는 대로 화성으로 이주하는 것은 하나의 방법이 될 수 있다. 그러나 거기서도 고도성장을 추구하는 경제정책을 편다면 결과는 똑같을 것이다.

환경은 공공재이다. 그러니 공유지의 비극이 너무나도 잘 드러난다. 사람들은 내 것이 아니니 오염시켜도 된다고 생각한다. 그러나 이렇게 망가진 환경이 폭염으로 홍수로 태풍으로 다시 되돌아올 것이라는 것은 생각도 하지 못한다. 그저 고도성장을 추구하여 많은 재화를 소유하고 소비하면 만족하는 것이다.

이러한 문제의 근원은 인간의 탐욕뿐만 아니라 제도적인 문제도 있다. 바로 대중의 인기에 따라 정권이 좌우되는 포퓰리즘적 다수결 민주주의가 또한 문제의 근원이다. 탐욕에 물든 대중이 투표로서 정권을 선택하는 제도가 존재하는 한 대중의 선호를 부정하는 정권이 들어설 수 없는 것이다. 따라서 선거에서 경제를 살리겠다고, 즉 고도성장을 이룩하겠다는 정권이 득표를 해서 집권을 하는 것이다.

또한 육식문화도 문제이다. 지구는 지금 인간만 해도 만원이다. 지구가 80억 인구를 수용하는 것도 벅찬데 인간의 탐욕을 만족시키기 위하여 죽어가는 동물들은 인간보다 더 많다. 닭이 600억 마리라고 하니 정말 지구는 만원이다. 닭이 600억 마리인데 소 돼지 양은 도대체 몇 마리일까?

이러한 상황에 인간에게 구원의 길이 있다면 그것은 ESG 운동이다. 지구온난화를 막고 사회적 불평등을 해소하며 올바로 거버넌스를 구축하자는 이 ESG 운동은 지구의 멸망을 막아줄 대안적 방법이다. 그러나 보수 극우진영에서는 이 ESG를 진영논리로 생각하여 규제하려고 하며 계속해서 고도성장을 추구해야 한다고 주장한다. 이 또한 보수적인 유권자와 자신이 속한 주의 산업을 위한 행동으로 참으로 어리석은 일이 아닐 수 없다. 지구가 망가지고 나서도 경제성장이 있을까? 자신이 국회의원으로 활동할 지역이 있을까?

ESG 운동은 정파를 떠나 인류의 생존 문제가 걸려 있는 운동이다. 만약 지구 온도가 2050년까지 2.0c 이상 상승한다면 지구의 파멸이 시작될 것이다. 그럼에도 아직도 인류는 정신을 차리지 못하고 있다. 이것이 ESG를 배우고 공부해야 할 이유이다.

ESG의 정의와 현황

CHAPTER 02

ESG란 기업의 지속가능성을 평가하는 핵심지표로 환경(Environmental),사회(Social), 지배구조(Governance)로 구성되어 있다. 시작은 미국의 감리교도들이 알코올이나 담배를 만드는 회사의 주식을 사지 않는 운동으로부터 시작되었다고 할 수 있다. 본격적으로는 2006년 UN에서 제정한 책임투자 원칙 PRI(Principle of Responsible Investment)의 개념으로부터 ESG 운동이 시작했다고 볼 수 있다. 이것이 기업의 사회적책임(Corporate Social Responsibililty)으로 발전하였고 이 CSR을 체계적으로 구현한 것이 2010년 국제 표준화 기구의 ISO 26000인데 이것이 지구온난화에 따른 환경적 요소와 이해관계자 자본주의의 도입과 결합되어 나타난 것이 ESG 운동이다.

ESG라는 용어가 최초로 사용된 것은 UN 주도로 글로벌금융기관이 참여한 워킹그룹에서 2004년도에 발간한 "먼저 보살피는 자가 이긴다(Who cares wins 2004)"였다. 그러고 나서 UN 환경 프로그램(UN Environmental Program)에서 이 용어를 공식적으로 사용하면서, 널리 국제사회에 확산되기 시작했다. ESG 경영은 기업의 전반적인 경영 프로세스가 지속가능성 혹은 윤리적 영향력을 고려하는 경영이다. 환경 요소에는 쓰레기 배출, 환경오염, 자원 고갈, 온실효과, 기후변화, 산림 파괴, 생물다양성 등이 포함되고, 사회 요소에는 취약계층의 고용, 직장 내 다양성과 포용성, 근무환경, 지역사회 공헌, 근로자의 건강과 안전 등이 있으며, 지배구조 요소에는 주주, 이사회의 역할, 임원 보수, 부정부패, 성실 납세 등이 있다. ESG는 기존에 존재하던 다른 개념들과 비교를 해보면 더욱 확실히 이해할 수 있다. 그 개념들은 기업의 사회적 책임(Corporate Social Responsibility), 지속가능성(Sustainability), 공유가치 창출(Creating Shared Value), 기업의 책임경영(RBC, Responsible Business Conduct)이다.

먼저 기업의 사회적 책임(CSR)은 호워드 보웬(Howard Bowen)이 1979년에 제안을 했다, 기업가들이 우리 사회의 목적과 가치에 알맞은 의사 결정을 한 뒤, 이를 사회에 바람직한 방향으로 행동에 옮기는 의무를 말한다. 이는 기업이 본업을 통해 수익을 쌓은 뒤, 이 수익을 사회에 기여하는 것으로, 자선적, 기부적, 사후적 의미가 짙은 개념이다. 이에 비해 ESG는 기업이 가져야 할 바람직한 태도와 의무를 의미하지만 본업을 수행하는 과정에서 이루어지기 때문에 기업의 본업과의 연관성이 더욱 깊다고 볼 수 있다. 그러므로 ESG의 개념이 CSR보다 더 포괄적이라고 할 수 있다.[1)]

1. ESG 경영

ESG 경영이란 기업이 지속가능한 성장을 위해 경제적 수익성뿐만 아니라, 사회적 책임, 환경적인 위험요소를 고려하여 지속적으로 기업가치를 높여 나가는 경영활동을 해야 한다는 것을 의미한다. 현재의 경영환경은 ESG 관련 규제가 증가하고 있다. 유럽기후법, 탄소국경조정제도, 플라스틱 규제, 공급망관리, 인권 관리 등이 새롭게 정의되고 있다. 또한 ESG 관련 투자 확대가 일어나고 있다. 금융권의 관심 증대와 ESG 관련 분야의 자금 유입이 일어나고 있다. ESG 기업공시의 증가가 일어나고 있다. ESG기업 공시 가이드라인 및 공시의무 규정도 제정되고 있으며 기업 인수·합병 시 고려사항 중에서도 ESG는 중요한 요소가 되고 있다. 한마디로 ESG 경영은 "ESG 관점에서 기업 비전 및 목표를 설정하고 목표 달성을 위한 전략/과제/실행체계를 구축해 일관되게 추진하는 것"이다.

2. ESG 투자

ESG 투자는 책임투자라고도 하는데 책임투자(Responsible Investment)시장은 급격한 성장을 이루고 있다. 2020년 기준, 전 세계 책임투자 규모는 약 35조 3억 달

1) 이태호, 공공기관 ESG 경영의 현황와 해외사례연구. 대외경제연구원, 2022.

러인데 2020년 미국과 유럽이 전 세계 ESG 투자시장의 80%를 차지하고 있다. 미국이 17조 달러이고 유럽 12조 달러이다. 한국 책임투자 시장 규모는 약 27조 원이며, 이 중 국민연금이 차지하는 비중은 절대적인 수준이다.

한편 기관투자자들의 ESG 투자는 급증하고 있다.[2] 유엔의 ESG 투자기구인 UN PRI에 2,400여 개의 주요 기관투자자들이 가입을 하고 있다. 전체 투자 중에서 지배구조에 대한 투자가 82%이고 환경에 대한 투자가 13%이며 사회부문에 관련된 투자는 5%이다.[3]

〈그림 1〉 ESG의 흐름

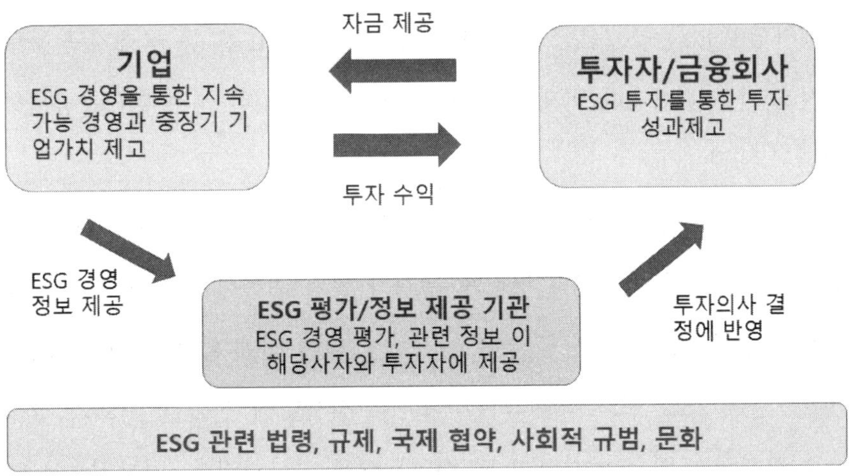

결국 ESG 경영과 ESG 투자는 선순환체계를 구축하고 있는데 기업은 ESG 경영을 통하여 지속가능경영과 중장기 기업가치 제고를 추구하고 이것이 ESG 투자의 수익률 제고로 이루어져 기업의 자본이 조달되고 있다.

2) 보편적 투자자(Universal investor)란 다양한 자산군에 대해 광범위한 분산투자 포트폴리오를 보유한 장기 투자자로서의 대형 기관투자자를 포함한 개념이다. 국내뿐만 아니라 해외 자산에 대해서도 광범위하게 분산투자를 시행하고 있어 결과적으로 이들의 포트폴리오의 성과는 전 세계 경제의 성과, 즉 성장과 발전과 밀접한 상관관계를 지니고 있다. 이들은 외부효과의 내재화를 통해 장기적인 투자성과의 제고를 추구하고 있는 투자자이다.

3) 권재열, 김정수 *Esg레볼루션* : 캐피털북스, 2022., p33

3. ESG 경영과 투자를 해야 하는 이유

최근 트렌드는 기업의 사회적 책임에 대한 시장의 인식이 개선되고 있다는 점이다. 사회적 책임경영 회사의 제품 서비스를 구매하기 위한 비용을 더 지불할 의향이 있는가에 대한 질문에 66%가 긍정적으로 답변을 했다. 이 비율은 이른바 MZ 세대의 경우 72%로 올라간다. 따라서 시장에서도 이제는 ESG 경영을 하는 회사의 제품인가 아닌가가 중요한 이슈가 된다. ESG의 추세는 이제 Global 공급망까지 영향을 미치고 있어 이 글로벌 공급망에 들어가기 위해서는 ESG 경영을 해야만 한다. 독일을 필두로 유럽연합은 공급망에 대한 ESG 실사를 의무화하는 법안을 통과시켜 독일은 이미 시행하였고 EU는 2024년 1월부터 시행한다. 또한 IFRS 등 국제기구 등도 기업의 재무적 평가뿐만 아니라 비재무적 성과인 ESG를 고려한 제무제표를 공시하는 제도를 만들고 있다.

또한 기업 명성 및 브랜드 가치 제고를 위해 ESG 경영이 필요하다. 요즘 ESG 경영에서 문제가 생기면 기업의 평판에 문제가 생겨 회복하기 힘들다. 그리고 ESG는 새로운 사업기회를 제공해 준다. ESG가 도입되며 전에 없었던 사업기회들이 생긴다. 예를 들어 ESG 친화기업이라는 이유로 신사업에 진출할 기회가 발생한다. 또한 ESG 경영의 도입은 위기관리 및 대응능력을 향상시킨다. 기본적으로 ESG 경영을 하는 회사의 경우 금융위기 같은 상황에서도 주가하락률이 낮았다는 연구결과가 있다. 또한 ESG 경영은 우수인력을 확보하는 데 도움이 된다. 젊은 세대들은 ESG 적으로 평판이 좋은 회사에 취업하기를 원한다. 그리고 ESG 경영을 하게 되면 지역사회와의 협력이 강화되고 또한 정부지원 및 정치적 자원 확보하기도 용이하다.

ESG 경영을 해야 하는 또 하나의 이유는 ESG 경영을 하지 않아서 발생한 리스크 사례 때문이다. 우선 환경 측면에서 보면 영국의 석유회사인 British Petroleum Company는 2010년 대규모 원유 유출사고로 인한 큰 손실을 보았다. 그리고 엑슨

모빌의 경우 탈 CO^2정책에 대한 대응 부족으로 주가가 하락했으며 2019년 S&P 500에서 탈락하였다.[4] 또한 테슬라의 경우 적자에서 흑자로 전환하게 된 계기는 탄소배출권 거래이다.[5]

사회부문에서는 2018년 페이스북의 고객정보 유출로 인한 페이스북의 주가가 하락하였으며 경영진의 여성비하 논란이 발생한 한국콜마의 경우 주가가 4.9% 하락하였다. 또한 제3세계 노동착취로 비난을 받은 NIKE의 매출과 주가도 폭락하였으며 스타벅스의 경우 인종차별 관련한 이슈가 불거지면서 주가가 영향을 받았다.[6]

지배구조 이슈를 보면 2014년의 폭스바겐의 배기가스 소프트웨어 조작은 독일자동차 전반에 대한 의구심을 가져다 주었으며, 명성 추락과 판매 손실을 가져왔다. 국내 남양유업의 대리점 갑질 이슈도 소비자 불매운동으로 매출을 하락시켰는데 이 기업은 전근대적인 지배구조를 가지고 있다. 또한 영국 건설업체인 카릴리언의 파산의 원인은 경영진의 무리한 보너스 지급과 이를 견제하지 못한 이사회의 내부정보감독과 사후조치 부실운영이 원인인데 이 또한 지배구조의 문제에 기인한다. 카릴리언의 파산에는 4대 회계법인의 부실감사도 원인이었다.[7]

또한 ESG 요소를 잘 활용하는 회사는 장기적인 이익을 창출하는 데 유리하고 주가도 상승된다. 따라서 장기적인 관점에서 ESG 경영을 하는 것은 기업의 경영의 측면에서도 이익이 된다.[8]

---

4) https://twitter.com/charliebilello/status/1167815691866501122
5) http://autotimes.hankyung.com/apps/news.sub_view?nkey=202110280645451 2023년 7월 20일 검색
6) https://www.ohmynews.com/NWS_Web/Series/series_premium_pg.aspx?CNTN_CD=A0002848914
7) http://m.naeil.com/m_news_view.php?id_art=264756, 2023년 7월 20일 검색
8) 이나겸 · 임수영, ESG + SDGs, 미디어한강, 2022, p176,

4. 최근 ESG 동향

이러한 ESG 운동은 주로 서구권에서 시작하였고 그동안은 주로 유럽이 ESG 관련 정책을 선도해왔다. 트럼프 행정부하에서 미국은 소극적으로 정책을 펴고 있었으나 바이든 행정부의 출범 이후 미국과 중국도 정책기조를 전환해 ESG 정책에 적극적인 모습이다. 미국은 청정에너지·인프라 계획' 발표하고 중국은 2060 탄소중립 선언을 하였다.

또한 민간 투자시장뿐 아니라 공공부문에서도 ESG에 대한 관심이 확대되고 있다. 미국의 바이든 행정부는 트럼프 행정부와 차별화되는 기후변화에 대한 내용으로 제1호 행정명령을 발표하였다. 기후변화의 물리적인 위험을 파악하고 관리하며 신재생에너지 성장을 경제 부양책으로 제시하는 것을 시작으로, 다른 행정명령을 통해 미국의 금융 안보를 수호하기 위한 새로운 전략에 관한 내용을 발표하였다. 미국 행정부는 기후변화로 인한 재정 손실을 완화하는 방안이 필요하기 때문에 민간부문뿐 아니라 공공부문까지 규제정책을 마련하여 중장기적으로 이에 대비하도록 지시하였다.[9)]

기후변화에 대처하는 파리협정의 기본 틀 위에서 최근에 가장 부각되고 있는 것이 바로 'RE100' 캠페인이다. 이는 민간기업들 차원의 자발적 운동으로, 기업의 전력 사용의 100%를 풍력, 태양광 등의 신재생에너지(Renewable Energy)로 조달하겠다는 것이다. 비영리 단체인 더 클라이밋 그룹(The Climate Group)이 2014년 시작한 이래로, 구글, 애플, 마이크로소프트, 이케아 등 전 세계 367개 기업이 가입했고 점차 세력이 확대되고 있다.[10)] 한국에서는 2022년 4월 현재 SK의 8개사(SK주식회사, SK텔레콤, SK하이닉스, SKC, SK실트론, SK머티리얼즈, SK브로드밴드, SK아이이디

---

9) The White House, "Executive Order On Advancing Racial Equity and Support for Underserved Communities Through the Federal Government" 2021.

10) 2022년 4월 기준임.

테크놀로지)가 국내 최초로 가입했고, 현재 RE100 기준을 준수하기 위해 노력 중이나 가입업체 수는 아직 많지 않다.

이러한 기업 차원의 노력 외에, 정부 차원에서도 넷제로(Net-Zero) 선언이 이어지고 있다. 넷제로는 온실가스의 배출량과 제거량을 서로 상쇄시켜, 순배출량을 제로(Zero)로 만들겠다는 구상이다. 이를 위해 UN은 2020년 말까지 각 나라에 2050 장기 저탄소 발전전략(LEDS, Long-term Low Greenhouse Gas Emission Development Strategies)을 제출할 것을 권고했고, 유럽연합(EU)는 2019년 12월 세계 최초로 넷제로를 선언했다. 이렇듯 기후변화를 막기 위한 인류의 노력들이 전 세계적으로 합의점을 찾아감에 따라, ESG는 이런 노력들을 측정, 평가, 관리하기 위한 수단으로서 최근 관심이 급증하고 있다.[11)]

2015년 유엔총회는 2016년부터 2030년까지 시행될 17개의 주된 목표와 169개의 세부목표가 담긴 '지속가능성발전목표(SDGs, Sustainable Development Goals)'를 채택하여 환경 · 경제 · 사회적 지속가능성을 모두 포함하는 유엔과 국제사회의 공동목표를 설정하였다. 전 세계 UN의 회원국들이 준수해야 하는 의무를 지닌 목표가 생긴 것이다.

한편 ESG 운동은 블랙록(Black Rock)을 비롯한 글로벌 투자회사들이 투자 포트폴리오를 구성할 때 기후변화와 지속가능성을 최우선 순위로 지정하면서부터 활성화되었다. 펀드 매니저들이 적극적으로 운용전략을 짜면서 ESG 요소를 투자 팩터로 고려하는 액티브 펀드를 결성하고 또한 경영진이 SASB와 TCFD를 반영한 보고서를 제공하지 않는 경우 운용사가 그 회사의 경영진에 반대하는 주주권 행사에 나섰다. 또한 비즈니스 모델에 기후 위험에 대한 부분을 미반영한 기업 244개 명단을 공개하고, 볼보(Volvo)에 대해서는 ESG 공시가 미비하다는 이유로 이사회 의장의 연임을 반대하는 등 적극적인 주주권 행사에 나섰다. 또한 여성 이사가 2명 미만인 기업에

11) 나석권, Ibid.

게는 투자를 중단한다는 계획도 시행하고 있다.

일반기업들도 이러한 흐름에 동참하고 있다. 애플은 공급업체가 부품을 만들 때 재생에너지로 제조할 것을 요구하고 있어서 세계 110개 이상의 애플사 협력업체가 100% 재생에너지로 제품을 생산하고 있다.[12] 그리고 애플은 '청정에너지 포털'이라는 프로그램을 운영하여 협력업체의 청정에너지와 관련된 부분을 관리 중이다.

또한 테슬라(Tesla)는 배터리 원료인 코발트를 채굴하는 과정에서 아동 노동 착취와 환경오염 문제가 있음을 인지했음에도 이를 방조했다는 이유로 국제권리변호사회(International Rights Advocates)로부터 2019년에 피소당하고 나서 '2019 임팩트 보고서'를 통해 코발트를 사용하지 않는 배터리 개발 계획을 발표하였다. 배터리에 니켈 함유량을 높이는 반면 코발트의 양을 감소시켜서 코발트 프리 배터리를 지향하고 있다. 그리고 맥도날드도 2025년까지 고위 직급에 여성 비중을 37%에서 45%로, 소수집단 비중을 29%에서 35%로 높일 예정이며 다양성 성과 목표와 임원 상여금을 연계하고 있다.

한편 감독당국도 적극적인 ESG 공시를 추진하고 있다. 미국의 증권거래위원회(SEC)는 사업보고서(10-K))에 기후 공시를 포함해서 제출해야 할지 검토 중이고 여기에 양적공시와 질적공시를 모두 고려하는 것으로 알려지고 있다.[13] 나스닥은 상장회사들이 이사진 다양성을 높이도록 의무화하는 제안서를 증권거래위원회(SEC)에 제출하였다. 증권거래위원회가 이를 승인할 경우 나스닥에 상장된 대부분의 기업들은 소수계층에서 최소 2명의 이사를 선임해야 하는데 1명은 여성이고 1명은 소수인종이나 성소수자(LGBT)여야 한다.[14]

---

12) 2021. 4월 기준

13) 양적공시는 온실가스 배출량 지표, 기후변화의 재무적 영향, 기후 관련 목표 진척사항 등이고 질적공시는 기업 최고 경영진에서 기후 관련 위험과 기후 관리방식과 관련 요소들이 기업 전략에 어떤 영향을 미치는지에 관해 주요 질문에 답하는 형태이다.

14) 코트라. 해외기업의 ESG 대응, 2021.

극심한 기후변화와 코로나 팬데믹으로 인해 지속가능한 사회로의 전환은 최우선의 과제로 선정되고 있다. 이로 인해 전 세계가 국가적 정책기조로 넷제로(Net-Zero), 탄소중립을 표방하며 탄소중립사회로 전환하기 위한 다양한 노력을 하고 있다. 탄소배출량을 규제하는 정책을 곳곳에 도입하고 있다. 예컨대 탄소국경조정세, 배출권거래제도 등 탄소배출량과 기업의 이익을 연계시키는 방안이 점차 확산되고 있으며, 이에 따라 기업의 친환경, 사회적 책임과 지배구조 개선 등의 정책은 궁극적으로 기업의 재무적인 비용과 연계되어 수익률에 영향을 미치고 있다. 이러한 세계적 흐름에 따라 국내 ESG 논의 또한 기존 연기금 위주의 책임투자에서 기업 지배구조와 지속가능경영 공시로 확대되고 있는 추세이다.[15]

우리나라에서 ESG 책임투자 논의는 2016년 스튜어드십 코드 제정을 계기로 본격화 되었다. 2018년에 국민연금이 스튜어드십 코드를 채택하고 2019년에는 지속가능성 중심의 ESG 요소를 고려하는 방향으로 기금운용 원칙을 개정하였다. 또한 2019년부터 유가증권시장 상장법인을 대상으로 지배구조보고서가 의무화되었으며, 이것은 2022년부터 자산총액 1조 원 이상 기업에게는 의무화되었다.

기업의 ESG 정보공개를 활성화하기 위하여 가이드라인의 성격의 지표로 한국거래소가 'ESG 정보 공개 가이던스'에서 권고지표를 제시하였으며 산업통상자원부와 한국생산성본부 전문가 등이 개발한 K-ESG 지표가 발표되었다. 한국거래소의 가이드라인은 국내 금융당국의 ESG 책임 투자 기반 조성의 일환으로 기업의 지속가능경영 보고서 자율공시를 활성화하기 위해 제시되었으며, 다양한 정보공개 표준과 이니셔티브가 제시하는 지표 중 핵심적이고 공통적인 지표들을 종합하여 제시하고 있다.[16]

한국거래소의 가이드라인은 정보를 공개할 때 어떠한 정보를 공개해야 할지 혼란이 있는 상황에서 반드시 고려해야 할 핵심적인 지표를 제시했다는 데에 의의가

---

15) 금융위원회 "기업 부담은 줄이고, 투자자 보호를 강화하기 위한 기업공시제도 개선방안을 추진하겠습니다." 2021.
16) 한국거래소, 2021.

있으나, 각 기업의 특성과 그에 따른 중요성(materiality)에 따라 선택할 수 있는 다양한 지표를 제시하지는 않아서 한계를 보이고 있다.

산업통상자원부를 중심으로 개발하고 있는 K-ESG 지표는「산업발전법」 제18조 제1항에 의거하여 마련하고 있는 지표로, 2020년 4월부터 개발되어 2021년 12월 최종 지표가 발표되었다. K-ESG 지표에는 환경부문에 환경경영 정책, 환경경영 성과, 환경경영 검증, 법규준수로 분류되는 총 14개의 문항이 포함되어 있으며, 대표 문항으로 '재생에너지 사용량', '온실가스 배출량 집약도(매출액 기준)'가 포함되고 있어 한국거래소가 제시한 권고지표의 환경(E)부문 지표 9개보다 더 많은 문항으로 구성되어 있으나 GRI 표준의 환경(GRI 300)부문 32개 지표에 비해 절반 정도의 수준이다.

한편 한국의 ESG 평가기관인 한국 ESG기준원은 2021년 8월 기존의 ESG 모범규준을 개정하고, ESG 평가를 위한 개선방안을 제시하고 있는데, 개정된 모범규준은 환경(E)지표를 강화 및 구체화하고 있으며, 특히 기후변화 대응을 위해 탄소 위험을 측정하여 관리하도록 권고하고 있다.[17] 특히 탄소세, 배출권거래제, 크레딧(Crediting)메커니즘, 결과기반 기후금융(RBCF, Results-Based Climate Finance)과 탄소내부가격 등 다섯 가지 유형의 탄소가격을 제공하고 저탄소, 탈탄소사회로의 전환에 있어 기업에게 위기로 다가올 수 있는 위험을 관리하기 위하여 각 기업에 맞는 적합한 유형의 탄소가격을 선택·도입할 수 있도록 하고 있다.[18] 또한 기후변화와 관련하여 위험요인(각종 규제 및 정책 등)과 기회요인(저탄소 제품 및 서비스 개발 및 확대, 기후변화 적응대책과 상품개발 등)을 파악할 수 있도록 가이드라인을 제공하고 있다.

---

17) 한국기업지배구조원은 외환위기 이후 기업의 지속가능경영을 선도하고 자본시장 발전을 제고하기 위해 기업지배구조모범규준을 마련(1999. 9.)하고 이후 환경경영모범규준(2010. 12)과 사회책임경영모범규준 (2010. 12)을 차례로 제정하여 ESG 평가를 위한 기준을 제공해왔으며, 2015년부터는 국민연금 의안 분석을 위한 자문기관으로 선정되어 의결권 행사에 자문을 제공하고 있다. 최근 ESG 기준원으로 명칭을 변경하였다.

18) 한국기업지배구조원, 2020, ESG 모범규준.

우리나라에서 지속가능성이 법제화된 것은 2008년으로, 우리나라는 2008년 「지속가능발전 기본법」을 시행하면서 '브룬트란트 보고서'에서 언급된 표현을 인용하여 제2조에 '지속가능성'을 정의하고 지속가능성을 "현재 세대의 필요를 충족시키기 위하여 미래 세대가 사용할 경제 · 사회 · 환경 등의 자원을 낭비하거나 여건을 저하(低下)시키지 아니하고 서로 조화와 균형을 이루는 것"이라고 하였다. 2010년 「저탄소 녹색성장 기본법」이 제정되면서 지속가능한 발전을 위한 기본법의 지위가 「지속가능발전 기본법」에서 녹색성장기본법으로 옮겨가고 「지속가능발전 기본법」은 「지속가능발전법」으로 명칭이 변경되어 지금에 이르고 있다.[19)]

극심한 기후변화와 코로나 팬데믹으로 인해 지속가능한 사회로의 전환은 최우선의 과제로 선정되고 있으며, 이로 인해 '지속가능성'은 사회 전반에서 가장 중요한 기준으로 작용하고 있는 상황 속에서 전 세계가 국가적 정책기조로 넷제로(Net-Zero), 탄소중립을 표방하며 탄소중립사회로 전환하기 위한 다양한 노력을 하고 있으며, 탄소배출량을 규제하는 정책을 곳곳에 도입하고 있다. 예컨대 탄소국경조정세, 배출권 거래제도등 탄소배출량과 기업의 이익을 연계시키는 방안이 점차 확산되고 있으며, 이에 부합하는 기업의 친환경, 사회적 책임과 지배구조 개선 등 궁극적으로 기업의 재무적인 비용과 연계되어 수익률에 영향을 미치는 구조로 변하고 있다. 이러한 세계적 흐름에 따라 국내 ESG 논의 또한 기존 연기금 위주의 책임투자에서 기업 지배구조와 지속가능경영 공시로 확대되고 있는 추세이다.

우리나라에서 ESG 책임투자 논의는 2016년 스튜어드십 코드 제정을 계기로 본격화된 이래 2018년 국민연금 스튜어드십 코드 채택, 2019년 지속가능성 중심의 ESG 요소를 고려하는 방향으로의 기금운용 원칙 개정 등으로 이어졌다. 또한 2019년부터 유가증권시장 상장법인을 대상으로 지배구조보고서가 의무화되었으며, 이것은 올해부터 자산총액 1조원 이상 기업에게는 의무화되었다. 2021년 기업공시제도

---

19) 한민지, ESG체제에 따른 유럽연합의 대응과 동향. 법과 기업연구 11권 제2호, 2021, 28.

종합 개선방안으로 ESG 책임투자 활성화를 위한 제도적 기반 조성 차원의 ESG 정보 공개 가이던스제공, 지속가능경영 보고서 단계적 의무화 추진 등이 포함되었다.

Covid-19 사태를 경험하면서 ESG의 중요성은 더욱 부각되었다. MSCI의 ESG 관련 지수가 '20년 1사분기 동안 MSCI의 선진국 지수 대비 높은 성과를 보여주고 있다. 예상치 못한 위기상황(Black Swan)에서 기업들의 회복탄력성(resilience)을 높이는데 ESG가 중요하게 작용하고 있는 것이다. 포스트 팬데믹시대에는 환경보호, 공급망관리, 직원안전 등 ESG 이슈에 대한 관심은 더욱 높아질 전망이다.[20]

〈그림 2〉 MSCI 선진국(ACWI)지수 대비 MSCI ESG 관련 지수 수익률 비교

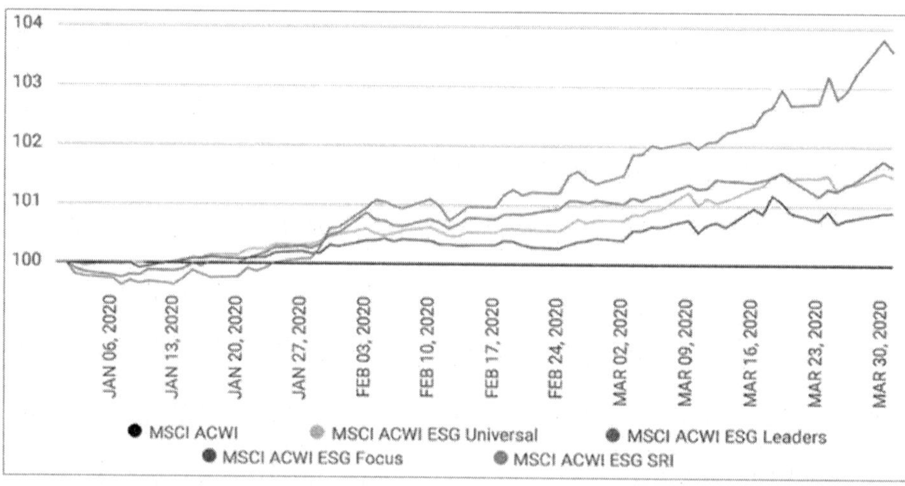

기업의 사회적 책임(CSR)의 중요성에 대한 인식이 제고됨에 따라 기업의 이윤과 사회적 책임을 동반자적 상호관계로 인식하게 되었고 ESG가 기업의 장기적 생존과 이익을 보장한다는 점에서 ESG에 대한 긍정적 인식이 확산되고 있다. 심지어 미국의 대기업 CEO들은 기업의 목적으로 "포용적 번영"을 강조하고 있다.[21] 기업의 목적이 주주이익 극대화에서 모든 이해관계자의 번영 극대화로 기업의 목적이 변화한

20) 블랙스완이란 아무도 예측못한 이례적인 사건을 의미한다.
21) The New York Times, 2019.8.19

것이다.

예를 들어 다국적 제약회사 Merck는 에볼라를 퇴치하기 위하여 이윤이 감소하는 것을 감수하였다. 자라(Zara) 등의 기업은 보다 더 안전한 사업장에서 제품을 생산하기 시작한 이후 7%의 매출 증대를 가져왔다. 또한 페이팔(Paypal)은 금융권에 접근하기 어려운 계층에게 대출을 증가시켰는데 2015년부터 2020년까지 150,000개의 중소기업 비즈니스에 50억 달러를 대출해 주었다.

국민연금이 투자대상기업의 ESG 요소를 점검하고 관리하겠다고 밝히면서 기업들이 ESG 요소에 대한 관리를 강화할 필요성이 확대되고 있다. ESG 등급이 2등급 이상 하락해 'C' 등급 이하에 해당하거나, ESG 관련 예상하지 못한 기업가치 하락이 발생한 기업을 중점관리 대상으로 선정하도록 국민연금은 지침을 개정하였다. 그리고 2022년까지 자산의 50%를 ESG 기업에 투자한다고 국민연금은 발표했다.[22) 국내 주요 기업들도 전사 차원에서 ESG 개선 활동을 추진하고 있다. SK, 롯데, 두산, 현대차 등은 임원의 핵심성과지표(KPI)에 ESG 성과를 반영하였고 자발적으로 CSR 관련 위원회를 이사회 내 설치하는 기업의 수도 증가하고 있다.

이처럼 기업들이 ESG에 공들이는 이유는 ESG 평가가 낮으면 투자유치는 꿈도 꾸지 못하고 위기시 주가 방어에 유리하며 환경문제에 달라진 인식으로 인하여 그리고 평판의 중요성 때문이다. 그리고 가치 소비 MZ 세대의 등장으로 기업의 소비가 ESG의 실천 여부에 달려 있기 때문이다. 예를 들어 해외투자를 유치하기 위해 삼성물산은 석탄산업으로부터 철수하였고 한화는 분산탄 사업부문을 분리하였다. 그리고 LG화학, SK하이닉스 등은 화학물질 유출사고 후 주가가 하락하였다. 그리고 오뚜기와 쿠팡에 대한 이중적인 태도를 보았을 때 평판의 중요성을 알 수 있다.[23)]

22) 권재열, 김정수 *Esg레볼루션* : 캐피털북스, 2022. 49

23) 매경이코노미 2021년 1월 6일

이제 ESG 경영은 일부의 전략이 아닌 기업의 필수 경영방침으로 자리를 매기고 있다. 투자자의 신뢰를 회복하고 자본시장 활성화를 통한 자본조달 비용을 감소시키고 상장실익을 제고 하기 위하여, 또한 위험관리를 위하여 명성가치를 제고하고 지속가능성장을 견인하기 위하여, 환경경영을 구축하고 적극적인 기업의 사회적 책임을 추구하며 건전한 기업지배구조를 구축하는 지속가능경영, 즉 ESG 경영에 적극적으로 나설 필요가 있다.

ESG 경영은 주주 중심에서 이해관계자 모두를 고려하는 경영전략과 방침으로의 전환이다. 하지만 이해관계자 모두를 만족시키는 경영은 존재하기 어렵다. 기업의 특성과 상황에 고려하여 적절한 선택과 집중이 필요하며 기업의 경영의사결정에 있어 본질적으로 이해당사자 간의 이해상충이 존재한다. 이를 인지하고 이에 대한 조정 과정이 ESG 경영의 중요한 부분이다.

그런데 이러한 ESG 경영은 문제점도 가지고 있다. 이른바 ESG 윈도우 드레싱이 문제이다. ESG가 금융 위기 이후 대기업 특히 대형 금융기관에 대한 비판을 피하기 위한 임시 방편으로 제시된 것이거나 경영 성과와 투자 성과 부진에 대한 변명으로 제시된 것이라는 견해가 있다. 왜냐하면 기업들이 ESG 경영을 지향하고 기관투자자들이 ESG 투자를 통한 기업의 ESG 경영을 유도한다고 하지만 그 성과는 미미하기 때문이다.

예를 들어 미국의 자산운용사인 블랙록이 기후변화에 대한 투표율이 낮아지는 것에 대하여 비판했지만 영국의 신문 파이낸셜 타임즈의 보도에 따르면 2020년 블랙록의 환경 관련 주주제안에 대한 찬성률이 전년도 8%에 미치지 못하는 6%라는 것이다. 또한 지속가능경영을 선포했던 비즈니스 라운드 테이블의 참석기업 중 상당수가 코로나 위기 과정에서 종업원을 대량 해고 한 사실이 드러나 이들의 ESG 추구의 진정성이 의심받고 있다.

또한 ESG의 문제점은 표준화된 ESG 보고 체계의 부재이다. GRI, TCFD, SASB 등 다양한 보고 방식이 공존하여 달러 경영 성과를 알리고 투자자들이 기업의 ESG

경영을 파악하는 데 어려움이 있다. WEF(World Economics Forum), IFRS재단 등이 표준화 작업을 시작하였으나 시간이 걸릴 것으로 보인다. 또한 ESG 평가 기관별로 상이한 평가 기준이 문제이다. 국가별, 산업별 차이를 반영한 일관된 평가 기준의 마련이 필요하다.

ESG 경영을 위해 단순한 ESG 평가등급의 관리만으로는 부족하다. 평가등급의 관리는 ESG 경영 자체를 왜곡할 수 있다. ESG 평가등급은 ESG 경영이 실질적인 성과를 거두기 위한 필요조건이다. 왜냐하면 등급은 ESG 경영을 위한 체제가 갖추었는지에 대한 형식 요건이 다수 포함되므로 단순한 형식요건의 충족은 실질적인 ESG 경영의 성과는 아니기 때문이다.

기업이 ESG 경영전략의 수립과 실행을 하려면 기업 본연의 업무에 부합한 ESG 경영 전략을 수립해야 하는데 그것은 기업가치와 밀접한 연관관계를 지닌 사회, 환경적 요인(materiality)을 파악하고 기업이 속한 산업, 사회 경제적 환경을 고려해야 한다. 또 자사만의 ESG 철학이 필요하며 자사의 고유한 기업 문화가 확립되어야 한다.

ESG 전략목표수립은 기업이 사회, 환경에 미치는 영향을 분석하고 이해관계자를 만나고 사회적 영향 및 이해관계자 수요에 따른 주요 이슈를 확인하여 ESG 경영의 목표를 설정하고 각 ESG 경영 분야에 따른 리스크 측정, 전사적 ESG 경영 추진 계획 수립을 하는 것을 의미한다.

또한 전략과제 설정과 조직 정비는 경영진의 의지 표명과 ESG 경영의 전략에 따른 구체적일 실행 과제 설정및 관련 조직 정비, ESG 경영 성과평가와 보상체제확립, 경영진의 사업 내 ESG 리스크 파악을 통한 전략과 방침 설정, 이해관계자와의 쌍방향 소통 절차 수립으로 이루어져 있다.

또한 정보 공개와 소통은 이해관계자 및 ESG 각 분야의 중요성 평가, 각 이해관계자에게 필요한 성과 정보 산출 : GRI, SASB, TFCD 등 글로벌 보고 기준을 참고하여 보고 체계를 갖추는 것을 의미한다. 또한 내부조직의 검증 혹은 제3자 검증을 거쳐서 정보공개를 하며 각 ESG 분야의 이행체계에 따른 모니터링, 개선점을 도출한다.

그리고 강조해야 할 점은 이사회 중심의 ESG 이슈 관리가 이루어져야 한다는 것이다. ESG 이슈가 지속적이고 체계적으로 관리되기 위해서는 지배구조의 정립이 최우선 과제이다. ESG 이슈는 기업 내 최고 의사결정기구인 이사회에서 다루어져야 한다. 이를 위해서는 주주권익보호, 이사회의 구성과 역할, 감사, 공시 등 지배구조 전반의 체계적인 정립이 필요하다. 실무조직에서 ESG를 관리하는 경우, 전사 차원에서 호응을 이끌어내는 데 한계가 있기 때문이다. 또한 회사의 잠재적 ESG 위험요인을 선별하고, 이를 기반으로 체크리스트를 마련하여 이사회에서 정기적으로 개선사항을 점검하여야 한다. 적극적인 IR 활동을 통해 주요 주주와의 소통을 강화해야 하는데 CEO, CFO, 사외이사 등이 주요 주주와의 소통에 직접 참여함으로써, 주주들의 요구(Needs)를 파악하고 의사결정 시 고려해야 한다. 또 정기적인 소통을 통해 회사의 비전, 경영계획, ESG 개선 노력 등을 주기적으로 제시함으로써 회사에 대한 신뢰 형성이 이루어져야 한다.

최근 우크라이나 전쟁으로 인하여 ESG의 추진이 영향을 받고 있다. 우크라이나 전쟁의 여파로 천연가스의 가격이 급등하고 난방수요의 충족이 위협을 받자 원전의 필요성이 제기되는 등 ESG 에 대한 회의적인 시각도 나타나고 있다. 또한 미국의 경우 보수적인 주정부들이 ESG 투자를 시행하는 운용사에서 예치된 자금을 인출하는 등 반 ESG 운동이 나타나고 있다. 하지만 장기적인 관점에서 보면 ESG는 기후변화와 소득불평등에 대응하는 필수적인 수단이기에 이러한 반대나 어려움에도 불구하고 지속적으로 추진될 것이다.

ESG 운동이 본격적으로 추진되고 있는 와중에 의문점이 드는 것은 ESG 운동의 이론적인 바탕이 무엇인가 하는 점이다. 전 지구적인 환경위기와 전 세계적인 소득불평등의 문제, 그리고 주주중심주의 기업지배구조 문제를 해결하기 위한 수단으로 ESG 운동이 대두되고 있지만 정치한 이론적인 배경 속에서 이러한 문제가 다루어지고 있지 않다.

왜 환경을 보호해야 하고 어떻게 하면 환경이 보존될 수 있는지 그리고 왜 소득 불평등이 발생하였으며 어떻게 하면 이것을 치유할 수 있는지 왜 주주중심주의가 문제가 있고 어떻게 하면 이 문제를 해결할 수 있는지 이론적인 설명은 찾기 힘들다. 현상을 관찰하고 거기에 대한 즉각적인 대응책을 제시할 뿐 이론적인 분석과 처방이 부재한 것이 현실이다.

어떤 분야가 학문적으로 정립이 되려면 이론적인 배경이 확실해야 하는데 현재의 ESG 운동은 심도 있는 이론적인 토론이 이루어지는 것이 아니라 기술적이고 현상적인 사실 나열에 그치고 있다. 이래서는 ESG가 학문적인 분야로 발전하기가 어렵다. 우선 환경문제를 다루는 이론은 환경정의라고 할 수 있다. 환경 정의(環境正意)란 “환경의 세대 간, 국가 간, 계층 간, 생물종 간 배분의 형평성을 실현하자는 것. 자연환경은 공익성이 강하므로 환경에서 오는 다양한 이익을 모든 국민이 평등하게 누리고, 환경 파괴를 줄여 이를 후손에게 물려주자는 취지”라고 정의할 수 있다. 따라서 환경정의의 이론이 환경문제에 대한 기본이론이 된다.

두 번째로 사회적 불평등의 문제에 대하여는 사회정의론이 기본이론이 된다. 프랑스의 경제학자 토마 피케티에 의하면 오늘날 사회적 불평등의 원인은 자산소유의 불평등에서 기인한다. 그리고 자산 소유에 따른 불평등은 시간이 흐름에 따라 확대된다는 것이 피케티의 분석의 결과이다. 따라서 분배정의를 달성하는 것이 바로 사회문제(S)의 중요한 과제이며 이것을 분석하는 이론인 분배정의론이 기본적인 이론이 될 것이다.

세 번째로 기업의 지배구조를 다루는 이론은 주주중심주의를 분석하는 틀인 주인-대리인 이론과 주주뿐만 아니라 이해관계자를 주인의 범주에 포함해야 한다는 계약적 지배이론의 두 가지가 있다. 주인 대리인 이론은 소유와 경영이 분리된 상태에서 주인인 주주와 대리인인 경영자 사이에 정보의 비대칭성으로 인한 대리인의 도덕적 해이를 통제하는 시스템을 지배구조로 본다. 반면에 계약적 지배이론에서는 주주만이 경영위험을 부담하는 독점적 잔여청구원자가 아니라 다양한 이해관계자도 실질적인 잔여청구권자이기 때문에 지배구조란 다양한 이해관계자들이 각자의 이익을 극대화하며 계약비용을 최소화하기 위해 체결하는 장기적이고 안정적인 계약을 의미한다. 그렇다면 지배구조이론도 다양한 당사자 간의 권리와 위험을 정의롭게 배분하는 시스템이라고 할 수 있다. 즉 정의론의 영역이 된다.

따라서 정의론이 환경과 사회, 그리고 지배구조를 포괄하는 이론이 된다. 현대 정의론에는 평등한 자유가 보장되는 가운데 최소 수혜자의 복지가 개선되어야 한다는 존 롤스의 평등-자유주의 이론과 정당한 소유권이 보장되는 사회가 정의로운 사회라는 로버트 노직의 자유지상주의 이론 그리고 사회의 각 영역마다 정의의 기준이 다르기에 돈에 의한 지배를 막는 것이 정의로운 사회라는 마이클 월저의 포스트 모던적 정의론이 있다. 따라서 우리는 이러한 이론에 바탕을 두고 우리가 나아가야 할 정의로운 사회가 어떤 모습인지를 그리고 나서, ESG의 각각의 분야가 나아가야 할 목표를 세우고 이것을 추구해 나가야 한다. 지금 ESG 운동은 합의된 공통의 목표를 가지고 있지 않고 바탕이 되는 이론도 부재한 상태에 있다. 그래서 ESG 운동이 나아가는 길도 혼란스럽다. 화석연료를 금지한다고 하더니 우크라이나 전쟁이 나자 이런 정책은 즉각 포기되고 다시 화석연료로 돌아가고 있다. 미국의 일부 주정부들은 화석연료에 투자하지 않는 운용사들은 주정부 자금운용에서 배제한다는 정책을 들고 나와서 반 ESG 적인 행동을 보이고 있다. 그럼에도 이들의 행동을 비판하는 논리적인 주장이 없는데 그 이유는 ESG 운동의 이론적인 기반이 취약하기 때문이다. 결국 ESG 운동이 추구하는 바는 정의롭고 지속가능한 사회이다. 따라서 정의론이 ESG 운동의 이론적인 뼈대가 되어야 한다고 주장할 수 있다.

환경

E·S·G·의·이·해·와·실·천

CHAPTER

03

21세기 인류는 유례없는 환경위기에 처해 있다. 생명체의 대량멸종, 인구의 기하급수적인 증가, 유독물질의 증가, 삼림 습지 산 초지의 무분별한 개발로 환경위기가 운데 있다. 그런데 이것은 단순히 과학적 기술적 문제가 아니라 윤리학과 철학의 문제이다. 왜나하면 이 문제는 어떻게 살아야 하는가의 문제이기 때문이다. 경제성장이냐 아니면 지속가능성장이냐, 환경을 보전할 것이냐 적극적으로 개발할 것인가 이런 문제는 윤리의 문제이기 때문이다. 그러나 전통적인 윤리학과 철학의 이론은 새로운 문제를 다루기에 역부족이다.

온실가스는 대기에 열을 가두기 때문에 지구의 기온을 높인다. 지구의 기온의 상승은 극지방의 빙하와 눈을 녹여 해수면의 상승시키고 이상기온을 가져온다. 이것의 결과는 전 지구적인 가뭄과 기아, 해류의 변화이다. 그래서 온실가스 감축과 화석연료의 사용을 제한하기 위해 국가는 이산화탄소 배출을 줄이는 국제협약, 세금이나 탄소배출권 거래를 통한 탄소배출 감축 유인프로그램을 도입하고, 대체에너지 자원 개발을 위한 보조금과 장려금 지원을 하며 기업이나 회사는 탄소배출 Zero 서약을 하여야 한다.

그러나 이러한 주장에 회의를 표시하는 회의론자가 있다.[1] 장기적인 관점에서 보면 이산화탄소와 다른 온실가스의 변동은 정상범위 내에 있고 인간의 활동이 온실가스를 증가시킨다는 증거는 불충분하다. 또 이산화탄소 감축비용이 가난한 사람에게 전가된다. 그래서 부자나라가 가난한 나라의 경제발전을 제한한다고 이들은 주장한다. 이들은 지구온난화라는 용어 대신에 지구적 기후변화라고 부르자고 제안한다. 지구의 기후는 그동안 계속해서 변화해 왔지 가만히 있었던 적이 없었다고 이들은 주장한다.

한편 온난화 이슈는 결국 정치적인 성향까지 포함하는 이슈이다. 미국의 공화당원들은 지구온난화에 대한 확신이 적은 반면에 민주당은 온난화에 적극적으로 대처해야 한다고 생각하고 있다. 먼저 환경에 관련된 이론을 간략하게 살펴보기로 하겠다.

---

1) 마이클 셸렌버거, 노정태 옮김, 지구를 위한다는 착각, 부키, 2021

1. 철학적 윤리학의 기초

이러한 환경에 관한 여러 주장의 타당성은 철학적 윤리학의 바탕 위에 이루어져야 한다. 철학적 윤리학의 전통은 크게 보면 2가지이다. 목적론적 전통, 그리고 의무론적 전통이다.

1) 목적론적 윤리이론(Teleological Ethics)

인생 또는 우주 전체에 우리가 실현을 위해 전력해야 할 객관적인 목적이 있다는 신념을 그 출발점으로 삼는다. 인생의 궁극적 목적이 무엇이냐? 라는 근본문제에 대한 답을 찾으려는 것이 바로 목적론적 윤리이다. 행위의 옳고 그름이 결과의 좋고 나쁨에 의존한다는 이론이다. 만약 한 사람이 어떤 행동을 할 경우 좋은 결과를 낳는다면 그 행동은 도덕적으로 옳다고 주장한다. 어느 경우든 결국 그 행동을 옳거나 또는 그르게 하는 것은 바로 그 행동이 갖는 결과의 좋음과 나쁨이다. 옳고 그름 행동의 척도는 가치의 표준을 행동의 결과에 적용하는 데 있다는 주장이 바로 목적론적 윤리이다.

목적론적 결과주의의 장점의 장점은 도덕의 중요성을 강조하고 있다는 사실이다. 그리고 도덕적 의사결정 절차를 명백히 밝혀주고 있다. 결과주의는 의무론에 비해 훨씬 신축성이 있으며 도덕적 딜레마의 해결에 유용하고 규칙들 간의 상충을 합리적으로 해결할 수 있다. 그래서 비즈니스의 세계에서 많이 통용되는 윤리적 기준이다.

한편 결과주의의 단점은 우리의 일상적인 도덕적 직관과 상충하는 결론을 산출하는 역직관성이다. 도덕의 인격성을 무시하기 때문에 문제이고, 권리론에 의한 반론이 제기되고 정의론에 의한 반론이 제기된다. 또 한 가지는 결과 계산의 난점이다. 결과의 무한한 인과 연쇄를 계산하기 어렵고, 결과를 고려함에 있어 범위를 결정할 수 없으며, 결과를 계산할 수 있더라도 경제학의 효용이론 같이 개인 간의 결과를 비교할 수 없다는 것이다.

2) 의무론적 윤리이론(Deontological Ethics)

한 행위의 옳고 그름은 결과의 좋고 나쁨에 의존하는 것이 아니라 행위의 종류나 행위자의 동기에 의해서 결정된다는 이론이다. 어떤 행위가 의무나 도덕법칙과 일치하면 옳고 위반되면 그르다. 이러한 의무론의 장점은 일상적 도덕 의식과의 정합성이다. 즉 정의, 인권, 특수한 의무와 같은 문제들을 다루기 위한 특수한 규칙들을 제시함으로써 일상적인 도덕 의식과 합치한다. 따라서 받아들이기가 용이하다. 또한 규칙이나 의무의 절대성을 강조함으로써 규칙을 단순한 규칙으로 간주하는 결과주의의 편의주의를 넘어서는 장점이 있다.

반면에 의무론적 윤리설의 난점은 규칙의 절대성을 지나치게 강조하다 보면 규칙 숭배에 빠지게 된다. 그리고 또 하나 도덕적 딜레마 해결의 난점이 있다. 두 가지 서로 다른 도덕규칙(의무)이 상충할 때 어떻게 해야 하는가? 라는 문제가 있다. 그리고 도덕 추론의 절차 불명확성도 의무론적 윤리이론의 단점이다.

종합적으로 살펴보면 도덕의 구성요소에는 분명히 도덕적 의무 의식과 당위성을 강조하는 이성적, 관념적 측면과 한편으로 인간의 본능, 욕구, 감정, 관심, 이익추구 등을 토대로 한 경험적 사실적 측면이 있다. 따라서 우리가 사용할 새로운 환경규범은 이러한 양자가 통합되어야 한다. 결과주의와 의무론적 윤리설의 종합이론은 칸트적 공리주의, 책임윤리, 계약론적 윤리설, 덕윤리 등이 있다.

칸트적 공리주의는 공리주의 원칙으로 도덕규칙을 설정한 다음 칸트주의적으로 도덕 규칙을 준수하는 것이다. 즉 결과론적인 공리주의와 의무론적인 칸트주의를 종합한 것이다. 책임 윤리는 다양한 목적을 비교, 평가하고 합리적 수단을 강구하여 결과를 고려해 행위를 실천하는 것으로 소신을 중시하면 의무주의가 되고 결과를 중시하면 결과주의가 된다.

계약론적 윤리설은 사회적 계약을 통해 가장 바람직한 결과로 산출할 의무·규칙을 선정하고 그 규칙을 강제하는 것이다. 마지막으로 덕윤리란 의무, 규칙, 행위의 결과보다는 개인의 덕에 초점을 맞춘 행위자 중심의 윤리이며 공동체 구성원의 삶을 동시에 강조한다. 여기에서 덕(德, virtue)이란 선(善, good)에 대한 의지를 지향하고 실현하는 능력이다.[2]

결과주의 윤리설의 의사결정 절차를 보면 다음과 같다. ① 가능한 모든 대안들을 확정한다. ② 각 대안들을 수행하였을 때 생겨날 결과를 예견한다. ③ 결과들 중 어느 것이 가장 좋은 것인가를 평가한다. ④ 가장 좋은 결과를 가져올 가능성이 가장 큰 대안의 행위를 수행한다.

비결과주의 윤리설의 의사결정 절차를 보면 ① 도덕법칙이나 최고의 의무의 원리를 확인하고 ② 규칙이나 의무의 종류 확인하며 ③ 어떤 행동이 규칙이나 의무에 부합하는지를 확인한다. 그리고 ④ 행동이 규칙이나 의무에 합당하면 옳은 행위, 규칙이나 의무에 합당하지 않으면 그른 행위로 규정한다.

예를 들어 환경문제를 생각해 보자. 나무를 베는 것에 대하여 윤리적인 검토를 해보자. 의무론적 윤리설에서 무고한 나무를 이유 없이 베는 것은 그릇된 일이다. 왜냐하면 동식물의 경우에 있어서도 생명은 소중하기 때문이다. 반면에 목적론적 윤리설에서는 나무를 베어서 목재로 사용하는 것이 인간의 효용을 증대시킨다면 살아 있는 나무지만 베는 것도 도덕적으로 정당하다.

환경을 보호하는 것은 목적론으로 보아도 좋은 일이고 의무론적으로 보아도 옳은 일이다. 잘 보전된 환경이 주는 효용은 매우 크고 특히 자손들에게 주는 미래 금융가치는 크다. 한편으로 미래세대를 위하여 환경을 보호하고 지구에서 다른 동물과 식물들과 공존하는 것은 우리의 의무이다.[3]

---

2) 네이버 두산백과

3) 이나겸 · 임수영, 201.

3) 환경정의론

환경정의란 모든 사람이 건강한 환경으로부터 얻은 혜택을 동등하게 공유할 수 있는 권리를 의미한다.[4] 환경정의란 환경재난으로부터 모든 인종과 사회경제적 집단들의 평등한 보호, 자연자원에 대한 모든 지역과 사람들의 평등한 접근과 보존을 의미한다. 따라서 환경문제는 사회정의와 밀접한 관계를 가지고 있다.[5]

이러한 환경정의론은 자유주의적 정의론, 공리주의적 정의론, 계약론적 정의론, 마르크스주의적 정의론, 포스트 모던 정의론, 칸트적 정의론, 아리스토텔레스의 덕목적 정의론으로 나눌 수 있다. 이 중에서도 중심이 되는 환경정의론은 바로 자유주의 환경정의론이다. 자유주의에 따르면, 사적 개인의 자유와 권리를 위하여 국가의 개입은 최소화되어야 하며, 만약 다른 사람들의 사적 재산에 피해를 입혔다면, 불간섭의 원칙에 따라 배상함으로써 문제를 해결할 수 있다고 본다. 현대 사회에서 환경문제의 해결을 위해 제시되고 있는 정책이나 방안들이 주로 포괄적 의미에서 자유주의에 근거하고 있다.[6] 환경문제는 개인의 권리나 자유의 차원을 능가하는 외부효과들을 발생하기 때문이다.

따라서 환경오염과 보전의 문제는 소극적 또는 중립적 가치에 근거한 자유주의적 정치로는 적절하게 해결되기 어렵다고 할 수 있다.[7] 특히 환경은 외부효과를 발생시키기 때문에 후생경제학적 입장에서 보아도 정부의 개입을 필요로 한다. 그런 의미에서 본다면 자유주의 이론을 좀 더 세분화해서 볼 때 존 롤스의 평등자유주의와 로버트 노직의 자유지상주의가 있는데 자유로운 시장질서를 유지하지만 사회의 불평등을 위해 국가나 사회가 간여할 수 있다는 존 롤스의 이론이 환경정의의 이론으로 적정하다고 볼 수 있다.

---

4) 최병두, 비판적 생태학과 환경정의, 도서출판 한울, 2010.
5) Ibid., p21.
6) 최병두, 자유주의환경론과 환경정의, 대한지리학회지 제40권 제6호 2005 (671~693)
7) Ibid., p673.

현재 인류는 환경위기와 자원위기를 동시에 직면하고 있으며 기상재해와 생태계 파괴 등으로 인류의 생존이 위협받고 있고 기후변화로 경제손실도 세계 GDP의 5~20%에 달하고 있다. 이것의 원인은 개도국의 경제개발, 인구증가에 따른 에너지 자원 부족 및 가격상승이 주된 요인이다. 세계는 지금 그린 레이싱 중이다. 선진국은 자원의 효율적 이용과 환경오염 최소화에 집중하고 있다. 요소투입 위주의 기존 경제성장은 환경적 경제적 측면에서 한계가 있기 때문이다. 녹색 기술 육성 및 환경규제를 통한 새로운 성장 동력을 추진 중이다. 하지만 독일의 사회학자 울리히 벡이 이야기하였듯이 "빈곤은 위계적이지만 스모그는 민주적이다.[8)]"이것은 현대 사회에 빈부 격차나 계층은 있지만 현대 사회의 위험은 빈부나 계층, 지역에 관계없이 평등하게 영향을 미친다는 뜻이다. 전 세계의 에너지 소비는 연평균 2.4% 성장하고 있는데 그 구성은 석유가 31.5%, 석탄 28.9% 천연가스 21.3%로 구성되어 있어 신재생에너지 12.7%에 불과하다. 중국과 중동 아시아 국가가 에너지 수요증가를 주도하고 있다. 특히 중국이 연평균 7.8%로 고도성장하고 있다. 하지만 2040년에 신재생에너지는 19%까지 증가할 전망이다.

화석연료에서 배출된 CO_2가 지구온난화의 주범이다. 산업혁명 이후 CO_2 농도가 급속히 증가하였다. 지난 100년간 대기온도는 0.74도 증가하였고 평균 해수면은 20세기 동안 10~20cm 상승하였다. 추운 날이 모든 지역에서 감소하였고 적설 면적도 1960년도 이후 10% 감소하였다. 기상 관련 손실이 과거 40년 동안 10배 증가하였다. 21세기 말이 되면 한국이 아열대 기후화되어 냉수어종(명태)이 안 잡히고 온수성 어종(오징어 고등어)이 잡힐 것이다. 서울의 온난화 속도는 전 세계 평균의 3배이다.

이러한 기후변화의 원인은 온실가스로 인한 지구온난화인데 대표적인 온실가스의 84%는 에너지 사용과정에서 발생한다. 6대 온실가스는 이산화탄소, 에탄, 아산화질소, 과불화탄소, 수소불화탄소, 육불화황 등이다.

---

8) 독일의 사회학자 울리히 벡(Ulrich Beck)이 그의 유명 저서 〈위험 사회〉에서 쓴 표현이다.

이러한 기후변화에 대응하여 국제사회도 대처하기 시작했다. 1992년 리우환경개발회의에서 기후변화에 대한 국제연합 기본협약(UNFCCC)을 체택하였고 1997년 선진국의 온실가스 의무감축을 위한 교토의정서를 채택하였다. 2001년 미국의 교토의정서 채택거부에 따라 2010년에 지구 평균 온도 상승을 2도 이하로 하기 위한 칸쿤합의문을 채택하고 2014년 파리 제21차 유엔기후변화협약 당사국 총회(195개국)에서 파리협약을 체결했다.

한편 신재생에너지는 기존의 화석연료를 변환시켜 이용하거나 햇빛, 물, 지열, 강수, 생물 유기체 등을 포함한 재생가능한 에너지를 변화시켜 이용하는 에너지로 한국의 법에는 11개로 정의되어 있다. 신에너지는 연료전지, 석탄액화, 가스화, 수소에너지이고 재생에너지는 태양열, 태앙광발전, 바이오, 풍력, 소수력(Small수력), 지열, 해양에너지, 폐기물 에너지이다. 현재 국제적으로 221개의 환경 관련 협약이 채택되어 있는데 그중 한국은 56개를 가입하고 있다.

4) 국제환경협약

(1) 유엔기후변화협약(UNFCCC)

1992년 6월 브라질 리우데자네이루에서 개최된 유엔환경개발회의(UNCED: United Nations Conference on Environment & Development)에서 채택된 유엔기후변화협약(UNFCCC: United Nations Framework Convention on Climate Change)은 선진국과 개도국이 '공동의 그러나 차별화된 책임(Common But Differentiated Responsibilities)'에 따라 각자의 능력에 맞게 온실가스를 감축할 것을 약속하였다.

협약 최고의 의사결정기구는 당사국총회(COP: Conference of Parties)이며, 협약의 이행 및 과학 · 기술적 측면을 검토하기 위해 이행부속기구(SBI)와 과학기술자문부속기구(SBSTA)를 두고 있다.

유엔기후변화협약은 차별화된 책임 원칙에 따라 협약 부속서 1에 포함된 42개국

(Annex I)에 대해 2000년까지 온실가스 배출 규모를 1990년 수준으로 안정화시킬 것을 권고하였다. 부속서 1에 포함되지 않은 개도국에 대해서는 온실가스 감축과 기후변화 적응에 관한 보고계획 수립, 이행과 같은 일반적인 의무를 부여하였다.

한편, 협약 부속서 2(AnnexII)에 포함된 24개 선진국에 대해서는 개도국의 기후변화 적응과 온실가스 감축을 위해 재정과 기술을 지원하는 의무를 규정하였다. 부속서 1 국가는 협약 채택 당시 OECD, 동유럽(시장경제전환국가) 및 유럽경제공동체(EEC) 국가들이며, 부속서 2는 그중 OECD와 EEC 국가들만을 포함한다. 우리나라를 포함한 비(非)부속서 1(non-Annex I) 국가들은 감축의무를 부담하지 않는 개도국으로 분류된다.[9)]

(2) 교토 의정서(京都議定書, Kyoto Protocol)

1997년 일본 교토에서 개최된 제3차 유엔기후변화협약(UNFCCC) 당사국총회(COP3)에서는 선진국들의 수량적인 온실가스 감축 의무를 규정한 교토의정서(Kyoto Protocol)가 채택되었다. 교토의정서는 기후변화의 주범인 6가지 온실가스(이산화탄소, 메탄, 아산화질소, 수소불화탄소, 과불화탄소, 육불화황)를 정의하였을 뿐만 아니라, 부속서 1 국가들에게 제1차 공약기간(2008~2012년)동안 온실가스 배출량을 1990년 수준 대비 평균 5.2% 감축하는 의무를 부과하였다.

비부속서 1 국가에 대해서는 유엔기후변화협약에서와 마찬가지로 온실가스 감축과 기후변화 적응에 관한 보고계획 수립, 이행 등 일반적인 조치를 요구하였다. 나아가 교토의정서는 이른바 '신축성 메커니즘(Flexibility Mechanism)'으로 불리는 청정개발체제(CDM, Clean Development Mechanism), 배출권거래제(ETS, Emission Trading Scheme) 및 공동이행제도(JI, Joint Implementation)를 도입하여, 온실가스

---

9) 부속서 1 국가 : 벨라루스, 불가리아, 체코, 에스토니아, 헝가리, 라트비아, 리투아니아, 모나코, 폴란드, 루마니아, 러시아, 슬로바키아, 슬로베니아, 우크라이나, 크로아티아, 리히텐슈타인, 몰타 + 부속서 2 국가 + EEC. 부속서 2 국가 : 호주, 오스트리아, 벨기에, 캐나다, 덴마크, 핀란드, 프랑스, 독일, 그리스, 아이슬란드, 아일랜드, 이탈리아, 일본, 룩셈부르크, 네덜란드, 뉴질랜드, 노르웨이, 포르투갈, 스페인, 스웨덴, 스위스, 터키, 영국, 미국+EEC.

를 비용효과적으로 감축하고 개도국의 지속가능한 발전을 지원할 수 있는 계기를 마련하였다.

POST-2012 협상 실패 후 교토의정서 제2차 공약기간이 설정되었다. 2007년 제13차 당사국총회(COP13, 발리)에서는 교토의정서 1차 공약기간의 종료에 대비하여, 교토의정서에 불참한 선진국과 개도국까지 참여하는 Post-2012 체제를 2009년 제15차 당사국총회(COP15, 코펜하겐)에서 출범시키기로 합의하였다. 그러나 감축목표나 개도국에 대한 재정지원과 같은 핵심쟁점을 둘러싸고 선진국과 개도국이 간극을 좁히지 못함에 따라, 코펜하겐에서 Post-2012 체제의 출범은 좌초되고 말았다.

과도기적 조치로서 국제사회는 선진국과 개도국들이 2020년까지 자발적으로 온실가스 감축 약속을 이행하기로 하는 '칸쿤합의(Cancun Agreement)'를 2010년 제16차 당사국총회(COP16, 칸쿤)에서 이끌어냈다. 한편, 2012년 제18차 당사국 총회(COP18, 도하)에서 당사국들은 교토의정서의 제2차 공약기간을 2013년부터 2020년으로 설정하는 개정안(Doha Amendment)을 채택하였다. 그러나 기존의 교토의정서 불참국인 미국 외에도 일본, 러시아, 캐나다, 뉴질랜드 등이 제2차 공약기간에 불참을 선언하면서, 교토의정서 참여국 전체의 배출량이 전 세계 배출량의 15%에 불과하게 되었다.

(3) 비엔나 몬트리올 의정서

1987년 몬트리올 의정서는 기본협약인 1985년 오존층 보완을 위한 비엔나 협약을 보완하는 내용을 담고 있으며, 오존 파괴물질을 감축하고 대체물질의 개발을 추구한다는 점에서 오히려 비엔나 협약보다 더 중요한 것으로 평가되고 있다. 비엔나 협약의 미흡한 규제조치를 강화하기 위하여 채택된 몬트리올 의정서는 오존층 파괴의 정도가 훨씬 심각하고 빠른 속도로 진행하고 있다는 과학적 근거에 따라 1990년 런던 개정의정서와 1992년 코펜하겐 개정안에 의해 부분적으로 개정되어, 오존파괴

물질의 감축을 앞당기고 기술이전을 강화하는 동시에 재정지원제도로서 다자 기금 제도를 신설하는 내용으로 바뀌었다. 이들 의정서들을 모두 합하여 몬트리올 의정서 체제라고 한다. 몬트리올 의정서 체제는 전적으로 유엔환경계획의 주도하에 채택되었다.[10)]

(4) 파리협정(Paris Agreement)

2015년 제21차 당사국총회(COP21, 파리)에서는 2020년부터 모든 국가가 참여하는 신기후체제의 근간이 될 파리협정(Paris Agreement)이 채택되었다. 이로써 선진국에만 온실가스 감축 의무를 부과하던 기존의 교토의정서 체제를 넘어 모든 국가가 자국의 상황을 반영하여 참여하는 보편적인 체제가 마련되었다. 파리협정은 지구 평균기온 상승을 산업화 이전 대비 2℃보다 상당히 낮은 수준으로 유지하고, 1.5℃로 제한하기 위해 노력한다는 전 지구적 장기목표하에 모든 국가가 2020년부터 기후행동에 참여하며, 5년 주기 이행점검을 통해 점차 노력을 강화하도록 규정하고 있다. 파리협정은 또한 모든 국가가 스스로 결정한 온실가스 감축목표를 5년 단위로 제출하고 국내적으로 이행토록 하고 있으며, 재원 조성 관련, 선진국이 선도적 역할을 수행하고 여타 국가는 자발적으로 참여하도록 하고 있다.

협정은 기후행동 및 지원에 대한 투명성 체제를 강화하면서도 각국의 능력을 감안하여 유연성을 인정하고 있으며, 2023년부터 5년 단위로 파리협정의 이행 및 장기목표 달성 가능성을 평가하는 전 지구적 이행점검(global stocktaking)을 실시한다는 규정을 포함하고 있다. 2015년 12월 파리에서 채택되고, 2016년 4월 22일 미국 뉴욕에서 서명된 파리협정은 10월 5일 발효요건이 충족되어 30일 후인 11월 4일 공식 발효되었다.

---

10) 서창록, 국제기구론 3판.

파리협정 발효 이후 처음으로 개최된 제22차 유엔기후변화협약 당사국총회(COP22)에서는 2018년까지 파리협정 이행에 필요한 세부지침을 마련하자는데 합의하였다. 이와 관련, 2018년 제24차 당사국총회(COP24, 카토비체)에서는 파리협정 제6조(국제탄소시장) 지침을 제외한 감축, 적응, 투명성, 재원, 기술이전 등 8개 분야 16개 지침을 채택하였다. 그리고 마침내 2021년 제26차 당사국총회(COP26, 글래스고)에서 6년간 치열한 협상을 진행해 온 국제탄소시장지침을 타결함으로써 파리협정의 세부이행규칙(Paris Rulebook)을 완성하였다.

(5) 한국의 기후변화 대응

우리나라는 기후변화가 부담이 아닌 새로운 경제성장 동력 창출의 기회라는 인식 하에 기후변화 문제에 적극적으로 대응하고 있다. 우리는 2009년에. '2020년 온실가스 배출전망(BAU, Business As Usual) 대비 30% 감축'이라는 자발적인 목표를 제시하고, 2011년 저탄소녹색성장기본법을 제정하여 목표 이행을 위해 법적 기반을 마련하였다. 이후 2012년 온실가스 · 에너지 목표 관리제 실시, 2014년 온실가스 감축 로드맵 수립, 2015년 배출권거래제실시, 2010년 · 2015년 국가 기후변화 적응대책 마련 등 노력을 경주하였다.

기후변화 협상에서 우리나라는 우리의 산업 여건을 최대한 반영하면서도 인류공동의 과제인 기후변화 대응에 능동적으로 기여하기 위해 노력하고 있다. 또한 선진국의 역사적 책임과 주요 개도국의 배출 증대 추세를 균형 있게 고려하면서, 선진국의 리더십 발휘와 개도국의 능력에 상응하는 행동 및 기여를 촉구하여 선진국과 개도국 간 가교로서 신기후체제 창출에 건설적으로 기여하려는 노력을 전개해 왔다. 우리나라는 국제사회의 기후변화 대응 노력에 동참하기 위해 2016년 11월 3일 파리협정 국내 비준 절차를 완료하고, 유엔(UN)에 비준서를 기탁하여, 12. 3일부터 협정이 국내에서 발효되었다.

모든 국가가 광범위하게 참여하는 신기후체제의 핵심은 각국이 자국의 상황을 감안하여 마련하는 '국가결정기여(NDC, Nationally Determined Contribution)'라고 할 수 있다. 이에 우리나라는 파리협정 타결에 기여하기 위해 2015년 6월 '2030년 온실가스 배출전망(BAU) 대비 37% 감축' 목표를 포함한 국가별 기여방안(INDC)를 제출하였으며, 동 NDC는 국회의 파리협정 비준 동의를 얻어 UN에 비준서를 기탁한 2016년 11월 3일 공식 NDC로 등록되었다. 2030 국가 온실가스 감축목표 달성을 위해 국무조정실 주도로 관계부처와 함께 2016년 12월 '제1차 기후변화대응 기본계획' 및 '2030 국가 온실가스감축 기본로드맵'을 수립하였고, 2018년 7월에는 국가 온실가스 감축목표의 이행가능성을 높이는 데 초점을 두어 '2030 국가 온실가스감축 기본로드맵수정안'을 마련하였다. 2019년 10월에는 신기후체제 출범에 따른 기후변화 전반에 대한 대응체계 강화 및 '2030 국가 온실가스 감축 로드맵'의 이행점검 · 평가체계구축을 조기에 수립하기 위해 제2차 기후변화대응 기본계획을 수립하였다. 또한, 우리나라는 강력한 기후변화 대응 의지를 국제사회에 시현하기 위해 기존 BAU 방식의 NDC를 절대량 방식으로 수정하고 2030년까지 2017년 대비 24.4% 감축하는 목표를 포함한 2030 NDC 갱신안을 2020년 12월 30일 제출하였다.

나아가 우리나라는 2050 탄소중립 목표 달성에 기여하고자 2021년 10월 영국 글래스고에서 개최된 COP26에서 2030년까지 2018년 대비 40%를 감축하는 2030 NDC 상향안을 발표하고, 2021년 12월 유엔에 제출하였다. 우리나라는 기후 재원이 선진국과 개도국 간의 신뢰 구축을 위해 필수적인 요소임을 인식하고, GCF(Green Climate Fund, 녹색기후기금) 사무국 유치하였다. 2014년 9월 개최된 유엔 기후정상회의에서 우리나라는 멕시코와 함께 '기후 재원(Climate Finance)' 세션의 공동 의장 역할을 수행하였고, GCF에 대한 1억불 기여공약을 발표하여 GCF 초기 재원조성을 위한 선도적 역할을 수행하였다. 2019년 10월 프랑스 파리에서 열린 GCF 고위급 회의에서 2억불 기여를 공약하였다.

(6) POST-2020 신기후협상 개시

2011년 제17차 당사국총회(COP17, 더반)에서는 2020년 이후 모든 당사국이 참여하는 새로운 기후변화체제 수립을 위한 '더반플랫폼(Durban Platform)' 협상을 출범시키기로 합의하였다. 이에 따라 2012년 초부터 Post-2020 체제를 위한 협상이 2015년 타결을 목표로 시작되었다. 2013년 제19차 당사국총회(COP, 바르샤바)에서 당사국들은 지구 기온 상승을 산업화 이전 대비 2°C 이내로 억제하기 위해 필요한 2020년 이후의 '국가별 기여 방안(INDCs, Intended Nationally Determined Contributions)'을 자체적으로 결정하여, 2015년 제21차 당사국총회(COP21, 파리) 훨씬 이전에 사무국에 제출하기로 하였다.

협상타결 시한을 1년여 앞두고 2014년 12월 페루 리마에서 개최된 당사국총회(COP20)에서는 국가별 기여 방안(INDC) 제출 절차 및 일정을 규정하고, 기여공약에 반드시 포함되어야 할 정보 등에 관한 '리마선언(Lima Call for Climate Action)'이 채택되고, 2015년 합의문(2015 Agreement)의 주요 요소(element)가 제시되었다. 이로써 2015년 말 파리에서 개최되는 제21차 당사국총회(COP21)에서 신기후협상이 타결되기 위한 기반이 마련되었다.

2015년 제21차 당사국총회(COP21, 파리) 개최 시까지 신기후체제 협상 타결을 위한 정치적 의지를 결집하기 위해 전 세계 지도자들의 노력이 이어졌다. 2014년 9월에는 반기문 사무총장의 제안으로 유엔 기후정상회의(UN Climate Summit)가 뉴욕에서 개최되어 100여 개국의 정상이 참석하여 기후행동 계획을 발표하고 녹색기후기금(GCF)에 대한 23억불 기여를 약속하였다.

2015년에는 주요경제국 포럼(MEF, Major Economies Forum), 기후변화 카르타헤나대화, 피터스버그기후대화, 유엔총회를 계기로 주요국 정상들의 기후변화 오찬 등이 개최되었다. 기후변화 관련 회의뿐만 아니라 G20 정상회의, APEC 정상회의 등 각종 다자회의가 개최되어 신기후체제 도출을 위한 정치적 모멘텀이 강화되었다.

(7) 생물다양성 협약

유엔환경계획(UNEP)의 보고(1992년)에 따르면 현재 지구상의 총 생물종은 약 3,000만 종으로 추정되고 있으나, 인구증가와 야생동식물의 남획, 각종 개발 및 환경 오염 등으로 인한 자연서식지의 파괴에 따라 매년 25,000~50,000종의 생물이 멸종되고 있다. 이러한 생물종의 감소는 이용가능한 생물자원의 감소뿐만 아니라 먹이사슬(food chain)을 단절시켜 생태계의 파괴를 가속화하고 있다. 1970년대부터 국제사회에서는 생물종 보호의 중요성을 인식하고 멸종위기에 처한 야생동식물종의 국제거래에 관한 협약(CITES) 등 여러 국제협약을 체결하여 생물종 보전 노력을 기울여 왔다. 그러나 이러한 노력에도 불구하고 1980년대 중반 들어 열대림을 보유하고 있는 개도국에서 경제개발을 이유로 다량의 산림을 훼손하기 시작함에 따라 생물종의 멸종속도는 더욱 가속화하게 되었다.

이에 따라 기존의 협약과는 달리 개도국에서 열대림을 보전할 수 있는 동기를 부여하는 새로운 국제적 장치의 필요성이 증대되었고, 마침내 1987년 6월 유엔환경계획(UNEP)은 생물다양성 보전에 관한 국제적 행동계획을 수립하기로 결정하고, 관련 전문가회의를 개최하여 생물다양성 보호를 위한 국제협약의 초안을 작성하였다. 초안에는 기존의 환경협약의 취약분야가 보완되어야 하는 방향으로 협약이 체결되어야 하되, 생물다양성의 보전과 지속가능한 이용을 위하여는 생명공학기술의 이전과 개도국에 대한 재정지원이 필수적이라는 점이 강조되었다.

그 후 7차례의 정부 간 협상회의를 거쳐 생물다양성의 보전과 지속가능한 이용 및 유전자원의 이용을 통하여 얻어지는 이익의 공평한 분배를 목적으로 하는 최종 협약안을 작성하였고, 1992년 6월 유엔환경개발회의(UNCED)에서 158개국 정부대표가 서명함에 따라 협약안이 채택되었으며, 1993년 12월 29일부터 국제적으로 발효되었다. 우리나라는 1994년 10월 3일 가입하였으며, 1995년 1월 1일부터 발효되었다.

(8) 멸종위기에 처한 동식물종의 국제거래에 대한 협약(Convention on International Trade in Endangered Species of Wild Flora and Fauna, CITES)

이 조약은 국제자연보호연맹(IUCN)회원 협의에서 1973년 3월 3일, 워싱턴에서 결의안이 채택되어 입안되었다. 따라서 워싱턴 협약으로도 불린다. 조약의 목적은 야생동식물종의 국제적인 거래가 동식물의 생존을 위협하지 못하게 하고 여러 보호 단계를 적용하여 33,000 생물종의 보호를 보장하는 데 있다. 1975년 조약이 강제된 결과 CITES에 의해 보호를 받는 단 한 종도 멸종되지 않았다고 하지만 이에 대한 논란의 여지 또한 있다. 한국은 1993년 가입하였다.

(9) 람사르협약(Ramsar Convention)

자연자원과 서식지의 보전 및 현명한 이용에 관한 최초의 국제협약으로서 습지 자원의 보전 및 현명한 이용을 위한 기본방향을 제시한다. 이 협약의 정식명칭은 "물새 서식지로서 국제적으로 중요한 습지에 관한 협약"(The Convention on Wetlands of International Importance Especially as Waterfowl Habitat)이다. 1971년 2월 2일 이란의 람사르(Ramsar)에서 체결되었기 때문에 람사르협약이라고도 부른다.

일명 습지협약, 람사르조약이라고도 한다. 물새 서식 습지대를 국제적으로 보호하기 위한 것으로 1975년 12월에 발표되었다. 1997년 7월 28일 대한민국은 101번째로 이 협약에 가입을 했고, 협약 가입 때 1곳 이상의 습지를 람사르 습지 목록에 등재하도록 하고 있는데 우리나라는 강원도 인제군 대암산 용늪이 첫 번째로 등록되었고, 두 번째 등록 습지로 경남 창녕군 우포늪이 등재되어 있다. 간척과 매립으로 사라지고 있는 습지를 보존하기 위해 맺은 국제적 협약이다.

(10) 바젤협약(Basel Convention)

이 협약은 1989년 3월 22일 유엔 환경계획(UNEP) 후원하에 스위스 바젤(Basel)

에서 채택된 협약으로, 유해폐기물의 국가 간 이동 및 교역을 규제하는 협약이다. 이 협약의 기본취지는 병원성 폐기물을 포함한 유해폐기물의 국가 간 이동 시 사전 통보 등의 조치를 취함으로써 유해폐기물의 불법이동을 줄이자는 데 있다. 대부분의 환경관련국제협약이 미국, EU등 선진국 주도로 이루어진 데 반해 이 협약은 아프리카 등 77그룹이 주도적인 역할을 하고 있다. 이는 후진국이 선진국의 폐기물처리장이 되어서는 안 되겠다는 위기의식에서 출발하였다. 바젤협약은 1992년 5월 5일 20개국이 비준서를 기탁 · 가입함으로써 정식 발효되었고, 대한민국은 1994년 2월 가입, '폐기물의 국가간 이동 및 그 처리에 관한 법률'이 1994년 5월부터 시행됐다. 정식 명칭으로는 「유해 폐기물의 국경을 넘는 이동 및 그 처분의 규제에 관한 바젤 조약」이라고 하는데, 일정한 폐기물의 국경을 넘는 이동 등의 규제에 대해 국제적인 수속을 규정한 조약이다.

(11) 유엔 사막화 방지 협약(United Nations Convention to Combat Desertification, 약칭 UNCCD)

이 조약은 사막화를 방지하기 위한 국제적 노력을 도모하는 국제 조약이다. 공식 명칭은 '심각한 한발 또는 사막화를 겪고 있는 아프리카 국가 등 일부 국가들의 사막화 방지를 위한 유엔 협약'(United Nations Convention to Combat Desertification in Those Countries Experiencing Serious Drought and/or Desertification, Paricularly in Africa)이다. 기후변화협약(UNFCCC), 생물다양성협약(UNCBD)와 더불어 유엔 3대 환경협약이다. 협약이 처음 채택된 것은 1994년 6월 17일이고, 발효된 것은 1996년 12월 26일부터이다. 사무국은 독일 본에 위치하고 있으며, 회원국은 2011년 1월 기준으로 194개국이다.

사막화는 지구의 대기순환이 장기적으로 변하여 생기는 기후적인 요인과 지나친 방목 · 경작 · 연료 채취와 같은 인위적인 요인으로 진행된다. 그러나 지금은 대부분

인위적인 요인으로 사막화가 진행되고 있다. 사막화방지협약에서는 2000년까지 사막화 방지를 최종 목표로 삼았으며, 유엔환경계획은 사막화방지행동계획을 담당할 기관으로 사막화방지행동계획센터를 설치하여 활동하고 있다.

(12) 런던 협약(London Convention, London Convention on the Prevention of Marine Pollution by Dumping of Wastes and Other Matter)

이 조약은 비행기나 선박에서 나오는 쓰레기 투기를 규제하기 위한 협약이다. 1972년 런던에서 체결되어 1975년에 발효되었다. 이 협약은 쓰레기나 기타 물질을 버림으로써 발생하는 해양오염을 막기 위한 협약이기도 하다. 1996년 11월에는 1972년 협약의 실효성이 문제시되어 배출 조건을 강화한 '1996 의정서(1996 Protocol)'가 채택되었다. 해양 투기를 허용한 1972년 협약과 달리 '1996 의정서'는 해양 투기를 허용하되 특정 물질의 해양 투기는 금지하고 있다. 우리나라는 1993년 12월 21일에 런던 협약에 가입하였고, 1994년 1월 20일 발효하였다. '1996 의정서'에는 2009년 1월 22일 가입, 2009년 2월 21일 발효하였다.

5) 국제연성 환경규범

(1) ISO26000

ISO26000에서 밝히고 있는 환경 부문의 기본 시각은 '조직의 의사결정과 활동은 조직이 어디에 위치해 있든 자연 환경에 항상 영향을 미친다'는 것이다. 따라서 조직은 환경에 대한 영향을 줄이기 위해 조직의 의사결정과 활동의 직·간접적인 경제·사회·환경적 영향력을 고려하는 통합적인 접근방식을 취하는 것이 바람직하다.

ISO26000에서는 환경적 책임이 우리의 생존과 번영을 위한 전제조건일 뿐만 아니라, 미래 세대 모두의 발전 수요 충족이 가능하도록 하기 위한 사회적 책임이라고 밝히고 있다. 환경 이슈는 인권·사회개발·기타 사회적 책임의 주요 이슈와 밀접하계 연결돼 있으며, 환경교육과 관련 역량강화는 지속 가능한 사회 및 삶의 방식 발전을 추구하기 위한 기본 사항이다.

ISO26000에서 환경 부문 이슈는 오염방지, 지속 가능한 자원사용, 기후변화 완화 및 적용, 환경보호, 생물다양성, 자연서식지 복원 등 크게 네 가지로 나누고 있다. 기후변화 완화를 위해 조직은 활동 · 상품 · 서비스로 인한 직 · 간접적인 온실가스 배출원을 확인해야 하며, 조직의 관리 및 영향의 범위 내에서 직 · 간접적 온실가스 배출을 줄이기 위한 방안을 마련해야 한다.

또 석탄에 대한 의존도를 줄이도록 노력해야 하며, 활동 · 상품 · 서비스로 인한 전 과정의 온실가스 배출을 줄이기 위한 목적으로 온실가스 배출이 적은 기술과 재생 가능 에너지원을 활용해야 한다.

ISO26000에서 밝히는 네 번째 환경 부문 이슈는 '환경보호, 생물다양성, 자연서식지 복원'이다. 세부 주요 사항으로는 생물 다양성에 대한 가치 인식과 보호, 생태계 서비스에 대한 가치 인식과 보호 · 복원, 토지 및 천연자원에 대한 지속 가능한 사용, 환경적으로 건전한 도시 및 농촌 개발 촉진 등이 있다.

'오염방지' 부문은 대기 · 수질 · 폐기물 등 전통적인 환경관리 내용을 포함하고 있다. ISO26000에 따르면 조직은 다양한 오염방지를 통해 환경을 개선할 수 있으며, 오염방지 대상은 대기로의 배출, 물로의 배출, 폐기물 · 독성 위험 화학물질 배출, 인식 가능한 모든 형태의 오염 등으로 나눌 수 있다. 인식 가능한 모든 형태의 오염으로는 소음 · 악취 · 진동 · 감염물질 · 비점오염원방출 · 생물학적 위험 등이 있다.

오염방지 성과를 높이기 위해 조직은 조직의 활동 · 제품 · 서비스 관련 오염 및 폐기물의 근원을 확인해야 한다. 또 중요 오염원인과 물 사용, 폐기물 발생, 에너지 소비를 측정 · 기록 · 보고해야 한다. 이 밖에 오염방지 관련 활동 및 기대사항으로는 폐기물 감소 체계 활용을 통한 오염 및 폐기물 방지 방안 이행, 피할 수 없는 오염 및 폐기물 발생 시의 적절한 처리 관리 방안 마련, 조직의 활동에 사용하거나 활동으로 인해 방출된 독성 위험 물질의 양과 종류 공개, 독성 위험물질이 인간의 건강과 환경에 끼치는 위험성 증명 등이 있다.

점차 부족해지는 자원을 둘러싸고 국제분쟁이 발생할 것을 염려하는 전문가가 많다는 점에서 '지속 가능한 자원사용' 역시 중요한 환경부문 이슈다. ISO26000에서는 조직이 전력 · 연료 · 원자재 · 가공원료 · 토지 · 식수를 책임 있게 사용하고, 재생 불가능한 자원을 재생 가능한 자원으로 조합하거나 대체할 수 있다.

지속 가능한 자원의 사용을 위해 조직은 모든 활동과 관련해 에너지 · 물 · 기타 자원 이용의 사용처를 파악해야 한다. 모범사례 및 벤치마크 지표를 고려해 조직의 에너지 · 물 · 기타자원의 사용을 줄일 수 있는 자원의 효율적 이용방안도 마련해야 한다. 또한 상수원 내 모든 사용자들에게 공정한 접근을 보장할 수 있도록 수자원을 관리해야 하며, 지속 가능한 소비를 촉진해야 한다.

'기후변화 완화 및 적용'은 요즘 전 세계가 이목을 집중하고 있는 부문이며, 모든 조직은 온실가스 배출에 직 · 간접적인 책임을 갖고 있다고 할 수 있다. 또한 어떤 방식으로든 기후변화의 영향을 받게 된다. 이는 조직의 온실가스 방출 최소화(완화)와 기후변화 계획(적응)에 조직이 책임이 있다는 것을 의미한다.

(2) GRI 환경기준

1999년 미국 비영리 지속가능성 단체인 세레스(Ceres)와 유엔환경계획(UNEP, UN Environment Programme)을 중심으로 설립된 GRI(Global Reporting Initiative)는 기업의 지속가능성 보고를 위한 가이드라인을 개발했으며, 2002년 지속가능발전 세계정상회의(WSSD) 이행계획에 기업 보고의 권고사항으로 포함된 이래 여러 차례 수정을 거쳐 2016년 GRI 표준으로 정립되었다.

GRI 표준은 기업의 지속가능성 보고를 위한 국제표준이며 크게 '공통표준(Universal Standards)'과 '특정주제 표준(Topic-specific Standards)'으로 구성되어 있고, 환경(E)부문에 대한 지표는 주로 특정주제 표준에서 확인할 수 있다. 공통 표준은 기초(GRI 101), 일반공개(GRI 102), 경영접근 방식(GRI 103) 세 가지의 주제로 구성되어 있다.

특정주제 표준은 경제(GRI 200), 환경(GRI 300), 사회(GRI 400)부문의 하위에 각 부문과 관련된 다양한 주제로 구성되어 있으며, ESG 상의 환경(E)부문과 관련된 주제와 지표는 GRI 표준의 환경(GRI 300)부문에서 확인할 수 있다.

GRI 표준에서 환경부문은 원재료, 에너지, 용수 및 폐수, 생물다양성, 배출, 폐기물, 환경적 규범준수, 공급업체 환경평가 등 총 8개의 주제로 구성되어 있고 세부지표로는 총 32개의 지표가 마련되어 있어 상당히 넓은 범위를 포괄하는 주제와 지표를 제시하고 있다. GRI Standards는 많은 기업이 ESG 활동 보고의 표준으로 활용하고 있다.

2021년 6월 현재, GRI Standards는 39개 주제별로 구성된 세부항목에서 ESG 관련 항목에 대한 공시 표준을 제시한다. GRI Standards의 특징 가운데 하나는 UN의 SDGs와 관련된 활동을 지속가능성 보고에 반영하는 부분에 관심을 기울인다는 점이다. GRI Satandards의 세부항목에는 ESG 가운데 환경과 사회 관련 항목에 대한 공시 기준은 존재하나 기업의 지배구조에 관한 기준은 정비되어 있지 않다.

그러나 국제적인 비교를 위해서는 지배구조 관련 내용이 누락된 점은 단점일 수 있다고 생각해서 최근에 보완작업을 시행하고 있다. GRI Standards는 이름에서 일견 재무제표를 위한 회계기준과 유사하게 보이지만 몇 가지 점에서 차이가 있다. 우선 재무제표는 정형화된 형식으로 계량화된 수치들을 제공하는 반면, GRI Standards를 따라 작성된 공시는 관련 내용에 대한 서술 형태로 제공된다.

그러므로 어느 정도 표준화된 것으로는 볼 수 있으나, 재무제표와 같은 형태로 양적인 표준화는 되지 않는다. 둘째로는 일반적으로 재무제표는 제3자에 의한 인증(회계감사)이 의무화되어 있는 반면, GRI Standards에 따른 지속가능보고서는 공시정보의 정확성과 적절성에 대한 제3자에 의한 인증이 의무화되어 있지는 않다. 이러한 점은 지속가능보고서의 공시정보로서 가치에 제약점이 된다. 이 점은 GRI

Standards에만 있는 문제가 아니라 모든 지속가능보고기준에 공통된 문제점이다. 제도적으로나 관행적으로 통용되는 ESG 표준 보고양식이 등장하기 전까지는 이 부분은 해결되기가 쉽지 않을 것이다.

(3) TCFD(Task Force on Climate-related Financial Disclosures)

금융 분야의 국제 협력을 위해 설립된 국제기구인 금융안정위원회(Financial Stability Board)는 2015년 기업이 기후 문제와 관련된 위험의 재무적 효과를 공시하기 위한 방안을 개발하는 것을 목표로 기후관련 재무정보공시 태스크포스(Task Force on Climate-related Financial Disclosures(TCFD))라는 협의체를 설립하였다. 이들은 2017년에 권고안을 발표하고, 은행의 범세계적인 기후변화와 관련한 위험 및 기회 요인을 파악하여 그 재무적 영향을 공시하는 방안을 제안하였다.

TCFD 권고안의 주요 내용은 지배구조, 경영전략, 위험관리와 측정기준, 목표등 4가지로 구성되어 있다. 지배구조는 기후변화 관련 조직의 지배구조, 즉 이사회와 경영진의 역할에 대한 공시요구이며, 경영전략은 기후변화의 사업 · 전략 · 재무계획에 대한 실질적 · 잠재적영향을 공시할 것을 권고한다.

위험관리는 기후변화와 관련된 위험을 파악 · 평가 · 관리하기 위해 사용하는 프로세스의 공시에 관한 내용이며, 마지막으로 측정기준 및 목표는 기후변화의 영향을 평가하고 관리하는 데 사용되는 지표와 감축목표 등의 공시에 관한 권고를 포함한다. 이 권고안의 특징은 환경위험에 따른 결과를 지속가능보고서가 아닌 재무보고에 반영하기 위한 것이라는 점인데, 이 점이 GRI Standards와 주요한 차이점이다.

재무적 효과를 평가하고 이를 재무보고에 반영함으로써 기업가치 평가에 반영하기 용이하므로 자본시장에서 환경요인을 평가하는 것이 가능해진다. GRI Standards와 마찬가지로 TCFD 권고사항도 재무제표와 같은 정형화된 테이블을 제공하기 위한 것은 아니다. 그보다는 재무제표와 함께 기후변화 관련 정보를 제공함으로써 현재의 재무제표 정보에 기후 관련 정보의 공시를 보강하는 것으로 보는 것이 바람직할 것이다.

2021 TCFD 보고서에 따르면, 2021년 10월 기준 전 세계 89개국의 2,616개 이상 기업 및 기관이 TCFD에 대해 지지선언을 했다. TCFD 지지 표명 국가와 기업은 일본(527), 영국(384), 미국(345), 호수(125), 프랑스(117) 순이다. TCFD를 지지하는 기업 및 기관의 수는 더욱 늘어날 전망이다. 우리나라는 환경부, 거래소, 신한 · KB 등 15개 기관이 가입하고 있다. TCFD 권고안은 단순히 기업이 기후변화와 관련된 지표나 목표만 공개하도록 하는 것이 아니라 기업의 지배구조, 전략, 위험관리 측면에서 상세하게 어떠한 정보를 밝힐 필요가 있는지 제시한다는 데에 의의가 있다.

단순히 기후변화와 관련된 기업의 현재 상황과 목표치만 공개하는 것이 아니라 한 기업이 가지고 있는 기후위기 대응능력을 반영하여 정보를 공개하도록 권고하고 있으며, 이를 통해 투자자 및 투자기관은 종합적인 정보를 통해 기업을 평가하고 스크리닝할 수 있을 것으로 판단된다.

TCFD(2020)의 조사에 따르면 권고안 발표 이후 11개의 권고안에 대하여 정보공개를 하는 기업의 비중은 증가하고 있으나, 여전히 더 많은 정보가 공개될 필요가 있는 것으로 나타나고 있다. TCFD(2020)는 1,701개 기업의 정보공개에 대해 조사했으며, 2019년 기준 TCFD 권고안을 따라 기후변화와 관련된 정보의 평균적인 공개 비율은 에너지 산업이 40%로 가장 높았으나 절반에 못 미치는 수준이었고 기술미디어 산업은 13% 수준으로 가장 낮았다.

특히 모든 산업에 대해서 11개 권고 정보공개 중 '전략(C): 조직전략의 회복 탄력성'의 정보 공개 비율이 가장 낮은 것으로 드러났는데, 이는 기업의 기밀정보 공개의 어려움과 관련 있는 것으로 판단되며, 기업의 기밀을 유지하면서도 해당 부분 정보를 공개할 수 있는 적절한 가이드라인이 제시될 필요가 있다.

(4) ISSB(International Sustainability Standards Board) 기후 공시 기준

IFRS재단도 ISSB를 런칭하였는데 이것은 회계기준에 ESG를 반영하려는 시도이다. ISSB는 2021. 11월 말 발표한 지속가능성 공시기준 시안에 대한 피드백을 반영하여 초안을 제시(2022. 3월 말)하였으며, 글로벌 의견수렴 과정을 거친 후 2022년 말에 최종안을 제시하였다. 시행은 2025년에 할 예정이다. 이 공시는 "일반 공시요건(S1)" 및 "기후 관련 공시사항(S2)"으로 구성되어 있는데 일반 공시요건은 지속가능성 관련 재무정보 공시 전반에 대한 핵심 요소(core content)를 설정하여 지속가능성 관련 재무정보에 대한 포괄적인 기준선을 제시하고 기후 관련 공시는 기업가치에 영향을 미치는 기후 관련 위험 및 기회에 대해 투자자가 평가할 수 있는 정보의 공시를 요구하는 것이다.

각 공시는 4가지 요소로 나뉘는데 ① (지배구조) 기업이 유의적인 지속가능성 관련 위험과 기회를 감독 및 관리하기 위해 사용하는 지배구조 상의 과정, 통제 및 절차에 대한 정보 ② (전략) 유의적인 지속가능성 관련 위험 및 기회에 대응하기 위한 기업의 전략을 이해할 수 있는 정보 ③ (위험관리) 기업이 지속가능성 관련 위험과 기회를 어떻게 식별, 평가 및 관리하는 지와 이를 위험관리 과정에 통합하는 방식을 이해할 수 있는 정보 ④ (지표 및 목표) 기업이 지속가능성 관련 위험과 기회를 측정, 감독 및 관리하는 방법을 이해하고, 성과(목표 달성 정도)를 평가할 수 있는 정보가 그것이다. IFRS 공시기준의 접근방식은 TCFD 권고안과 일치하지만, 보다 구체적이고 세부적인 정보를 추가적으로 공개하도록 요구하고 있다.

6) 넷제로(Net-Zero)

넷제로, 또는 탄소 중립이란 지구상에서 생성되는 탄소량과 흡수되는 탄소량의 총량을 같게 하여 실질적인 탄소 배출량을 '0', 즉 '제로'로 맞추는 것을 의미한다. 또한 기후변화에 의한 폭염, 폭설 태풍, 산불과 같은 최악의 환경재난을 막기 위해 우리에게 주어진 과제로 그 시한과 내용은 분명하다. 2050년까지 온실가스 배출을 현재의 절반 수준으로 감축하는 것이 목표이다. 넷제로의 개념이 처음 대두된 것은 2015년 기후변화회의에서 채택된 파리협정이라 할 수 있는데, 조약은 "2050년까지 인간에 의한 온실가스의 배출과 흡수원에 의한 제거 간의 균형"을 되찾을 것을 명시하고 있다. 지구의 온도가 2℃ 이상 상승할 경우, 폭염 한파 등 보통의 인간이 감당할 수 없는 자연재해가 발생한다. 상승 온도를 1.5℃로 제한할 경우 생물다양성, 건강, 생계, 식량안보, 인간 안보 및 경제 성장에 대한 위험이 2℃보다 대폭 감소한다.

제2차 산업혁명 이래 인류의 활동은 대량생산 소비문화와 그에 따른 대규모 화석 연료 연소로 이어졌으며 세계화와 무역의 증가 역시 이러한 경향을 부추겨왔다. 지구 온난화는 기후 이상으로 직결되며 또한 해양 산성화와 멸종으로 인한 생물다양성의 축소, 또한 북극 및 영구 동토층의 축소로 인한 고대 바이러스의 부활이라는 형태를 띨 수도 있다. 또한 빙하의 해빙으로 매년 4mm씩 상승하는 해수면은 전 세계 여러 해안 도시들을 지도에서 삭제할 것이다. 현 추세가 계속된다면 2050년까지 베트남 남부 전역, 수도인 방콕을 포함한 태국의 10%가 수몰될 것이다.

더 심각한 문제는 토양의 염화로 황폐해진 해안 경작지와 이상기후는 전 세계 국가들의 식량안보에 큰 위협이 될 수 있다는 사실이다. 국제사회가 제시하는 넷제로를 달성하기 위한 10가지 주요 해결책은 다음과 같다. 석탄발전의 단계적 감축, 청정에너지와 에너지효율 개선에 투자, 건축물 개축, 소재의 탈탄소화, 친환경자동차로 전환, 대중교통 증가, 항공과 해운의 탈탄소화, 산림복원, 음식물 폐기물 및 쓰레기 감량, 육식 감축 및 채식 증가 등이다.[11)]

---

11) CFA Institute, ESG Investing Curriculum, 2023

〈그림 3〉 GHG를 줄이는 10가지 방법

출처 : 세계자원연구소, World Resources Institute

넷제로 관련 전 세계 동향을 살펴보면 현재 지구상에서 배출하는 온실가스보다 흡수하는 온실가스량이 많은 국가는 딱 두 곳이다. 부탄과 수리남이다. 그 밖의 국가들은 법적 구속력 있는 넷 제로 배출목표를 수립함으로써 지구 온난화를 막는 노력에 동참하고 있다. 이 중 가장 두각을 나타내는 국가는 스웨덴으로 2017년 6월, 2045년까지 탄소 중립을 달성하겠다는 공약을 내걸고 이 목표를 위해 경주하고 있다. 2050년까지 넷제로 달성을 목표로 수립한 국가로는 영국, 프랑스, 덴마크, 뉴질랜드, 헝가리, 일본, 한국이 포함되며 중국은 넷제로 달성 시한을 2060년까지로 잡고 있다. 그리고 미국은 조 바이든 대통령의 당선과 함께 2021년 3월 광범위한 환경 법안을 도입하며 2050년까지 넷제로 달성 목표를 공식 천명했다.

한국 정부의 탄소 중립 추진전략은 경제구조의 저탄소화, 신유망저탄소 산업 생태계 조성, 탄소중립 사회로의 공정전환 및 탄소중립 제도적 기반 강화라는 4개의 큰 줄기로 나눌 수 있다. 경제구조의 저탄소화에는 에너지 전환 가속화, 고탄소산업 구조 혁신, 미래 모빌리티로 전환, 도시 및 국토 저탄소화가 포함되어 있고 신유망저

탄소 산업 생태계 조성에는 신유망산업 육성, 혁신 생태계 저변 구축, 순환경제 활성화가 포함되어 있다. 탄소중립 사회로의 공정전환에는 취약 산업·계층 보호, 지역 중심의 탄소중립 실현, 탄소중립 사회에 대한 국민 인식 제고 등이 포함되어 있다.

7) RE100 [12)]

RE100은 재생에너지 전기(Renewable Electricity) 100%의 약자로 기업 활동에 필요한 전력의 100%를 태양광과 풍력 등 재생에너지를 이용해 생산된 전기로 사용하겠다는 자발적인 글로벌 캠페인이다. RE100은 탄소정보공개프로젝트(CDP, Carbon Disclosure Project)와 파트너십을 맺은 다국적 비영리기구인 '더 클라이밋 그룹(The Climate Group)' 주도로 2014년에 시작되었다.

RE100 캠페인의 주된 목적은 명확하다. 우리가 직면하고 있는 가장 심각한 글로벌 위기인 기후변화를 막는 것이다. 이를 위해서 기업활동에 필수적으로 필요한 전기를 온실가스를 배출하지 않는 재생에너지로 생산된 전기로 사용하겠다는 것이다.

기후변화는 우리의 삶과 경제에 심각한 위협이 되고 있다. 2022년 2월 미국에서는 이상 한파로 영하 41도를 기록하는 등 500여 곳에서 최저 기온 기록이 깨졌다. 6월 캐나다에서는 기온이 50도 가까이 치솟는 백년 만의 폭염으로 100여 명이 숨졌다. 7월 중국에서도 천년 만의 폭우로 3백만 명의 이재민이 발생했다. 같은 달 서유럽에서는 백년 만의 폭우로 200명이 넘는 사망자가 발생했다.

우리나라도 이상기후의 피해를 겪고 있다. 2018년 역대급 폭염, 2019년 역대 가장 많은 태풍, 2020년 역대 최장 장마를 겪었다. 지난해 서울의 폭염일수 역시 역대 3위였다. 지구온난화로 인해 앞으로 여름철마다 폭염-태풍-폭우 '트리플 이상기후'를 겪게 될 것이라는 암울한 예측도 있을 정도이다.

12) https://www.greenpeace.org/korea/update/21347/blog-ce-why-re100-is-important/

이상기후는 심각한 경제 피해도 발생킨다. 미국 국립환경정보센터(NCEI)는 지난해 1월부터 9월까지 발생한 총 18건의 기후재난으로 총 피해액이 약 125조원에 달한다고 평가했다. 세계적 재보험사인 스위스리(Swiss Re)는 지구 평균 온도 2.6도 상승 시 우리나라의 2050년 국내총생산(GDP)이 9.7% 감소할 것이라고 예측했다. 이는 2020년 우리나라 GDP 규모에 적용해 봐도 188조에 달하는 막대한 경제피해이다.

지난해 유엔의 최신 기후변화 분석 보고서가 발표된 이후 안토니오 구테흐스 유엔사무총장이 "인류에 대한 적색 경보 알람이 귀청이 떨어질 만큼 크게 울리고 있다"고 말한 것처럼, 우리가 지금 겪고 있고, 앞으로 마주할 기후위기는 인류가 한 번도 겪어보지 못한 전대미문의 위기이다.

기후위기를 막기 위해 우리에게 주어진 선택은 하나밖에 없다. 우리 사회의 모든 부문에서 온실가스 배출의 주범인 석탄 · 석유 · 천연가스 등의 화석연료 사용을 빠르게 줄여나가는 것이다. 또한 산업형 축산으로 인한 육식의 증가로 겪고 있는 탄소 배출도 무시할 수 없는 수준이다. 따라서 육식을 줄이는 것도 대책 중 하나이다.[13)]

많은 양의 온실가스 배출을 효과적으로 줄일 수 있는 분야가 바로 발전 부문이다. 화석연료 발전을 대체하면서 온실가스 배출이 없는 태양광과 풍력을 비롯한 재생에너지 발전이 이미 대안으로서 존재하기 때문이다. 재생에너지 기술은 이미 검증을 완료했고, 효율이 향상되었으며, 경제성 역시 대규모 확산에 충분할 정도로 개선되었다. 2019년 미국에서는 130년 만에 처음으로 연간 재생에너지 발전량이 석탄발전량을 추월하기도 했다. 2021년 상반기 선진국 모임인 OECD 국가의 재생에너지 발전 비중은 평균 33%였다. 덴마크는 77%, 캐나다는 71%, 독일은 43%, 프랑스 25%, 일본 22%를 기록했다.

2022년 2월 7일 기준으로 RE100에 가입한 글로벌 기업의 숫자는 349개이다.

---

13)브라이언 케이트먼, 고기는 절반만 먹겠습니다. 애플북스 2023.

RE100 2021년 연차보고서에 따르면 RE100에 가입한 회원 기업들의 연간 전력 총 소비량은 340 테라와트시(TWh)로 이는 국가로 비교했을 때 세계에서 12번째로 전력을 많이 소비하는 영국 전체의 연간 전력 소비량보다 많은 규모이다. 참고로 우리나라는 2020년에 약 552 TWh의 전력을 소비했다. 2021년 재생에너지 전력 소비 실적을 보고한 RE100 회원사(215개)들은 전체 전력의 무려 45%를 재생에너지 전기로 조달했다. OECD 국가의 재생에너지 발전 비중이 30%를 조금 넘고, OECD 꼴찌인 우리나라의 재생에너지 발전 비중이 아직 7%가 되지 않는 것에 비하면, RE100 회원사들의 재생에너지 전환 속도는 매우 빠른 것이다.

RE100이 "2050년까지 재생에너지 전기 사용 100%를 목표로 하는 캠페인"이라고 소개되는 것을 보는데 이는 잘못된 설명이다. 2050년은 RE100에 가입하기 위한 최소 조건이다. 이미 RE100 회원사들의 평균 RE100 달성 목표 연도는 2030년이다. 우리나라의 2030년 재생에너지 발전 비중 목표가 30%인 것에 비교해보면 글로벌 대기업들이 평균적으로 2030년 RE100을 목표로 하고 있다는 것은 우리가 기후위기 대응을 위한 글로벌 재생에너지 사용 확대 경쟁에서 얼마나 뒤쳐져 있는지를 보여준다.

하지만 한국에서도 이제 변화가 시작되고 있다. 2020년 말 6개의 SK 계열사인 SKC, SK실트론, SK머티리얼즈, ㈜SK, SK텔레콤, SK하이닉스가 국내 기업 최초로 RE100에 가입한 후에 지금까지 8개의 회사—아모레퍼시픽, LG에너지솔루션, 한국수자원공사, KB금융그룹, 고려아연, 미래에셋증권, SK아이이테크놀로지, 롯데칠성음료—가 가입하면서 한국 RE100 회원사는 14개로 늘었다. RE100 사무국도 일본과 한국 기업들이 RE100에 참여하기 시작한 것을 중요한 변화로 다루고 있다.

RE100에 가입하는 글로벌 기업의 수가 가파르게 증가하고, 우리나라 기업도 가입하기 시작한 것은 시급한 기후변화에 대응하는 것이 주목적이지만 그만큼 중요한 다른 이유가 있다. 글로벌 기후위기 시대에 기업이 온실가스를 줄이지 않으면, 글로벌 수출 경쟁에서 살아남기 힘들어지기 때문이다.

세계적으로 더 많은 소비자들이 온실가스를 대량으로 배출하는 기업의 사회적 책임을 묻기 시작했다. 글로벌 투자기관도 재생가능에너지 사용 확대를 비롯한 기업의 기후위기 대응 성적을 투자에 중요한 요소로 포함시키고 있다. 특히 RE100 회원사 중 일부는 자신의 공급망에 포함되어 있는 협력업체에게도 재생에너지 전기를 사용하여 생산된 부품을 납품하도록 요구하기 시작했다. 이러한 추세는 확산되고 있다. 대표적인 회사가 애플이다. 애플은 2018년 4월 애플의 사무실, 데이터센터, 소매점 등 기업의 모든 활동에 소비되는 전력을 재생에너지 100%로 공급받는다고 선언했다.

2020년 7월 애플은 부품 조달부터 서비스 제공에 이르는 전 사업 활동에서 2030년까지 재생에너지 100%를 포함하여 온실가스 순배출량을 0으로 만드는 탄소중립을 달성하겠다는 대담한 목표를 발표했다. '2021년 애플 공급사 리스트에 이름을 올린 한국 회사는 공급 지역 기준으로 23곳이었다. 삼성전자와 LG디스플레이를 비롯한 국내대표 전자기업들이 대거 포함되었다. 따라서 이제 RE100은 기후위기 대응을 넘어 국내 주요 기업의 수출경쟁력에 직결되는 요소가 되었다. GDP 대비 수출 비중이 높은 한국 경제에 있어서 시급한 기후위기 대응에 요구되는 변화는 이제 선택이 아니라 필수이다.

한국의 경우 2021년 기준으로 재생에너지를 이용한 발전의 비율은 6.7%에 불과하다. 따라서 RE100을 달성하기가 쉽지 않은 상황이다. 따라서 원자력 발전을 활용한 CF(Carbon Free) 100을 목표로 하는 것이 바람직하다는 의견도 대두되고 있다.[14]

---

14) 한경무크, ESG 2.0 한경, p67.

8) 탄소배출권

온실가스 배출권거래란 교토의정서 제17조에 규정되어 있는 온실가스 감축체제로서, 정부가 온실가스를 배출하는 사업장을 대상으로 연단위 배출권을 할당하여 할당범위 내에서 배출행위를 할 수 있도록 하고, 할당된 사업장의 실질적 온실가스 배출량을 평가하여 여분 또는 부족분의 배출권에 대하여는 사업장 간 거래를 허용하는 제도이다. 우리나라 배출권거래제도는 "저탄소 녹색성장기본법" 제46조에 의거하여 "온실가스 배출권 할당 및 거래에 관한 법률이 제정되어 2015년 1월 1일부터 시행중에 있다.

온실가스 감축 여력이 높은 사업장은 보다 많이 감축하여 정부가 할당한 배출권 중 초과감축량을 시장에 판매할 수 있고, 감축 여력이 낮은 사업장은 직접적인 감축을 하는 대신 배출권을 살 수 있어 비용절감이 가능하다. 각 사업장이 자신의 감축 여력에 따라 온실가스 감축 또는 배출권 매입 등을 자율적으로 결정하여 온실가스 배출 할당량을 준수 할 수 있다.

국내 화학 업체인 TKG휴켐스는 공장 내 이산화탄소 등 온실가스(탄소) 배출량을 감축하고 남은 분량의 탄소배출권을 판매하여 2021년에만 374억원의 수익을 냈다. 영업이익의 39%에 이르는 규모이다.

현대제철의 탄소배출권 부채는 2021년 말 기준 1,571억원에 이르고 있다. 이 부채는 탄소배출권을 구매했거나 해야 할 돈이다. 전년 1,143억원 대비 37% 증가했고, 배출권으로만 지난해 영업이익(730억원)의 2배 이상 금액을 부채로 떠안은 것이다.

미국의 유명기업 테슬라도 사실은 탄소배출권으로 이익을 내고 있다. 배출권제도의 핵심은 정부가 기업에 1톤(t) 단위의 배출권 분량을 할당(허용)하면, 기업은 할당량(이른바 온실가스 배출 목표치)보다 온실가스를 줄여야 하는데, 허용치보다 온실가스를 많이 배출하고도 배출권을 확보하지 못하면, 기업은 시장 가격의 3배에 이르는 과징금을 물어야 한다.

9) 친환경 전력공급 사업

에너지신산업의 하나로 떠오르고 있는 소규모 전력중개사업 제도가 본격적으로 도입되었다. 소규모 전력중개사업이란 1MW 이하의 신재생에너지와 에너지저장장치, 그리고 전기자동차에서 생산한 전력을 중개사업자가 모아 전력시장에서 거래하는 사업을 말한다. 이를 위해 산업통상자원부는 소규모 전력중개사업 관련 전기사업법을 2020년 6월에 개정했고, 법 시행시점인 12월에 맞추어 시행령 등 하위법령 정비를 완료하였다. 현재 1MW 이하 신재생 발전사업자는 직접 전력시장에 참여해 전력을 거래하거나, 별도의 시장 참여 없이도 한전에 전기를 판매할 수 있다. 하지만 대부분의 소규모 발전사업자는 거래절차 등이 복잡한 전력시장보다는 한국전력과의 거래를 선호하는 상황이다.

따라서 전력중개사업이 본격적으로 시행되면 소규모 발전사업자가 전력중개사업자를 통해 쉽게 전력시장에 참여할 수 있다. 중개기업 H사에 의하면 1MW당 예상수익은 연간 215만원인데(2021년) 국가 전력계통의 안정적 운영을 위해, 태양광 발전소의 다음날 발전량을 예측하고 정확도에 따라 전력거래소로부터 '예측정산금'이라는 수익을 얻는 것이다. RE100 참여 기업들은 직접적인 전력 구매를 통하여 친환경 에너지 사용을 100% 하여야 하기 때문에 수요가 높다. 대학도 주차장 등에 태양광 발전소를 건설하여 이것을 기업에 판매할 수 있다.

10) 탄소 국경세(Carbon Border Tax)의 개념 및 배경

이산화탄소 배출 규제가 느슨한 국가가 강한 국가에 상품 · 서비스를 수출할 때 적용받는 무역 관세이다. 탄소국경세는 모든 탄소집약적 상품에 부과돼 중소기업까지 적용된다. 2019년 기준 한국의 석탄발전 비중은 41.5%로 미국(23.6%), EU(17.5%) 등을 상회하며 탄소집약적 제조업의 비중이 커 조세부담이 커질 것으로 예상된다.

이 탄소국경세는 탄소배출 감축에 적극적인 국가와 소극적인 국가 간 형평성 문제가 발생한다는 문제의식에서 출발하였는데 막대한 비용을 들여 제조공정을 친환경적으로 바꾼 회사와 환경을 오염시키며 값싸게 제품을 생산한 회사를 똑같이 경쟁시키기 어렵다는 취지이다.

유럽연합(EU)으로 철강 · 알루미늄 등 주요 제품군을 수출하는 전 세계 기업들은 오는 10월부터 탄소배출량을 의무적으로 보고해야 한다. 2026년부터는 이들 제품에 대한 '탄소 국경세' 부과가 시작되어 한국의 수출 기업들도 영향을 받게 될 전망이다. 유럽의 탄소국경제도는 유럽연합 역외 기업들이 철강 · 알루미늄 · 비료 · 전기 · 시멘트 · 수소제품 등 6개 품목을 유럽연합으로 수출하는 경우, 제품 생산 과정에서 나오는 탄소배출량을 추정해 관세를 부과하는 정책이다. 관세 수준은 정해진 탄소배출량 초과량에 대한 배출권을 사고파는 제도인 유럽연합 탄소배출권거래제(ETS)를 가이드라인 삼아 책정된다. 유럽연합은 다만 법안이 시행되는 2023년 10월1일부터 2025년 12월 말까지는 전환(준비) 기간으로 삼아, 관세 대신 탄소배출량 보고 의무만 부여된다. 이후 2026년부터 2034년까지 단계적으로 탄소 관세가 부과된다.[15)]

미국 무역대표부(USTR)는 의회에 제출한 통상정책 연례보고서에 '기후변화에 대응하기 위해 탄소 국경 조정세를 검토하고 있다'고 밝혔다(2020). 미국 역시 오는 2023년 탄소국경세 도입을 목표로 발빠르게 움직이고 있다. 민주당 소속 크리스 쿤스(델라웨어) 상원의원과 스콧 피터스(캘리포니아) 하원의원은 탄소 배출 감축에 소극적인 중국과 같은 개발도상국에서 수입되는 제품에 세금을 부과하는 '탄소국경세' 법안을 발의했다. 바이든 대통령이 그동안 기후변화 대처를 핵심 어젠다로 제시했고 직 · 간접적으로 탄소국경세 도입을 검토하고 있다고 수차례 밝힌 바 있다는 점에서 통과가 유력해 보인다. 이 처럼 EU에 이어 미국까지 탄소국경세가 도입될 경우

---

15) https://www.hani.co.kr/arti/international/international_general/1088450.html 2023년 8월 3일 검색.

중국, 인도, 러시아 등 탄소 배출이 많은 개발도상국은 직격탄을 맞을 가능성이 크다. 특히 그린피스 코리아 등의 분석에 따르면 EU · 미국에 이어 중국까지 맞불 작전에 나서 탄소국경세를 도입할 경우 2030년에 우리나라가 추가 부담하는 탄소국경세는 최대 약 1.9조 원에 육박할 것으로 전망됐다. 석유화학 기업은 수출액의 5%, 철강은 10%까지 탄소 국경세를 부담할 전망이다. 한국기업들이 미국, EU, 중국에 지급해야 할 탄소국경세는 2023년 약 6,100억원, 2030년 1조 8,700억원으로 추산된다.

이에 따라 정부는 국제 무역 환경 변화가 국내 산업에 미치는 영향을 정밀하게 점검해 선제적으로 대응할 수 있는 민관합동 전략을 조속히 마련한다는 방침이다. 산업통상자원부에 따르면 업종별 탄소중립추진위원회가 순차적으로 출범 중이며 정부의 2050년 탄소중립 비전에 따라 원활한 소통 창구 역할 기대하고 있다. 철강업, 석유화학업, 시멘트업의 탄소중립추진위원회는 이미 출범했다. 반도체 · 디스플레이업, 비철금속업, 자동차업(정유업 포함), 제지 · 섬유업, 조선업, 기계업, 통신업에서 위원회 출범 예정이다. '2050 탄소중립 추진 전략'에 따라 기후대응기금 조성 방안 발표했으며 기금 조성을 위한 재원 마련 방안으로 에너지세 개편 등을 제시하였다.

우리나라 산업계도 대응하고 있다. 현대차는 울산 화학단지에서 나오는 수소를 활용하여 전력을 생산(연간 8,000MWh 생산 예상)함으로써 석탄 화력 대비 7,900t의 CO_2 절감 효과 기대하고 있다. 석유화학업계는 사탕수수를 원료로 친환경 페트병을 생산하여 석유 대비 CO_2 20%를 감축하는 효과 기대하고 있다. 정부는 재생에너지와 그린수소를 기반으로 빠르게 산업과 에너지를 전환하는 국가가 '탄소국경세'로 대변되는 무역전쟁의 주도권을 잡을 것이 확실하다는 판단 아래 국내 산업계의 부담 완화, 민간의 기술혁신 지원에 주력한다는 방침이다.[16]

16) http://www.ecotiger.co.kr/news/articleView.html?idxno=44551, 2023년 8월 3일 검색

11) SBTi

기후변화에 관한 정부 간 협의체(IPCC)의 지구 온난화 1.5°C 특별 보고서(SR15, 2018)에 의해 재앙적인 기후 붕괴를 피할 수 있는 가장 좋은 방안으로 지구 온도 상승폭을 산업화 이전 대비 1.5°C 이내로 제한하고 2050년까지 CO_2 배출량이 넷제로 상태에 도달하는 것이 널리 받아들여졌다. 보다 최근에 발간된 IPCC(2021) 6차 평가 보고서에서는 기후변화가 이미 지구 전 지역에 영향을 미치고 있으며 그 영향이 기상 이변, 악화된 가뭄, 산불 위험 증가의 형태로 더욱 가시화되고 있음이 확인되었다.

이러한 배경에서 점점 더 많은 기업들은 넷제로(Net−Zero) 목표를 설정하고 있다. 그러나 넷제로 배출을 달성하기 위해 노력하는 기업의 수는 빠르게 증가했지만 각 기업들이 설정한 모든 넷제로 목표가 동일하지는 않다. 공통된 기준을 따르지 않으면 여러 넷제로 목표는 일관성을 잃을 수 있으며, 지구온난화에 미치는 전체적 영향은 현저히 제한된다. 넷제로 목표에 대한 기업의 관심 증가는 기업이 기후 행동을 추진할 수 있는 비할 데 없는 좋은 기회이며, 기업이 "넷제로" 개념에 대한 공통된 이해를 가질 필요로도 이어진다. 비즈니스 리더에게는 넷제로 목표를 설정하기 위한 강력한 과학기반 프레임워크가 필요하다. 적절한 프레임워크가 없다면, 파리협정의 목표와 일치하지 않는 비즈니스 모델에 계속 투자할 위험이 있기 때문이다.

과학기반 감축목표 이니셔티브(Science Based Targets Initiative, 이하 SBTi)는 투명한 다중 이해관계자 프로세스를 통해 기업이 넷제로 목표를 설정할 수 있는 최초의 글로벌 과학기반 표준을 개발했다. SBTi의 기업 넷제로 표준(SBTi Corporate Net−Zero Standard, 이하 "넷제로 표준")은 비즈니스 리더에게 기업의 단기 및 장기 목표가 지구의 지속가능성 유지를 위해 필요한 수준과 일치한다는 확신을 주고, 광범위한 이해관계자들에게 기업의 기후 행동에 대한 명확한 평가를 제공한다. 기업은 SBTi를 통해 넷제로 목표를 세움으로써 지구 온난화를 1.5°C로 제한하려는 목표에 부합하는 검증된 단기 및 장기 과학기반 감축목표(Science Based Targets, SBT)를 설정할 수 있으며, 기후 리더로 두각을 나타내고 넷제로를 향한 글로벌 전환에도 앞장설 수 있다.

SBTi는 기업이 최신 기후 과학에 따라 야심찬 배출 감축목표를 설정할 수 있도록 지원하는 글로벌 기구이다. 2030년 이전에 배출량을 절반으로 줄이고 2050년 이전에 넷제로 배출을 달성하도록 전 세계 기업의 참여를 촉구하는 데 중점을 둔다. SBTi는 CDP, 유엔글로벌콤팩트(UN Global Compact), 세계자원연구소(WRI) 및 세계자연기금(WWF)이 공동 발족했으며, "위 민 비즈니스 연합(We Mean Business Coalition)"의 서약사항 중 하나이다. SBTi는 SBT 설정의 모범 사례를 정의하고 발굴하며, 목표 채택의 장벽을 줄이기 위한 자료와 지침을 제공하고, 기업의 감축목표를 독립적으로 검증하고 승인한다.

SBTi의 기업 넷제로 표준(이하 "넷제로 표준")은 기업이 SBTi를 통해 넷제로 목표를 설정하는 것을 지원하기 위한 지침, 기준 및 권고사항을 제공한다. 이 표준의 주요 목적은 기업이 기후 과학과 일치하는 넷제로 목표를 설정할 수 있도록 표준화된 강력한 방법을 제공하는 것이다. SBTi는 온실가스(GHG) 산정에 대한 몇 가지 보충 지침을 제공하는데, 이 보충 지침에 대해서는 기업 온실가스 프로토콜(Greenhouse Gas Protocol, 이하 "GHG 프로토콜")의 기준들을 참조해야 한다.[17)]

12) ISO 14001

1992년 리우 지구정상회의를 계기로 환경적으로 건전하고 지속가능한 개발을 달성하기 위한 실천적 방법론으로 환경경영이 새로운 기업경영 패러다임으로 등장하였다. 이는 조직에게 경제적 수익성뿐만 아니라 환경적 지속가능성을 포괄하는 경영

17) https://sciencebasedtargets.org/resources/files/SBTi-Corporate-Net-Zero-Standard-KR.pdf 2023년 8월 3일 검색

전략을 도입할 것을 강력히 요구하는 것이다.

ISO 14001 환경경영시스템은 일부 환경담당자들에 의해 운영되어 오던 기존의 관리방식을 탈피하여 전 직원의 참여를 통해 사전에 환경문제를 관리하는 시스템적 접근방법이다. 조직은 ISO 14001 인증을 통해 경제적 이윤 창출과 환경성과 개선이라는 두 가지 효과를 동시에 누릴 수 있다.

ISO 14001은 모든 산업 분야 및 활동에 적용할 수 있는 환경경영시스템에 관한 국제규격으로 기업은 환경경영시스템을 통해 환경 측면을 체계적으로 식별, 평가, 관리 및 개선함으로써 환경위험성을 효율적으로 관리할 수 있다.

ISO 14001의 인증취득의 효과는 폐기물 및 에너지 소비 최소화를 통한 직접비용 절감, 환경사고의 사전 예방 및 최소화, 환경법규 준수. 환경성과의 지속적 개선을 통한 환경 문제점 해결, 국제적 신뢰 획득을 통한 대외 무역장벽 극복. Green 기업으로 이미지 개선 등이다.

13) ISO 50001

ISO 50001인증이란 조직이 구축 · 운영하는 에너지경영시스템에 대하여 공인기관이 제공하는 에너지경영시스템(EnMS, Energy Management System)의 표준 요구사항 이행에 대한 제 3자 적합성 평가인증이다. 에너지경영시스템(EnMS)은 조직이 원가절감을 위해 에너지효율 향상 활동을 통합적이고 체계적인 경영전략으로 구축하여 전사적 지속적으로 추진할 수 있는, 기술 측면과 경영 측면이 조화된 에너지관리 시스템 표준이다.

ISO 50001 인증의 효과는 생산부문 에너지관리 지표개발로 공급처 중심의 에너지관리에서 수요처인 생산을 포괄하는 전사적 에너지관리 실현하게 되는 점이다. 또한 녹색기술 개발 및 상품화로 에너지 저감 및 효율 개선 기술 확보 및 상품화가 가능한 점이다. 그리고 녹색경영 핵심인력 육성으로 핵심인력 코칭(Coaching)을 통한 시스템구축으로 실무담당자의 역량을 확보하게 되는 점이며 목표관리제 및 규제에 대응하기 위해 관련 국내외 법규제에 대한 실질적인 대응방안 제시하는 점이다. 이 인증은 온실가스 저감사업과 ISO 50001등과 연계된다.[18)]

14) PCAF(Partnership for Carbon Accounting Financials)

금융회사의 포트폴리오의 탄소배출 정보의 투명성을 위해 금융회사가 보유한 대출 및 투자자산에서 발생하는 탄소배출량을 측정하고 공시하기 위하여 만들어진 국제 이니셔티브이다. 2022년 10월 기준 310개의 금융회사가 가입하고 있고 상장주식 및 회사채, 기업대출 및 비상장주식, 프로젝트 금융, 상업용 부동산, 모기지. 오토론 등 6개 자산의 스코프 3의 배출량을 계산하는 방법을 제시하는데 측정표준은 PCAF 글로벌 코어 팀에서 만들었다. PCAF의 목표는 금융기관의 자본이 저 탄소 산업에 투자되어 저탄소 경제를 실현하는 데 있다.[19)]

18) https://ksa.or.kr/ksa_kr/986/subview.do 2023년 8월 3일 검색
19) 한국공인회계사회, ESG, 한권에 담았다, 한국공인회계사회, 2022, 32.

사회

E · S · G · 의 · 이 · 해 · 와 · 실 · 천

CHAPTER 04

사회란 기업활동에 참여하는 여러 구성원과 지역사회를 포섭하는 개념으로 임직원, 소비자, 공급망, 사회공헌의 4가지 항목으로 구성되어 있다. 더 세분화하면 산업안전, 하도급거래, 소비자보호, 공정거래, 공정무역, 개인정보보호, 인적자원관리, 고객만족, 인권, 남녀평등, 노동문제 등이 사회에서 다루는 주제이다. 따라서 매우 폭넓은 주제를 포괄하고 있다.

신자유주의적인 자본주의는 소득분배 악화와 환경파괴라는 결과를 가져왔다. 이에 대한 반성으로 기업의 사회적 책임과 환경에 대한 책임이 부각되게 되었다. 그리고 빈곤과 환경파괴가 서로 연결되어 있는 개념인 것을 통하여 환경정의라는 말이 사용되기 시작했다. 또한 이러한 문제점이 발생한 원인이 바로 지배구조인데 그 중에서 특히 기업의 지배구조가 문제라는 인식이 확대되게 되었다. 즉 주주중심주의의 지배구조가 전 사회적인 환경파괴와 소득분배 악화를 가져온 주요 원인이라는 분석이 힘을 얻게 되고 그렇게 되자 이 문제를 해결하려는 ESG 운동이 각광을 받게 된 것이다.

결국은 1세대적인 자유방임적 자본주의가 2세대 정부 주도의 수정자본주의를 통하여 변형되었지만 3세대: 신자유주의의 대두에 의하여 분배상황과 환경오염이 확대되자 제4세대 자본주의 4.0 이 등장하여 사회적 책임과 이해관계자 중심주의를 결합한 따뜻한 자본주의가 나타났다. 이것은 시장의 공정성 확보와 약자에 대한 사회적 관심을 가진 새로운 자본주의이다.

이러한 관점에서 볼 때 ESG의 이슈는 환경으로 지구(PLANET)를 보호하고 사회정의로 인간(PEOPLE)을 보호하고 정의로운 지배구조로 정당한 이익(PROFIT)을 추구하는 것이다. 이것은 사회정의(Social Justice) 이슈로 집약되고 사회정의의 주요내용은 다양성(Diversity), 형평성(Equity), 포용성(Inclusion)이다.[1] 이것을 더 자세히 나타낸 것이 유엔의 지속가능발전 목표(Sustainable Development Goals)이다.

1) 배종석외, ESG 시대의 사회적 가치와 지속가능경영, 클라우드 나인, 2021.

1. UN 지속가능목표(SDGs)

ESG가 기업 차원에서 지속가능발전에 대한 논의를 주도한다면 국가, 사회 및 글로벌 차원의 지속가능성에 대한 논의와 활동들은 SDGs를 중심으로 이루어진다. SDGs는 부를 창출하는 과정에서 경제적 가치 이외에도 경제발전의 토대가 되는 환경과 사회 등의 가치를 조화롭게 추구함으로써 지속가능성과 경제발전을 조화롭게 추구하려는 목표이다. 1992년 리우회의(Rio Summit)로 널리 알려진 유엔환경개발회의(UNCED)가 개최되었는데, 여기서 환경과 지속가능발전을 논의하고 소위 '리우선언'이라 불리는 선언문과 함께 세부적인 행동강령인 어젠다21이 동시에 채택된다.

리우회의에서는 기후변화협약, 생물다양성협약, 그리고 사막화방지협약과 같은 UN의 주요한 환경협약들 또한 체결되는 등 환경과 관련된 지속가능발전에 대한 논의가 심도 있게 토론되었다.

2000년 뉴욕에서 열린 UN총회는 '새천년개발목표(MDGs: Millennium Development Goals)'라는 의제를 채택하고 절대빈곤, 보건, 환경, 교육 및 환경과 관련된 8가지 목표를 달성하기로 협의하였다. 이 MDGs는 SDGs 채택 이전 UN 차원의 지속가능성 목표로 평가받는다. MDGs는 2015년까지 달성할 목표로 8개 주요 목표, 21개 세부목표로 이루어져 있다. 원칙적으로는 모든 국가에 적용되는 내용이지만, 저개발국 및 개발도상국의 절대빈곤과 보건환경 개선이 최우선 적용대상이며, 선진국 경제에 초점을 맞추지 않았다. MDGs의 경우 ESG나 SDGs보다 포괄 범위가 좁은 것으로 판단된다.

2015년 MDGs 이행기한 만료가 다가옴에 따라 각 국가들은 전 세계적인 문제들을 해결하기 위한 새로운 목표를 설정하기로 하고 2012년 6월 리우+20회의를 거쳐 17가지 국제적 달성 목표를 새로이 설정하는데 이것이 SDGs다. SDGs는 MDGs가 만료되는 2015년부터 2030년까지 전 세계가 함께 추구해야 할 전 세계적인 공동의 목표로서 2015년 UN 총회에서 전 가맹국의 지지로 채택되었다.

SDGs의 핵심 목표는 사람(People) 관련 목표 6개, 지구환경(Planet) 관련 목표 6개, 번영(Prosperity) 관련 목표 3개, 평화(Peace) 관련 목표 1개, 마지막으로 파트너십(Partnership) 관련 목표 1개로 총 17개 목표로 구성되어 있다. 이러한 17개 분야의 목표 아래 169개 세부목표들을 두고 있으며, 목표들의 달성상황을 244개 지표들을 이용하여 측정한다. ① 빈곤 종식, ② 기아 해소, ③ 보건과 웰빙, ④ 양질의 교육, ⑤ 양성평등, ⑥ 깨끗한 물과 위생, ⑦ 깨끗한 에너지, ⑧ 양질의 일자리와 경제성장, ⑨ 혁신과 인프라, ⑩ 불평등 완화, ⑪ 지속가능한 도시, ⑫ 지속가능한 소비와 생산, ⑬ 기후변화 대응, ⑭ 해양 생태계, ⑮ 육상 생태계, ⑯ 평화와 정의, 제도, ⑰ 파트너십이 세부목표이다. 이 SDGs는 ESG의 환경 사회 지배구조에 매핑할 수 있다. 6~7, 11~15는 환경에 해당하며 1~5, 8~10번은 사회에 해당하고 16, 17번은 글로벌지배구조에 해당한다.

〈그림 4〉 지속가능목표

(출처 : https://impactlibrary.net/entry/UN-SDGs)

한국도 이를 바탕으로 국내 상황에 맞는 세부목표 및 지표수립에 착수하였고, 2016년 제3차 지속가능발전 기본계획에 SDGs를 반영하여 17개 분야 122개 세부목표 및 214개 지표로 구성되는 국가지속가능발전목표(K-SDGs)를 수립하였다. ESG와 SDGs는 경제의 지속가능한 발전을 위한 움직임이라는 점에서는 그 기원과 시각을 공유한다. 현재 많은 경우 ESG 논의는 지속가능성 개념을 기업이나 투자자 등 민간부문의 이해관계자 집단에 초점을 둔다. 반면 SDGs는 기업부문의 활동을 포함할 뿐만 아니라 사회와 국가, 더 나가서 범세계적인 경제의 지속가능성을 고려한 논의를 지향한다. 한편 SDGs는 기업에도 지속가능발전을 위한 참여를 요청한다. 특히 '2030 Agenda' 제67조는 사회의 관점에서 기업의 지속가능성을 위한 활동을 요청하고 있다. 이 조항은 SDGs와 ESG활동이 배타적이지 않으며, SDGs 달성을 위한 기업과 자본시장에서의 노력이 상당 부분 ESG에 반영된다는 것을 보여준다. 실제로 유럽의 많은 기업들이 SDGs의 달성을 회사의 경영목표로 삼고 있다.

2. Social Taxonomy

2021년 6월 녹색산업 분류체계인 EU 택소노미(그린 택소노미)를 도입한 유럽연합(EU)이 지난 2022년에는 사회적 분류체계인 소셜 택소노미의 최종 보고서를 발표했다. 소셜 택소노미는 사회적으로 가치 있는 목표를 달성하는 데 기여할 수 있는 활동을 명확하게 정의하고 식별하는 분류체계다. 자본이 사회적으로 가치 있는 경제활동으로 유입될 수 있도록 유도하기 위한 움직임이다. 택소노미는 정부의 재정지원이나 기업의 투자활동에도 영향을 주기 때문에 단순한 분류체계를 넘어 사회 전반을 환경 · 사회 · 지배구조(ESG) 중심으로 재편하는 큰 변화다.

소셜 택소노미는 투자자와 최종소비자에게 어떤 활동이 사회적 투자나 사회적 목표 달성에 기여하는 활동인지 판단할 수 있는 더 많은 정보를 제공한다. 소셜 택소노미에서 배제되는 사업은 자금공급이 상당 부분 차단되고, 이에 따라 자금조달 비용이 크게 높아질 것이다. 환경규제인 EU 택소노미에 이어서 EU가 소셜 택소노미 제정 작업에 돌입한 것은 지속 가능한 사회를 만들기 위한 노력의 일환이다. ESG가 단순히 기업의 사회공헌활동으로 소비되는 것을 넘어 실질적인 투자환경의 변화를 도모하자는 게 EU의 의중이다. 소셜 택소노미가 도입되면 탄소중립 사회로의 전환과 더불어 '공정한 사회로의 전환'을 촉진해 인권과 노동환경 개선에 기여하게 될 것으로 기대된다. 이는 환경에서 시작된 지속가능 사회로의 이행 움직임이 사회적 가치 창출과 지배구조 개선까지 확대돼 본격적인 ESG 시대가 시작됨을 의미한다. 향후 EU는 소셜 택소노미와 EU 택소노미의 원칙을 긴밀히 연결하는 한편 이 원칙들이 모든 경제활동에 동시에 적용되도록 확산 노력을 기울일 것으로 보인다.

EU가 발표한 소셜 택소노미 보고서는 사회적으로 지속 가능한 경제활동을 수직적 차원과 수평적 차원으로 나눠서 분류한 표이다. 수직적 차원은 '경제활동의 결과물인 상품과 서비스가 적정한 삶의 기준을 얼마나 향상시켰는지'가 기준이다. 특정한 경제활동으로 인해 물 · 음식 · 주거 · 보건 · 교육 · 교통 · 통신 등 인간의 기본적인 사회경제적 권리가 개선됐는지 살피는 것이다. 수평적 차원은 '경제활동 과정에서 이해관계자들의 인권이 존중 또는 보호받았는지'가 기준이다. 특정한 경제활동이 노동자에게 좋은 일자리를 보장하고, 소비자의 이익을 증진하며, 지역사회를 포용적이고 지속 가능하게 만들었는지 판단한다. 소셜 택소노미의 목표는 분명하다. 신약개발과 같이 사회적 기여가 내재된 기업활동, 산업 안전과 건강 보장 등을 통해서 인류의 삶의 질을 향상하는 것이다. 소셜 택소노미의 등장으로 건강하고 안전한 상품과 서비스의 제공 및 양질의 주거와 교육 기회 개선을 추진하는 일도 앞으로는 기업의 역할로 부각될 전망이다.

소셜 택소노미 제정 과정은 수많은 갈등과 논란을 불러일으킬 것으로 보인다. 이번 EU의 2월 보고서에서 방위산업을 도박 및 담배와 함께 사회적으로 유해한 산업으로 분류하면서 논쟁이 벌어졌다. 보고서에 따르면 무기 판매가 전체 매출 중 5%

이상을 차지할 경우에는 지속가능 인증을 받을 수 없다. 아무리 근로자 친화적이라 해도 무기, 도박, 담배와 같은 활동은 사회적으로 지속 가능한 활동으로 인정받을 수 없다는 게 EU의 설명이다. 이에 국방력 없이 지속 가능한 사회는 불가능하다는 비판이 제기되고 있다. 특히 최근 우크라이나를 둘러싼 EU와 러시아 간 군사적 대립에 이러한 주장은 더욱 힘을 받고 있다. 국가나 사회가 존립할 수 없다면 지속 가능한 경제활동도 의미가 없다는 점에서 방위산업을 소셜 택소노미에 포함시켜야 한다고 주장하는 측의 주요 방어 논리다. EU 택소노미 제정 과정에서도 원전 · 액화천연가스(LNG) 등의 포함 여부를 놓고 뜨거운 논쟁이 벌어졌다. 소셜 택소노미도 어떤 활동을 포함시키고 제외시킬지를 두고 이해관계자들 간에 치열한 공방이 예상된다.

3. 사회정의론(Social Justice)

정의란 무엇인가? 이 질문은 인간 역사에 있어서 가장 논란이 많고 어려운 질문 중의 하나이다. 정의라는 개념은 간단한 개념이 아니라 논란이 많은 개념이다. 플라톤 이래로 많은 정의의 개념이 제시되어 왔다. 그러나 오늘날에 이르기까지 어떤 합의된 정의의 개념은 존재하지 않는다.

정의(正義)라는 말은 영어의 justice 또는 독일어의 Gerechtigkeit라는 말의 번역어이다. 정의라는 말이 통용되기 이전에 동양에서는 의(義) 또는 의리(義理)라는 말이 쓰였다. 전통 유학에서 가장 중요시하던 덕목은 인(仁)과 의(義)로서 인은 인간들 사이의 사랑을 뜻하는 좀 더 보편적인 덕목이라면 의는 사회적인 맥락에서 올바름을 뜻한다고 할 수 있다. 특히 동양고전 중 하나인 맹자는 동양적인 정의의 개념을 대표한다고 할 수 있다.

정의는 개인적인 차원에서 정의가 있고 그룹 차원에서 정의가 있다.[2] 즉 개인의

2) Miller, David, "Justice", *The Stanford Encyclopedia of Philosophy* (Fall 2017 Edition), Edward N. Zalta (ed.), URL = 〈https://plato.stanford.edu/archives/fall2017/entries/justice/〉.

경우 자기에게 적합한 것을 받는 것이 정의이고 그룹 차원에서는 사회적인 재화를 나누어 주는 개인이나 기관에 요구되는 정의이다. 또한 정의는 규칙의 불편부당하고 일관성 있는 적용을 의미한다. 정의는 기존의 것을 보호하는 보수적인 측면도 있지만 개혁을 요구하는 이상적인 정의도 있다.[3)]

이 점으로 미루어 볼 때 의는 좀 더 구체적이고 윤리적인 덕목으로서 영어로는 righteousness에 해당한다고 할 수 있다. 그러나 한자어 義의 상형이 양(羊)과 나(我)의 합성어로서 방목하던 시대의 양떼들 가운데 나의 양과 너의 양을 구분하는 표식을 나타내고 있음을 감안하면, 그 속에 정의의 근거를 함축하고 있다고 할 수 있다.

서양에서도 정의라는 말은 우선 희랍의 dikaiosyné(영어의 righteouness에 해당), 즉 정의의 덕을 뜻하는 데서 비롯된다. 그러나 다른 용어법으로서 정의란 또한 diké(justice)를 뜻하기도 하였다. 앞의 '디카이오쉬네'가 대체로 주체적인 정의, 즉 윤리적 덕의 일종인 데 반해, 뒤의 '디케'는 객체적으로 성립하는 정의, 즉 정의라고 부르는 질서 또는 원리 등을 뜻하는 것이었다. 그러나 희랍에서 정의관의 변천은, 전자가 갖는 좀 더 포괄적이고 윤리적인 의미로부터 좀 더 엄밀하고 법적인 맥락을 뜻하는 후자 쪽으로 옮겨가고 있음을 알 수 있다. 또한 디케는 희랍신화에서 정의의 여신을 가리키는 것으로 그 여신은 오른손에 칼(sword)을, 왼손에 천평저울(balance)을 가진 눈먼(blind) 여신으로 묘사되고 있음도 지극히 상징적인 의미를 지닌다.

어쨌든 동과 서를 가릴 것 없이 정의는 좀 더 포괄적이고 주체적이며 윤리적인 덕목으로부터 더욱 구체적이고 객체적인 질서, 원리로서의 정의로 이행해 가는 추세는 흥미로운 유사점이 아닐 수 없다. 동양사상에서 주체적이고 윤리적인 덕목으로서의 의도보다, 객체적인 질서나 원리로서의 의리(義理)쪽으로 관심의 초점이 옮겨가

3) ibid

게 되는 것과 유학을 의리지학(義理之學)라 함도 바로 그 점을 말해주고 있다.[4)]

정의라는 말이 좀 더 자주 사용되는 서양의 용례들을 살펴보면 우선 정의(justice)의 개념은 권리(rights)의 개념과 다소 중첩되기는 하나 이들의 의미는 서로 다르다. 이 두 개념은 공리주의적 윤리설을 비판하는 데 가장 핵심적인 개념이기도 하다. 일반적으로 말해서 정의는 공정(fairness)과 대체로 동의어라 할 수 있다. 정의로운 대우, 분배, 절차는 곧바로 공정한 대우, 분배, 절차라 할 수 있다.

또한 정의의 한 가지 의미는 응분(desert)의 몫을 갖는 것이라 할 수 있다. 자기가 노력한 댓가만큼 응분의 성적을 받을 경우 정의로운 대우를 받았다고 할 수 있다. 그러나 도둑들이 훔친 물건을 고루 나눌 경우 공정한 분배이기는 하나 응분의 몫을 갖는 것은 아닌 까닭에 정의와 응분이 완전히 같은 의미라 할 수는 없다.

정의라는 개념의 의미에 대해서 이상과 같은 구분들 이외에도 이 개념의 특성은 여러 방식으로 설명될 수 있다. 우선 정의는 사람에 대한 대우가 다른 사람에 의해 이루어질 경우에 적용되는 개념이다. 이를테면 인종차별이 정의롭지 못한 것은 바로 특정 인종을 다른 인종이 부당하게 다루고 있기 때문이다. 반면 인간에 의해서가 아니라 자연적으로 생겨난 불구나 질병은 인간적 처우라기보다는 자연적 사실(natural fact)인 까닭에 정의롭지 못하다기보다는 불운하다는 말이 더욱 적합하다.

또한 정의는 미래지향적인 뜻을 갖는 공리(utility)와는 달리 과거 회고적인 개념이라 할 수 있다. 즉, 정의는 사람을 응분에 따라 처우할 것을 요구하는데 이때 응분은 과거의 행적과 관련된 개념이라 할 수 있다. 그리고 정의는 집단보다 개인에게 좀 더 자연스럽게 해당되는 개념이기도 하다. 개인의 공과를 무시하고 집단적으로 칭찬과 비난을 하는 집단주의적 발상은 정의롭지 못하다고 할 수 있다.

이 같은 집단적 사고는 과거 시대로 거슬러 올라갈수록 더욱 강한 경향이 있으며 이 점은 분배적 정의에서뿐만 아니라 형사적 정의에서도 마찬가지이다. 또한 정의는

---

4) Tae Ho Lee, Jesus, Social Justice and Reform of Chaebols. 2006, Ph. D dissertation,

개인들 사이의 관계에서 평가되는 까닭에 상대적, 비교적 정의와 부정의라는 개념도 성립하게 된다. 동일한 범행을 했는데 한 사람은 중형을 받고 다른 한 사람은 방면될 경우 상대적 부정의가 이루어진다고 할 수 있다.

정의가 각자에게 그의 몫을 주는 것과 관련된다면 각자의 몫은 사람들 상호간에 비교적(comparative) 근거에서 결정될 수도 있고, 비교가 없이(noncomparative) 결정될 수도 있을 것이다. 다시 말하면 각자의 정당한 몫이 타인들의 권한과 상대평가로 결정되기도 하고 타인과 상관없는 객관적 기준에 따라 정해지기도 한다. 예를 들어서 갑이라는 사람이 공정한 재판을 받을 권리는 특별한 경우가 아닌 한 을이라는 사람과 상관없이 성립한다. 그러나 부족한 재화를 여러 사람이 요구하는 경우 각자의 몫은 이들 요구의 상대적 비중에 따라 결정되는 것이 정의롭다고 할 수 있을 것이다.

비교적 정의의 고전적 유형의 하나는 아리스토텔레스가 제시한 형식적 원리(formal principle)로서 '동등한 자는 동등하게, 동등하지 않은 자는 동등하지 않게' 대우 받아야 한다는 것이다. 비교적 정의는 그들의 관련 유사성과 차이성에 비례해서 이루어져야 한다는 것이다. 비교적 정의의 형식적 원리는 불평등한 대우보다는 근거 없는 대우를 피하고자 하는 것으로서 합당한 근거에 바탕을 둘 경우 정의로운 불평등도 용납할 수가 있는 것이다. 그러나 합당한 근거가 무엇인지에 대해서는 형식적 원리가 아니라 정의의 실질적인 원리(material principle)가 제시되어야 할 것이다.

이상과 같은 의미들을 염두에 두고 우선 정의의 개념(concept)과 정의관(conception)을 나누어 살피는 것이 좋을 것이다. 정의의 개념이란 정의라는 말에 대한 형식적 정의(formal definition)를 뜻하며 지금까지 설명은 이와 관련된 것이라 할 수 있다. 또한 정의의 종류는 형사적 정의(criminal justice)와 분배적 정의(distributive justice)로 나눌 수 있는데, 전자를 법적 정의(legal justice)라 한다면 후자는 사회정의(social justice)라 부른다. 형사적, 법적 정의가 범죄 여부와 관련된 적정한 처벌을 뜻한다면, 분배적, 사회정의는 사회적 권익의 적정한 배분을 뜻한다.

정의의 개념이 사전적, 형식적 의미로서 좀 더 단순한 데 반해, 정의관은 스펙트럼에 따라 천차만별이고 다종다양하다. 우선 시대별로는 서양에서 고대 희랍적 정의관, 중세 기독교적 정의관, 로크를 비롯한 근세 사회철학의 정의관, 이를 비판하고 나온 마르크스(K. Marx)의 정의관 등을 들 수 있을 것이다. 문화권과 관련해서는 기독교적 정의관, 유교적 정의관, 불교적 정의관, 이슬람적 정의관 등으로 대별해 볼 수 있을 것이다.

시대나 문화권에 따른 분류와 다소 중복되기는 하나 이념의 스펙트럼에 따른 정의관의 분류는 정의관의 차이를 이해하는 가장 유용할 뿐만 아니라 아직도 큰 영향력을 지닌 정의관과 관련된 분류이다. 이념적 스펙트럼에서는, 대체로 정의관에서 가장 핵심적 개념이라 할 수 있는 자유와 평등의 개념을 어떻게 규정하며 이들의 관계를 어떻게 설정하는가에 따라 다양한 유형의 정의관이 생겨난다. 흔히들 우리가 좌파, 중도파, 우파로 분류하는 것도 이 같은 이념적 스펙트럼에 바탕을 둔 이해방식이라 할 수 있을 것이다.

일반적으로 평등보다 자유에 우위를 두는 이념을 자유주의적(liberal) 정의관, 평등을 우선하는 이념을 평등주의적(egalitarian) 정의관이라 할 수 있을 것이다. 근세 이후 번성하게 된 자유주의는 마르크스 이래 사회주의 운동이 전개되면서 두 갈래로 갈라지게 된다. 자유의 절대적 우위를 고수하는 전통적 자유주의를 자유지상주의(libertarianism)라 한다면 자유나 평등의 조정을 시도하는 좀 더 진보적인 입장을 자유주의(liberalism) 또는 자유주의적 평등(liberal equality)의 이념이라 부를 수 있을 것이다. 전자를 우파라 한다면 후자는 중도파라 부를 수 있다.

반면 마르크스의 영향을 받아 공산주의나 사회주의 이념을 내세우는 이들은 대체로 평등주의적 입장에 서며, 따라서 좌파로 분류된다. 이들 가운데도 평등에 절대적 비중을 부여하는 극좌파도 있기는 하나 자유주의적 입장을 다소 수용하는 중도좌파나 좌파 자유주의(left liberal)의 노선을 따르는 이도 있다. 사실 마르크스는 분배보다는 생산에 더욱 관심을 가진 학자로서 그의 사회철학에서 정의는 좀 더 부차적 중요성을 갖는 것으로 해석되기는 하나 그에게도 나름의 정의관이 있음을 부인할 수 없으며, 이를 사회주의 단계와 공산주의 단계로 나누어 고려할 수도 있을 것이다.

이념적 스펙트럼에 따른 정의관들은 분배적 정의와 관련된 분류라 할 수 있을 것이다. 그러나 앞서 말한바 분배적 정의가 아니라 형사적 정의와 관련해서도 다양한 정의관이 있을 수 있으나, 형사적 정의관에서는 크게 보아 전통적인 입장으로서 응보형·보복형주의와, 좀 더 현대적인 입장으로서 예방형·교도형주의로 나눌 수 있다. 전자는 처벌이라는 것을 저지를 범죄에 대한 응분의 처벌로 여긴다면, 후자는 처벌이란 동일한 범죄가 다시 재발하지 않게 이를 예방하고 교육한다는 의미를 갖는다고 본다. 최근에는 처벌이란 보복이나 예방이 아니라 피해자에 대한 보상적 의미를 갖는다는 제3의 입장이 제시되기도 한다. 응보형주의와 예방형주의는 범죄자를, 자유의지를 가진 존재로 보느냐의 여부와 관련된 또 다른 문제를 제기한다.

정의의 종류는 크게 나누어 형사적, 법적 정의(criminal, legal justice)와 분배적, 사회적 정의(distributive, social justice)로 구분된다. 그런데 앞서도 지적했지만 어떤 종류의 정의이건 정의의 기본 개념 속에는 응보(desert)의 개념이 들어 있다. 그래서 우리가 형사적 정의를 말할 경우 '그가 그런 벌을 받아서 마땅하다 또는 그는 응분(desert)의 벌을 받았다'고 말한다. 또한 분배적 정의를 언급할 경우에도 '그녀가 그런 보상을 받아 마땅하다. 또는 그녀는 응분의 상을 받았다'고 말하게 된다. 어쨌든 응분의 개념을 중심으로 상벌을 말하게 되며 여기에서 형사적 정의와 분배적 정의가 갈라지게 된다.

형사적 정의와 분배적 정의의 관계에 대해서는 다양한 관점에서 다양한 논의가 이루어질 수 있다. 우선 형사적 정의와 분배적 정의는 응분(desert)의 개념을 중심으로 한 상벌의 개념으로서 상호 대칭적(symmetrical)인 관계에 있다는 주장이 가능하다. 그러나 형사적 정의가 범행에 나타난 악덕(vice)에 대해 응분의 처벌을 하는 것임에 비추어, 분배적 정의가 과연 도덕적 덕(virtue)에 대한 응분의 보상인가에 대해서는 이견이 있을 수 있다. 롤스 같은 정의론자는 분배적 정의가 도덕적 덕에 대한 보상 내지 받을 만한 자격(deserve to)이기보다는 합당한 기대치 또는 현실적으로 얻은 권한(entitled to)으로서 양자를 구분함으로써 형사적 정의와 분배적 정의의 비대칭성(asymmetrical)을 내세우기도 한다.

나아가서 분배적 정의와 형사적 정의의 관계에 대해서는 두 종류의 정의에 대한 다양한 정의관에 따라 여러 가지 관계가 있을 수 있겠으나, 크게 나누어 경험적(empirical) 관계와 규범적(normative) 관계로 구분할 수 있다. 가장 일반적인 관점으로서 재분배적 사회정의관(redistributive conception)을 생각해 보자.

경험적 주장에 따르면 어떤 형태의 재분배적 정의는 발전된 산업사회에서 범죄율의 감소에 본질적 중요성을 갖는다. 따라서 소득의 불평등은 그런 사회의 범죄율과 상관관계를 가지며 상하층 사이의 부의 격차가 큼에 따라 범죄율이 증대된다는 것이다. 또한 기본 욕구의 충족을 위한 최저 생활수준 이하로 떨어지는 최저계층 성원수가 많을수록 범죄율이 증대된다는 것이다. 반대로 부의 격차가 적고 최저생활이 해결될 경우 범죄율은 감소하는 까닭에 시민사회의 안녕을 위해 국가는 사회정의 구현에 온힘을 기울여야 한다는 것이다.

규범적인 주장에 따르면 사회정의에 바탕을 둔 응분의 몫을 누리지 못한 자들에게 내려지는 현행 형사적 정의의 판단들은 재고의 여지가 있다는 것이다. 다시 말하면 재분배적 사회정의의 맥락에서만이 응보적 정의가 가능하고 합당한 의미를 갖는다는 것이다. 그 이유는, 형법에 따라 부과되는 처벌의 부담이 도덕적으로 정당화되기 위해서는 그것을 감당할 사람이 공동체의 이득을 누린 자일 경우에 한정될 것을 요구한다는 것이다. 그렇지 못할 경우 그들의 행위를 범죄로 규정하는 그 자체가 문제될 수 있다는 것이다.

사회적 박탈 상태에서 고통받는 자들은 정의롭지 못한 사회질서로부터 보호받아 마땅하며, 이런 점에서 분배적 사회정의와 응보적인 법적 정의 사이에 직접적이고도

긴밀한 관계가 성립된다는 것이다. 이와 관련해서 사회개혁적 정의관(social reform version)이 제시되기도 한다.

정의에 대해서는 역사적으로 다양한 정의관이 모색되고 제시되어 왔으나, 요즘에 와서 정의에 대한 전통적 접근방식에 대해 지극히 회의적인 견해가 제기되고 있다. 과거에 정의의 기준으로 제시된 공식들이 대체로 순환론적이거나 공허한 것이며, 아니면 지나치게 일반적이고 추상적이며, 나아가서 그들 사이에 상충이 불가피하다는 것이다. 더욱이 다양한 기준들이 제시될 뿐만 아니라 그 아래 무수한 하위 기준들이 있어서 실제로 그러한 기준이나 하위 기준들 사이의 상충을 제거해서 정의를 실현할 수 있는 방도가 없다고 한다. 결국 구체적 상황에서 정의에 대한 결정은 고려되어야 할 지극히 복잡한 변수들로 말미암아 전통적 이론들 가운데 어떤 것도 그 임무를 성공적으로 수행할 수 없다는 것이다.

이 같은 회의주의를 극복하기 위해 우리가 주목하려는 최근의 시도들 가운데 하나는, 정의로운 결과(just result)와 정의로운 과정 또는 공정한 절차(fair procedure) 사이의 구분에 바탕을 둔 것이다. 절차도 정의롭고 결과도 아울러 정의로울 수 있다면 더없이 바람직할 것이나 우리의 구체적 상황은 그 가운데 하나를 위해 어쩔 수 없이 다른 것을 희생해야 하는 경우들이 대부분이기 때문이다.

예를 들어서 분배적 정의에서 정의로운 결과, 즉 가난한 이에게 최소한의 생계를 보장해 주기 위해서 부자에게 그가 원하지 않는 과도한 세금을 징수하는 부당한 절차가 시행되지 않을 수 없다. 또한 형사상의 정의에서도 재판관은 공정한 절차를 마련하기 위해 최선을 다하게 되지만 재판의 결과는 무고한 자가 처벌되거나 죄인이 무죄 방면되는 부정의한 결과가 생겨날 수도 있는 것이다.

따라서 정의에 대한 논의에서 주목해야 할 것은 우리가 정의로운 절차와 정의로운 결과 가운데 어느 것에 대해 논의하고 있는가를 분명히 해야 한다는 점이다. 특히 그것은 모든 경우에서 정의로운 결과를 보장할 기준이 제시되기 어렵다는 주장과 관련될 경우 더욱 중요한 의의가 있게 된다. 물론 정의로운 결과와 정의로운 절차를 모두 갖는다면 가장 이상적일 것이며 정의로운 결과에 이르기 위해서 최선의 절차를 구상하는 일도 중요한 것이다. 그러나 사회정의의 문제에서 그런 이상을 기대하기가 어려우며, 따라서 최근의 많은 정의론자들은 정의에 대한 절차주의적(procedural) 접근을 시도하게 된 것이다.

절차주의적 정의론의 한 사례로서 노직(Robert Nozick)의 정의론에 따르면, 우리의 사적 소유가 정의롭고 정당할 조건은 그에 대한 원초적 취득(original acquisition)과 개인 사이의 유무상 양도(transfer)의 절차에서 어떤 하자가 없을 경우, 이를테면 취득과 양도의 과정 가운데 타인에게 치명적인 해악을 끼치지 않을 경우라는 것이다. 물론 취득과 양도에 하자나 실수가 발견될 경우에는 추후에 이를 시정(rectification)하는 또 하나의 절차적 원리가 요구될 수가 있다고 한다. 어쨌든 이같이 절차상의 부당함이 없을 경우 취득과 양도의 과정이 무한히 반복된다 할지라도 최종적 소유상태의 정의로움은 그대로 유지된다는 것이다.

그러나 다른 절차주의적 정의론자인 롤스(John Rawls)에 따르면 위와 같은 정의론이 절차주의적인 것은 사실이나, 그러한 절차적 원리가 일정한 사적 소유권을 강하게 전제하는 한 그 절차적 순수성을 인정하기가 어렵다는 것이다. 그에 따르면 절차적 원리의 전제가 되는 사적 소유권이 어떻게 정당화되며 어느 정도까지 정당화되는지도 또한 공정한 절차에 따라 정당화되어야 한다. 이런 의미에서 자신의 정의관만이 순수 절차적 정의관(pure procedural justice)이라고 생각한다. 어떤 실질적 정의의 기준도 미리 전제함이 없이 공정한 룰에 따라 공정한 절차를 거쳐 수행된 게임의 결과는 언제나 공정하며 이런 뜻에서 롤스의 정의관은 공정으로서의 정의관(justice as fairness)이라 불리는 것이다.

현대의 대표적인 정의론은 A Theory of Justice by John Rawls, Anarchy, State, and Utopia by Robert Nozick and Spheres of Justice by Michael Walzer이다. 이들이 체계적으로 정의론을 제시하고 있는 학자들이다. 따라서 우리가 이 이론들을 검토함으로써 현재 정의론의 위치와 상태를 알 수 있을 것이다. 롤스의 저작은 정치철학의 선구적인 작품으로 자유주의의 평등적 요소를 강조하고 있는 정의론이다. 노직의 정의론은 롤스의 이론에 반대하여 나온 이론인데 신자유주의의 초석이 된 이론이다. 월쩌의 이론은 이 두 사람의 이론에 대한 반응으로 포스트모던 상황에 대한 고려에서 나온 정의론이다. 이제 정의론의 역사를 간략하게 살펴보자.

체계적인 정의론은 소크라테스로부터 시작된다. 소크라테스는 정의란 진리를 이야기하고 빚진 것을 갚는 것이 정의라고 생각했다. 이 생각은 발전하여 모든 사람에게 합당한 것을 주는 것이 정의라고 생각하였다. 선에는 선으로 갚고 악에는 악으로 갚는 것이 정의라고 생각하였던 것이다.

플라톤은 영혼의 정의와 사회의 정의라는 두 가지 개념을 가지고 있었다. 개인에게 정의란 포괄적인 덕이고 사회의 정의는 사회의 각 계층이 각각에게 적합한 역할을 수행하는 조화의 덕이라고 생각했다. 플라톤은 엘리트주의자였는데 자신의 일을 제대로 하는 것이 정의라고 생각했던 것이다.

아리스토텔레스는 정의의 개념을 특수정의(particular justice)와 보편정의(universal justice)로 나눈다. 그는 또한 특수정의를 분배정의(distributive justice)와 교정정의(corrective justice)로 나눈다. 아리스토텔레스에 의하면 재화를 배분하는 것은 비율적 평등에 따라야 정의롭다고 생각했다. 아리스토텔레스의 정의에 대한 기본적인 설명은 동등한 것에는 동등하게, 같지 않은 것에는 같지 않게 주는 것이라고 생각한다. 하지만 그의 교정적 정의의 개념은 단순한 평등이다. 아리스토텔레스는 처벌의 정의에 대하여는 설명을 하지 않고 있다. 그는 그냥 피타고라스의 보복의 법칙을 언급하고 있을 뿐이다. 아리스토텔레스는 또한 정치적 정의(political justice)와 가정적 정의(domestic justice)를 구분한다. 아리스토텔레스는 정의라는 개념은 상호 간의 평등이라는 개념을 어느 정도 전제로 하고 있다고 설명한다. 아리스토텔레스는 자연적 정의와 관습적 정의를 구분하는데 아리스토텔레스는 정의라는 개념은 어느 정도 인간이 고안해 낸 것으로 사회마다 다르다는 것도 이야기하고 있다. 단순히 응분이었던 정의의 개념이 아리스토텔레스에 와서는 평등이라는 개념이 도입된다. 그러나 필요라는 개념은 기독교에만 존재하고 있었다.

로마에서는 각 사람에게 합당한 것이라는 개념이 정의의 개념으로 사용되었다. 유스티니안 법률에서는 바르게 살고 남에게 해를 끼치지 않으며 각 사람에게 합당한 것을 주는 것이 정의라고 생각하였다. 그러나 유대교나 기독교에서는 가난한 자에게 자비를 베푸는 것이 정의라고 가르친다. 어거스틴은 곤경에 처한 자를 돕는 것이 정의라고 명시적으로 가르친다.

아퀴나스는 이러한 어거스틴의 정의를 따랐는데 그는 특히 가난한 자를 돕는 것이 정의임을 강조하였다. 그리고 중세에는 기독교 신학이 지배적이었는데 이 땅과 그에 속한 모든 것은 하나님이 인간 공통에게 주신 것이기 때문에 가난한 자들의 필요를 채우기 위해 개인적 소유권을 제한하는 것은 정당한 것이었다.

홉스 또한 아리스토텔레스가 정의를 상호적 정의와 분배정의로 구분한 것을 비판하고 분배정의는 각자에게 합당한 것을 주는 것이라고 생각했다. 실제로 홉스는 두 가지의 정의의 개념을 가지고 있었는데 그것은 좁은 의미의 언약과 넓은 의미의 옳은 것이었다. 홉스는 국가의 뒷받침이 없이는 언약이라는 개념이 무의미하다고 주장하고 다음과 같이 결론을 내린다. 자연적인 조건에서 모든 사람은 모든 것에 대한 권리를 가지고 있기 때문에 어떤 한 사람에게 다른 사람을 배제하고 배타적 소유권을 부여할 수 없다고 생각한다. 또한 홉스는 정의는 자연적인 개념이 아니라 인간이 고안해 낸 개념이라고 생각했다.

서구 정치사상은 무엇이 공평성인가에 대하여 항상 두 가지 상반되는 요소의 대립이었는데 하나는 평등주의이고 하나는 응분주의이다. 평등주의 사상의 주장의 핵심은 모든 사람이 본성적으로 평등하고 자유롭다는 것이다. 홉스는 평등주의적인 길을 갔지만 그러나 평등주의를 정의의 개념에 포함시키지는 않았다. 이러한 평등주의적인 개념이 모든 인간이 자연적으로 자유롭고 동등하다는 자연법 이론이 규범적인 이론이 되게 해 주었다.

라이프니츠는 정의를 지혜와 선이 함께 있는 것이라고 정의한다. 그리고 나서 정의는 끊임없이 일어나는 의지인데 누구도 우리에 대하여 불평하지 않도록 행동하게 하는 의지라고 정의한다. 라이프니츠는 정의란 현명한 사람이 자비를 베푸는 것이라고 설명하고 자비와 정의 사이에는 큰 차이가 없음을 강조하고 있다. 흄의 도덕이론은 경험론적 도덕이론이다. 흄은 정의란 약속을 지키는 것이고 재산권을 지키는 것이라고 주장했다. 흄은 평등이라는 개념은 실제적이지도 못하고 사회에 해가 되는 개념이라고 주장했다. 흄은 사법정의나 응분의 개념을 따르지 않고 그는 정의는 인공적인 개념이라고 하며 사회계약론을 신화라고 비판했다. 흄은 사유재산권은 신체의 일부로서 보장되는 것으로 자신의 노동을 섞음으로써 소유권을 가지게 된다고 주장한다. 로크는 소유권의 자연적인 권리를 주장하는데 흄은 이러한 것을 부정하고 소유권은 인위적인 것이라고 한다.

토마스 레이드는 정의는 마땅히 그 사람에게 속한 것이라고 생각하고 그래서 단지 고통으로부터 자유뿐만 아니라 남의 권리를 존중하는 것이라고 주장한다. 그래서 가난하고 장애자들은 필수품에 대하여 자연적인 권리를 가진다고 하면 정의는 인위적이라고 주장하는 흄을 비판한다.

아담 스미스도 정의와 평등은 비례적 평등으로 간주한다. 관계되는 요소에 이익이나 부담을 연결시키는 것이다. 관계되는 요소는 수단들, 장점들, 자원의 사용 등의 공통점을 가지고 있다. 그러나 아담 스미스는 필요가 정의와 관계되는 요소라고 생각하지 않는다. 아담 스미스는 사법적 정의에 집중한다. 하지만 효용주의 윤리의 문제점은 인식하고 있었다.

밀(J. S. Mill)은 여섯 가지 정의의 기준을 언급하는데 그것은 법률적 권리(legal rights), 도덕적 권리(moral rights), 응분의 보상(requital of desert), 믿음을 지키는 일(keeping faith), 공정(impartiality)과 평등(equality)이다. 밀에게 정의는 개인이 그의 도덕적 권리로써 요구하는 어떤 것이다. 따라서 정의의 필수적인 요소는 사람을 처벌하고자 하는 욕망과 피해자가 있다는 사실을 아는 것이다. 효용과 정의는 서로 갈등하는 도덕적 딜레마이다. 아담 스미스는 정의는 개인적인 차원의 문제라고 생각하였고 밀도 여기에 동의한다. 따라서 정의는 개인적인 권리에 관한 것이고 효용은 일반적인 사회에 관한 것이다.

헨리 시지위크는 정의를 광의의 정의와 협의의 정의로 나누었다. 광의의 정의는 법률시스템을 이야기하고 협의의 정의는 보호하고 증진하는데 목표를 두고 있는 것이다. 그는 생각하기를 정의는 공정하게 법이 운용되도록 하는 것을 요구한다고 생각한다. 시지위크는 평등으로부터 떠나는 것을 계약이나 구속력 있는 약속에 의하여 정당화시키려고 노력했다. 그는 또한 정의를 보수적 정의와 이상적 정의로 구분하고 보수적 정의는 정의의 요구와 일상적인 기대를 보호하는 것이고 이상적 정의는 법률이 모든 사람에게 자연적 권리를 보호하는 것으로 생각했다. 로크의 자연적 권리는 죽지 않을 권리로부터 시작하여 재산권으로 확대되어 나가는 데 이것은 자유가 침해되지 말아야 한다는 것을 의미하는 재산의 취득을 정당화한다. 시지위크는 이러한 로크의 개념이 모호하다고 비판한다. 로크는 이상적인 정의는 응분에 따른 보상이라고 생각한다.

시지위크는 재능에 따른 이익과 책임의 분배라는 개념을 사용한다. 얼마큼이 공정한 보답인가? 시장가치인가? 가격은 참가자의 자유로운 선택에 의하여 결정되는 것이다. 그래서 시장가치가 서비스에 대한 가치의 기준이라고 생각한다. 시지위크는 결론을 내리기를 이상적인 정의를 추구하는 것은 불가능하다. 따라서 효용이 아마도 대체재가 될 수 있을 것이라고 주장한다. 그래서 갈등이 있을 경우 효용이 결정의 기준이 된다고 생각한다.

래쉬달은 정의는 재화의 분배에 관한 것이고 두 가지 원칙이나 이상으로 구성되어 있는데 하나는 평등의 요구이고 다른 하나는 보상의 요구라고 정리하고 있다. 그래서 그의 정의론은 일관성이 없어 보인다. 그는 평등은 고려의 평등이라고 생각하였는데 결국은 래쉬달은 평등의 개념을 포기한다. 그는 어떤 사람의 인생은 다른 사람보다 더 중요하다고 생각한 것이다.

능력에 따라 일하고 필요에 따라 분배를 받는다는 1830년에 루이 블랑이 한 말인데 1875년에 칼 막스가 인용한 말이다. 루이 블랑은 여기에 대해 이론적인 설명을 제공하지는 않는다. 단지 하나님이 준 것이라고 주장한다. 19세기에 들어와서야 학자들이 필요가 정의의 기준이 된다고 생각하기 시작하는 것이다.

크로포킨(Kropotkin)은 정의를 공정(equity)과 같은 것으로 생각한다. 그리고 공정의 핵심은 황금률에 있다고 생각한다. 그는 일하는 것에 따라 분배하는 것은 비실제적이라고 생각하고 필요에 따른 분배를 주장한다. 크로포킨은 진정한 도덕성은 어떤 보답을 요구하지 않고 인류에 봉사하는 것이라고 생각한다. 그래서 필요에 따라 분배하는 것은 정의일 뿐만 아니라 바로 진정한 도덕성이다. 이 사회의 모든 일은 똑같이 중요하기 때문에 일에 따라 분배하는 것은 정의롭지 못하다고 생각한다. 크로포킨은 이러한 필요의 원칙을 예를 들어 보여주고 있는데 아이들에게는 그들이 요구하지 않아도 응급처치가 행하여져야 한다는 것을 들고 있다. 어떤 사람들은 필요는 정의의 원칙이 아니라 하나의 덕 즉 자비에 속한다고 생각한다. 그러나 크로포킨은 필요가 자비라고 생각하지 않는다. 곤경에 처한 사람을 구하는 것은 인류의 엄격한 의무라고 생각한다.

페렐만은 공식적인 정의의 원칙을 본질적으로 동일한 것은 동일한 방법으로 다루어 져야 한다는 것으로 정의한다. 페렐만의 6가지의 정의의 원칙을 제시한다. 공헌들(merits), 일들(works), 필요(needs), 서열(rank), 법적 권리들을 원칙으로 제시하는데 그의 리스트는 매우 포괄적이다. 이 페렐만의 리스트는 일, 공헌들, 서열 등의 그룹과 평등과 필요의 두 그룹으로 나눌 수 있다. 따라서 효용주의 윤리와 칸트적 윤리 사이에 대립이 존재한다. 평등과 필요의 배후에는 칸트적 윤리가 있다. 필요가 정의의 원칙인 것은 평등의 원리의 배후에 개별 인간은 그 자체로 가치를 가지고 있다는 칸트적 윤리가 바탕에 있기 때문이다. 즉, 칸트적으로 이야기하면 인간 자체가 목적인 것이다. 막스의 자본주의 비판은 자본주의가 노동자를 사용가치로 보고 그들의 인간으로서의 필요를 등한시한다는 것이다.

지금까지의 논의를 요약하면 정의는 법률의 개념으로부터 시작한 개념이다. 이것은 원래는 처벌과 관계있는 개념이었다. 이러한 처벌의 개념이 보상과 연결되게 되었고 이것이 응분의 개념으로 발전되었다. 그래서 응분이 정의의 개념이 되었다 이것으로부터 공정의 개념이 나타나게 되었는데 이 공정의 개념이 평등을 의미하는 것은 아니다.

평등의 강조는 아리스토텔레스로부터 시작된다. 아리스토텔레스는 민주적인 정의의 개념은 참 평등과 관련이 있다고 생각한다. 인권으로 인하여 정의의 개념은 인간의 평등을 포함하게 되었다. 처음에 정의의 개념은 응분에 따른 보상과 공정성이었는데 나중에 필요가 어떤 사상가들에 의하여 추가되었는데 다른 학자들은 필요가 정의의 기준이 될 수 없다고 주장한다. 모든 사람들이 필요를 채워주는 것은 강력한 도덕적 의무라는 데는 모든 학자들이 동의한다. 그러나 필요가 정의의 원칙이라는 데에는 이견을 가지고 있다.

결론적으로 역사적으로 정의라는 개념은 플라톤이래도 많은 개념으로 연구되어 왔는데 대개 4가지 정도의 개념으로 압축할 수 있다.

① 응분(desert) : 자신이 기여한 것만큼 가져가는 것이 정의이다. 즉 더 많이 기여한 사람이 더 많이 가져가는 것이 정의이다.

② 평등(equality) : 모든 사람에게 동등하게 배분되는 것이 정의이다. 인간은 존엄하기 때문에 모든 사람이 동등하게 대우받는 것이 정의이다.

③ 필요(need) : 19세기에 새롭게 등장한 개념인데 사람들의 필요를 채워주는 것이 정의이다. 따라서 우리는 가난하고 억눌린 사람들을 보살펴 주고 그들의 필요를 채워주는 것이 정의이다.

④ 권리(rights) : 각 사람들의 권리를 지켜주는 것이 정의이다. 개인의 재산권, 생명 등을 지켜주는 것이 정의라고 주장한다.

20세기 후반의 중요한 정의론의 저작들은 다음과 같다. 1971년에 존 롤스(John Rawls)는 그의 기념비적 저작 "정의론(A Theory of Justice)"을 출간하였고 여기에 대응하여 1974년에 로버트 노직(Robert Nozick)이 "아나키에서 유토피아로(Anarchy, State, and Utopia)"를 발간하였으며 1983년에 마이클 월쩌(Michael Walzer)는 노직에 대한 반박으로 "정의의 영역들(Spheres of Justice)"을 출간하였다. 1976에 데이빗 밀러(David Miller)는 "사회정의론"을 출간하였고 1999년에 "정의의 원칙들(Principles of Justice)"을 출간하였다. 밀러의 경우에는 사실상 독창적인 요소를 가지고 있다고 보기보다는 기존의 이론들을 좀 더 상세히 정립한 측면을 가지고 있다. 따라서 롤스와 노직과 월쩌의 이론을 좀 더 상세히 다룸으로써 현재 정의론의 요체를 알 수 있다.

4. 임직원

임직원 파트에서 주로 강조하는 것은 임직원들의 인권과 복지이다. 회사의 인권 정책이 명시적으로 설정되어 있고 '인권교육이 이루어지고 있나?'를 살펴본다. 회사의 인권선언문이 존재하는가 여부가 중요한 것이고 정기적으로 인권교육이 이루어지고 있는가도 중요한 이슈이다. 두 번째로 강조점은 회사의 작업환경이 유해하지 않은가? 이다. 이것은 ISO 인증과 같은 안전 보건 인증을 보유하고 있는지 여부를 확인한다. 또한 노조나 노사협의회 복수노조 등 노조 가입률을 확인함으로써 노조나 노사협의회 등 결사의 자유가 보장되어 있는가를 확인한다.

한편 외국인이나 장애인 그리고 여성의 고용비율을 확인하여 고용상 차별이 존재하는가를 확인한다. 고용을 회피하고 벌금을 대납한 경우도 좋은 평가를 받을 수 없다. 국제노동기구(ILO)가 강력히 금지하는 아동노동이나 강제노동을 시키지 않으며 협력회사에도 금지하고 있는가도 중요한 준수사항이다.

또한 직원들이 성과보상체계에 만족하고 있는가? 즉 주요성과지표(KPI)가 제대로 설정되어 ESG를 수행하도록 인센티브가 주어지고 있는가도 중요한 준수사항이다. 또한 임직원들의 이직률이 낮은 것이 좋은 지표이다. 일과 가정이 양립될 수 있도록 워라벨의 환경이 보장되어 있는가? 직원들을 대상으로 한 고충처리 시스템이 갖추어져 좋은 회사라고 할 수 있다. 또한 임직원의 정신건강 관리를 포함한 건강관리는 제대로 되고 있는가?도 중요한 지표이다.[5)]

5. 소비자보호

소비자 보호의 측면에서는 회사가 제품의 품질개선과 성능개선을 위해 노력하고 있는가 여부가 중요하며 개인정보 보호 노력은 충분한가도, 즉 개인정보 보호를 위하여 교육을 실시하는가 등이 중요하다. 또 공정거래를 준수하여 공정거래법을 위반하고 있는지 여부와 일감몰아주기도 이루어지고 있는지 체크하는 것이 중요하다. 고객과의 원활한 커뮤니케이션이 이루어지는 것이 중요하며 금융상품의 경우 불완전판매방지대책을 가지고 있는가 또는 제품의 유해성을 방지하고 있는가도 중요한 평가지표이다. 또한 고객만족도를 조사하여 회사의 정책에 반영하고 있어야 하고 고객제안을 받아 처리하는 시스템을 가지고 있는 것이 바람직하다. 한편 고객의 안전관리시스템을 가지고 있으며 제품의 리콜 횟수와 소비자원 분쟁조정 신청 건수도 중요한 평가지표이다.[6)]

5) 사회적 가치연구원, S in ESG, 사회적 가치연구원, 2022, 82.
6) 사회적 가치연구원, S in ESG, 사회적 가치연구원, 2022, 82.

6. 공급망 관리

요즈음 가장 중요한 이슈는 공급망이다. 유럽과 독일 등에서 공급망 실사법이 통과되고 시행됨에 따라서 공급망을 관리하는 일이 수출기업에서는 사활적으로 중요해졌다. 이 주제에 대하여는 협력회사는 공정한 거래와 대우를 받고 있는가, 즉 다른 협력회사와 차별받지 않는가?[7] 그리고 회사는 협력회사에게 협력설비를 제공하고 있는가, 즉 회사가 협력회사에 필요한 장비를 제공하거나 대여하는 등 협력회사를 동반자로 대우하고 있는가도 중요하다. 또 회사는 협력회사에 자금을 지원하고 있는가도 중요한 평가지표이다.

또한 동반성장위원회가 평가하는 평가점수가 얼마인가도 중요한 지표이다. 물론 동반성장지수가 모든 기업에 산정되고 있지는 않지만 이것도 중요한 지표이다. 또한 이익공유를 실시하고 있는가도 고려사항이다. 이익공유라는 개념 자체가 생소하기는 하나 동반성장이라는 개념으로 이해할 수 있다. 또한 상생을 위해 기술지원도 하고 있는 것이 중요하다.

한편 회사는 협력회사에 대한 반부패 정책을 실시하여야 하고 부당한 단가인하를 요청하지 말아야 하며 회사는 협력업체에게도 ESG 정책을 적용하고 있어야 한다.[8]

그런데 ESG의 공급망에의 확산은 협력사의 독립적인 경영권 침해를 하지 않은 수준에서 이루어져야 한다. 따라서 협력사의 지배구조와의 소통도 매우 중요하다. 특히 공급망의 중간에 있는 기업의 경우 고객사의 요구와 협력사의 협력을 동시에 조율해야 하는 상황에 처하기도 한다.[9]

---

7) 강성종 이현외, ESG 경영 리더를 위한 사회적 가치 강의, 바른북스, 2021. 227.
8) 사회적 가치연구원, S in ESG, 사회적 가치연구원, 2022, p52.
9) 사회적 가치연구원 ESG HANDBOOK, 2022, p45.

또한 산업별 지속가능경영 협의체의 결성과 활동이 중요해 지고 있다. 전기 가전 반도체 업계에서는 RBA(Responsible Business Alliance), 스포츠 의류업계에서는 FLA(Fair labor Association)이 활발하게 활동 중이다. 한편 공정무역인증(Fair Trade) 인증, FSC(Forest Stewardship Council)의 지속가능인증도 중요해졌다.[10)]

공급망 관리를 위하여 공급망 지속가능경영 원칙을 수립하고 공급망 협력업체 ESG 거버넌스체계를 구축하며 제3세계 및 중소 협력업체 ESG 역량 강화를 지원하며 온실가스를 포함한 ESG 관련 데이터 공유체계를 구축하고 공급망 지속가능성 실사에 공동대응하며 동종 산업계의 지속가능 이니셔티브 구축에 가담하는 것이 필요하다.[11)]

EU의 경우 EU 내 법인을 설립한 기업은 공급망 ESG 진단/실사가 필수이고 EU 시장과 거래하는 기업도 공급망 ESG 진단/실사가 권장사항인데 산업별 이니셔티브 가입 기업은 공급망 ESG 진단/실사 결과를 제출하면 된다.[12)]

공급망 실사에 대비하여 리스크 관리 측면에서는 협력업체로부터 발생할 수 있는 리스크(규제 위반, 평판 하락, 협력사 온실가스 배출량 감축 요구 등)를 사전에 확인하고 모니터링 해나가는 프로세스를 구축할 필요가 있다. 새로운 협력업체 관리 시스템 및 프로세스를 도입함으로써, 계약을 더욱 구체화시키고 실적을 개선할 수 있으며 보다 투명하게 공급망 ESG 공시를 할 수 있다.

공급망 관리를 처음 시작하는 기업이라면 공급망 K－ESG 가이드라인을 활용하여 공급망 ESG진단/실사에 필수적으로 요구되는 항목을 대응할 수 있다. 공급망 K－ESG 가이드라인은 산업별 이니셔티브와 다수의 공급망 ESG 평가의 공통 진단 항목으로 구성되어 있어 ESG 경영 추진을 위한 기초 단계부터 시작하여 기업의 실정에 맞춰 단계별로 기업의 ESG 경영 상태를 모니터링 해 나갈 수 있다. [13)]

---

10) Ibid.

11) Ibid, p57.

12) 출처 : 산업통상자원부 한국생산성본부

13) https://www.planesg.ai/post/supplychianmanagement 2023년 8월 12일 검색

7. 사회공헌

사회공헌이 기업가치를 증대시키는가에 대하여는 여러 가지 의견이 있다.[14] 하지만 기업의 사회적 책임이라는 측면에서 사회공헌은 중요한데 첫 번째로 청소년 교육을 위한 지원을 하고 있는가가 중요하다. 청소년은 미래의 나라를 이끌어 갈 인재들로 이들을 교육하는 것은 매우 중요하다. 또한 회사가 속한 지역경제 활성화를 위한 노력은 하고 있는가도 중요하다. 지역사회와 함께 성장하는 모델이 중요하다.

또한 회사가 사회공헌을 위한 기부금을 지속적으로 증가시키고 있는가도 중요하며 일자리 창출을 위해 공헌하고 지역을 환경적으로 개선하기 위하여 투자하는 것도 중요하다. 또한 지역주민의 권리를 침해하지 않고 취약계층의 복지를 위해 기부하는 것도 중요하다. 한편 지역사회의 문화발전을 위하여 공헌하고 있고 지역사회에 자리잡은 스타트업을 지원해주는 것도 중요하다. 사회분야를 총괄하는 가이드라인이 바로 OECD 다국적기업 가이드라인이다.

8. OECD 다국적기업 가이드라인 (Guideline for Multinational Enterprise)[15]

OECD 가이드라인은 기업에게는 연성규칙이지만 국가에는 경성규칙이다. 가입국 정부에는 실행이 의무로 된다.[16] 날로 영향력이 커져가는 다국적기업의 부정적 영향을 예방하고, 이로 인한 피해를 구제하며 기업의 모범관행의 수립 및 장려를 위하여 OECD는 1976년에 'OECD 다국적기업 가이드라인'을 제정하였다. OECD 이사

14) 하은희, 권순원, ESG 요인이 사회공헌, 기업이미지 및 노동생산성과 기업성과에 미치는 영향에 관한 연구, 경영연구 38권 제2호, 2023.

15) 안건형 · 박상희(2018), 이상수, "다국적기업에 의한 인권침해와 OECD 다국적기업 가이드라인", 「서울대학교 법학」 제55권 제3호, 서울대학교 법학연구소, 2014, 226쪽. Nicola Bonucci and Catherine Kessedjian, "Preface" 40 years of the OECD Guidelines for Multinational Enterprises, Editions A. Pedone, 2018, p.11.

16) 안건형 · 박상희, 「기업책임경영과 OECD 다국적기업 가이드라인」, 삼영사, 2018.

회는 1975년 1월 국제투자와 다국적기업의 문제를 다루는 '국제투자 및 다국적기업 위원회(Committee on International Investment and Multinational Enterprises, CIME)' 설립을 의결하였다.

CIME의 활동을 통하여 1976년 OECD 회원국과 이사회는 'OECD 국제투자 및 다국적기업에 관한 선언(OECD Declaration and Decisions on International Investment and Multinational Enterprises)'을 채택하였다. OECD 다국적기업 가이드라인은 그 부속문서였다. OECD 국제투자 및 다국적기업에 관한 선언은 당시 24개 OECD 회원국들이 채택하였다. 직접투자를 촉진하기 위한 광범위한 정치적 약속이었다. 제정 이후 5회의 개정 작업이 이뤄졌다. 2022년 현재는 2011년의 개정본이 적용되고 있다. 2022년 3월 현재 OECD 회원국 38개국과 OECD 비회원국 12개국 등 모두 50개국이 이 OECD 가이드라인을 수락하고 있다.

OECD 가이드라인 그 자체는 다국적기업에 대하여 법적 구속력을 갖지는 못하는 권고사항이다. 가이드라인 채택의 자발성은 1976년 제정 당시부터 명시된 사항이다. 성격에 있어 국가에게 직접적인 의무를 부과하는 조약 내지 협약과는 다르다고 볼 수 있다. 그러나 UN, ILO, EU와 같은 국제기구와 긴밀하게 협력을 하고 서로 발전해 나아가려 노력하고 있으며, 각 국가의 국내법에도 적지 않은 영향을 미치고 있다는 점을 감안해야 한다.

따라서 단순한 이니셔티브나 도덕적 이상론을 정해놓은 것으로 경시할 수 없다. 오히려 "기업책임경영, RBC"의 내용이 ESG가 표방하는 가치와 사실상 동일하여 그 의미가 매우 크다고 봐야한다.[17)]

OECD 가이드라인은 가입국에서 사업을 운영하거나, 가입국에 본거지를 두고 사업을 운영하는 다국적기업들에 대한 가입국 정부의 권고사항이다. 다국적기업의 활

---

17) RBC (Responsible Business Conduct)의 개념은 다음과 같다. 기업이 지속가능한 개발을 달성하기 위하여 경제 환경 사회발전에 긍정적인 기여를 해야 하며 기업활동의 부정적 영향을 회피하고 이를 다룰 책임이 있다는 것을 의미한다. CSR의 개념이 종종 기업활동과 무관한 자선활동과 연결되는 반면 RBC는 기업활동 범위 내와 사업관계, 공급망에서의 책임 있는 관행의 통합을 강조하기 위해 CSR보다 진일보한 것이다.

동과 관련된 부정적 영향을 최소화하고, 이들의 사회적 책임을 더욱 강화하기 위하여 OECD 가이드라인은 기업책임경영(Responsible Business Conduct, RBC)에 대한 자발적인 원칙과 기준을 제시한 것이다.[18)]

OECD 가이드라인은 크게 2개의 부분으로, 제1부는 다국적기업들이 준수해야 할 원칙들인 OECD 가이드라인의 내용 및 이에 대한 해설로 11개의 장으로 구성되어 있다. 제2부는 OECD 가이드라인의 이행절차로 구속력이 없는 가이드라인의 이행을 담보하기 위하여 설치된 국가별 국내연락사무소(National Contact Point, NCP)의 구성과 구체적 사안의 절차 등을 설명하고 있다.

제1부는 정보의 공개, 인권, 환경, 노동, 뇌물방지, 소비자 보호, 과학및 기술, 조세, 경쟁을 다루고 있어 다국적기업의 운영 및 활동함에 있어 준수해야 하는 행동들을 제시하고 있으며, 이 주제들은 ESG가 다루고자 하는 내용을 모두 반영하고 있다. 특히 인권(제4장) 관련 부분은 2011년 개정을 통해 새롭게 신설되었으며, UN기업과 인권 이행원칙의 내용을 거의 대부분 인용하였음을 알 수 있고 이는 OECD 가이드라인이 UN 비지니스와 인권 원칙과의 강력한 통합을 여실히 보여주고 있다.

제2부는 OECD 가이드라인의 이행절차를 담고 있다. 구속력 없는 OECD 가이드라인의 실행을 유도하기 위하여 국가별 국내연락사무소(NCP)의 구성과 사안별 구체적 절차 등을 설명하고 있다.

OECD 가이드라인은 그것이 다루고 있는 구체적인 내용에서 알 수 있듯이,[19)] 기존에 알려진 기업의 사회적 책임과 유사한 부분이 있다. 그러나 OECD 가이드라인은 기업의 사회적 책임이나 기업 윤리를 다루고 있는 여타 다른 국제 문서들과 다른

---

18) https://www.oecd.org/about/members-and-partners/ (최종검색. 2022. 3. 28.)
OECD 비회원국으로 OECD 가이드라인을 수락한 국가는 다음과 같다.(괄호 안의 숫자는 수락한 연도) 아르헨티나(1997), 브라질(1997), 이집트(2007), 요르단(2013), 카자흐스탄(2017), 모로코(2009), 페루(2008), 루마니아(2005), 튀니지(2012), 우크라이나(2017), 크로아티아(2019), 우루과이(2021). 출처 : OECD, Annual Report on the OECD Guidelines for Multinational Enterprises 2020 -Update on National Contact Point Activity, 2021 OECD, OECD Guidelines for Multinational Enterprises(2011 Edition), OECD Publishing Ltd., 2011., cf. ESG 실천 도구로서의 OECD 다국적기업 가이드라인 p 51.

19) OECD, OECD Guidelines for Multinational Enterprises (2011 Edition), OECD Publishing Ltd. 2011.

고유한 특징 또한 갖고 있다.

OECD 가이드라인은 기업책임경영 분야에 있어 정부가 지원(government-backed)하는 국제적으로 가장 종합적인 문서로 평가할 수 있다. 이와 유사한 국제 문서에서 다루지 않는 과학 및 기술, 경쟁, 조세와 같은 분야를 포함하고 있다는 차이점에서 그 포괄성이 두드러진다.

OECD 가이드라인은 기업들에 대한 직접적인 법적 구속력이 없기 때문에 다국적 기업들의 자발적인 준수가 기본 전제지만, 이를 수락한 국가의 정부가 이행하겠다는 약속을 한 이상 다국적기업들이 현실적으로 이를 피하기 힘든 구조를 취하고 있다.

OECD 가이드라인은 UN의 인권 이행지침에 따라 인권을 존중할 기업의 사회적 책임을 적용한 최초의 국제 문서로 평가된다. 아울러 국제 문서 중 최초로 기업 책임 경영의 범위를 해당 기업뿐만 아니라 공급망을 포함하는 리스크 전반의 다루는 특징을 갖고 있다.

OECD 가이드라인은 세계 보편적인 가치와의 일치를 추구하는 모범 관행이다. 이런 점에서 다국적기업이 지속가능한 개발에 기여할 수 있게 더욱 개방된 투자 환경 구축에 힘쓰고 있다. 이를 통해, 다국적기업뿐만 아니라 대기업과 협력하는 공급망의 중소기업 역시 이를 준수해 달라고 명시적으로 권장하고 있다.

전 세계적인 경제 환경 지속적으로 빠르게 변화하고 있기 때문에 OECD 가이드라인은 이와 같은 흐름을 반영하며 개정을 꾸준히 진행하여 왔다. 이를 통해 세계적인 RBC를 선도하는 수단으로 자리매김[20] 하고 있다.

특히 현재 적용 중인 2011년 개정 가이드라인은 UN 비지니스와 인권 원칙에서 강조하는 구제를 위한 접근을 이행할 수 있는 실질적 수단이 된다는 점에서 그 의미가 크다고 볼 수 있다. 또한 OECD는 OECD 가이드라인의 효과적 준수의 촉진을 목표로, 분야별 가이드라인과 지침을 지속적으로 제정하고 있다.

---

20) OECD, "Responsible Business Conduct matters", pp.2-3; http://mneguidelines.oecd.org/MNEguidelines_RBCmatters.pdf(2022.3. 25. 검색).

이를 통해 기업들이 특정 분야에서의 부정적 영향 및 리스크를 실제로 확인하고 대응할 수 있도록 지원하고 있다. 이러한 다양한 세부적인 분야에 관한 지침은 제정 단계부터 기업책임경영 실무작업반(WPRBC, Working Party on RBC)과 OECD 투자위원회는 물론 여러 이해관계자들이 그들의 의견을 반영한다는 점에서 더욱 유의미할 것이다.

마지막으로 언급할 OECD 다국적기업 가이드라인의 특징은 바로 고유한 이행 메커니즘을 갖고 있다는 점이다. OECD 가이드라인의 수락국들은 국가마다 국내연락사무소(NCP)를 의무적으로 설치해야 한다.

NCP를 통하여 이행 상황을 매년 OECD에 보고하고, 홍보와 질의 사항 등을 처리해야 한다. NCP의 기능 중 가장 중요한 것은 구체적 사안(specific instance)이라고 부르는 제도다. 이를 통해 다국적기업이 OECD 가이드라인을 준수하지 않는다는 주장이 제기될 경우, 직접적인 피해자는 물론 누구나 NCP에 해당 내용을 접수시킬 수 있다. 접수된 사항은 비사법적인 수단을 통해 쟁점 해결을 지원하는 독특한 고충처리 메커니즘(grievance mechanism)을 통해 해결을 모색토록 한다. 이는 다른 국제기구에선 찾아볼 수 없는 독특한 프로세스다.

구체적 사안의 결과는 최종적으로 NCP가 OECD에 보고하고, 해당 내용이 OECD 홈페이지 등을 통하여 공개되기 때문에, 이른바 "네이밍 앤드 쉐이밍(Naming and Shaming: 이름을 명시하여 모욕주기)"으로 인하여 기업의 평판에 큰 영향을 미치게 된다.

나쁜 평판에 직면한 조직은[21] 소비자 또는 투자자가 보이콧 등을 통해 조직의 수익에 해를 입을 수 있고, 소비자를 되찾기 위해 기업은 행동을 바꿀 것이라는 기대를 갖게 한다. 이런 점에서 구체적 사안의 메커니즘이 가지고 있는 평판적 규제는 OECD 가이드라인의 법적 구속력 부재를 어느 정도는 보충할 수 있다.

---

21) OECD 다국적기업 가이드라인 홈페이지 참조; http://mneguidelines.oecd.org/sectors / (2022. 3. 25. 최종검색). OECD 가이드라인 홈페이지 중 Database of specific instance를 통해 상세 내용을 확인할 수 있다. http://mneguidelines.oecd.org/database/ (최종검색 2022. 3. 28.)

결론적으로 OECD는 기업책임경영(Responsible Business Conduct, RBC)이라는 개념을 설정하여, ESG 관리 및 실천을 위해 다양한 분야의 업종별 실사 지침을 제공하고 있다. 이러한 실사지침의 뿌리가 되는 OECD 다국적기업 가이드라인은 ESG의 표준화와 법제화라는 글로벌 트렌드 아래서, 수출의존도가 높은 우리 기업들이 선제적으로 이에 대응하며 ESG를 실천하는데 매우 유용한 도구가 될 수 있다.[22)]

한국은 OECD 가입국이기 때문에 다국적기업 가이드라인도 준수해야 한다. 그렇기 때문에 한국에도 NCP가 설립되어 있다. 이 가이드라인은 경제의 모든 부분에 적용된다고 그 범위를 언급하고 있다.[23)]

---

22) 조인호, ESG 실천 도구로서의 OECD 다국적기업 가이드라인.
23) 조세재정연구원, OECD 다국적기업 가이드라인. 2015.

지배구조

E · S · G · 의 · 이 · 해 · 와 · 실 · 천

CHAPTER 05

1. 기업 지배구조의 이론적 배경

기업의 주인은 누구인가? 기업의 목적은 무엇인가? 답은 기업에 출자한 주주가 주인이고 기업의 목적은 이익(이윤) 극대화이다. 두 개를 연결하면 '기업은 주주의 이익을 극대화하기 위해' 존재한다. 경제 · 경영학 교과서나 지식백과사전 등을 찾아봐도 대부분 그렇게 나온다. 이른바 '주주 자본주의(shareholder capitalism)'이다.

그런데 최근 다른 견해가 부쩍 힘을 얻고 있다. 온전히 주주만이 기업의 주인일 수 없으며, 주주를 포함한 종업원, 소비자, 협력업체, 채권자, 지역사회 등 광범한 이해관계자들이 공동의 주인이라는 시각이다. 이름하여 '이해관계자 자본주의(stakeholder capitalism)이다.

더 나아가 기업의 ESG 경영과 지속가능 성장을 추구하는 ESG 경제가 곧 이해관계자 자본주의를 의미한다는 사고가 급속히 확산되고 있다. 이제 자본주의 경제체제가 새로운 시대를 맞아, 주주자본주의에서 이해관계자 자본주의로 전환한 것으로 봐야 한다는 목소리도 크다. 이해관계자 자본주의 개념이 새로운 것은 아니다. 유럽 대륙식(영국 제외) 민주사회주의 경제시스템이 바로 이해관계자 자본주의로 불리어 왔다. 유럽식 이해관계자 자본주의의 가장 큰 특징은 기업의 이사회에 노동자 대표(노동이사)가 들어와 경영진과 공동으로 주요 의사결정을 내린다는 사실이다.

독일과 스웨덴 등은 회사법으로 노동자의 경영 참여를 제도화했다. 바로 경영자－노동자의 '공동결정(co－determination)제도'이다. 독일 기업은 이사회를 감독이사회와 경영이사회로 이원화해 운영하는데, 이 중 감독이사회의 절반을 노동이사가 차지한다. 스웨덴 기업은 단일 이사회인데, 대기업이 3명의 노동이사를, 중소기업은 2명의 노동이사를 두도록 돼 있다.

이와 같은 독특한 기업지배구조는 유럽 특유의 주식 소유구조에 뿌리를 둔다. 유럽은 기업과 은행이 주식을 상호 소유하는 전통을 갖고 있다. 은행이 기업 주식을 대량 소유하며, 기업은 거꾸로 은행 주식을 상당 부분 갖고 있다. 유럽 국가들은 미국에 비해 자본시장이 발달하지 못해, 증시를 통해 일반인이 보유하는 주식의 양은 많지 않다.

이와 같은 은행 중심의 기업지배구조 아래선 정부의 입김이 강하게 작용할 수밖에 없다. 정부는 감독과 규제 장치를 통해 은행을 좌우하기 때문이다. 정부는 또한 기업이 단기 이익을 극대화하기보다는, 환경과 광범한 이해관계자들의 이익을 고루 헤아려 주길 바라게 마련이다. 그렇게 자리 잡은 게 유럽대륙식 이해관계자 자본주의며, 기업의 공동의사결정 제도다.

유럽의 공동결정제도는 노사정 대타협의 산물이다. 기업은 벌어들인 돈을 고용 유지와 투자, 신규 일자리 창출에 집중 투입하기로 했고, 노동자는 기업의 혁신과 장기 안정적 성장에 협력하기로 약속했다. 노동이사 선정에 노동조합은 직접 관여할 수 없도록 하고, 전 직원의 의사를 묻는 별도 협의체를 만들어 덕망 있고 전문성을 갖춘 외부 인물을 추천하도록 했다.

2. 자본주의의 발전

아담 스미스 당시부터 1930년대 이전까지를 우리는 자유방임주의, 자본주의 1.0 이라고 부른다. 보이지 않는 손이 지배하는 시장이 중심이 된 경제체제로 이러한 자유 방임주의는 독점의 출현, 빈부격차의 확대, 과잉공급의 문제를 가지고 있었다. 거기에 다가 1917년의 볼셰비키 혁명은 자유방임적 자본주의의 궤도 수정을 요구하게 되었다. 그래서 출범한 것이 수정자본주의, 자본주의 2.0이다. 이 수정자본주의는 자유방임적 자본주의의 문제점을 시정하기 위하여 정부가 적극적으로 개입하는 개념인데 1933년 경제 대공황을 계기로 힘을 얻었다. 기업지배구조를 법제화하고 금산분리를 실시하며 소유분산을 통한 빈부 격차 완화, 독점금지를 통한 거대 독점기업의 분할 등을 실시하였다. 또한 정부의 재정지출 확대를 통하여 부족한 유효수요를 창

출하였다.[1]

정부의 개입은 그러나 시장에 비효율성을 초래하였다. 따라서 고전적 자본주의로 회귀하자는 1970년대에 신자유주의 운동이 일어났고 정부는 국영기업을 민영화하고 규제를 철폐하며 노조를 억압하는 등 신자유주의 정책을 시행하게 되었다. 한편 베트남 반전운동, 공민권운동, 소비자 주권운동, 환경운동 등이 확산되면서 기업의 비윤리적인 행동에 대해 제어가 필요하다는 개념이 도입되었고 기업 거버넌스라는 용어가 사용되기 시작했는데 이 시기를 자본주의 2.5, 경영자 자본주의라고 한다.

한편 기관투자자가 연금위탁자를 대신하여 의결권을 행사하기 시작하면서 기관투자자와 사외이사의 역할이 강화된 지배구조가 1980년대 90년대 등장하기 시작했고 엔론이나 월드콤 등의 분식회계 파산으로 인하여 회계감사가 강조되고 주주 · 이사회 · 감사의 기업지배구조가 기본적인 모델이 되었다. 또한 2008년 글로벌 금융위기는 기업지배구조의 건전성을 강조하게 되었는데 이 시기를 자본주의 3.0, 주주 자본주의라고 한다.

2008년 금융위기를 수습하는 과정에서 스튜워드 쉽 코드의 제정이 확산되었고 주주중심주의 기업지배구조의 한계가 들어나기 시작했다.[2] 또한 이익추구만이 기업의 목표라는 사상도 도전을 받게 되었다. 그래서 이것에 대한 대안으로 이해관계자 중심 자본주의가 등장하게 되었고 2018년 이후 ESG 투자가 활성화됨에 따라 이해관계자 중심 자본주의도 확산되게 되었다.

3. 거버넌스의 정의

거버넌스가 무엇인가에 대하여는 많은 논의와 정의가 있다. “공식적인 권위 없이도 다양한 행위자들이 자율적으로 호혜적인 상호의존성에 기반을 두어 협력하도록

1) 아나톨 칼레스키, 자본주의 4.0.과 리베카 핸드슨, 자본주의 대전환
2) 사회적 가치연구원 ESG HANDBOOK, 2022, 22.

하는 제도 및 조정형태"(Kooiman & Vilet 1993)라는 정의가 있고 "조직의 집단적인 활동을 이끌고 제약하는 공식 혹은 비공식적인 과정과 제도들"(Keohane & Nye,2000)의 정의가 있다. 한편 국제기구들도 자신의 목적에 맞게 거버넌스를 정의하고 있다. 우리는 기업의 지배구조에 관심을 가지고 있기 때문에 기업지배구조에 대한 정의를 살펴보면 다양한 논의가 있지만 M. M. Balir의 정의에 따르면 "소유가 분산된 기업에서 누가 최종의사결정을 하고 기업활동에서 발생하는 수익과 위험을 어떻게 배분할 것인가를 규정하는 법적 제도적 문화적 메카니즘"[3]이 기업지배구조를 잘 정의한 것이다. 또한 EU의 정의인 "기업 거버넌스는 주주, 이사회, 경영진, 기타 이해관계자 상호관계 안에서 기업이 관리되고 통제되는 방식"도 참고할 만하다. 결국 기업의 거버넌스란 광의에서는 기업과 국가 사회관계이고 협의에서는 경영자와 투자자의 관계이다. 또한 윤리성과 효율성이 그 요소이다.

좋은 거버넌스의 특징은 참여, 합의지향, 책임, 투명, 대응, 효과 및 효율성, 공평, 포용의 특징을 가진 것이라고 유엔개발계획은 정의하고[4] EU의 굿 거버넌스 12 원칙은 공정한 의사결정, 민감도, 효율성과 효과, 개방성과 투명성, 법의 지배, 도덕적 역량, 혁신과 변화에 대한 개방성, 지속가능성과 장기지향성, 건전한 재무관리, 인권, 문화 다양성 및 사회적 결속, 책임성이다.[5]

기업의 거버넌스 구조는 소유구조로 보면 주식회사, 합명회사. 합자회사. 유한회사, 유한책임회사가 있고 의사결정구조로 보면 주주총회, 이사회, 최고경영자, 임직원으로 주식회사는 구성되어 있고 합명회사, 합자회사, 유한회사, 유한책임회사의 경우는 사원총회, 최고경영자, 임직원으로 구성되어 있다.[6]

---

3) 사회적 가치연구원 ESG HANDBOOK, 2022, p22.

4) Ibid., p23.

5) Ibid.

6) Ibid.

4. 거버넌스 이론 : 주인-대리인 이론과 계약적 지배구조이론

기업의 지배구조를 다루는 이론은 주주중심주의를 분석하는 틀인 주인-대리인 이론과 주주뿐만 아니라 이해관계자를 주인의 범주에 포함해야 한다는 계약적 지배구조이론의 두 가지가 있다. 주인 대리인 이론은 소유와 경영이 분리된 상태에서 주인인 주주와 대리인인 경영자 사이에 정보의 비대칭성으로 인한 대리인의 도덕적 해이를 통제하는 시스템을 지배구조로 본다.

반면에 계약적 지배구조이론에서는 주주만이 경영위험을 부담하는 독점적 잔여청구권자가 아니라 다양한 이해관계자도 실질적인 잔여청구권자이기 때문에 지배구조란 다양한 이해관계자들이 각자의 이익을 극대화하며 계약비용을 최소화하기 위해 체결하는 장기적이고 안정적인 계약을 의미한다. 그렇다면 지배구조이론도 다양한 당사자 간의 권리와 위험을 정의롭게 배분하는 정의론적 시스템이라고 할 수 있다.[7)]

5. 주주

ESG 경영에서는 주주의 권리도 강화되고 있다. 기존의 주주중심주의에서 자본주의가 소수 주주의 이익을 위한 것이었으면, ESG 경영에서는 대주주뿐 아니라 다수의 소액주주를 포함하여 전체 주주의 권리와 이익을 강화하는 방향으로 발전하고 있다.[8)] 주주에게 투명하게 정보를 제공하고 소액주주도 의결권 행사를 하는 데 어려움이 없도록 주주총회 개최방식도 온라인을 포함한 다양한 방법으로 하고 있다. 또한 지속가능경영에 대한 주주와 소통 강화 및 지지 확보도 중요하다. 단기적인 매출

---

7) 정재영, 기업지배구조의 이론적 배경과 중요성, 한국 ESG 기준원,

8) 사회적 가치연구원 ESG HANDBOOK, 2022, p40..

상승과 수익상승을 원하는 주주들을 설득하여 지속가능 경영의 장기적인 성과를 추구하도록 하는 것도 중요한 활동 중 하나이다.

한편으로는 주주행동주의의 강화와 증가도 ESG의 확산에 영향을 미친다. 주주행동주의는 주주가 투자한 기업의 가치를 높이기 위해 경영에 적극적으로 관여하는 행동을 말하며 주주관여, 주주제안, 반대투표 캠페인, 위임장 대결 등의 활동으로 실현된다.[9)]

6. 이사회 중심 경영

이사회 중심 경영은 그동안 오너 중심 경영을 해온 한국의 기업들에게 요구되던 것이다. 오너 리스크를 줄이고 전문성과 역량을 가진 이사들이 기업의 중요한 의사결정을 하도록 이사회의 전문성과 독립성을 강화하는 것이 글로벌 ESG 투자회사 및 ESG 평가사의 요구이다.[10)] 또한 이사회가 지속가능경영에도 리더십을 가지고 주도하기를 권고하고 있다. 따라서 국내기업들은 이사회 하부에 ESG 위원회를 만들고 지속가능경영을 할 때 필요한 전문성을 가진 사외이사를 선임하며 교육을 통하여 이사회의 ESG 전문성을 강화하고 있다.

이사회의 1/4 이상을 사외이사로 선임하는 게 한국에서의 법적인 요구사항인데 기업들은 과반수를 사외이사로 채우기 시작하고 있으며 이사회 의장도 사외이사가 맡는 형태로 진화하고 있다.[11)] 한국의 경우 2022년 8월부터 자산총액 2조원 이상의 상장기업 이사회에 1명 이상의 여성이사를 선임하라는 여성 할당제가 시행되었다. 그리고 2022년 6월부터는 여성 상임이사와 비상임이사의 비율을 33% 이상 유지하도록 하고 비상임이사의 경우 그 비율을 40% 이상으로 하는 법안도 통과되었다. 그러

9) Ibid., p41.
10) Ibid., p42.
11) 사회적 가치연구원 ESG HANDBOOK, 2022, 22.,p43.

나 이러한 조치도 유럽이나 미국의 글로벌 기업들이 여성뿐만 아니라 민족 국가, 인종에 따른 다양한 배경을 가진 인물들로 이사회를 구성하는 것에 비하면 아직은 더 발전해야 한다고 볼 수 있다.12)

한편 ESG 경영에 있어서 제일 중요한 것은 CEO의 의지이다. 많은 글로벌 ESG 평가사와 투자자들이 CEO의 ESG 실천선언을 공식화하기를 원한다. 한국의 경우에도 K-ESG나 국민연금 등도 CEO의 ESG 실천의지를 중요하게 생각하고 있다.

7. 내부직원과 외부고객

지속가능경영이 효과적으로 이루어지기 위해서는 직원들이 지속가능경영을 제대로 인지하고 있어야 한다. 따라서 최고의사결정기구인 이사회는 지속가능경영 비전과 미션이 반영된 경영원칙을 세워야 하며 지속가능 이슈를 전략과제로 설정하여 조직구성, 책임자 임명, 자원투입 등의 중요한 의사결정을 해야 한다. 또한 실무 단계에서는 경영원칙과 전략과제 실천을 위한 행동강령을 만들어야 한다. 또한 이를 제대로 실천하기 위하여는 교육프로그램과 성과지표제정도 중요한 이슈이다.13)

한편 스마트폰과 SNS의 발전은 기업 내부의 소식이 전 세계로 실시간으로 중계되는 상황을 만들었다. 따라서 일반 고객과 소비자도 과거에 비해 더 많은 정보를 공유하게 되었다. 따라서 ESG적인 관점에서 부정적인 뉴스와 사건 사고가 훨씬 더 큰 부정적인 영향력을 과거보다 행사하고 있다. 따라서 평소 고객과 지속적인 소통을 통하여 적극적인 홍보와 참여를 추진할 필요가 있다. 고객과 소비자의 지속적인 참여가 지속가능경영의 중요한 기본원칙 중 하나이다.14)

---

12) Ibid., p44.
13) Ibid.
14) Ibid., p45.

8. 지배구조 관리 이슈와 주요 포인트

이러한 지배구조 요소들을 관리하기 위하여 중요한 것은 지속적인 관리 활동인데 그것은 우선 지속가능경영 통합원칙과 정책을 제정하는 것이고 또한 환경경영 원칙과 정책을 제정하며 인권 경영의 원칙과 정책을 제정하고 공급망 관리 원칙과 정책 거버넌스 원칙과 정책을 제정하는 것이다.

주주관리의 중요 정책은 주주총회를 제대로 관리하고 주주에게 필요한 정보를 제공하며 이사진 및 최고경영자의 주주 커뮤니케이션을 확대하는 것이다. 그리고 이사회정책에서 중요한 것은 이사회의 독립성을 확보하며 다양성을 확대하고 전문성을 제고하는 것이다. 그리고 이사회의 지속가능경영 리더십을 강화하고 최고경영자의 지속가능경영 실천의 공표가 중요하다.[15] 최고경영진에 대한 자문과 교육활동을 강화하고 최고경영진 KPI에 지속가능경영을 반영하는 것이 중요하다.

고객과의 관계에서는 고객과 지속가능경영 소통을 적극적으로 확대하고 고객의 지속가능경영 참여를 적극 확대하고 지속가능성이 높은 제품의 서비스를 확대하며 그린워싱의 민감성을 유의하고 내부 기준을 상향 조정해야 한다.[16]

지역사회와 관련지어서는 지역 경제 산업의 거버넌스에 참여하고 지역경제 발전에 기여하며 지역적 지역사회와 협력 관계 유지하고 지역 사회 문제해결에 참여 및 기여해야 한다.[17]

---

15) Ibid., p56.
16) Ibid., p63.
17) Ibid., p65.

ESG 투자

CHAPTER 06

1. 투자의 이론

ESG 투자를 이해하기 위하여는 일반적인 투자자의 투자운용 프로세스를 이해할 필요가 있다. 일반적으로 효율적인 투자자금 운용을 가능하게 하기 위해서는 자금운용의 계획(plan) – 실행(do) – 평가(see)라는 일련의 시스템이 체계적으로 구축되어야 한다.

〈그림 5〉 견제와 균형

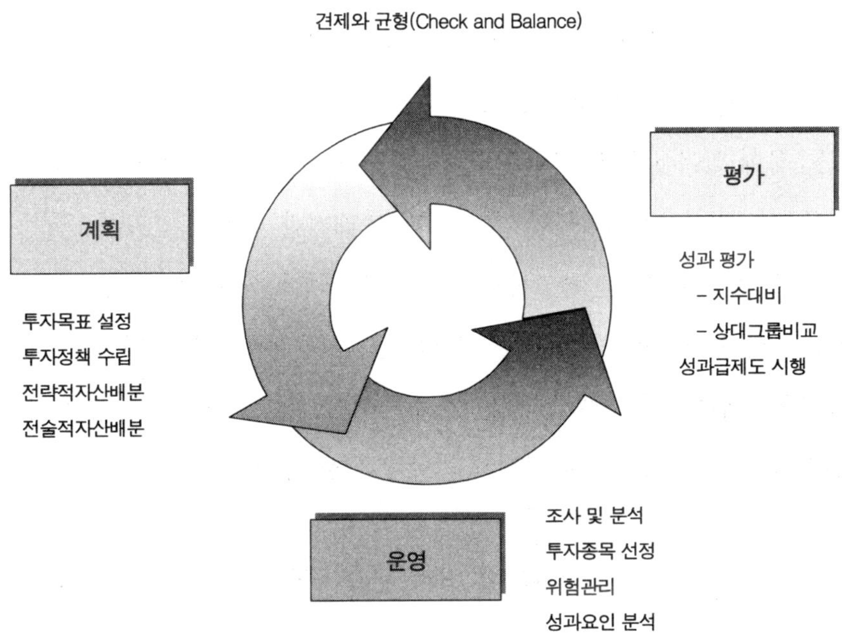

자금을 운용하는 것은 대개 타인의 자금을 위탁받아 운용하는 것이기 때문에 안정성과 공공성이 중요하다. 그래서 자금을 운용하는 사람은 선량한 관리자로서의 의무를 가지고 있다. 그래서 다수에 의한 의사결정 및 독립적 관리 · 감독체제 구축이 필요한데 기금 자산운용의 투명성 · 공정성 확보를 위해서 자산운용계획 수립, 자산배분, 거래기관 선정 등 주요한 의사결정 행위는 위원회 등 다수에 의해 결정 ·

실행되어야 하며 원칙적으로 담당자 1인의 독자적인 의사결정은 제한되는 것이 바람직하다.

또한 위험관리 · 성과평가 및 감사는 자산운용과 독립된 조직과 인력에 의해 수행하는 것을 원칙으로 하되, 조직규모 상 독립이 곤란한 경우 외부전문기관의 활용 등을 통해 적절한 견제장치를 마련하여야 한다.

자산운용담당자는 타인의 재산을 관리하는 수탁자로서 선량한 관리자의 주의의무를 다하여야 하며 대규모 자금을 운용함에 따라 얻어지는 금융시장에서의 우월적 지위 남용 등을 통해 건전한 금융질서를 해치지 않아야 한다. 자산운용담당자가 지켜야 할 세부적인 내용은 윤리규정(Code of Ethics) 또는 행위준칙(Code of Conduct) 등으로 명문화하여 공유하여야 한다.

자산운용에 있어서 투명성은 수익성에 우선하는 중요한 원칙이다. 따라서 각 자산관리 주체는 자산운용계획수립, 자산배분, 거래기관 선정, 성과평가 등 자산운용 전 단계에 걸쳐서 투명성을 제고하기 위해 노력하여야 한다. 자산운용과 관련된 모든 정보는 가급적 적절한 원칙과 절차에 따라 공개되어야 한다. 다만, 자산운용 결과에 직접적으로 부정적인 영향이 예상되거나 타인의 이익을 해할 가능성이 있어 공개하기 곤란한 정보는 사전에 규정하여 비공개로 할 수 있다.

〈그림 6〉 기관투자자의 의무

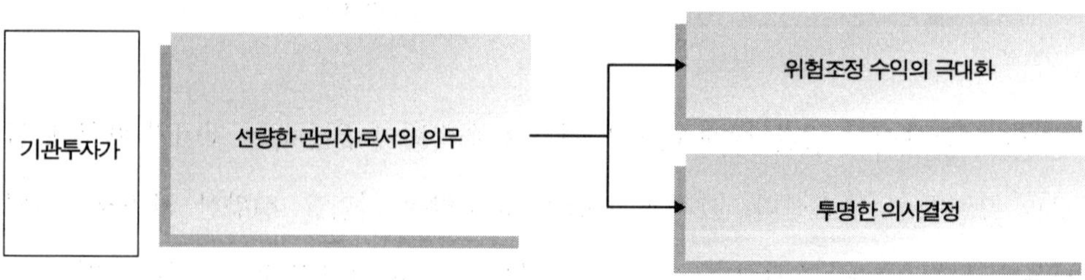

자금수지 분석 및 계획은 자금의 유 · 출입 내역 분석을 통해 자금의 특성을 파악하여 향후 기금의 적정 단기자금규모 및 장기운용가능 자금규모를 추정하고 이를 바

탕으로 단기자금 및 장기자금에 대한 자산배분을 실행하는 것이다. 자금수지 분석을 통한 적정 단기 및 장기 운용자금규모의 추정은 자금운용의 기본 목표인 안정성, 유동성, 수익성을 제고하기 위한 것이다. 자금수지 분석을 통한 적정 단기 및 장기 운용자금규모의 추정은 기금운용의 기본 목표인 안정성, 유동성, 수익성을 제고하기 위한 것이다. 자금수지 분석을 통해 적정 단기자금 규모를 추정한 후 전체 운용대상 자금 중 적정 단기자금 규모를 제외한 금액을 장기운용대상 자금규모로 명시하도록 한다.

〈그림 7〉 유동자산

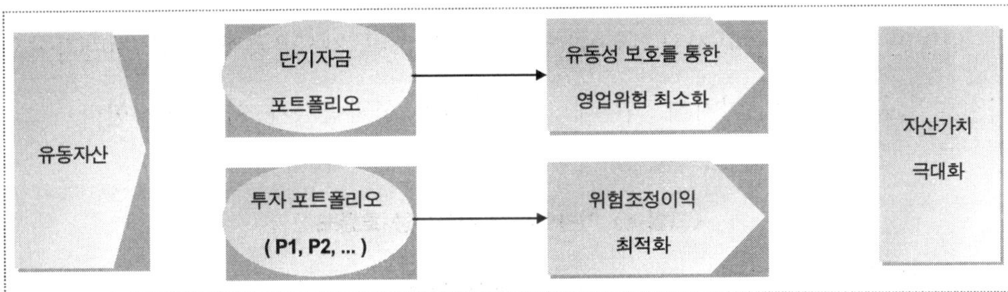

일반적으로 자산운용은 자산배분(AA : Asset Allocation), 자산운용(Investment), 성과평가 및 위험 관리(Performance Evaluation & Risk Management) 등과 같은 절차에 따라 이루어지게 된다. 자금의 효율적 운용을 위해 먼저 부채를 고려하여 투자목표, 투자정책이 수립된다. 자금의 투자목표와 투자정책 등은 목표수익률 및 허용위험한도에 반영되어진다. 각 자금의 목표수익률 및 허용위험한도를 충족시키는 범위 내에서 장기적인 운용방향을 결정하는 전략적 자산배분안을 선택하고 이는 다시 비교적 단기적 시각으로 시장상황에 따라 일정 범위 내에서 자산배분을 조정하는 전술적 자산배분의 대상이 된다.

자산배분이 결정되면 각 자산별로 소극적(passive) 운용과 적극적(Active) 운용을 결정한다. 소극적 투자와 적극적 투자가 결정되면 이는 다시 내부운용 또는 외부

운용을 결정하게 되는데 절충안으로 일부만 외부 위탁하여 운용할 수도 있다. 자산배분 단계에서는 자산배분 비중을 어떻게 가져갈 것인지에 대한 결정이 이루어지게 되고, 경제 전망이나 시장상황의 변화에 따라서 개별 자산별로 자산배분을 어떻게 가져갈 것인지에 대한 결정이 이루어진다.

이와 함께 각 투자 자산에는 벤치마크(Benchmark Index)가 배정되는데, 이 벤치마크는 자산배분 단계에서 향후 자산운용에 대한 수익률과 위험을 예측하는 기본적인 분석자료이자 자산운용의 기준지표로써 작용한다. 이처럼 자산 배분 및 운용에 대한 원칙이 결정되고 나면 매니저는 주어진 자산운용의 제약하에서 자산을 운용하게 된다.

일정한 기간 동안의 자산운용이 이루어지고 나면 자산운용에 대한 전반적이고 다각적인 분석이 이루어지게 되는데, 위험관리와 성과평가가 이에 해당한다.

〈그림 8〉 기관투자자 자산운용 흐름도

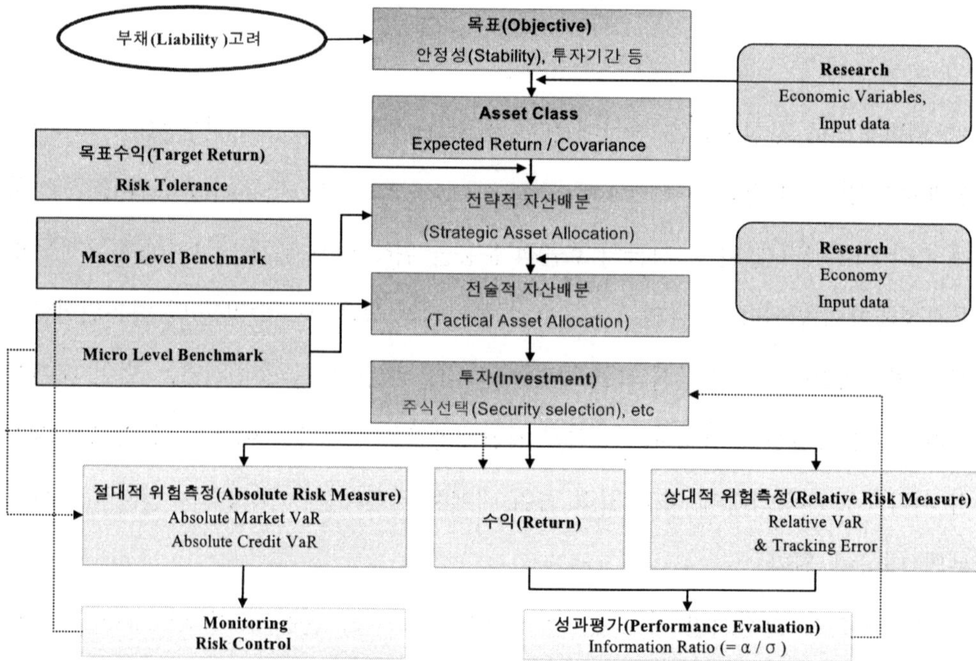

자산배분 및 운용에 관한 의사결정 프로세스는 일반적으로 다음 그림과 같은 단계로 이루어진다.

〈그림 9〉 기관투자자 자산운용 단계도

단계	의사결정	단계	의사결정
1	투자철학, 목적, 투자기간 등	6	자산배분
2	위험정의 및 허용위험 수준	7	포트폴리오 구성
3	자산배분 모형의 결정	8	포트폴리오 운영 및 점검
4	투자대상 및 벤치마크의 선택	9	성과평가 및 요인분석
5	기대수익률 및 위험 추정(예측)	10	위험관리

1) 의사결정 1단계 : 투자철학, 목적, 투자기간 등

자산운용과 관련된 규율체계는 다음과 같다. 첫째는 자산운용과 관련된 주요 정책 및 기준 등을 명시한 자산운용지침(Investment Policy Statement)이고 둘째는 자산운용 시 내부 담당자들이 지켜야 할 세부적인 절차 기준 등을 포함하는 자산운용규정(Regulation)이다. 자산운용지침과 자산운용규정은 자산운용과 관련된 사항이므로 중복될 수 있으나 작성 취지와 성격에 따라 다음과 같은 차이가 있다.

〈표 1〉 자산운용지침과 규정의 차이

	자산운용지침	자산운용규정
형식	• 기준서(Statement) 형식	• 조문 형식
작성목적	• 내부 규율 및 외부 공포	• 내부 규율
핵심내용	• 목표수익률 및 허용위험한도 • 자산배분안 • 성과평가 및 위험관리	• 자산운용관련 계획수립, 실행, 평가의 세부 절차 · 기준 • 금융상품 및 금융기관 선정기준절차 등

자산운용지침은 각 투자자가 자금위탁자에게 기금자산의 운용원칙 및 방향에 대하여 투명하게 공포하는 것이 주요 목적 중의 하나이므로 기준서 형식으로 가급적 간단·명료하게 작성하여야 한다. 특히 목표수익률, 허용위험한도, 자산배분안 등에 대해서는 규모·비율을 수치를 사용하여 명시적으로 표현해야 한다.

자산운용규정은 내부규율이 목적이므로 자산운용담당자가 업무에 활용할 수 있도록 가급적 상세하게 작성하여야 한다. 각 기관이 자산운용을 통해 달성하고자 하는 목적을 명확히 밝히고 이를 관련 이해당사자 및 투자자들과 공유할 필요가 있다. 명확한 자산운용목적의 설정은 목표수익률, 허용위험한도, 자산배분안 등 모든 자산운용정책의 논리적 근거가 된다.

IPS의 구성요소는 크게 기금의 목표, 자산배분, 위험관리, 성과평가로 나누어진다.

〈표 2〉 온타리오 연금사례(IPS)

A. Plan Description

1. Type of Plan
2. Plan Liabilities

B. Investment Policy

1. General
2. Asset Mix Goal
3. Portfolio Diversification
4. Categories and Sub-Categories of Investments and Loans
5. Use of Derivative and Synthetic Products
6. Investment Restrictions
7. Rate of Return Goal

C. Other Matters

1. Lending of Cash and Securities
2. Special Purpose Corporations and Other Investment Vehicles
3. Exercise of Voting Rights
4. Valuation of Investments
5. Conflict of Interest Policy

〈온타리오 연금사례(IPS)〉

1단계에서 가장 중요한 사항 중의 하나는 목표수익률을 설정하는 것이다. 목표수익률은 기금의 목적 또는 자산운용의 목적을 달성하기 위해 자산운용정책에 따라 자산배분에 앞서 사전적으로 설정하는 "자산운용수익률의 최소 목표치"로써 자산배분안이 충족하여야 할 최소수익률의 개념으로 정의할 수 있다. 대다수 기관들이 먼저 자산배분을 하고 자산배분안이 달성 가능한 기대수익률을 목표수익률로 설정하는 경우가 많은데 이는 바람직하지 않은 방법이다.

목표수익률은 성과평가 기준이 될 수 없다. 성과평가는 기준수익률에 기초하여 이루어져야 한다. 기관의 특성을 반영하여 기관의 목적사업 수행을 원활히 하기 위해 필요한 수익률 등으로 목표수익률을 설정할 수 있다. 그러나 도출된 목표수익률이 지나치게 높아 현실적으로 실현 불가능할 가능성이 있다. 보험사업을 하는 기관의 경우 인수배수를 일정하게 유지하기 위해 필요한 수익률 또는 연기금의 경우 적립금비율을 유지하기 위해 필요한 수익률 등이 그 후보가 될 수 있다.

기관의 목적사업을 원활히 수행하기 위한 목표수익률이 현실적으로 달성 불가능할 경우, 목표수익률은 다음과 같이 설정될 수 있다.

① 기금의 실질 가치 유지 또는 성장 목적

실질 경제성장률+α, 물가상승률+α 등

② 특정 대표자산의 수익률 이상으로 설정하는 경우

국고채 6개월 수익률 이상, 1년 만기 정기예금 금리 이상, 국고채 3년 수익률 이상 등

특정 대표 자산으로 목표수익률을 설정하는 경우에는 목표수익률을 자산배분안에서 가장 많은 투자비중을 차지하는 자산군과 해당 자산군의 만기를 고려하여 설정하는 것이 바람직하다.

2) 의사결정 2단계 : 위험정의 및 허용위험 수준

허용위험한도는 자산운용과정에서 발생할 수 있는 불리한 결과(수익률의 감소)에 대한 수용 가능한 정도를 의미한다. 미래의 위험에 대해 정확히 예측하는 것은 불가능한 일이므로 자산운용에 영향을 미치는 위험의 특성을 파악하여 각 위험 종류별로 적정한 통계적 기준에 따라 허용위험한도를 산출하여야 한다. 허용위험한도 설정의 목적은 자금수지분석, 자산배분 및 위험관리이며 기금의 특성에 따라 각기 달리 설정될 수 있다.

위험의 종류와 허용위험한도 설정 방법은 다음과 같다. VaR(Value at Risk)는 일정한 신뢰수준 하에서 미래의 특정 기간 동안 발생할 수 있는 포트폴리오의 최대 손실 가능금액을 의미한다. VaR는 현재 포트폴리오가 이자율 변동과 같은 시장위험에 얼마나 노출되어 있는가를 보여주는 위험지표 중의 하나이다. 예를 들어 현재 채권의 포지션 금액이 1조원이고 95% 신뢰수준 하에서 산정된 1-day VaR가 50억원이라면, 이는 하루 동안에 채권의 이자율 변동에 의해 발생할 수 있는 최대 손실금액이 포지션 대비 약 0.5%인 50억원의 평가손실이 날 수 있음을 의미한다. 따라서, 채권 포트폴리오의 만기가 길수록, 시장 금리의 변동성이 클수록 VaR는 커지게 된다.

〈그림 10〉 정규분포도

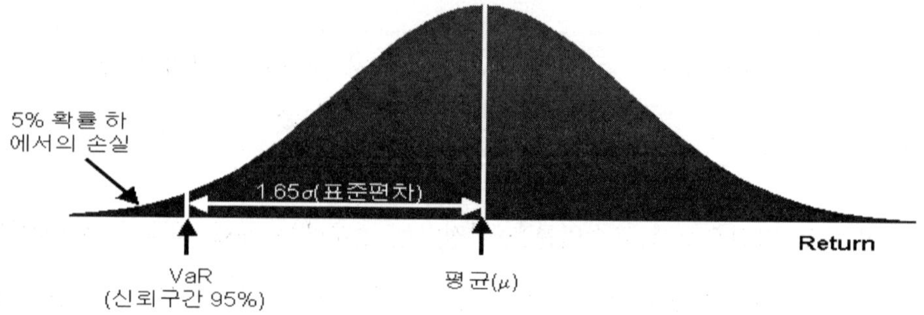

〈표 3〉 각종 위험의 정의

위험의 종류	측정 방법 및 관리 방법
유동성 위험	▪ 목적 : 유동성 위험을 고려한 적정 단기자금 (현금성자금 및 유동성자금) 규모 추정 ▪ 분석방법 : 수지차 분석을 통한 적정 단기자금의 추정 ▪ **대표적 지표 : Cashflow at Risk (80%, 90%, 95% 등)**
신용위험	▪ 목적 : 회사채규모, 금융기관 선정기준 등 설정 ▪ 분석방법 : 신용 VaR 분석, 일반적 신용위험 기준 준용 ▪ **대표적 지표 : 회사채 한도, 금융기관 선정기준(등급별), 기관별 예치한도 등 (신용 VaR는 가장 바람직한 지표이나 현실적으로 사용 어려움)**
시장 위험	▪ 목적 : 중장기자금 투자 대상으로서의 실적배당형 상품의 만기 및 자산배분 ▪ 분석방법 : VaR 한도에 따른 시뮬레이션 또는 최적화 분석 ▪ **대표적 지표 : VaR 또는 Shortfall 확률**
자산-부채위험 (ALM Risk)	▪ 목적 : 최종 자산배분 ▪ 분석방법 : 시뮬레이션 분석 또는 통계적 계산 ▪ **대표적 지표 : 인수배수비율한도, Shortfall Risk 등**

① 유동성위험

유동성 위험은 예기치 못한 자금수요(지급 수요)에 대응하지 못하여 손실을 입게 될 위험을 의미한다. 유동성 위험을 고려하여 적정 단기자금 규모 및 중장기자금의 투자기간을 추정한다. 자금 수지차 분석을 통하여 자금수지 계획 대비 실제의 표준편차로 측정하는 것이 바람직하다. 만일 계획 대비 실제의 과거 자료가 부족할 경우, 자금수지 차이의 표준편차를 대용치로 사용할 수 있다. 관리방법은 80%, 90%, 95% 등 각 자금별로 유동성 위험을 통제하기 적합한 확률 수준을 결정하여 관리한다. 예를 들어 90% 수준으로 유동성을 통제할 경우, 1개월 미만 자금 규모는 향후 1개월 동안 발생할 수 있는 자금수지 오차를 90% 확률로 통제할 수 있을 정도로 설정되어야 한다.

② 신용위험

신용위험은 거래금융 기관 또는 채권발행 기관의 부도로 인한 손실(default

loss) 위험과 더불어 신용등급의 하락에 따른 손실(devaluation loss) 위험을 의미한다. 각 기관은 신용위험으로 인하여 발생할 수 있는 신용포트폴리오의 최대 손실을 측정하고 관리해야 한다. 신용위험이 있는 회사채 등에 대한 투자 규모를 결정하거나 거래 금융기관 선정기준을 설정할 때 사용한다. 측정 지표로는 95% 신용 VaR(95% Credit VaR) 등 통합된 형태의 신용위험 지표가 가장 바람직하다. 만일 이러한 형태로 측정하기 어려울 경우 회사채 투자 한도, 금융기관 및 금융상품 선정기준(등급별), 기관별 예치 한도, 상품별 투자 한도 등의 개별적 기준을 통해 신용위험을 측정할 수 있다.

신용위험으로부터 발생하는 손실은 다음과 같이 예상손실과 미 예상손실로 구분할 수 있다. 신용위험관리에서 주로 이용하는 신용 VaR(Credit VaR)는 미 예상손실을 계량화한 지표로서 신용포트폴리오의 손실분포(Loss Distribution)를 적절한 방법으로 추정한 후, 주어진 신뢰수준 하에서 일정 기간 발생할 수 있는 최대 신용손실액을 추정한 값이다. 예를 들어 향후 일정 기간(n) 동안 특정 유의수준(95% 또는 99%) 하에서, 거래금융 기관 또는 채권발행 기관의 부도와 같은 신용손실을 초래할 수 있는 신용사건(Credit Event)으로 인해 부담할 수 있는 최대 손실(potential maximum loss)을 의미한다.

〈그림 11〉 신용리스크의 분포

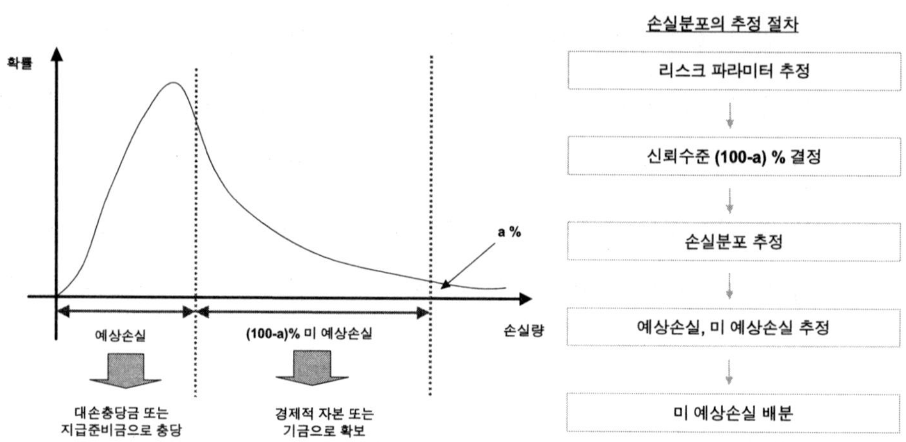

㉮ 예상손실(Expected Loss) : 예상손실(EL)이란 사전에 설정한 목표기간 내에 보유하고 있는 신용 포트폴리오로부터 발생할 것으로 예상되는 신용손실의 규모이며 다음과 같이 측정한다.

> 예상손실 = 익스포져 × 부도율 평균 × (1－회수율)
>
> = EAD × PD × LGD
>
> * EAD : Exposure At Default
>
> PD : Probability of Default
>
> LGD : Loss Given Default

㉯ 미 예상손실(Unexpected Loss) : 미 예상손실이란 예상손실을 초과하여 발생할 수 있는 손실액으로서 일반적으로 손실의 표준편차 또는 사전에 설정한 신뢰구간에서의 추정된 최대신용손실을 의미한다.

관리방법은 신용위험한도를 충족시키는 범위 내에서 금융기관 및 금융상품 등에 대한 배분이 이루어져야 하고, 이 기준에 따라 위험관리가 이루어져야 하는 것이다.

③ 시장위험

시장위험은 주가, 금리, 환율 등의 시장가격이 불리한 방향으로 변화함에 따라 보유한 유가증권의 가치가 변화할 수 있는 위험이다. 측정목적은 중장기 자금의 만기배분 및 자산배분이 목적이다. 측정지표는 95% VaR 형태 또는 Shortfall Risk 형태의 지표를 사용하는 것이 바람직하다. VaR 형태의 지표인 경우는 위험한도가 절대 금액으로 설정이 되고, Shortfall Risk의 경우는 확률(예: 5%)로 설정된다.

[시장위험 측정 방법]

Market VaR : 향후 일정 기간(n) 동안 특정 유의수준(95% 또는 99%)하에서, 위험요인(금리, 주가 등)의 변동으로 인해 전체 포트폴리오(total portfolio) 혹은 각 개별 포트폴리오로부터 발생할 수 있는 최대 손실(potential maximum loss)을 의미한다.

〈그림 12〉 시장위험의 측정

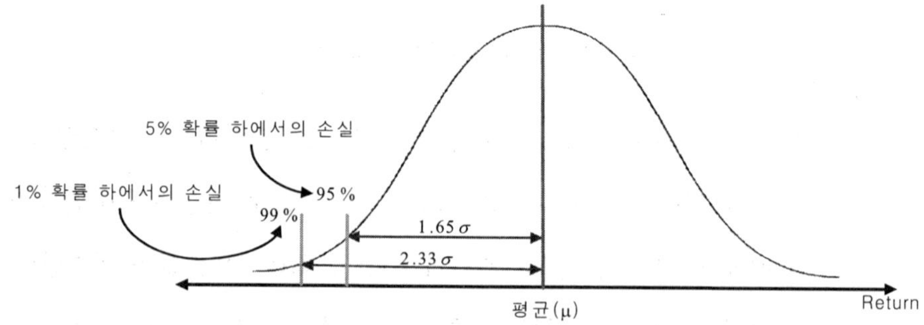

Shortfall Risk : Shortfall Risk란 전체 포트폴리오(total portfolio) 또는 각 개별 포트폴리오의 누적투자수익률이 일정 수익률(0% 또는 물가상승률 등)을 초과하지 못할 가능성을 의미한다.

관리방법은 다음과 같다.

방법 1) Shortfall Risk 한도를 충족시키는 범위 내에서 만기배분 및 자산배분 계획을 수립한 뒤, 자산배분 계획에 따른 위험관리 목표로 설정한다.

예) Shortfall Risk ≤ 3% (Hurdle rate = 3%) : 연 3% 수익률에 미달할 확률

가정 : 채권(기대수익률, 위험) = (7%, 2%)

주식(기대수익률, 위험) = (10%, 20%)

상관계수 = 0

〈표 4〉 Shortfall Risk

비율 (채권/주식)	100%/0%	80%/20%	60%/40%	40%/60%	20%/ 80%	0%/ 100%
1년	2.28	14.28	26.02	31.48	34.36	36.32
3년	0.03	3.22	13.28	20.18	24.43	27.22
5년	0.00	0.85	7.53	14.04	18.56	21.69
10년	0.00	0.04	2.10	6.36	10.30	13.42

투자기간 5년, 6대4의 비율로 투자하는 경우보다 투자기간 10년 4대 6의 비율로 채권 / 주식투자를 하는 경우의 shortfall risk가 더 작아진다. 투자기간이 길어질수록 3% 수익률에 미달할 확률은 작아진다. 또 투자기간이 길어질수록 위험자산에 대한 투자비중 확대가 가능해진다. 투자계획기간(Investment Planning Horizon)이 증가하면 기대수익률의 증가속도보다 위험의 증가속도가 늦기 때문이다. 따라서 장기투자일수록 위험대비 수익률이 높아진다.

④ 자산－부채 위험(ALM Risk)

기관자산을 이용하여 자금의 목적사업을 적절히 수행하지 못할 위험으로 미래 자산과 부채 사이의 현금흐름의 불일치에 대한 위험이라고 할 수 있다. 측정목적은 중장기 자금의 만기배분 및 자산배분이 목적이다.

- 측정지표

예) $\frac{\text{평균보험비용}}{\text{평균운용자산규모}}$, $\frac{\text{보험인수예상약}}{\text{기금규모}}$, $\frac{\text{보험인수예상액}}{\text{최저운용자산규모}}$ 등

- 관리방법 : 적정 자산 대비 부채 규모 유지함.

예) $\frac{\text{보험인수예상액}}{\text{최저운용자산규모}}$의 적정 비율 유지 등

3) 의사결정 3단계 : 자산배분 모형의 결정

전략적 자산배분은 직관적이고 시나리오별 분석이 가능한 시뮬레이션 방법을 중심으로 마르코비츠 최적화(Markowitz Optimization)모형을 보조적으로 사용하는 것이 바람직하다. 시뮬레이션에 기초한 자산배분 모형은 결과도출이 투명하고 여러 자산배분 시나리오의 비교가 가능함으로써 투자의사결정이 용이한 형태로 자료 생성이 가능하다.

〈표 5〉 자산배분방법의비교

구분	장점	단점	비고
Markowitz Optimization	간단 보편적	해의 민감성 다기간 분석 어려움	주로 시가평가 자산 분석에 사용
다기간 확률모형 최적화	수학적 정교함	지나치게 복잡한 계산과정을 거쳐 결과에 대한 해석 불가	일부 화재보험에서 제한적으로 사용
Monte Carlo Simulation	사용용이	최적해 도출 어려움	다기간 분석시 가장보편적으로 사용

전술적 자산배분 시에는 마르코비츠 최적화(Markowitz Optimization)모형이 적합하다. Markowitz 모형을 기본 방법론으로 사용하면서, 데이터 통제 및 수정을 위해 분석자의 향후 전망에 대한 관점(view)을 포함하는 Black−Litterman 모형과 거시환경을 반영하는 Macro Factor모형 등의 보조적 모델을 고려해야 된다. 전술적 자산배분 모형의 한계를 보완하기 위한 다양한 이론적 접근 방법 모색이 필요하다.

4) 의사결정 4단계 : 투자대상 및 벤치마크의 선택

투자대상의 선택은 수익과 위험을 고려하여 투자 대상 자산군을 선택한다. 자산군을 선택 시 단기자금은 은행예금과 같은 안전성 자산군을 선택하는 것이 바람직하며, 단기자금을 제외한 운용자금은 안전성과 동시에 장기투자성과를 고려해야 한다.

〈그림 13〉 투자의 수익성 비교

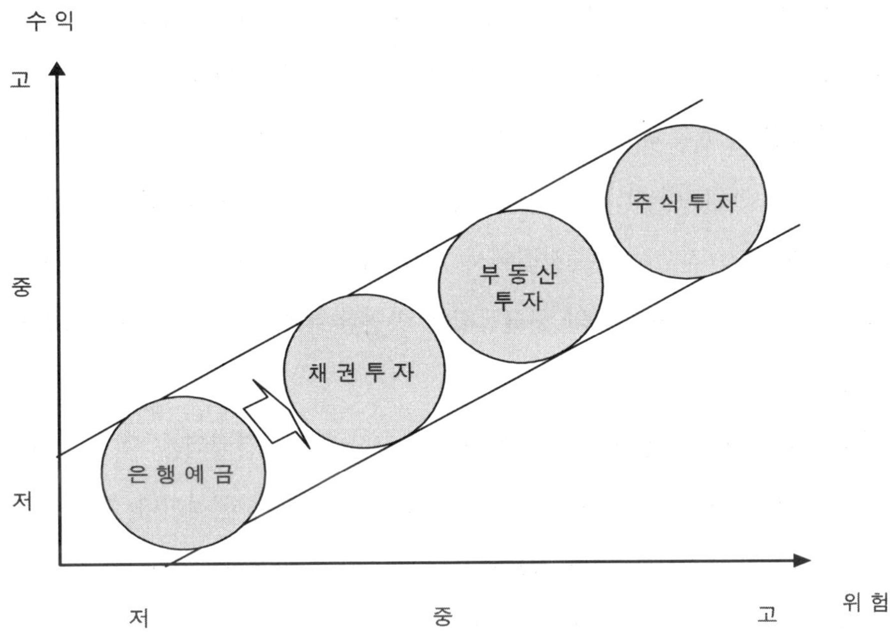

□ 자산군 분류 사례

〈그림 14〉 온타리오 사학연금(OTTP) 사례

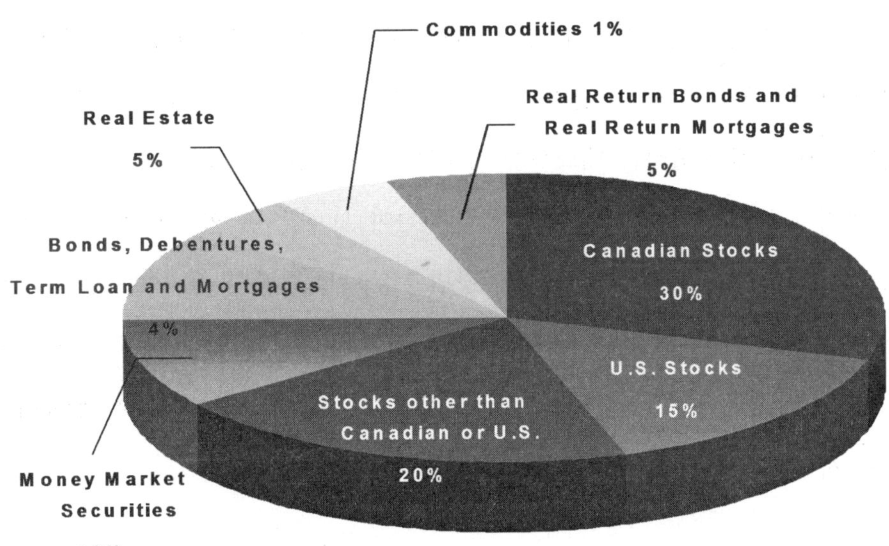

투자대상을 선택한 후 자산운용 결과가 과연 잘한 것인지를 판단하기 위해서는 그 기준이 필요한데 이때 사용되는 것이 벤치마크지수이다. 실제로 1년 동안의 주식운용 수익률이 50%라고 해도 주식시장을 대표하는 KOSPI지수는 70% 상승했다면 주식운용을 잘했다고 판단할 수가 없는 것이고, 반대로 주식운용 수익률이 −50%라 해도 KOSPI지수가 −70% 하락했다면 상대적으로 주식운용을 잘한 것이기 때문이다. 벤치마크지수는 기준시점에서 평가시점까지 수익률이나 가격변화를 누적한 지표로서 시장의 동향변화와 수급상황을 반영할 뿐만 아니라 성과평가의 기준지표로 작용한다.

벤치마크 설정의 일반적 원칙은 자산의 순자산가치가 반영되는 시가수익률을 현금흐름에 의해 조정된 시간가중수익률로 산출해 사용함이 원칙이다. 투자자산군별로 기준수익률을 설정하고 이를 성과평가의 기준으로 활용한다. 기준수익률은 일반적으로 인정된 지수(주식 : KOSPI200, 채권 : 채권지수 등)를 활용하는 것이 바람직하다. 독특하게 개발한 지수나 특별한 지표를 사용할 경우 이에 대한 합리적 근거를 제시할 수 있어야 한다. 특히 주식투자의 경우, 손실 발생 여부가 성과평가의 근거가 아니라 벤치마크(종합주가지수 등)대비 운용실적이 평가근거가 됨을 명확히 해야 한다.

벤치마크 설정의 일반적인 원칙은 명확성, 투자가능성, 측정가능성, 적정성, 시장전망 반영의 5가지 요건을 판단기준으로 삼는다. 적정성(Appropriate)이란 투자정책 및 운용 스타일에 부합하는 대표성을 가져야 한다는 것이고 투자가능성(Investable)이란 벤치마크지수를 구성하는 종목에 투자하여 보유할 수 있어야 한다는 뜻이다. 측정가능성(Measurable)이란 객관적인 방법으로 특정 기간의 지수 수익률을 계산할 수 있어야 한다는 것이고 명확성(Unambiguous)이란 객관적인 시장 정보에 근거하며, 지수의 구성 정보가 명확해야 한다는 말이다. 그런데 중요한 것은 벤치마크는 평가가 시작되기 이전에 사전적으로 정의되어야 한다는 점이다.

5) 의사결정 5단계 : 기대수익률 및 위험 추정(예측)

자산배분을 위해 선택된 자산군의 미래 기대수익률과 위험의 추정이 필요하다. 보편적인 방법으로 과거 자료의 평균과 표준편차를 계산하여 사용한다. 그런데 과거 자료의 시장중립성과 신뢰성의 문제가 있다. 우리나라의 경우 자산군의 수익률 추이가 매우 불안정적이며 불확실성(Uncertainty)이 매우 높다. 위험은 주어진 기간에서 자료의 빈도를 높일수록 정확하지만, 기대수익은 기간을 늘려야만 정확해진다.

우리나라의 자본시장은 구조적 변혁기(Structural Break)를 자주 겪어 과거 데이터의 신뢰성이 낮아 과거 데이터(Pure History)를 사용하는 데 어려움이 있으며, 장기 전망에 대한 전문가 의견(Expert Opinion)의 신뢰성이 낮다. 따라서 과거 데이터(Backward looking)를 이용한 방법보다는 경제이론에 기반한 합리적 예측(Backward looking)을 통한 데이터 도출이 절대적으로 중요하다.

6) 의사결정 6단계 : 자산배분

전략적 자산배분은 전체 포트폴리오 성과의 90% 이상 좌우하고 있다. 의사결정자가 벤치마크 포트폴리오의 기대수익률, 위험 및 기타 특성을 인지하고, 기타 전술적 자산배분 등 세부 의사결정에 대한 권한 위임을 위한 초석 제공한다. 자산배분안은 각 자금의 목표수익률 및 허용위험한도를 충족시키는 범위 내에서 수립되어야 한다.

유동성위험한도는 단기자금배분을 통해 충족된다. 따라서 전략적 자산배분 단계에서 고려해야 할 제약요인은 목표수익률, 신용위험한도, 시장위험한도, 자산-부채 위험한도이다. 자산배분은 각 자금별 사업 특성, 각 자금별 자본시장에 대한 견해 등에 따라 기관별로 차이가 날 수 있다.

〈그림 15〉 해외 손해보험사의 일반적인 Asset Liability Management 사례

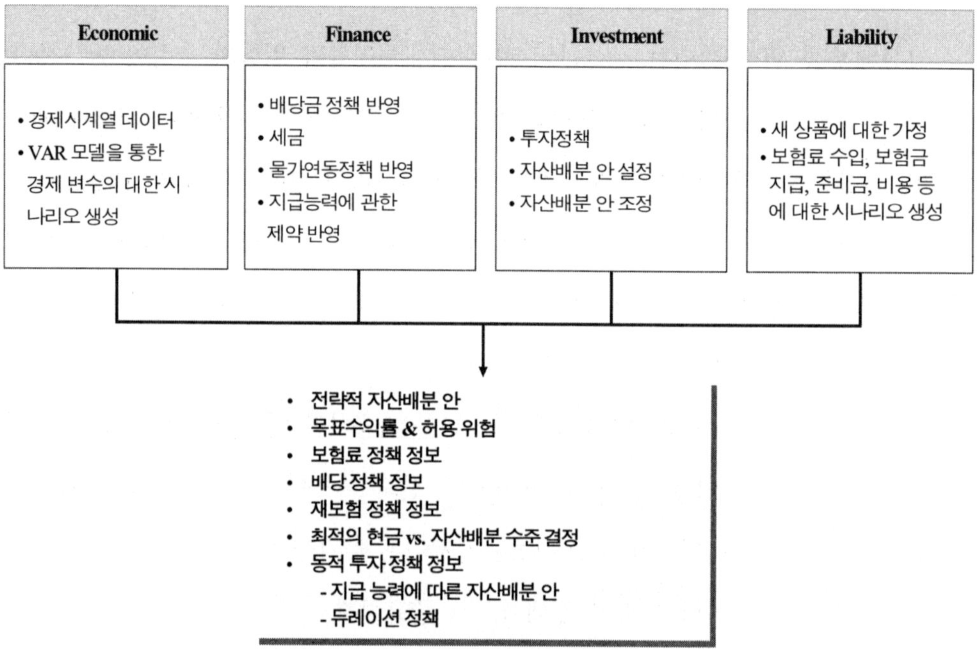

경제변수 분석은 과거 시계열 자료 수집 및 기초통계량을 추정하고 모형을 추정하여 미래에 대한 합리적 가정을 추가하여 시뮬레이션을 통한 미래 시나리오 생성의 단계를 통하여 이루어진다. 재무부분에서는 자금의 재정추계 및 보험료 정책 등을 반영한다. 투자대상 자산안을 분석하여 투자대상자산안계획 및 투자정책을 반영한다. 그 다음으로는 부채의 듀레이션을 고려한다. 위에서 열거한 4개의 세부 분석을 통합하여 종합적인 자산배분안을 검토한다.

〈표 6〉 전략적 자산배분 사례 : ALM을 고려한 Ontario Pension Case

	MINIMUM	GOAL	MAXIMUM
EQUITY INVESTMENTS	60%	65%	70%
▪ Canadian Equity	25%	30%	35%
▪ U.S. Equity	10%	15%	20%
▪ Non-North American Equity	15%	20%	25%
DEBT INVESTMENTS	15%	20%	25%
▪ Bonds and Debentures	N/A	Floating	N/A
▪ Cash Equivalents	N/A	Floating	N/A
INFLATION-SENSITIVE INVESTMENTS	10%	15%	20%
▪ Real Estate	3%	Floating	10%
▪ Real Return Debt Products	5%	Floating	15%
▪ Commodities	0%	Floating	25

7) 의사결정 7단계 : 포트폴리오 구성

자산배분이 결정되면 운용대상 자금의 특성, 규모, 투자기간을 고려하여 적극적 운용자산 및 소극적 운용자산을 결정한다. 소극적으로 운용한다는 것은 자산군의 인덱스 수익률 정도를 목표로 투자한다는 것을 의미한다. 적극적으로 운용한다는 것은 인덱스보다 더 높은 수익률을 달성할 것을 목표로 한다는 것을 의미한다. 소극적 투자와 적극적 투자 부분이 결정되면 이를 내부에서 운용할 것인지 아니면 외부에서 운용할 것인지를 검토해야 한다.

운용대상 자금이 소규모이거나 직접운용을 위한 내부 전담조직을 구성하는 비용에 비해 외부위탁 운용 시 예상되는 비용-효익 효과가 더 큰 경우 외부위탁을 고려한다. 포트폴리오 분산 투자를 위해 운용대상 자산군을 확대하거나 특정 자산군에 대한 투자 시 운용상의 전문성이 요구되는지의 여부를 검토한다. 해외투자, 주식, 부동산, 벤처, PEF 등 특정 자산에 투자하고자 할 때, 내부인력의 전문성 확보가 어렵거나 외부전문가를 내부로 영입하기 어려운 경우 외부위탁을 고려한다.

그 다음은 직접 운용과 외부위탁 운용 간 투자전략의 다변화를 통해 포트폴리오 분산투자 효과를 제고할 필요성이 있는지의 여부를 검토한다. 예를 들어 주식투자 시 내부운용은 소극적으로 외부운용은 적극적으로 운용하는 것이다. 단, 위험관리체계가 마련되어 있다는 전제하에 가능하다.

기금 내부에 자산운용전문조직이 있는 경우 내부운용 對 외부운용의 비율을 사전에 결정하고 이에 대해 명시적으로 밝히는 것이 바람직하다. 기금은 대규모 자산을 운용함에 따라 금융기관에 대한 영향력도 매우 큰 것이 현실이므로 금융기관 및 금융상품 선정의 투명성과 공정성이 매우 중요하다. 위탁기관 선정, 감독, 위탁기관 교체, 성과평가 및 위험관리 항목에 대해 명확히 표명하는 것이 바람직하다.

8) 의사결정 8단계 : 포트폴리오 운영 및 점검

미래 시나리오에 따른 시뮬레이션을 통해 경제변수들의 변화에 따른 수익률 변화를 점검해야 한다. 자산배분에 사용된 자산군들의 변동성(factor sensitivity)에 대한 정보가 필요하다. 시뮬레이션 결과가 허용위험한도와 기대수익률 등을 만족하는지 점검할 필요가 있다.

9) 의사결정 9단계 : 성과평가 및 요인분석

성과평가(Performance Evaluation)란 일련의 자산운용 프로세스 하에서 자산운용의 수익률을 측정하고 원천을 규명하는 과정이다. 성과평가 결과를 자산운용 및 보상체계에 반영(feedback)함으로써 기금 자산운용의 효율성과 책임성을 제고할 필요가 있다. 일반적으로 성과평가의 필요성이 인식된 초기의 성과평가는 회계적 이익(Reported Earnings)을 측정하는 수준에 머물렀으나 이후 1970년 후반부터 투자원본의 유출입 효과를 감안하기 시작하여 재무이론적 수익률(Financial rate of return)로 성과를 측정하기 시작하였다.

그러나 재무이론적 수익률은 초기 투자원본 크기에 민감하여 성과평가에는 부적절한 방법이었다. 1980년부터 시간가중수익률(Time-weighted rate of return)로 성과를 측정하기 시작하였는데, 초기에는 절대수익률의 개념으로 성과를 측정하였다. 벤치마크 대비 초과수익률 개념이 등장한 것은 벤치마크에 의한 운용자 관리가 시작된 1980년대 후반부터이다. 이후 1990년대 들어 위험 또한 비용이라는 인식이 확산되면서 위험대비 초과수익률로 성과를 측정하기 시작하였는데, 이의 대표적인 예가 정보비율(Information Ratio)이다. 1990년대 후반부터는 향후 자산운용을 위한 성과분석으로서 벤치마크 대비 초과수익률의 요인분석(Performance Attribution)이 이루어지기 시작하였다.

이와 같은 성과평가의 역사적 진화과정을 통해 확인할 수 있는 것은 성과평가가 (1) 자산운용의 수익률은 얼마인가? (운용수익률의 계산 : 시간가중 수익률), (2) 자산운용을 얼마나 잘했는가? (벤치마크 대비 초과수익률 및 위험조정 성과지표 Information Ratio), (3) 자산운용을 잘한 이유는 무엇인가? (성과요인분석 Performance Attribution) 등 크게 세 가지로 나누어진다는 것이다. 성과평가의 구체적인 평가방법에 있어서 각 기금 제도마다 채택하는 재원조달 방식, 제도의 성숙도, 사회경제적 여건 등에 따라 적합한 평가방법은 상이하게 나타날 수 있다.

자산운용의 수익률을 측정하고, 그 운용수익률이 얼마나 잘한 것인지에 대한 분석이 이루어졌다면 그 다음으로는 벤치마크 대비 초과수익률의 원천을 규명할 필요가 있다. 이 원천을 규명하는 것이 벤치마크 대비 초과수익률의 요인 분석이다.

전체 운용자산을 대상으로 벤치마크 대비 초과수익률을 요인분해 한다면 초과수익률의 요인은 크게 자산배분에 의한 초과수익률, 개별종목의 선정에 의한 초과수익률, 그리고 당일거래(residual)로 인한 초과수익률 등 세 가지 요인으로 분해할 수 있다.

자산배분에 의한 초과수익률은 채권, 주식, 예치금자산(단기자금) 등 각 투자자산별 투자비중을 벤치마크와 달리함으로써 발생하는 초과수익률(즉, 자산배분전략에 따른 초과수익률)을 의미한다. 개별종목선정에 의한 초과수익률은 전일 보유했던 자산을 당일에 보유했다면 발생했을 초과수익률을 의미하고 당일거래에 의한 초과수익률은 당일거래 및 기타 요인으로 발생한 초과수익률을 의미한다.

10) 의사결정 10단계 : 위험관리

자산운용 여건의 변동성이 커짐에 따라 위험관리가 자산운용의 핵심적 요소로 부각되었다. 각 기관은 위험관리의 적정성과 투명성을 제고하고 체계적인 위험관리 방안을 마련하기 위해 "위험관리 규정 또는 규칙"을 수립하고 이에 근거하여 위험관리를 실시하여야 한다.

위험관리에 관한 사항은 "위험관리 규정 또는 규칙"에 반영하되 자산운용지침에는 예측가능한 모든 위험(시장위험, 신용위험, 유동성위험, 운영위험 등)을 사전에 정의하고 허용 가능한 위험한도 및 관리지표 등 위험관리방법을 정하여야 한다. 위험관리는 자산운용 계획수립과 운용을 담당하는 조직과 독립된 별도의 조직, 위원회 또는 외부 전문기관에서 수행하는 것을 원칙으로 한다.

2. ESG 투자의 개념

사회책임투자(socially responsible investment: SRI)라고도 불리는 ESG 투자의 포괄적인 의미의 투자전략과 방식은 주로 공적 연기금을 중심으로 확산되기 시작하여 거의 모든 자산군에 적용되고 있으며 전략적 자산배분 단계에서부터 본격적으로 고려되는 단계로 범위를 넓혀가고 있다. '환경, 사회, 지배구조와 같은 비재무적인 요인(non-financial factor)을 투자의 전 과정에 반영하는 것'으로 사회적 책임투자를 정의한다. 이 사회적 책임투자를 계승한 것이 ESG investment로 책임투자(Responsible investment), 지속가능투자(Sustainable investment)라고도 불린다.

ESG 측면에서 우수한 기업들, 즉 사회적 책임에 충실하다고 인식되는 기업들의 재무적 성과가 우월하다는 다수의 실증 분석 연구 결과와 사례가 보고되고 있다.[1] 그러나 사회적 책임투자는 아직 국내에서는 국민연금 등 공적 연기금에 주로 한정되고 있는 것이 현실이다.

최근 연구에 따르면, ESG 투자가 기존 투자 방식과 비교하여 수익률 측면에서 열등하지 않으며 위험관리 관점에서는 우월한 성과를 보이고 있다. 투자자들과 소비자들의 지구 온난화와 환경 변화에 대한 우려, 계층 간의 불평등 심화 등 다양한 사회문제에 대한 관심이 기업의 재무적 성과뿐만 아니라 금융 자산의 투자성과에도 영향을 미치기 시작했다. 기업과 금융기관, 투자자들이 단기적인 성과에 집중하기보다는 중장기적인 성과와 지속가능성에 더욱 중점을 둔 경영 및 투자 의사 결정을 하고 있어서 ESG 투자가 확대되고 있다. 투자가 확대되는 이유는 우선 무엇보다 ESG를 활용한 투자는 좋은 결과를 내고 있어서이다. MSCI(모건스탠리캐피털 인터내셔널)은 2014년부터 2017년간 ESG 등급 상위 30% 기업이 하위 30% 기업에 비해 이익 증가율과 수익률이 양호했다. 국내의 경우에도 주요 ESG 펀드들 1년 수익률이 50~60%를 기록할 정도로 호성적을 내고 있다.

또한 ESG 투자는 사회적 책임투자의 방법론이다. 그런데 사회적 책임투자는 재무분석 및 비재무적인 요소인 환경 사회 지배구조의 분석을 통하여 위험 및 기회요인을 사전에 파악하여 장기 지속가능 수익을 추구하는 투자로 UN PRI 원칙이 정의하고 장려하는 투자이다. 또 책임투자는 18세기의 윤리투자에서 1960년대 사회책임투자로 변모하였는데 2006년 UN PRI가 본격적인 책임투자를 장려하기 시작했다.

책임투자(responsible investment; RI)는 투자자산의 선택 및 운용에 있어 투자대상 기업의 재무적 요소뿐만 아니라 환경, 사회, 지배구조 등 투자에 직간접적으로 영향을 주는 비재무적 요소를 동시에 종합적으로 고려하는 투자방식으로 알려져 있다.

---

1) 권순원, Opcit.

이러한 책임투자는 초기에 종교적 가치에 기초하여 술, 무기, 도박 등 윤리적으로 문제가 될 수 있는 죄악주에 투자를 금하는 것으로 받아들여졌으나, 1990년대 초 지속가능성(sustainability) 혹은 지속가능한 발전(sustainable development)이 화두로 부상하면서, 현재는 연기금 등 기관투자자들의 투자방식으로 부상하였다.

책임투자의 역사와 발전과정을 돌아볼 때, 사회적·환경적 이슈와 이에 의한 위험을 인식하고 이를 투자에 반영하고자 하는 일반 대중과 투자자들의 관심과 실천이 책임투자 성장의 중요한 근간이었다. 이에 책임투자의 주요 동기는 투자 철학 및 가치 실현, 사회 및 환경적 편익 추구, 중장기 수익률 개선, 위험 관리, 선관주의 의무 이행 등을 위해 책임투자를 수행하고자 하는 고객 요구의 실현이라고 볼 수 있다. Global Sustainable Investment Alliance(GSIA)에서 2019년도에 발간한 보고서에 따르면, 전 세계 사회적 책임 투자자산의 규모는 시장의 30%에 육박하고 있다.

ESG 투자는 비재무적 지표라는 이유로 간과되었던 ESG 정보의 재무적 속성을 재평가하는 데서 시작한다. 그 결과 테일리스크(tail risk))[2]를 투자 결정에 적극적으로 반영하여 위험 대비 수익을 높이는 계기로 삼는 동시에 ESG를 포트폴리오 선정 및 운용과정에 통합시켜서 추가로 수익 기회를 발굴하는 것을 궁극적인 목적으로 삼는다.

투자자 관점에서 볼 때 기업의 ESG를 강조하는 접근이 새로운 것은 아니다. 그러나 세계 최대 자산운용사인 블랙록(Black Rock)을 필두로 글로벌 자산운용사가 일제히 ESG를 자본시장의 새로운 표준으로 내세우면서 ESG는 기업경영에 직접적인 영향을 끼치게 되었다. 일례로 20년 넘게 흑자였던 미국 최대 에너지 기업인 엑손모빌(XOM)조차도 지난해 다우지수에서 퇴출된 데 이어 올해는 ESG 행동주의를 표방한 헤지펀드에게 이사회의 1/4을 내주었다.[3] 투자자의 기후변화 요구(E)에 소홀히

---

2) 통계적으로 경제현상은 평균값을 중심으로 종 모양의 정규분포(이른바 bell curve)를 보인다. 테일리스크는 정규분포도의 양쪽 끝부분에 해당하는데 금융위기 이후 정규분포의 꼬리가 너무 두꺼워져 평균에 집중되는 확률이 낮아지는 팻테일리스크(fat tail risk)가 나타나고 있다. 이럴 경우, 평균값의 의미가 약해져서 위험을 예측하기가 곤란해진다.

3) 헤지펀드(엔진 1)가 가진 지분은 0.02%에 불과하였으나 블랙록을 비롯한 주요 연기금의 지지에 힘입어 12명 가운데 3명의 이사가 헤지펀드의 추천으로 선임되었다. Katherine Dunn, "사면초가에 몰린엑손모빌", FORTUNE KOREA, 2021. 7. 1.

대응한 것이 결정적인 이유였다. 엑손모빌의 사례는 환경이 기업경영과 가치산정에 실질적인 영향을 미치기 시작했음은 물론이고 이제는 어느 기업도 이러한 요구를 피하기 어려워졌다는 점을 상징적으로 보여준다.

그러나 ESG 투자를 확산시키기 위해 해결해야 할 과제도 산적해 있다. 우선 ESG에 대한 논의를 기업과 투자자, 그리고 투자자들 사이에서 획일적으로 적용하는 것이 바람직한지가 문제된다. 그동안 ESG에 관한 논의는 기업에게 좋은 것은 당연히 투자자에게도 좋을 것이라는 사고에서 경영자와 투자자가 처한 실질적인 입장차이를 간과하는 경향이 있었다. 하지만 ① 시장의 가격괴리(mispricing)를 이용하여 수익을 꾀하는 투자자와 지속가능성을 추구하는 기업이 추구하는 이익의 내용이 항상 일치한다고 보긴 어렵고, ② 투자자의 이해관계 역시 자본의 속성에 따라 다르기 마련이다. 이러한 차이는 ESG 투자에 있어 포트폴리오의 리스크 관리와 수익기회 발굴 중 어디에 더 비중을 두는지가 투자자에 따라 다를 수 있다는 점을 시사한다.

다음으로 세계적으로 ESG 투자규모가 급증하고 있지만 이러한 기조가 계속해서 유지될 것인 지도 점검할 필요가 있다. 이 경우, ESG가 과연 신뢰할 수 있는 투자기준으로 자리 잡을 것인지 가 관건이다. ESG 지표를 재무적 평가기준으로 전환하는 과정에서 나타나는 불명확성이 ESG 투자의 투명성에 영향을 주기 때문이다. 아울러 효율적 시장가설(efficient market hypothesis)에 따르면 시장이 정보를 끊임없이 최적화시킨다고 보는데 기업가치와 주식가격의 괴리에 착안하는 ESG 투자전략이 언제까지 투자자에게 수익을 가져다줄 것인지도 함께 염두에 두어야 한다.

이러한 문제의식을 바탕으로 이 앞으로 기관투자자의 ESG 투자에 대해 전반적으로 살펴보고 ESG 투자가 앞으로도 꾸준한 수익을 낼 수 있는 투자방법으로 자리 잡을 것인지, 그리고 정책적으로 주목할 만한 점은 무엇인지에 대해 검토해 보기로 하겠다.

3. ESG 투자의 정의

ESG 투자는 사회적 책임투자의 방법론이다. 사회적 책임투자는 재무분석 및 비재무적인 요소인 환경 사회 지배구조의 분석을 통하여 위험 및 기회 요인을 사전에 파악하여 장기 지속가능 수익을 추구하는 투자로 UN PRI 원칙이 정의하고 있다. 한편 책임투자(Responsible Investment)는 18세기의 윤리투자에서 1960년대 사회책임투자로 변모하였다. 술, 담배 등을 제조 판매하는 회사의 주식을 매입하지 않는다는 소박한 윤리투자가 사회적 책임투자가 된 것이다. 이러던 중 2006년 UN PRI가 본격적인 투자방법론으로 비재무적 정보인 ESG 정보를 통해 초과수익을 추구하고 포트폴리오의 위험을 감소시키는 투자 방법론을 제시하였다.

유엔 책임투자원칙(UN PRI ; Principles for Responsible Investment)은 금융기관과 연기금 등이 투자의사 결정 시 투자대상 기업의 환경, 사회, 지배구조 등 ESG 이슈를 투자원칙으로 삼겠다는 약속으로 2006년 제정되었다. 6개로 구성된 책임투자원칙은 다음과 같다.

① 우리는 ESG 이슈들을 투자 분석 및 투자 의사결정 시 적극적으로 반영한다.
② 우리는 투자 철학 및 운용 원칙에 ESG 이슈를 통합하는 적극적인 투자자가 된다.
③ 우리는 투자 대상에게 ESG 이슈들의 정보 공개를 요구한다.
④ 우리는 금융산업의 책임투자원칙 준수와 이행을 위해 노력한다.
⑤ 우리는 금융산업의 책임투자원칙 이행에 있어서 그 효과를 증진시킬 수 있도록 상호 협력한다.
⑥ 우리는 책임투자원칙 이행에 대한 세부 활동과 진행사항을 외부에 보고한다.

이것은 주로 공적 연기금들이 준수하는 투자원칙으로 자리를 잡았다. 특히 유럽이나 미국의 연기금이나 대학들을 이러한 투자원칙을 적극적으로 준수할 뿐만 아니라 자신들에게 펀드를 판매하는 운용사들에게까지도 강제하고 있다. ESG라는 용어가 국제사회에서 본격적으로 사용된 것도 바로 2006년 유엔 책임투자원칙이 제정되면서부터다. 유엔 책임투자원칙은 지구 환경과 인류 사회에 악영향을 끼치는 기업에는 투자하지 않겠다는 의지의 표현으로, 위에 언급한 6개의 원칙과 35개의 세부 실천 프로그램으로 구성된다.

4. ESG 투자의 역사

최근 전 세계적으로 환경 · 사회 · 지배구조와 같은 비재무적 요인을 투자 의사결정에 반영하는 ESG 투자[1)]에 대한 관심이 고조되고 있다. 블랙록, 뱅가드, 스테이트스트리트, 피델리티 등 대형 자산운용사들은 최근 수년간 ESG 투자의 중요성을 강조하며 관련 투자 상품을 적극적으로 개발, 출시하고 있다. 또한, 미국 캘리포니아 공무원연금, 일본, 네덜란드의 공공연금 등을 비롯한 주요 연기금들은 기금 운용의 투명성 확보 및 장기 수익성 제고를 목적으로 책임투자 도입을 확대하고 있다. 마찬가지로 최근 국내에서도 국민연금이 기금운용 원칙을 개정하며 전 자산군에 ESG 투자를 확대 적용할 계획을 발표함에 따라 ESG 투자에 대한 국내 투자자들의 관심도 높아지고 있다.

ESG 투자가 전 세계로 확대된 결정적 계기가 된 2006년 유엔책임투자원칙(UN Principles for Responsible Investment, UN PRI)[2)]의 서명 기관 수도 출범 당시 63개에서 매년 꾸준히 증가하여 2019년 상반기에는 2,372개(총 AUM 86.3조 달러)를 기록하고 있다. UN PRI 출범 이후에도 2015년 유엔 지속가능개발목표(Sustainable Development Goals, SDGs), 파리 협정(Paris Agreement)과 같은 ESG 이슈에 대한 국제사회의 협력이 지속, 강화되고 있음을 고려할 때 앞으로도 ESG 투자에 대한 관심은 더욱 증가할 것으로 예상된다.

글로벌지속가능투자연합(Global Sustainable Investment Alliance, GSIA)에 따르면 2018년 글로벌 ESG 투자 규모는 약 30.7조 달러로 2016년 22.8조 달러에서 약 34% 증가한 것으로 나타났다. 지역별로는 유럽과 미국이 글로벌 전체 ESG 투자의 85% 이상을 차지하며 ESG 투자를 주도하고 있으며, 캐나다, 호주/뉴질랜드에서도 전체 운용자산 대비 ESG 투자 비중이 50% 이상을 기록하고 있다. 아시아 지역의 경우 아직 그 비중이 높지 않으나, 최근 일본의 급속한 성장세가 눈에 띈다. 일본의 경우 2014년 스튜어드십 코드 도입과 2015년 일본 공적연금(GPIF)의 UN PRI 서명 이후 ESG 투자 규모가 급격히 증가, 최근 2년간 연성장률 307%를 기록하고 있다.

이처럼 ESG 투자가 확대되고 있는 가운데 ESG 투자전략도 기존의 네거티브 스크리닝 위주에서 ESG 통합, 주주관여, 임팩트/지역사회 투자, 지속가능 테마 투자, 포지티브 스크리닝 등으로 다양화되는 추세이다. 네거티브 스크리닝(negative screening)은 담배, 주류, 도박 등 윤리적 기준에 부합하지 않는 종목을 포트폴리오에서 배제하는 방식으로 ESG 투자 초창기에 주로 활용되었던 방식이며, 최근 들어서는 ESG 통합(ESG intergration), 적극적 주주권 행사(active ownership) 전략을 활용하는 경우가 늘어나고 있다.[3] 그리고 상대적으로 낮은 비중이긴 하지만 ESG 점수가 높은 기업을 선별하여 투자하는 포지티브 스크리닝(positive screening), 신재생에너지, 기후변화, 녹색기술 등 특정 테마 관련 기업에 투자하는 지속가능 테마 투자(sustainability−themed investing), 취약계층과 지역사회 문제 해결을 목표로 한 임팩트/지역사회 투자(impact/community investing) 등의 전략도 활용되고 있다.[4]

이러한 가운데 최근 우리나라에서도 국민연금과 같은 기관투자자를 중심으로 ESG 투자에 대한 관심이 고조되고 있다. 지난해 말 국민연금은 ESG 요소를 반영한 책임투자를 기금 전체 자산군에 적용하는 '책임투자 활성화 방안'을 의결하며 ESG 투자에 적극적으로 나서고 있다. 책임투자를 통해 환경, 사회, 지배구조 문제 등 부정적인 외부효과를 최소화하여 기금의 장기 수익 제고와 기금 운용의 지속 가능성 확보를 달성하겠다는 계획이다.[5] 그러나 해외 선진국에 비하면 우리나라의 ESG 투자는 아직 걸음마 단계로 볼 수 있다. 2018년 기준 유럽, 미국, 캐나다, 호주/뉴질랜드의 ESG 투자 규모는 약 30조 달러로 전체 운용자산 대비 ESG 투자 비중은 25%에서 많게는 60% 이상인 반면, 국내 전체 ESG 투자 규모는 약 28조원, 전체 운용자산 대비 ESG 투자 비중은 4.18%에 불과하며 그나마 이 중 96% 이상을 국민연금이 차지하고 있다.[6]

하지만 최근 ESG 투자와 경영은 둔화되고 있다. 국제금융센터는 최근 ESG 투자 둔화 배경과 전망을 발표하였는데 금년 들어 글로벌 ESG(환경 · 사회 · 지배구조) 시장으로의 자금유입액이 예년 수준을 크게 하회하는 등 ESG 투자가 둔화하고 있어 그 배경을 살펴보고 추세 변화 가능성을 점검 보고 다음과 같이 결론을 내리고 있다. 둔화배경은 금리상승과 러시아-우크라이나 전쟁 등으로 ESG 주력 자산의 수익률이 부진한 점과 ESG 자산 전반에 대한 고평가 부담이 존재하는 점, ESG 채권 발행 환경 악화된 점, ESG 평가 기준에 대한 회의론 등이 ESG 투자 둔화요인으로 작용하고 있다고 분석하고 있다. ESG 투자는 당분간 둔화세를 보일 것이나, 그동안 마련된 제도 및 사회적 책임 인식 증대에 힘입어 장기 추세는 유효할 전망이고 ESG 가치에 대한 다양한 논의가 진행되면서 ESG의 정의 및 포괄범위에도 변화가 예상된다고 분석하고 있다.

5. ESG 투자 전략

(1) 네가티브 스크리닝

네거티브 스크리닝은 부정적 평가기준에 따라 특정 기업에 대한 투자를 배제하는 전략이다. 평가기준은 크게 기업의 제품범주(담배, 무기 등)과 관행(성차별, 부패)

등으로 구분되며 이들 중 어느 하나라도 해당되는 기업은 투자에서 엄격하게 배제되는 전략이다.

(2) 포지티브 스크리닝

포지티브 스크리닝은 반대로 ESG 성과가 높은 기업을 선별 투자하는 전략이다. 포지티브와 네가티브 두 전략은 주로 연기금과 같은 대형 투자자들이 활용한다.

(3) 규범기반 스크리닝

네거티브 전략과 비슷해 함께 자주 사용한다. 국제노동기구(ILO)나 경제개발협력기구(OECD)와 같은 권위 있는 국제기구가 발행하는 규범에 어긋나는 제품을 생산하거나, 관련된 활동을 하는 기업을 배제하는 전략이다. 국내기업 한화는 UN에서 금지한 집속탄을 생산한다는 이유로 노르웨이 연기금의 블랙리스트에 오른 적이 있다. 이에 한화는 곧바로 집속탄사업을 분리했고 리스트에서 빠졌다.

1) 성인 엔터테인먼트, 2) 주류 생산, 3) 담배 생산, 4) 핵무기 생화학무기 생산, 5) 총기류 생산, 6) 원유 및 가스 시추, 7) 석탄채굴, 8) 카지노, 9) 원자력 발전 및 우라늄 채굴 등은 UNGC의 10대 원칙 위반 업종이다.

(4) ESG 통합

ESG 통합은 전체 ESG 투자자산 중 약 50%에 활용되는 가장 보편적인 ESG 전략이다. ESG 통합은 기업의 재무정보와 비재무적(ESG) 정보를 함께 활용하는 투자전략이다. ESG 통합에서는 네거티브 전략에서 배제된 죄악주(Sin−Stock) 기업도 다른 ESG 요소를 인정받으면 투자가 가능하다. NH아문디자산운용의 '100년 기업 그린코리아'와 같이 일반 대형주가 다수 포함된 ESG 펀드가 바로 ESG 통합전략을 활용한 것이라 볼 수 있다.

(5) 지속가능 테마투자

지속가능 테마투자는 환경과 사회의 지속가능성에 기여하는 테마 종목 또는 자산에 투자하는 전략이다. 지속가능 테마투자는 주로 상장지수펀드(ETF)를 통해 활성화되어 있다. 친환경 에너지 기업을 모은 미래에셋자산운용의 'TIGER Fn신재생에너지' ETF 글로벌 성평등 리딩 기업을 담은 UBS의 'Global Gender Equality UCITS' ETF 등이 모두 지속가능 테마전략을 활용한 펀드라고 볼 수 있다.

(6) 임팩트 투자

임팩트 투자는 환경과 사회에 긍정적이고 측정 가능한 영향을 달성하기 위한 목적의 투자전략이다. 주로 벤처캐피탈(VC)에서 투자가 이루어지고 있다. 스위스의 LGT임팩트벤처는 브라질 취약계층에 의료서비스를 제공하는 닥터콘술라에 초기 사업자금 1,000만 달러를 투자한 사례가 있다. 그 결과 닥터콘술라는 연간 5만 명 이상의 환자를 돌보는 긍정적인 영향(impact)을 끼치는 브라질 최대 민간의료업체로 성장하게 됐다.

(7) 최근 동향

투자자가 이해관계자의 이익을 고려하는 방법은 꾸준히 변모해 왔다. 초기의 ESG 투자가 투자자의 윤리적·정치적 가치를 투자수익과는 무관하게 포트폴리오에 반영하는 것이었다면 최근에는 비재무적 요소인 ESG의 재무적 가치를 발굴해 투자성과의 지속가능성을 높이는 것을 목적으로 삼는 것이다. 윤리적 투자는 종교적 가치나 인종차별 금지 같은 인류 보편적인 사회규범 실천을 목표로 하므로 주로 선별적 배제(negative screen) 방식을 사용하되 포트폴리오의 다양성을 높이기 위해 특정한 윤리적 기준을 충족하는 기업을 선별하여 투자를 하는 선별적 선택(positive screen) 방식을 병행한다.

최근에는 전통적인 재무분석에 ESG 요소를 체계적으로 반영하는 ESG 통합전략(ESG integration strategy)과 적극적인 주주관여전략(corporate engagement strategy)의 중요성이 부각되고 있다. 선별적 배제전략은 여전히 다른 ESG 투자전략의 기초가 되지만, 선별적 배제 혹은 투자전략만으로는 시장 전체의 ESG 수준을 높이거나 시장의 체계적 위험을 낮추는 데 미치는 영향이 크지 않다. 따라서 선별된 ESG 요소를 투자목적 설계나 포트폴리오 비중 선정 등 투자전략에 통합하여 반영하면 선별적 투자방식이 갖는 분산투자 제약의 위험성을 보완할 수 있고, 주주관여를 통해 변화하는 ESG 가치의 구체적인 내용을 기업경영에 효과적으로 내재화할 수 있어서 투자자의 이익을 극대화할 수 있다.

연기금과 같은 장기투자자의 목표는 자산의 장기 듀레이션을 맞추어 위험조정 수익률을 극대화하는 것이다. ESG 투자를 스마트 베타의 한 요소로 투자하고 있다 스마트 베타란[4] 장기적으로 주가지수 이상의 성과를 낼 수 있는 매우 체계적이고 투명한 운용방식이다. 단기투자자는 ESG 관련 테마 투자를 하고 있다.

이러한 투자 전략은 투자자별 ESG 우선순위 및 재무적 성과 등을 고려하여 다양한 투자 대상에 대해 다각적으로 조합하여 활용할 수 있다. 이 중 가장 전통적이고 일반적인 방식은 네거티브 스크리닝과 ESG 통합 전략이다.

글로벌 금융시장에서 어떤 유형의 ESG 투자가 활발한지를 2018년 사회책임투자와 관련된 보고서 GSIR(Global Sustainable Investment Review) 자료를 기준으로 살펴보면, 네거티브 스크리닝 전략이 전체 ESG 투자 전략의 38%를 차지하고 있어서 가장 일반적으로 활용되고 있다. 이어서 ESG 통합 전략이 전체의 32%를 차지하고 있는데 2016년과 비교하여 빠르게 증가한 것으로 나타나고 있다. 2022년에는 ESG 통합전략이 가장 높은 비중을 차지하고 있다.

---

4) 알파는 벤치마크 지수대비 초과수익 또는 초과수익을 얻기 위한 운용방식이고 베타란 주가지수를 추종하는 운용방식인데 스마트 베타란 베타를 추구하지만 장기적으로 베타를 초과하는 수익을 내려는 전략이다.

〈그림 16〉 ESG 경영 실행 7단계

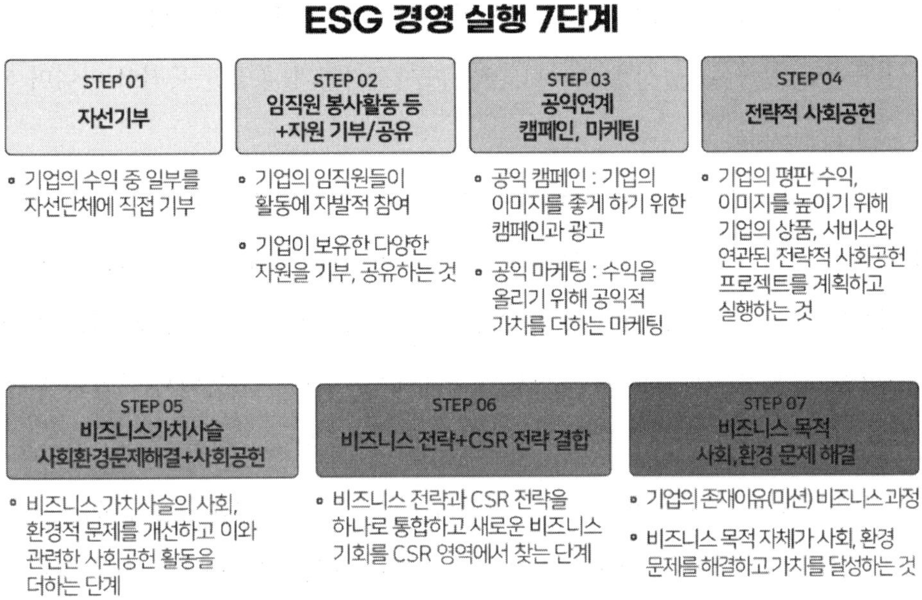

출처 : 2019 CSR 글로벌 컨퍼런스

ESG 투자 시장을 이끌고 있는 금융회사는 ESG 경영을 한층 강화하고 있다. 이는 금융회사가 일반 제조업과 같이 수익성을 추구하는 영리기업인 동시에 공공성을 기반으로 국가 내 자금 순환의 중개자로서 실물경제를 뒷받침하는 역할을 수행하기 때문이다. 금융회사의 ESG 경영이 무엇인가에 대해서는 IMF의 '지속가능 금융(Sustainable Finance)' 개념에서 찾아볼 수 있다.

지속가능 금융이란 환경 · 사회 · 지배 구조(ESG) 원칙을 경영 의사결정, 경제 개발 및 투자 전략에 반영하는 것이며, 이를 통해 공익적 외부 효과를 유발하여 사회에 긍정적인 효과를 가져다줄 수 있다고 IMF는 설명하고 있다. 따라서 ESG 경영은 여러 경제활동 주체들에 대한 외부 효과를 측정 및 평가하고, 이러한 외부 효과에 대한 가격 형성 및 자금 흐름을 중개하는 역할로서 커다란 영향력을 발휘하게 된다.

금융회사의 ESG 경영은 크게 두 개의 영역으로 구분할 수 있다. 첫째는 일반 기업과 마찬가지로 금융회사 자체의 ESG 수준을 제고하는 영역이다. 여기에는 자사의 탄소배출 감소, 임직원 다양성 제고, 지역사회와의 협력 등 다양한 활동이 포함된다. 이는 장기적 관점의 변화이자 혁신과 내재화를 뜻한다. 환경과 사회(시장)의 지속가능성과 기업의 지속가능성은 하나로 이윤추구가 기업의 유일한 목적이 아니며 최우선 순위도 아니다.

둘째 영역은 타사에 대한 ESG 수준을 평가하고 이에 기반하여 자금을 공급하거나 억제하는 역할을 수행하는 것이다. 또한 기업관여(Corporate Engagement)를 통한 타사의 ESG 수준 제고와 각종 투자자의 ESG 수요에 부합하는 금융 상품 및 서비스 개발도 금융회사의 ESG 경영 활동에 포함된다. 투자자 관점에서 기업의 지속 가능성은 ESG 평가, 투자, 규제, 리스크 등 단기적 관점의 대응이며, 등급 상향 환경과 시장이 어려워도 기업 성장은 얼마든지 가능하다. 기업은 이윤을 추구하는 것이 가장 중요한 존재 이유이며 CSR과 지속 가능 경영은 이윤 추구를 보조하는 수단이다.

한편 ESG가 단순히 마케팅이나 평판 관리 차원을 넘어, 기업의 중대한 리스크 및 사업 기회로 부상함에 따라 ESG 이슈를 관리하는 이사회의 역할이 중요해지고 있다. 이에 따라 해외 금융회사 중에서도 최근 이사회 내 ESG를 담당하는 전담 위원회가 늘어나고 있다.

이사회 내 ESG 전담 위원회를 두고 있는 해외 금융회사의 경우 대부분 기존의 CSR(기업사회적책임, Corporate Social Responsibility)을 담당하던 위원회의 역할을 ESG 전반으로 확대하는 방식을 택하고 있다. 골드만삭스의 경우 기존 공공책임위원회(Public Responsibility Committee)가 전사 ESG 이슈를 담당하는 구조로 바뀌었고, 스위스 최대은행 UBS도 기존 기업문화책임위원회(Corporate Culture and Responsibility Committee)가 ESG를 전담하도록 역할을 확대시켰다. 또한, ESG의 효과적인 운영을 위해 외부인력을 채용하는 등 전담 인력의 전문성을 강화하고 있고, 고객의 ESG 수요가 늘어남에 따라 ESG 금융상품의 설명 및 권유를 수행하기 위한 영업 인력의 ESG 교육도 개발하고 있다. 영국 대형은행 HSBC에서는 사내 교육 기구 HSBC University를 통해 2021년 2만 4천 명의 임직원이 ESG 교육 과정을 이수했다.

ESG 투자 역량 확보를 위한 M&A도 늘어나고 있다. 골드만삭스는 2015년 ESG 및 임팩트 투자 자문 선도기업 임프린트캐피탈(Imprint Capital)을 인수했고, 노무라(Nomura)는 2020년 지속가능 기술, 신재생에너지 등 친환경 기술 전문 부티크 투자회사 그린테크캐피탈(Greentech Capital)을 인수한 바 있다.

ESG 경영이 실질적이고 효과적으로 작동하도록 하기 위해 해외 금융회사들은 ESG 경영에 대한 명확한 원칙 및 프로세스를 두고 있다. 골드만삭스의 주요 ESG 원칙은 '환경 정책 프레임워크(Environmental Policy Framework)'에 정리되어 있다. 이 원칙의 핵심은 ESG 요소를 시장 리스크, 신용 리스크와 같이 중대한 리스크 요인으로 간주하고, 모든 주요 사업에 ESG 리스크를 평가하고 반영한다는 것이다.

JP모건은 '환경 · 사회 정책 프레임워크(Environment and Social Policy Framework)'에서 환경 · 사회 리스크를 다루는 ESG 원칙과 프로세스를 규정하고 있다. JP모건의 ESG 원칙은 프로젝트 파이낸싱, 신디케이트론, 유가증권 인수, 사모 발행, 재무 자문 등 모든 주요 자금의 공급 및 중개 업무에 적용되고 있다. JP모건에서는 글로벌 환경 · 사회 경영(Global Environmental and Social Management) 그룹이 ESG 원칙을 바탕으로 주요 사업에 대한 환경 · 사회 평가를 수행하며, 환경 · 사회 리스크가 높게 평가되는 사업은 평판위험위원회(Reputation Risk Committee)로 안건을 이전해 추가적 검토를 거치는 프로세스를 두고 있다.

또한, 기업관여(Corporate Engagement)는 금융회사가 보유하고 있는 ESG 역량을 타 기업에 전수 · 공유하는 수단으로 금융회사 ESG 경영의 중요한 활동 영역이다. 이는 주로 투자은행 및 자산운용 사업 부문에서 고객 또는 투자기업을 대상으로 이루어진다. 금융회사는 ESG에 대한 전문성을 기반으로 고객 또는 투자기업의 ESG 이슈를 인지시키고 추가적인 정보 제공, 공시 개선 등을 요구할 수 있다. 블랙록(BlackRock) 자산운용은 2020년 2,110개의 기업을 대상으로 3,501건의 기업관여 활동을 실시했고, HSBC는 자산운용 및 투자은행 사업을 중심으로 2020년 2,300건의

ESG 관련 기업관여를 수행했다.

해외에서는 각 사업 부문에 ESG 요소를 적극적으로 반영하고 있다. 투자은행 사업의 경우, ESG 채권 인수가 빠르게 증가하고 있고 IPO, M&A 자문 및 리서치 업무에서도 ESG 요소가 적용되고 있다. 브로커리지 사업에서는 ESG 금융 상품에 대한 시장조성 및 유동성 공급과 함께 ESG 투자 수요 증가에 부합하는 다양한 투자 솔루션이 개발되고 있다. 자산운용 · 관리 사업에서도 ESG 투자 전략을 반영한 다양한 펀드 및 ETF가 출시되고 있으며, 소매금융 사업의 경우에도 그린대출, 그린신용카드 등 다양한 금융상품 및 서비스가 출시되고 있다.

JP모건은 고객이 목표로 하는 수익률을 달성하기 위한 포트폴리오 구성에 ESG 요소를 적극 반영할 수 있도록 지원하는 ESG 통합 투자 전략을 운영하고, 미국 캘버트(Calvert)자산운용은 모닝스타 ESG 최고 수준 등급을 받으며, 자체 데이터와 제3자 제공 데이터를 활용해 주식 가치 평가 · 선정 포트폴리오 구성, 리스크 관리까지의 전 과정에서 ESG 요소를 통합할 수 있도록 고객을 지원한다. 특히 글로벌 자산운용사들의 ESG 투자는 유럽을 중심으로 전 세계적으로 확대되는 추세다. 저탄소 경제로의 전환에는 상당한 규모의 투자재원 조달과 위험 분산 시스템이 필요하다. 그래서 그린딜의 자금 조달에 기여하면서 신재생에너지, 폐기물 재활용 등 녹색 투자와 관련된 위험을 헤지하는 파생상품이 각광을 받고 있다.

블랙록(BlackRock)자산운용은 2021년 5월 말 기준, 글로벌 시장에서 26개의 ESG ETF를 운영 중이다. 향후 ESG를 고려한 다양한 펀드 상품을 150개로 늘리고, 모든 포트폴리오에 ESG 통합 전략을 적용한다는 계획이다. 슈로더(Schroders)자산운용은 ESG 관련 정보 공시의 양적 · 질적 우수성을 통해 ESG 경영을 실천하는 자산운용사로 앞서가고 있다. 이 회사는 비정형 데이터 등 빅데이터 활용을 위해 데이터 인사이트 유닛을 설립하였고, 2019년부터 본격적으로 ESG 데이터를 확보 · 활용하는 방법을 모색 중이다. 또한 ESG 요인과 결과를 포트폴리오 수준에서 측정 · 모니터링 및 보고하는 시스템인 'ImpactIQ'를 개발하여 ESG 임팩트 및 지속 가능성을 분석하는 수단으로 활용 중이다.

골드만삭스는 기관투자자가 사용하는 'Marquee Portal'에 그간 내부적으로 사용하던 ESG 분석 기능을 추가하였고, 모건스탠리의 'Impact Quotient' 포트폴리오 분석 도구는 투자자가 설정한 재무적 목표와 더불어 ESG 목표 대비 포트폴리오의 성과를 보여주는 기능을 갖추고 있다. 친환경·에너지효율 주택 구매를 위한 녹색주택담보대출 시장은 초기 단계에 있으나 높은 잠재성을 보이고 있다. HSBC는 2021년 UAE 최초의 녹색담보대출을 제공했다. 해당 대출은 일반 주택담보대출보다 25bp 낮은 이자율을 적용한다. HSBC는 또한 말레이시아에서 환경·사회적 카드를 출시했는데 사용액의 1%를 UN의 지속가능개발목표(SDG, Sustainable Development Goals)를 지원하는 4개 현지 비영리법인에 기부한다.

ESG 관련 신용파생상품(CDS) 및 지속가능연계 파생상품(SLDs)도 속속 등장하고 있다. 도이치뱅크(Deutsche Bank)는 2021년 재생에너지 분야의 기업이 발행한 달러표시 녹색채권의 환위험 헤지를 위한 파생상품을 '녹색헤지' 상품으로 홍보하며 판매했다. JP모건은 발행 기업이 조달 통화가 아닌 다른 통화로 지불하는 이자가 ESG 목표 달성 여부에 따라 변동하는 통화스왑 상품을 늘려 나가고 있다.

한편 국내에서의 전체 ESG 금융 규모는 2021년 6월 말 현재 531조 원에 달하는 것으로 추산된다. 한국사회책임투자포럼의 '한국 ESG 금융백서'에 따르면 ESG 투자는 212조 원으로 가장 많았고, ESG 대출은 204조 원, ESG 채권은 63조 원, ESG 금융상품(예·적금, 보험, 펀드)은 52조 원으로 각각 파악됐다.

국내 금융회사들도 글로벌 ESG 추세에 맞추어 발빠르게 움직이고 있다. 다수의 국내 금융회사는 국제적 환경 및 책임투자 이니셔티브에 가입하고, 이사회 내 ESG 전담 위원회 설치, ESG 협의회 구축 등 ESG 경영의 토대 마련에 나서고 있다. 또한 탄소배출 저감, 지역사회 공헌, 임직원 복지향상, 정보 투명성 강화 등 자사의 ESG 수준을 제고하기 위한 여러 활동도 펼치고 있다.

대부분의 금융그룹들은 금융지주 차원에서 ESG 경영 구조를 구축하고, 전 계열사에 걸친 ESG 경영을 추진하고 있다. KB금융은 ESG 경영 중장기 로드맵으로 'KB 그린 웨이 2030'을 수립했다. 2030년까지 KB금융그룹의 탄소배출량을 2017년 대비 25% 감축하고 현재 약 20조 원 규모인 ESG 상품투자 대출을 50조 원까지 확대한다는 것이 골자다. 지난 7월에는 '2021 KB금융그룹 지속가능경영보고서'를 펴낸 바 있다.

신한금융그룹은 가치측정 모델 '신한 SVMF(Social Value Measurement Framework)'을 개발해 ESG 활동의 사회적 가치를 정교하게 측정하고 이를 전 그룹사에 적용하고 있다. 또한 국제적인 탄소중립 전략에 발맞춘 신한금융만의 차별화된 '제로 카본 드라이브'를 기반으로 ESG 경영 체계를 강화하고 있다. 우리금융그룹은 지난해 초 ESG 경영 강화를 핵심 전략으로 삼고 ESG 거버넌스를 구축하는 등 ESG 경영 기반을 구축했다. 하나금융그룹은 지난해 ESG 경영의 원년을 공표한 데 이어 올해 다양한 사회적 가치 창출 활동을 추진하고 있다. 그룹 중장기 비전은 '빅 스텝 포 투모로우'이며 2030년까지 지속가능 부분에 총 60조 원 규모의 ESG 금융 조달과 공급이란 목표를 세우고, 6억 달러 규모의 지속가능한 ESG 채권도 발행했다.

증권사들도 ESG 경영에 보다 적극적으로 나서고 있다. ESG 관련 조직을 설립하고 ESG 경영 기조에 맞게 경영 방침도 수정하고 있다. ESG 경영은 단순히 이미지 개선을 위한 차원이 아니라 경영 성과와 직결될 수 있다는 판단에 따른 것이다.

KB증권은 지난 7월 22일 탄소배출권 분야 비즈니스를 전략적으로 운영하기 위한 FICC운용본부 내 탄소·에너지금융팀을 신설하고, 탄소배출권 거래시장(K-ETS)에 참여해 탄소배출권의 시장 유동성 증대 및 가격 안정화에 기여하기 위해 노력을 이어가고 있다. 오는 8월 1일 자발적 탄소배출권 시장에 진출할 계획인 NH투자증권은 지난 5월 운용사업부 내 탄소금융 TF를 구성해 농협그룹 내 농축산업 관련 국내에서 생산 가능한 탄소배출권 시장을 파악해 왔다. SK증권은 지난해 기후금융본부를 포함한 ESG 부분을 확대 개편하고 지난 7월 4일부터 '자발적 탄소배출권에 대한 자기매매 및 장외거래 중개업무'를 시작했다.

올해 첫 ESG통합보고서를 발간한 교보증권은 사회공헌에도 힘을 쓰고 있다. 지난해 ESG 경영 전략인 'Action for Positive Change'와 궤를 같이할 수 있도록 'Action for Next Generation'이라는 사회공헌 슬로건을 개발했다. 미래에셋증권은 지난해 국내 금융업 최초로 글로벌 RE100 가입을 완료하면서 탄소저감 이행에 앞장서고 있으며 국내 증권사 최초로 3억 달러 규모의 글로벌 그린본드 발행에도 성공한 바 있다. 삼성증권은 자사 리서치센터 내에 ESG연구소를 설립해 ESG 관련 리포트를 발간하고 있다. 특히 글로벌 ESG 평가기관인 모건스탠리인터내셔널(MSCI)과 전략적 제휴를 맺고 ESG 리서치 역량 강화에도 나섰다. 한국투자증권은 부실 사모펀드 전액 보상, 탈석탄 금융 외에도 ESG 경영의 일환으로 증권사 최초로 친환경 저탄소 식단을 도입하는 이색적인 행보도 보였다.

국내 운용사들도 ESG 투자 역량을 갖추면서 발빠르게 상품 출시에 나서는 중이다. KB자산운용은 지난해 1월 운용사 최초로 채권형 ESG 사모펀드를 출시했고, 삼성자산운용은 국내 운용사 중 최초로 2017년 스튜어드십 코드(기관투자자의 의결권 행사 지침)을 담당하는 부서를 신설하고 운영하다가 2020년 이를 ESG팀으로 확대 개편했다. 한화자산운용은 자체 ESG 평가 시스템을 구축하는 등 ESG 내재화에 힘을 쏟고 있다. 2020년 한화자산운용과 KIS 채권평가는 ESG 채권의 벤치마크 활용을 지원하는 '한화-KIS ESG 채권지수'를 마련했다.

또한 국민연금은 국민연금기금 국내외 주식 · 채권 위탁운용사에 책임투자 보고서 제출을 의무화하고 운용사 선정 시 책임투자 요인에 가점을 부여하고 있다. 900조 원 규모 자산을 운용하는 국민연금이 직접투자에서 나아가 간접투자에도 ESG를 고려하면서 국내 ESG 투자 활성화에 적지 않은 영향을 줄 것으로 전망된다. 한국은행도 ESG 기준이 미흡한 곳에 투자하지 않겠다고 선언하는 등 국내 큰손들의 ESG 투자 기조는 날로 확대되고 있다.

또한, 금융투자업계의 ESG 내재화가 빠르게 진행되고 있는 가운데 코스콤은 컨설팅사와의 협업을 통해 ESG 경영 체계 구축을 위한 로드맵을 수립할 계획이다. 코스콤은 ESG 컨설팅 업체인 회계법인을 통해 ESG 현황 진단 및 전략체계 구축 등 본격적인 ESG 정밀 컨설팅을 받았다. 아울러 내부적으로 ESG 전담조직을 구성해 ESG 경영을 본격화할 방침이다.

금융투자회사의 ESG 경영은 자사의 ESG 체계를 확립하고, 시장 중개자로서 고객 및 투자자의 ESG 수요를 충족해야 한다는 특징이 있다. 가장 시급한 일은 ESG 경영을 외부에 보여주는 브랜드 마케팅 관점에서 벗어나, 내부 직원 · 고객 · 사회 전체의 실질적인 이해와 요구사항을 위한 경영 전략으로 인식되도록 만들어야 한다는 점이다.

ESG 경영은 외부 효과만이 아닌, 개별 기업 차원에서도 장기적인 수익성 제고 및 비용 감소를 통한 지속가능 성장 잠재력을 높일 수 있다는 연구와 주장들이 나오고 있다. 이를 위해서는 첫 번째 ESG 경영 전략 수립을 위한 원칙을 명확히 하고 프로세스를 체계화해야 한다. 골드만삭스, JP모건 등 해외 금융회사의 사례에서 보듯이 ESG 경영 원칙이 회사의 비전과 연계되어 명확히 정립되고 내외부에 공유되어야 한다.

두 번째는 금융회사의 가치사슬(Value Chain) 전반에 걸친 ESG 상품 개발 역량을 강화하여 새로운 사업 기회를 창출해야 한다. 투자은행 부문에서는 ESG 채권 인수, IPO, M&A, 리서치 업무에 ESG를 접목하고, 브로커리지 부문에서는 다양한 자산군에 걸쳐 ESG 투자 전략 개발, ESG 포트폴리오 분석 서비스를 제공하고, 자산관리 사업 부문에서는 ESG 전략에 기반한 다양한 펀드 등 다양한 금융투자상품을 개발 · 제공해야 한다. 아울러 전체 임직원의 ESG 관련 교육 및 ESG 전담 인력의 영입 등을 적극적으로 고려해야 한다. 금융회사의 ESG 경영 체계 및 ESG 상품개발 역량은 디지털 금융과 함께 앞으로 금융회사의 가치와 역할을 새롭게 만들어 가는 주요한 요소가 될 것이다.

또한 프로젝트 파이낸싱의 원칙으로 대형개발사업이 환경파괴 또는 인권침해를 야기할 경우 대출하지 않겠다는 금융사들의 자발적인 협약인 적도원칙(Equator Principles)에도 많은 운용사 등 금융사들이 가입하고 있다.[5]

---

5) 한경무크, 129.

6. ESG 투자의 수익률

1) ESG 투자의 수익률 함의

ESG 투자가 유럽과 미국을 중심으로 새로운 투자 기법의 하나로 주목받고 있는 가운데, 한편에서는 사회적·환경적 가치와 재무적 수익을 동시에 달성할 수 있는지에 대한 의문도 계속해서 제기되고 있다. 최근 Morgan Stanley에서 미국의 자산운용사들을 대상으로 수행한 설문 조사 결과에서 드러난 바와 같이 많은 투자자에게 재무적 수익은 비재무적 가치만큼 투자 결정에 있어 중요한 요소이지만, 실제로 ESG 투자가 재무적 성과에 긍정적인 영향을 미치는지는 아직 명확한 결론이 나지 않은 상황이다.

이론적으로는 ESG 투자는 재무적 성과 양(+) 또는 음(−)의 상관관계를 가질 가능성이 모두 존재한다. 만일 투자 심사 과정에서 ESG 평가가 우수한 기업이 선별됨으로써 ESG 관련 사고 발생으로 인한 기업 평판, 실적 악화 등의 하방(downside) 위험에 노출될 가능성이 감소한다면 ESG 투자는 투자 수익률에 긍정적인 영향을 미칠 것으로 예상할 수 있다. 그러나 투자 대상 선정 과정에서 ESG 기준을 추가로 고려함에 따라 종목 선택 비용 증가하고, 특정 종목이 편입 또는 배제됨으로 인해 투자 영역 모델 포트폴리오가 축소된다면 ESG 투자는 수익률에 부정적인 영향을 미칠 수 있다.

이에 대해 선진국에서는 ESG 투자의 재무적 성과를 검증하는 연구가 오래전부터 진행되어왔는데 현재까지의 연구결과만을 놓고 보면 긍정적인 결론이 다소 우세한 것으로 보인다. Friede et al.(2015)이 1970년 이후 발간된 ESG 지표와 기업의 재무성과 지표 간 관계를 분석한 2,200건의 연구논문에 대한 메타분석(meta analysis)을 수행한 결과, 약 90%가 ESG와 재무적 성과의 관계에 대해 긍정 또는 중립적인 결과를 보여주고 있어 ESG 투자성과는 전반적으로 양호한 것으로 결론짓고 있다.

그러나 ESG 투자성과에 대해 부정적 또는 중립적인 결과도 상당수 존재한다.

2019년 IMF 보고서에 따르면 지속가능펀드가 다른 일반 글로벌 주식형 펀드보다 지속적으로 더 높은 또는 낮은 수익률을 보인다는 명확한 증거가 없으며 투자 대상을 제한하면 오히려 성과가 더 하락할 수 있다고 주장하고 있다. Auer & Schuhmacher(2016)는 미국, 아시아 시장에서는 ESG 요소가 투자 수익에 영향을 미치지 않으며, 유럽에서는 ESG 요소를 고려할 경우 투자 수익이 낮아지는 경향이 있는 것을 확인하였다.

종합하면, ESG 투자성과에 대해 일관된 증거가 부족한 상황에서 ESG 투자에 대한 무조건적인 선호 또는 불신의 편향된 시각에 빠지지 않도록 주의할 필요가 있다. 더욱이 우리나라는 ESG 투자가 시작된 지 얼마 되지 않아 관련 연구가 매우 적은 상황이다. ESG 투자성과에 대한 지속적인 검증과 관련 증거의 축적이 이루어질 필요가 있다.

ESG가 갖는 재무적 성과를 중요하게 생각하며 이윤과 사회적 가치 추구를 별개로 보지 않는 점은 최근의 ESG 투자 논의가 갖는 특징이다[6]. 따라서 ESG의 재무적 성과는 물론 자본주의 관점에서 ESG 투자를 어떻게 뒷받침할 수 있을 것인지를 살펴보는 것은 의미가 있다.

ESG 투자의 효용을 강조하는 견해는 세계적인 경기침체 상황(Great Recession)에서도 높은 ESG 평가를 받는 회사나, 이를 포트폴리오에 편입한 펀드의 성과가 낮은 ESG 점수를 받은 회사의 경우보다 더 높았다(outperform)는 점을 내세운다.[7] 특히 주식시장에서의 ESG 투자성과에 대한 그간의 연구들을 메타분석한 결과, 약 52% 이상이 양의 관계(positive relation)를 보였고 음의 관계는 4%에 불과한 것으로 나타나면서 ESG의 재무적 가치에 관한 논란은 일단락되었다고 주장한다.[8] 하지만 ESG

---

6) 사회적 가치 창출이 중요하다고 보는 입장에서도 재무적 성과와의 상관관계를 설명하기 위해 ESG를 수치로 계량화하는 작업의 필요성과 한계를 인정한다. 매경ECONOMY 외, "[ESG의 모든 것 ③ ESG성적표 보는 법] 투자자 눈높이서 보라…3대 지수 중요", 「매경ECONOMY」제2105호, 매일경제신문사, 2021.

7) Karl V. Lins et al., "Social Capital, Trust, and Firm Performance: The Value of Corporate Social Responsibility During the Financial Crisis," J. FIN. Vol. 72 No. 4, Mar. 2017, pp. 1787-88.

8) G. Friede et al., "ESG and financial performance: aggregated evidence from more than 2000 empirical studies," J. Sustainable FIN. & INVT. Vol. 5, No. 4, Dec. 2015, p. 222, pp. 226-27.

와 기업가치의 상관관계가 바로 인과관계로 이어지는 것은 아니라는 점에서 이러한 논의가 가지는 한계를 유의할 필요가 있다.

한편 ESG와 재무적 성과 사이의 긍정적 관계를 인정하더라도 ESG 투자과정에서 이윤과 사회적 가치의 균형을 어떻게 도모할 것인지는 자본주의를 이해하는 시각에 따라 다르게 나타난다. 전통적인 주주우선주의(shareholder supremacy)나 이해관계자주의(stakeholderism)는 재무적 가치와 사회적 가치가 서로 상쇄관계(trade-offs)에 놓인다고 본다.[9] 따라서 이윤을 추구할 때 사회적 가치를 훼손하지 않아야 한다는 의미로 소극적으로 이해하거나(주주우선주의), 이윤보다는 기업시민(corporate citizenship)으로서 회사에게 부여된 사회적 책임의 이행을 더 사회적 가치 창출이 중요하다고 보는 입장에서도 재무적 성과와의 상관관계를 설명하기 위해 ESG를 수치로 계량화하는 작업의 필요성과 한계를 인정한다.

그러나 기업경영 및 투자환경이 변화함에 따라 기존과 같이 편협하게 자본주의를 이해하기보다는 이해관계자적 요소를 반영하는 것이 영리성을 추구하는 기업의 본질에 부합된다는 것을 이론적으로 뒷받침하려는 노력이 기울여졌다. 주주우선주의를 발전적으로 재구성하거나 이해관계자주의적 기반에서 ESG의 재무적 가치를 강조하게 된 것이다. 계몽적 주주가치론(ESV, Enlightened Shareholder Value)이나 주주후생이론(shareholder welfare)이 전자라면 파이코노믹스(pieconomics)는 후자에 해당하는 유력한 견해이다.

계몽적 주주가치론은 장기적 주주가치를 촉진시키는 범위 내에서 사회적 가치 창출 효과를 고려한다. 이해관계자의 이익을 중요하게 여기지만 주주우선주의의 틀을 보완하는 관점에서 이해관계자의 이익을 고려하는 것이다.[10] 주주의 후생을 극대

---

9) 신석훈, '최근 기관투자자의 ESG(Environment, Social, Governance) 요구 강화에 따른 회사법의쟁점과 과제', 「상사법연구」 제38권 제2호, 한국상사법학회, 2019. 8, p16.

10) 이러한 주장들은 이해관계자의 이익을 고려하지만 여전히 주주가치를 높이기 위한 수단의 관점에서 설명하므로 도구적 이해관계자주의(instrumental stakeholderism)로 분류되기도 한다. Lucian A. Bebchuk & Roberto Tallarita, "The Illusory Promise of Stakeholder Governance," CORNELL L. REV. Vol.106 No. 1, Feb. 2021, p. 109 [hereinafter Bebchuk & Tallarita, "Stakeholder Governance"

화할 것을 주장하는 주주후생이론 역시 자신의 효용을 극대화하려는 주주의 의사에서 ESG의 정당성을 도출한다는 점에서 변형된 주주우선주의라고 볼 수 있다.[11] 서로 다른 주주의 후생을 구체화하는 데 비용이 든다는 단점과 주주의 선호를 파악하기 어려운 경우에 오히려 경영자를 위축시킬 우려가 있다는 점에도 불구하고 주주후생이론은 기본적으로 기업이 주주의 실질적인 선호를 파악하는 것을 중요하게 여긴다는 점에서 ESG의 취지에 부합하는 장점을 가진다.

이에 비해 최근의 이해관계자주의는 사회적 가치가 기업의 무형자산(intangible assets)과 비슷한 역할을 담당하기 때문에 재무적 가치와 서로 보완적인 관계에 놓인다고 전제하고 투자자가 기업으로 하여금 ESG 가치에 보다 의미있는 자원을 배분하도록 유도할 것을 요구한다.[12] 특히 파이코노믹스에서는 사회적 가치를 먼저 창출하면 장기적인 보상을 통해 구성원이 나눌 수 있는 이익의 실질적인 몫이 커지므로 투자자를 포함한 이해관계자 모두에게 이득이 된다는 점을 강조한다.[13]

전통적 주주우선주의 입장에서는 기업이 준법경영(compliance)을 하는지가 투자자의 주된 관심사가 되지만 변형된 주주우선주의나 최근의 이해관계자주의에 입각한 투자자는 초준법경영(beyond compliance)에 주목하고 당장의 초과수익(abnormal return)을 얻는데 몰두하기보다는 투자를 통해 새로운 수익기반을 마련하여 수익규모를 전체적으로 키우는 것을 중요하게 생각한다.[14] 그 결과 기업가치의 근간이 되

11) 주주후생이론은 기존의 주주우선주의가 주주마다 가치관과 관심이 서로 다르다는 점을 간과하였다고 지적하면서 투자자로서 주주는 다양한 선호를 가진 집단이므로 기업경영은 단순히 단기적 이윤이 아니라 주주가 중요하게 여기는 다른 가치도 반영해야 한다고 주장한다. 이런 관점에서 일상에서 환경보호에 관심을 가진 투자자는 자신이 투자한 기업도 이러한 의사를 경영활동에 반영하길 원할 것이라고 설명한다. Hart & Zingales, op.cit., p. 248.

12) 박영석/이효섭, 「기업의 ESG 경영 촉진을 위한 금융의 역할」이슈보고서 21-10, 자본시장연구원, 2021. 6, p5.

13) 이해관계자주의는 매우 다양한 스펙트럼으로 설명되는데 최근에는 Alex Edmans 교수의 파이코노믹스가 주목받고 있다. Edmans 교수는 이윤을 서로 나누는 데 골몰하기보다 이윤의 절대적인 크기를 더 키우는 것이 모두에게 이익이라는 점을 지적한다. 이때 회사가 추구해야 하는 이윤의 크기, 즉 파이(pie)는 단기적인 이윤이 아닌 사회를 위해 창출된 가치여야 하며 회사가 사회적 가치 실현을 최우선 과제로 삼으면 장기적 보상을 얻게 되므로 오히려 모두의 이윤을 극대화할 수 있다고 설명한다. Alex Edmans(송정화 옮김),「ESG 파이코노믹스」 매일경제신문사, 2021, pp62-85.

14) 초과수익(알파값)은 실제 투자수익률에서 기대수익률을 뺀 값을 말한다. 이해관계자주의는 투자자가 궁극적으로 수익을 높이려면 단순하게 개별 투자의 득실을 따질 것이 아니라 장기적인 관점에서 시장의 평균수익을 높이는 관점으로 접근하는 것이 바람직하다고 본다. PRI, "Does ESG Pay Off Financially?,"PRI ACAD. NETWORK RI QUARTERLY, Oct. 2015, pp. 4-5[hereinafter PRI, "ESG Pay Off?".

는 장기적 주주가치를 고양하거나 주주의 효용을 극대화하기 위해, 때로는 주주의 이익을 일부 희생하더라도, ESG를 적극적으로 포트폴리오에 반영하는 것이 필요하다고 이해한다.[15)]

사회적 가치의 재무적 성과가 새롭게 인식되고 기업이 야기하는 사회적 위험을 내재화할 필요성이 높아지면서 단순히 준법경영만으로는 이를 해결하기 어려워졌다. 그런데 이해관계자를 전면에 내세우는 접근을 통해 ESG 투자를 이해하는 것은 한계가 있다. 선별적 투자요소인 ESG가 이해관계자의 모든 이익을 반영하기 곤란하고,[16)] 환경(E)처럼 직접적인 이해관계자의 이익으로 보기 어려운 항목도 있기 때문이다.

게다가 기관투자자의 ESG 투자는 간접주주로서의 지위에서 비롯하는 것이므로 주주를 정점으로 하는 조직의 위계 자체를 근본적으로 바꿀 수 있다고 보는 것도 현실적이지 않다. ESG 투자가 지속가능하려면 어느 정도까지 ESG를 반영하는 것이 투자가치에 도움이 될 것인지를 분별하는 것이 관건이다. 이 경우 투자포트폴리오의 변동성을 낮추기 위해 ESG에 내재된 장기적 위험지표로서의 속성을 활용하는 것이 중요하다. 따라서 투자기준으로서 ESG는 포트폴리오의 가격하락 리스크(downside risk)를 낮춰서 위험조정수익을 높이는 관점에서 그 효용이 인정되며 ESG 자체가 투자의 궁극적인 목표라고 보긴 어렵다.

2) ESG 투자의 기대효과

ESG 투자는 투자가치를 판단할 때 테일리스크 관리의 중요성을 강조한다. 투자자는 ESG를 통해 소송 및 규제위험을 미리 분별하여 투자대상기업의 적절한 가치를 판단하고 기업으로 하여금 규제리스크의 급격한 변동과 같은 테일리스크를 사전에

---

15) 다만, 이러한 경우에도 주주우선주의적 관점을 유지한다면 다른 이해관계자의 이익을 보호한다는 명목만으로 주주의 이익을 명백히 배제하는 것은 허용되지 않는다.

16) 이해관계자주의를 주장하는 견해도 이해관계자에게 대표소송권을 부여하는 것에는 회의적이므로 기업의 ESG 수준은 결국에는 이사회의 재량에 달려있다는 지적을 한다. Bebchuk & Tallarita, "Stakeholder Governance," p. 115.

스스로 관리하게 만들어서 궁극적으로는 포토폴리오의 변동성을 낮출 수 있다는 논리이다.

따라서 원유가 유출되어 환경재앙이 초래되는 것에서 비롯하는 천문학적 규모의 소송비용 지출이나, 대체에너지가 개발됨에 따라 화석연료산업이 위축되면서 설비투자에 묶인 대규모 자금을 적절히 회수하지 못하게 될 위험을 미리 기업가치 판단에 반영하는 것이 포트폴리오의 수익성을 높이는 데 도움이 된다고 본다.

이러한 판단에는 ① ESG 정보는 장래의 급격한 위험을 예측하기 위한 도구이므로 효율적 시장이더라도 그 정보가 현재의 주가에 적절히 반영되었다고 보기 어렵고, ② ESG 지표를 잘 관리한 기업일수록 경영위기상황에 유연하게 대처할 수 있으므로 이 두 가지 요소를 잘 활용한다면 투자자로서 안정적인 수익을 낼 수 있을 것이란 기대가 반영되어 있다.

3) ESG 투자와 리스크 관리

ESG 투자는 주로 사회에 부정적인 영향을 미치는 것으로 간주되는 자산 및 업종을 기피하는 배제에서 시작했으나, 최근에는 투자자가 직접적으로 개입하여 긍정적인 변화를 이끌어낼 수 있는 현대적인 행동주의로 확장되었다. 결과적으로, 규제 및 법률적 요구 사항, 공공 및 고객의 압력, 경제적 이유와 함께 도덕적, 종교적 신념에 의존하는 투자자 동기로 인해, 오늘날 ESG는 하나의 자산이자 투자 방식으로 간주되고 있다.

ESG가 왜 중요한가에 관한 생각에는 크게 두 가지 뚜렷한 철학이 있는데, 하나는 사회에서 투자자의 역할로부터 시작하고, 다른 하나는 위험관리에 초점을 맞춘다. 연기금, 자선단체, 기부기금 등 많은 투자자 집단은 자신들의 역할을 단지 수익을 추구하는 것 이상으로 보고 있다. 이들은 은퇴 자금을 마련하고 사회적 이니셔티브에 재원을 공급하며 교육 비용에 기여함으로써, 더 넓은 사회에서 한 가지 기능을 수행할 수 있다는 점을 인지한다.

이들 투자자 집단은 대규모 자금 풀을 운용하므로 큰 권한이 부여된다. 결과적으로 이들은 자금의 배분 방식 및 대상을 결정하고, 사회에 상대적으로 덜 부정적인 영향을 미치거나 더 긍정적인 효과가 있는 투자를 의식적으로 선택할 수 있다.

ESG 이면의 또 다른 중요한 철학은 위험관리에 뿌리를 두고 있다. 이 접근방식을 취하는 투자자는 위험을 관리하는 노력으로 ESG 요소들을 투자 프로세스에게 반영한다. 예컨대 ESG 기준이 낮은 기업에 투자할 경우, 노동자 파업, 소송, 부정적 여론과 같은 다양한 리스크에 포트폴리오가 노출되어 향후 수익이 낮아질 수 있다. 투자자들의 입장에서 투자 대상의 ESG 관련 정보를 모니터링함으로써, 리스크와 관련하여 더 나은 판단을 내릴 수 있다. 따라서 이는 주주가치의 극대화라는 전통적인 투자 원칙으로부터 벗어난 것이 아니라 그로부터 진화한 것이라 할 수 있다.

ESG에 대한 관심이 높아지는 가장 중요한 원인은 정보의 접근성이 확대된 점이다. 24시간 방영하는 뉴스 채널, 인터넷, 소셜 미디어의 확산 덕분에 일반인들은 막대한 양의 정보를 손쉽게 얻을 수 있게 되었다. 우리는 전 세계 어디에서 무슨 일이 발생하든 즉시 알 수 있다. 일반 대중이 이러한 투명성으로 무장한 가운데 투자업계를 향한 세간의 주목도는 그 어느 때보다도 높아졌고, '피플파워'는 동 업계의 행태를 빠르게 바꿔놓고 있다.

자사 브랜드의 가치를 이해하고 있는 기업들은 평판에 손상이 가해질 위험을 피하기 위해 여론에 민감해졌다. 이는 기관투자자들의 자금 사용처 및 나아가 자산운용사들의 자금 배분 및 기업 관여 방식에도 영향을 미쳤다. 기관투자자, 자산운용사, 피투자기업 간의 관계는 일방적이 아니며, 이들은 장기적으로 서로 영향을 미치고 정보를 교환하는 파트너십을 구축하고 있는 경우가 많다. 따라서 실제로 ESG를 향한 추진력은 기관, 자산운용사, 업계에서 나올 수 있다.

전반적으로 규제 프레임워크의 중앙 집중화되었고, ESG 투자 지표 및 툴이 확산되고 있고, ESG 등급을 제공하는 제3자 독립 기관이 생겨났으며, 새로운 ESG 지표들 덕분에 포트폴리오 벤치마킹이 가능해졌다. 이는 기업들로 하여금 더 많은 ESG 관련 정보를 표준화된 방식으로 공시하도록 해 대중이 이용할 수 있는 정보의 정확성을 향상시켰다. 또한, ESG 요소를 의사 결정에 통합하는 방안을 효과적으로 설명하는 연구 결과가 늘어나고 있다.

ESG 주식, 채권, 충실의무 및 투자의 한계

CHAPTER 07

1. ESG 주식투자

주식투자에 ESG를 고려하는 것은 액티브 투자와 패시브 투자 두 가지가 있다. 액티브 투자란 시장 평균을 초과하는 수익률을 목표로 하는 투자이고 패시브 투자는 시장평균 수익률을 목표로 하는 투자이다. ESG 투자로 이처럼 액티브 투자와 패시브 투자로 나눌 수 있다.

1) 액티브 투자

액티브 투자에는 계량모형을 활용한 통합전략과 테마전략이 사용될 수 있다. 액티브 전략의 핵심은 기본적으로 주식의 내재가치를 평가하여 그보다 낮은 가격으로 거래되는 종목을 찾아 매수하여 수익을 내는 것으로 가격이 적정 가치로부터 멀어질수록 다시 적정가치 수준으로 회귀한다는 평균회귀성향(Mean Reversion Tendency)를 믿는 것이다.[1)]

21세기의 포트폴리오 이론은 기대효용이론, 포트폴리오 선택이론, CAPM, 유진 파마의 효율적 시장가설로 구성되어 있다. 그중에서 자본자산가격 결정모형이라 불리는 CAPM의 핵심은 개별주식의 위험은 체계적 위험과 비체계적 위험으로 나누어지는데 비체계적 위험은 포트폴리오의 분산효과로 없어질 수 있기에 체계적 위험만이 수익으로 보상된다는 이론이다.

그러나 CAPM 이론은 개별주식의 수익률을 시장 전체의 기대 수익률로 계산하는 단순한 모형으로 현실 적중률이 높지 않다. 그래서 학자들은 시장 수익률 이외의 다른 요인을 찾기 시작했는데 그 중 유진 파마와 케네스 프렌치가 시가총액과 장부가·시가 비율이 주식 수익률에 체계적인 영향을 미친다는 것을 발견했다. 그래서

---

1) 민성훈, 투자의 미래 ESG, 한숲, 2021. 129.

만든 것이 이른바 3 팩터 모형이다.[2] 이후 성과가 좋은 주식이 성과를 이어가는 모멘텀과 기업의 수익성과 투자의 적극성을 추가한 5 팩터 모형도 등장하고 있다.

그러나 이러한 모형들도 현실 세계의 적용도가 높지 않기에 두 가지 방향에서 추가적인 연구가 이루어지고 있는데 그것의 하나는 계량적으로 모형을 개선하는 것이고 다른 하나는 비계량적인 요인을 모형에 추가하는 것이다. 이 비재무적 요인으로 각광을 받는 것이 바로 ESG 팩터이다. ESG 평가결과가 수치화되고 있기에 이 수치를 이용하여 ESG도 가격모형에 모함시킬 수 있는 것이다. 실무적으로는 ESG 등급이나 점수를 가치평가에 반영하거나 ESG 평가의 결과가 상승하거나 하락하는 추세를 이용하여 주가 상승의 모멘텀을 찾는 방법이 사용되고 있다.

2) 패시브 투자

최근 금융시장은 패시브의 시대이다. 액티브 투자의 성과가 생각보다 좋지않고 수수료도 비싼 것에 대응하여 연기금을 비롯 기관투자자들이 수수료가 싼 패시브 투자로 전환하고 있다. 패시브 투자를 하려면 거기에 상응하는 지수가 있어야 한다. MSCI를 비롯한 전 세계의 평가기관들은 각각 ESG 관련지수를 발표하고 있다. 따라서 기관투자자들은 이 지수를 추종하는 펀드나 ETF를 매수함으로 ESG에 패시브 투자를 할 수 있다. 대부분의 기관투자자들은 패시브 전략을 사용하는 ESG ETF에 투자하고 있다.

2) 민성훈, 투자의 미래 ESG, 한숲, 2021. 132.

3) ESG 주식투자 전략

(1) 펀더멘털 전략(전통적 전략이라고도 함)[3]

투자자는 ESG 요인의 예상 영향을 가늠하기 위해 예상 재무 수치(수익, 영업 비용, 자산 장부가 및 자본 지출) 또는 회사 평가 모델(배당금 할인 모델, 현금 흐름 할인 모델 및 조정 현가 모델 포함)을 조정할 수 있다.

- 노동 기준이 수익 및 할인율에 미치는 영향 계산 – Union Investment
- 점점 더 엄격해지는 환경 규제의 수익에 대한 영향 평가 – Standard Life Investments
- 지속가능발전목표의 매출에 대한 영향 평가 – Alliance Trust Investments
- 지속가능한 직장 관행은 소매 부문의 경쟁력 확보에 도움이 될 수 있다 – ClearBridgeInvestments
- 중요한 ESG 이슈가 공정 가치에 미치는 영향 계산 – RobecoSAM
- ESG가 프로젝트 비용에 미치는 영향 평가 – Morgan Stanley Research
- 다양성 통합 – Trillium Asset Management
- ESG가 베타에 미치는 영향 계산 – Sycomore Asset Management
- 중대한 ESG 이슈 시나리오 분석 – RBC Global Asset Management
- 예상 수익 조정 및 시나리오 분석 – Caravel Management
- 절세의 중요성 이해 – MFS Investment Management
- 건강과 안전을 영업 이익에 연계 – Robeco

---

3) PRI, 주식투자를 위한 실용가이드, 2016.

(2) 양적 전략(체계적 전략이라고도 함)

퀀트포트폴리오 관리자는 가치, 크기, 모멘텀, 성장 및 변동성과 같은 요소들과 함께 ESG 요소들을 통합하는 모델을 구성할 수 있다.

- 수익 및 변동성에 ESG 등급 연계 – New Amsterdam Partners
- 모듈형 투자 과정을 통한 주식 선택 – Arabesque Asset Management
- ESG 중요성 프로파일을 이용한 포트폴리오 형성 – Auriel Capital
- 예측 총위험모델 강화 – Analytic Investors

(3) 스마트 베타 전략(전략적 베타, 대체 베타 및 요소 투자라고도 함)

ESG 요인 및 점수는 리스크 조정 초과 수익을 창출하고, 가격 하락 리스크를 줄이고, 또는 포트폴리오의 ESG 리스크 프로파일을 향상시키기 위한 포트폴리오 구성의 가중치로 사용될 수 있다.

- 재무 및 장기적 지속가능한 성과 목표에 동참 – AXA Investment Managers
- 스마트 워터 지수 구축 – Calvert Investments
- 스마트 베타 전략에 지배 구조 통찰 제공 – Bank J. SafraSarasin

(4) 패시브 및 인핸스드패시브 전략

패시브 투자의 전체적인 ESG 리스크 프로파일, 또는 특정 ESG 요소에 대한 노출은 인덱스 구성 요소이다. 가중치를 조정하거나 이미 인덱스 구성 요소 가중치를 조정한 인덱스를 추적하여 줄일 수 있다.

- 주요 ESG 요소들에 따라 STOXX의 주류 지수 주식에 가중치 부여–SD–M
- 저탄소 지수의 가중 및 배제–MSCI 1

연례 PRI 보고 및 평가 과정을 통해 PRI 서명 기관이 보고한 내용 상장 주식 투자 분석에 환경, 사회 및 지배 구조(ESG) 요소를 통합하는 것이 오늘날 시장에서 가장 널리 통용되는 책임 있는 투자 관행이다. ESG 요소들을 통합하는 자금으로 유입되는 자본과 책임투자의 이점을 뒷받침하는 학술 연구에 대한 인식 증가와 같은 여러 요인들이 점점 더 많은 투자자가 ESG 통합을 실천하도록 장려하고 있다. 운용사는 투자 성과 개선을 목표로 한 투자 결정의 일부로 ESG 요인을 인핸스드패시브 전략에 통합할 수 있다.

(5) 매도부문 리서치

매도부문 애널리스트는 투자 운용사가 통합할 아이디어와 투자 테마를 생성하거나 ESG 요소를 공정 가치와 투자 권장 사항(예: 매수/보유/매도)에 직접 통합할 수 있다. 이러한 완벽히 통합된 접근 방식에서는, 매도부문 애널리스트가 ESG 요인을 회사의 재무 예측(예: 수익, 비용, 자산, 부채, 손익계산서, 대차대조표 및 현금흐름표를 통한 세율) 또는 모델(보통 현금 흐름 할인 모델)로 통합한다. 기존 ESG 통합 연구 사례에 대한 통찰력이 각 접근법에 포함된다.

(6) 재무 예측 단계에서의 통합 경제 분석

ESG 요인이 경제에 미치는 영향을 평가하여 경제 성장률 예측을 조정하고 이를 회사의 재무 예측에 적용한다.

- 에너지 다원주의 II – Citi 가치 동인 조정은 특정 부문에 중요한 ESG 요소를 식별하고, 이를 해당 부문의 회사에 대한 평가 및 투자 권장 사항에 통합합니다.
- 에너지 애널리스트를 밤에 잠 못들게 하는 것들 / 유틸리티 애널리스트를 밤에

잠 못들게 하는 것들 – Credit Suisse

- 2도(20C) 분리 – Barclays
- 점점 현실적으로 : 새로운 배출 시대 – Exane

(7) 테마 노출

어떤 산업이 ESG 테마와 연관되어 있는지, 그리고 어떤 회사가 그 안에 속해 있는지 조사한다.

- 교육 투자 – Kepler Cheuvreux
- 통신 : 위대한 평형 장치 – HSBC
- 해킹당하셨습니다! – Bank of America Merrill Lynch
- 그린 임팩트 스크리너 – Kepler Cheuvreux
- 반도체 – 에너지 효율 원동력 – DZ Bank
- 배터리 수요 급증 – CLSA

(8) 통합 성과 벤치마킹

ESG 및 업계 동료들에 절대적인 그리고 상대적인 기타 재무 요소에 대한 기업의 성과를 반영하는 점수를 할당한다.

- 위험 신호 : 변칙 회계의 포렌식 분석 – CLSA, 특정 주제 벤치마킹은 개별 부문 내의 경쟁적 포지셔닝에 잠재적인 혼란이 있음을 나타낸다.
- 자연미 : HPC 산업에서 논란이 되고 있는 화학 물질 – SocieteGenerale, 회사 가치 평가 모델 단계에서의 통합 가치 평가 모델 통합은 회사의 공정 가치/목표 가격을 계산하는 모델을 조정할 때 ESG 요소를 고려한다.
- 우주항공 및 국방 : ESG는 개시 준비가 되었습니까? OddoSecurities

2. ESG 채권투자

ESG 채권은 환경 · 사회 · 지배구조 개선 등 사회적 책임투자를 목적으로 발행되는 채권으로 2018년 1조 5,000억원이던 국내 ESG 채권 발행금액은 2020년 39조 3,000억원으로 급증했다. 발행 기업도 공기업과 은행권 중심에서 점차 제2금융권 및 민간 기업으로 확대되고 있다. 소극적이었던 일반 기업이 줄줄이 ESG 채권 발행에 뛰어드는 데는 국내 기관투자가들의 자금 운용전략 변화가 결정적인 영향을 미치고 있다. '큰손'인 국민연금은 2022년까지 전체 운용자산의 절반을 ESG 기업에 투자한다는 목표를 내걸었다. 국민연금은 주식과 채권 위탁운용사를 선정할 때도 ESG 투자 현황을 중요 평가항목으로 반영한다. 자산운용사들 역시 최근 ESG 펀드를 잇달아 내놓는 등 ESG 투자에 공을 들이고 있다.

채권시장에선 발행 환경 변화에 맞춰 일반 기업들의 ESG 채권 발행이 잇따를 것으로 보고 있다. ESG 경영에 힘을 쏟고 있음을 드러냄과 동시에 양호한 조건으로 채권을 발행할 기회도 잡을 수 있어서이다.

채권가격에 영향을 미치는 것은 금리변동 부도및 신용위험 2차 시장의 유동성 위험이다, 채권등급 시스템은 기간 신용등급 유동성 3가지에 의하여 결정되는데 ESG 투자에서 발생하는 위험은 이벤트 위험이다.

채권의 경우 ESG 투자방법은 네거티브 스크리닝, 포지티브 스크리닝, 동종업계 최고등급, 경영참여, 테마투자 등이 있다. 대부분의 회사에게 채권발행은 선호지분을 포기하는 것보다 효율적이고 비용도 적게 든다. 그러나 이것은 금리가 낮을 때이다.

최근 유엔 글로벌 목표에 따른 자금조달을 위한 SDG 채권발행이 증가하고 있다. ESG 등급과 신용등급은 양의 상관관계를 가지고 있다. ESG 기반 국채에 투자하는 것도 하나의 좋은 투자방법이다. 또한 채권투자도 주식투자와 마찬가지로 팩터투자가 이루어 질 수 있다. 따라서 채권투자도 신용등급과 ESG 등급을 결합하여 하여야 하는데 Moody's와 Fitch, S&P 등이 신용등급에 ESG를 통합하고 있다.

ESG 성과가 좋지 않은 기업은 채권을 발행할 때 더 높은 시장 프리미엄을 지불한다. 미국의 경우 지방채의 3분의 1이 UN SDG 채권과 관련을 가지고 있다. 지속가능 투자는 녹색채권과 지속가능발전목표채권과 같이 정기적으로 계속 투자된다. 국채인 ESG 채권투자에 사용되는 기본 지표는 재생가능에너지 생산량과 CO^2 배출량(E), 실업률과 문맹률(S), 법치와 부패(G) 등이다. 회사채의 경우 ESG 데이터로 모든 하방신용위험을 식별하는데 주력을 두고 기업지배구조를 고려하며 법규및 규제요건의 준수, 직원, 고객및 지역사회와의 관계, 기후변화정책, 환경오염, 자원고갈 등을 지표로 사용한다.

ESG 채권에 투자하는 전략은 다음과 같다. 첫 번째는 ESG 등급을 기반으로 유사 기업들과 비교해서 열악한 인권기록, 동급 최하위 ESG 평가를 받은 기업을 배제하는 전략을 사용하는 것이고 두 번째는 동급최상위 ESG 등급을 받은 기업에 집중투자하는 전략과 투자배제 전략을 결합하기도 하는 전략이다. 세 번째는 최적화 전략을 사용하여 포트폴리오의 가중평균된 평균 ESG 점수를 최대화하는 동시에 기본 벤치마크 지수의 속성을 추적하는 전략을 구사하기도 한다.

채권에서 제일 중요한 것은 이자율 변동과 같은 거시적 위험이다. 높은 ESG 등급을 가진 ESG 선도기업들이 중심이 되는 채권지수가 개발되고 있다. 이러한 채권지수를 바탕으로 ETF도 만들어지고 있다. ESG 채권도 여러 종류가 있다. 녹색채권은 기후에 이익이 있는 채권의 발행이고 사회적 채권은 긍정적인 사회적 성과를 기대하는 신규 또는 현재 프로젝트의 재정조달에 자금을 사용하는 채권이다. 사회적성과 연계채권은 투자수익은 대상 사회적 프로그램의 실현을 조건으로 발행되는 것으로 교육 고용 의료 주택건설 등에 사용된다. 네 번째는 지속가능채권으로 채권수익금을 ESG에 적절하게 사용할 수 있는 더 많은 권한을 발행자에게 제공하는 채권이다. 다섯 번째는 블루채권으로 긍정적인 환경적 경제적 기후적 이점을 지닌 해양 및 해양 기반 프로젝트에 대하여 자금을 지원하는 채권이다.

한마디로 ESG 채권은 투자를 함에 있어서 환경 사회 지배구조를 고려하는 투자자를 대상으로 하는 채권으로 환경보호 사회문제 해결 등을 위한 자금조달의 수단으로 활용되고 있다. 발행회사의 ESG 성과를 고려하여 투자하는 방법과 ESG 채권에 직접투자하는 방법이 있다. 글로벌 채권시장에서는 환경 및 사회 문제 해결, 지배구조 개선 등을 위한 투자자금 조달 수단으로 특수목적 채권인 ESG 채권이 부각되고 있으며, 관련 시장도 빠르게 성장 중에 있다.

우선 녹색채권은 기후변화, 신재생에너지, 생물다양성, 전기자동차, 고효율 에너지, 청정운송 수단, 폐기물 관리, 정수 등 환경 보존 및 개선 등을 위한 프로젝트에 필요한 자금조달을 위해 발행되는 특수목적 채권이다. 녹색채권은 에너지 효율성 향상과 신재생에너지 개발을 목적으로 2007년 유럽투자은행(europe investment bank; EIB)이 발행한 'Climate Awareness Bond'가 시초인 것으로 알려져 있다. 이후 2015년 12월 유엔 기후변화협약 당사국총회에서 채택된 파리기후협정으로 최근 기후 재정의 중요성이 강조되고 환경에 대한 관심이 높아지면서 글로벌 녹색채권 시장이 급성장하고 있다.

다음으로 사회적 채권은 일자리 창출, 취약계층 지원, 중소기업 육성, 인프라 구축 등과 같이 사회적 문제를 해결하는 데 필요한 자금을 조달하고자 발행되는 특수목적 채권이다. 2010년 영국의 피터버러 시에서 범죄자들의 재범률을 경감시킬 목적으로 사회적 채권을 최초로 발행한 이후 최근에는 정부 공공기관 이외에 금융회사 및 일반기업들도 사회문제 해결을 위한 자금을 조달하고자 사회적 채권을 발행하고 있다

끝으로 지속가능채권은 사회적 채권과 녹색채권이 결합된 형태의 특수목적 채권으로, 환경 및 사회 문제 해결에 필요한 자금 조달을 목적으로 한다. 지속가능채권의 경우 녹색채권이나 사회적 채권보다 조달 자금을 더 다양한 목적으로 사용할 수 있다는 특성이 있으나, 발행사가 조달한 자금을 발행목적에 어긋나게 사용할 위험이 높다는 단점이 있다.

하지만 이와 같은 ESG 채권과 관련하여, 현재 ESG 채권으로 인증받기 위해 준

수해야 할 요건에 대한 법률이나 감독규정과 같은 공적인 규제는 없으며, 업계 등 민간 자율에 의해 규제되고 있는 상황이다. 따라서 ESG 채권 발행자들은 민간 자율 규제에서 규정하고 있는 요건에 따라 ESG 채권을 발행하고 있다.

녹색채권, 사회적 채권, 지속가능성 채권 발행을 위한 대표적인 글로벌 표준 프레임워크으로 ICMA의 Green Bond Principle(GBP), Social Bond Principles(SBP), Sustainability Bond Guidelines(SBG)가 있다 (Eurosif, 2019). GBP, SBP 및 SBG는 자금의 용도(use of proceeds), 투자 프로젝트의 평가 및 선정(process for project evaluation and selection), 자금의 관리(management of proceeds), 외부검토 및 사후보고(reporting)와 같이 4가지 주요 기준을 제시하고 있다.

ICMA는 ESG 채권 발행 원칙에서 ESG 채권 발행을 통해 투자재원을 조달할 때에는 발행목적을 명확히 하여야 할 뿐만 아니라 자금의 용도, 투자 대상 프로젝트의 평가 및 선정, 자금의 관리, 외부검토 및 사후보고 등에 대한 제반 기준과 절차들을 엄격하게 수립하고 이행할 것을 권고하고 있다. 여기서 외부검토는 ESG 채권 발행에 대해 발행채권이 발행 목적 및 원칙에 부합하는지 여부를 확인하기 위한 절차인데, 외부검토 이후 검토결과를 공개하고 공개하지 않을 경우에는 요약정보라도 공개할 것을 권고하고 있다. ESG 채권은 기업의 비재무적 요소인 환경·사회·지배구조를 개선하기 위한 자금을 조달할 특수목적으로 발행되는 채권이기 때문이다. 따라서 ESG 채권의 경우 발행 목적에 부합하게 자금을 사용하였는가에 대해 사후 정보 공시 및 검증이 중요하다고 할 수 있다.

하지만 발행한 ESG 채권 금리는 일반 채권과 유사하고 오히려 인증과 사후 공시 관련 비용 등 제반 거래비용 부담이 존재하는 단점이 있다. ESG 채권을 발행하는 경우 발행 단계에서 ESG 채권의 요건을 따르기 위한 프로젝트 평가 및 선정, 자금관리 등 제반 기준 및 절차를 마련하는 비용이 발생하고, 발행 이후에는 투명성 제고를 위해 필요한 사후보고 비용 등 여러 가지 거래비용이 추가로 발생하기 때문이다.

즉, ESG 채권 발행자는 채권 발행자금을 자신이 공시한 특정 프로젝트에 투자하게 되므로, 투자자는 ESG 채권 투자를 통해 자신이 직접 투자하기 어려운 프로젝트에 간접적으로 투자함으로써 투자대상 범위가 확대되는 효과를 얻을 수 있기 때문에, 투자자는 ESG 채권 투자를 통해 투자 포트폴리오를 다변화할 수 있는 장점이 있다. 아울러, ESG 채권 투자를 통해 책임투자 확대를 요구하는 최근의 사회적 분위기에 효율적으로 대응할 수 있다는 점도 ESG 채권 투자의 장점이다. 하지만, 아직 일반 채권과 비교하여 성과 차이가 미미하고 유동성이 낮아 시장에서의 매매에 어려움이 있는 단점이 존재한다. 그리고 ESG 채권에 대한 명확한 정의와 합리적 기준이 부재한 상황이라 투자대상 채권이 ESG 채권의 요건을 충족하고 있는가를 판단하기 어려울 수 있다.

ESG 채권의 지역별 발행 현황을 살펴보면 ESG 채권은 유럽에서 최초로 발행되었고 현재 발행규모가 가장 크고 거래가 활발한 곳도 유럽이다. 2019년 9월 말 기준 ESG 채권 발행 잔액의 지역별 비중은 유럽이 40%로 가장 높지만, 미국(12%)과 일본, 중국, 한국 등 아시아(23%)의 발행 규모도 급성장하는 추세를 보인다. 또한 2018년부터는 국제기구나 투자기관이 아닌 정부가 직접 ESG 채권을 발행하는 사례도 증가하고 있다. 정부채의 비중은 전체 채권의 15% 수준이며 국가별 잔액 기준으로 프랑스가 가장 많은 것으로 나타나고 있다. 한국 정부도 2019년 6월 최초로 ESG 채권을 발행하였다.

그리고 ESG 채권 발행 주체는 정부 및 준정부에서 민간 은행, 일반 기업까지 다양화되는 추세를 보이면서, 글로벌 ESG 채권 발행 주체별 비중은 정부, 금융회사 및 비금융회사의 비중이 고르게 나타나고 있다. 2013년 정부의 발행 비중이 70%에 달했던 점에 비하면 이제는 민간 부문에서도 ESG 채권 발행이 활성화되고 있으며, 아직까지는 ABS와 같은 구조화된 채권의 비중이 크지 않지만 앞으로는 다양한 형태로도 발행이 확대될 것으로 예상된다. 이와 같이 발행 주체와 형태가 다양화되고 있는 점은 투자자 입장에서도 선택권을 넓힐 수 있기 때문에 긍정적으로 평가할 수 있다.

그리고 ESG 채권 종류별로 발행 현황을 살펴보면 현재 녹색채권이 ESG 채권시장의 약 80% 를 차지하면서 녹색채권의 발행 비중이 높지만, 지속가능채권과 사회적 채권의 발행비중이 꾸준히 증가하는 추세를 보이고 있다. 모간스탠리에 따르면 2017년 녹색채권 발행액은 총 1,630억 달러 정도로서, 연간 20조 달러 규모로 발행되는 전 세계 채권시장 대비 1%에도 못 미치는 수준이지만, Eurosif에 따르면 2015년과 2016년 사이 발행규모가 두 배 증가하고, 2017년 발행량도 전년 대비 70% 가까이 증가한 바와 같이 성장세는 가파르게 나타나고 있다.

녹색채권의 발행 비중이 높은 것은 환경에 대한 관심과 투자가 상대적으로 높다는 것을 시사하고 있는데, 파리기후협약에 따른 온실가스 배출 감축 목표치를 맞추기 위해 각국 정부 및 공기업이 녹색채권으로 자금조달에 나서는 것도 하나의 요인이라고 볼 수 있다.

이와 함께 2019년 6월 13일 한국 정부는 세계 최초로 글로벌 금융시장에서 ESG 소버린 채권(외국환평형기금채권)을 5억 달러를 발행하여 흥행에 성공하였다. 우리 정부는 처음으로 외평채를 '녹색 및 지속가능채권' 형태로 발행하였는데, 그동안 녹색채권만을 발행한 외국 정부와 달리 우리 정부는 사회적 채권을 포괄하는 지속가능채권을 세계 최초로 발행했다.

국내의 경우 ESG 채권 발행 증가와 함께 발행자 및 발행 통화도 다양화되는 추세를 보이고 있다. ESG 채권 발행 주체는 기존 공공기관, 국책은행, 정부 중심에서 점차 일반은행, 카드사, 일반기업 등으로 다양화되고 있다. 구체적으로 기업은행과 우리은행, 현대캐피탈, 우리카드, 한국수력원자력 등 금융권과 공기업 중심으로 발행시장이 조성되고 있는 가운데, SK에너지, GS 칼텍스, LG화학 등 일반 기업도 발행에 가세하고 있다. 특히 국내 정유·석유화학 업계를 중심으로 시장 규모가 확대되고 있는데, 2019년 9월 SK에너지는 5,000억원 규모의 녹색채권을 발행하였고, 2019년 10월 GS칼텍스도 1,000억원 규모의 녹색채권 발행하였다. 그리고 신용카드사들도 적극적으로 발행에 가세하고 있는데, 2019년 8월 현대카드는 카드업계 최초로 2,400

억원 규모의 원화 녹색채권을 발행하여 친환경 자동차 모델 판매에 대한 금융서비스에 사용하겠다고 발표하였으며, 신한카드·우리카드는 중소가 맹점에 대한 결제대금이라는 친사회적 목적으로 원화 ESG 채권을 발행하였다.

국제자본시장협회, 기후채권기구 등이 제정한 가이드라인을 참고하여 국내에서 적용될 수 있는 ESG 채권에 대한 명확한 정의와 일반적으로 수용가능한 합리적이고 통일된 기준을 마련하는 것은 ESG 채권시장의 지속가능한 성장과 발전을 위해 중요한 요인이다.

현재 국내에서는 ESG 채권 발행과 관련하여 조달자금이 본래 중국, 프랑스, 일본 등은 정부 주도로 국제 모범사례에 근거하여 ESG 채권 발행과 관련된 가이드라인을 마련하여 발표하였으며, 유럽연합은 ESG 채권 시장 활성화를 위해 발행·투자·공시의 표준화 작업을 하고 있다. 목적 사업에 사용되지 않을 수 있다는 것이 주된 우려사항 중의 하나이다. 자금 조달과 자금 집행에는 시차가 존재하여 ESG 채권 발행 시 조달 자금 활용 용도에 대하여 인증기관의 인증을 받을지라도 실제 자금 집행 시 용도가 달라질 수 있는데, 그럴 경우 ESG 채권 투자자 입장에서 보유한 채권은 더 이상 ESG 채권이 아닌 일반 채권으로 전락하게 된다. 이와 같이 다수의 ESG 채권 발행사들이 발행목적을 준수하지 않게 되면 ESG 채권시장의 신뢰도와 평판은 악화되어 시장실패를 초래할 가능성이 높아지게 된다.

이에 국제자본시장협회는 ESG 채권의 투명성 제고를 위한 절차로 독립적인 외부검토(external review)와 주기적인 사후보고(reporting)를 강조하고 있다. 독립적인 외부검토는 사전적 검토와 사후적 검토로 구분되는데, 시장에서는 채권 발행 성공에 직접적인 도움이 되는 사전적 검토가 보다 중요시되고 있으며 사후적 검토에 대한 관심은 상대적으로 낮은 상황이다. 그러나 ESG 채권 발행 이후 ESG 채권의 투명성 제고를 위해서는 사전적 검토와 함께, 엄격하고 정확한 사후적 검토도 이루어질 필요가 있다. 그리고 외부검토 및 사후보고는 모두 권고사항이라 외부검토를 받을 것인지 그리고 사후보고를 할 것인지 여부는 전적으로 발행사의 재량에 달려 있는데, 이는 ESG 채권의 투명성을 저해하는 요인으로 지적되고 있다.

외화표시 ESG 채권은 글로벌 금융시장에서 수요가 넘치는 반면 국내 원화표시 ESG 채권시장의 경우 ESG 채권 전문 투자자가 사실상 전무한 상태라 수요가 충분하지 않은 상황이다. ESG 채권에 대한 국내 투자자 부족은 원화 ESG 채권 시장 성장의 장애물 중 하나이다. ESG 채권 시장이 활성화되어 투자 수요가 증가하면 발행사 자금 조달 시 비용 절감을 기대할 수 있는데, ESG 채권 시장이 성장하기 위해서는 발행사들의 비용 부담을 경감시킬 수 있을 만큼의 투자수요가 증가할 필요가 있다.

따라서 국내 ESG 채권시장의 활성화를 위해서는 ESG 채권의 수요 측면에서 정책적 관심과 실질적 지원을 통해 투자자의 참여를 적극적으로 유인하여 시장 활성화를 위한 환경을 조성할 필요가 있다. 예를 들어 ESG 채권 투자로 발생하는 소득에 대한 조세 혜택 제공, ESG 채권을 일정 비율 투자할 경우 공모주 우선 배정 혜택 제공 등 경제적 실익을 제공할 수 있는 정부의 정책적 지원 방안이 요구된다.

원화 ESG 채권시장의 성장을 위해서는 최근 책임투자에 많은 관심과 의지를 표명하고 있는 국내 주요 기관투자자인 연기금의 참여가 필수적이다. 이에 ESG 채권 시장으로 연기금들의 자발적 참여를 유인하기 위한 방안으로 연기금 운용평가 기준에 지속가능금융 지표를 추가 확대하는 방안을 고려해 볼 수 있다. 이는 연기금들의 적극적인 투자를 유도하기 위해 연기금의 운용 평가 시 책임투자와 관련된 지표 설정 등 공익적 요소를 확대하여 ESG 채권 투자를 유인하자는 것이다. 구체적으로 기획재정부의 기금운용 평가의 평가지표에서 책임투자 및 ESG 채권 투자에 대한 내용을 명확히 하고 추가 가점항목 신설 또는 가점을 확대하는 방안과 함께, 평가모형의 유형 공통 가감점 부문에서 책임투자 및 ESG 채권 투자를 자산운용 가점 지표의 평가내용으로 반영하는 방안을 고려할 수 있다.

가령 ESG 채권 발행사 입장에서 친환경·친사회적 프로젝트 투자자금 조달에 있어 일반채권보다 ESG 채권이 더 나은 선택이 될 수 있도록 금융적 측면에서 ESG 채권에 혜택을 부여할 필요가 있다.

3. 충실의무와 ESG

개인투자자와 다르게 수탁자인 기관투자자는 타인의 재산을 맡아 자금을 운용한다는 점에서 신인의무를 부담한다. 신탁형식이 갖는 소유와 지배의 분리에서 비롯되는 대리인 비용을 해소하는 것이 신인관계 책임구조의 핵심이므로 수탁자에게 고도의 신인의무 수익자(beneficiary)의 이익을 두텁게 보호하려는 것이다.[4] 기관투자자의 신인의무는 전통적으로 기관투자자의 ESG 투자를 제약하는 요인이었다.[5] 계몽적 · 윤리적 투자기준과 수익성 사이의 상관관계를 설명하기 어려웠기 때문이다. 그런데 재무적 성과와의 상관성을 강조하는 최근 ESG 투자의 논의 추세에 비추어 이러한 긴장관계가 해소되었다고 볼 수 있을 것인지가 문제된다.

ESG정보의 재무적 가치를 인정하는 최근의 ESG 투자 논의에서 볼 때 리스크 관리 수단으로 ESG를 활용하는 데서 비롯하는 주의의무 위반의 위험성은 상당 부분 해소되었다고 볼 수 있다.[6] 기관투자자의 신인의무는 주의의무(duty of care)와 충실의무(duty of loyalty)를 내용으로 한다. 주의의무의 핵심적인 내용은 기관투자자가 중요한 정보를 바탕으로 전문성에 걸맞은 투자판단을 내리고 그 과정을 업계의 투자관행에 비추어 합리적인 수준에서 설명할 수 있어야 한다는 것이다(신중한 투자자의 원칙, prudent investor rule). 수탁자는 재무적·비재무적 정보를 투자판단과정에서 합리적으로 반영해야 하는데 리스크 관리수단적 가치를 강조하는 ESG 투자는 주의의무의 한 내용인 '위험의 적정한 관리'라는 측면에서 설명할 수 있다.

---

4) Robert H. Sitkoff, "An Economic Theory of Fiduciary Law," in PHILOSOPHICAL FOUNDATIONS OF FIDUCIARY LAW, Andrew S. Gold & Paul B. Miller eds., 2014, pp. 204-08.

5) John H. Langbein & Richar A. Posner, "Social Investing and the Law of Trusts," MICH. L. REV. Vol. 79 No. 1, Nov. 1980, p. 98.

6) 오늘날에는 더는 과거와 같은 계몽적 ESG 투자가 허용되기 어려우므로 기관투자자의 신인의무와 ESG 투자 사이의 긴장관계는 해소되었다고 한다. Joakim Sandberg, "Socially Responsible Investment and Fiduciary Duty: Putting the Freshfields Report into Perspective," J. BUS. ETHICS Vol.101 No. 1, June 2011, p. 144.

물론 ESG의 핵심적인 수단이 되는 선별적 전략은 위험관리에 필수적인 분산투자 가능성을 줄이고 거래비용을 높이는 결과를 가져온다.[7] 투자대상을 좁히고 특정 주식의 가치를 과대평가하기 때문이다. 그러나 분산투자의무가 최대한의 투자분산을 요구하는 것은 아니므로 그 자체로(per se) 주의의무 위반이 되는 것은 아니다. 과거에 기관투자자가 ESG 투자에 나설 경우, 주의의무와의 관계에서 대표적인 걸림돌로 지적되었던 것이 동료집단과 다르게 판단하는 이유를 설명하지 못한다는 것이었음에 비추어 보면, 최근 들어 대부분의 기관투자자가 경제적 동기에서 ESG 투자에 나서는 현상은 주의의무의 내용이 되는 동료집단 판단기준의 변화를 뜻하는 것으로 볼 수 있다.

충실의무는 좁게는 수익자와의 이해충돌을 막기 위한 역할을 하지만 넓게는 이해상충 상황과 무관하게 수익자의 이익을 증진하도록 적극적으로 유도하는 기능을 담당한다(이른바 적극적 충실의무). 투자정책의 관점에서 기관투자자의 ESG 투자와 충실의무의 관계는 적극적 충실의무를 어떻게, 어디까지 이행할 수 있는지의 문제이다. 신탁약정의 성격이나 약정에서 수익자의 의사를 분명히 확인할 수 있는 경우를 제외하고,[8] 기관투자자의 ESG 투자에서 주류의 입장은 수익자의 이익을 재무적 이익(financial interest)으로 이해하는 것이다.[9]

책임투자원칙을 주창한 유엔환경계획 금융이니셔티브(UNEP Finance Initiative, UNEP FI)도 책임투자를 결정할 때 경제적 고려가 최우선적 기준이라는 점을 강조한다.[10] 따라서 ESG 투자가 아무리 중요한 사회적 가치를 가지더라도 그것이 수익자

---

7) 오성근, "기업의 사회적 책임(CSR)과 사회적 책임투자(SRI)에 관한 고찰", 「비교사법」 제13권 4호, 한국비교사법학회, 2006. 12, 527면.

8) 신탁이 윤리적 · 사회적 목표를 위해 설정되었다거나 수익자 전부가 공유하는 윤리적 기준에 따라 수익성을 일부 포기하더라도 특정한 투자방식을 배척하는 경우라면 수익자의 이익은 반드시 경제적인 것에 국한되지 않고 윤리적 · 사회적인 것까지 확장할 수 있다. 공익신탁(charitable trust)의 경우가 대표적이다. Richardson, "Fiduciary Duty Hinder SRI," p. 159, p. 161.

9) Paul Myners, HM Treasury, Institutional Investment in the United Kingdom: A Review,2001, p. 42.

10) 경우에 따라서 ESG를 우월적 판단기준(tie-breaker)으로 삼을 수 있다고 보더라도 재무적 성과에 영향을 주지 않는 경우로 그 적용범위를 한정한다. FRESHFIELDS REPORT, p. 97.

의 경제적 이익을 훼손한다면 원칙적으로 수탁자는 이러한 결정을 정당화하기 어렵다. 문제는 과연 ESG 투자를 명분으로 내려진 투자결정이 수익자의 이익을 위한 것이라고 볼 수 있는지에 있다. ESG는 이해관계자의 이익을 반영한다는 점에서 수익자와 무관한 제3자의 이익을 수탁자가 병행하여 추구할 수 있는지가 다퉈지는 것이다. 이때 충실의무 문제의 핵심은 투자동기(investor's motive)의 판단과 결부되어 있다. 이에 대해서는 투자결정의 '주된 동기'였다는 이유만으로 ESG 투자의 정당성을 인정할 수 있을 것인지(최상의 이익 원칙, best interest rule),[11] 아니면 수익자의 이익을 추구하는 것이 '배타적 동기'가 되어야 하는지(유일 이익의 원칙, sole interest rule)[12]를 두고 논의가 엇갈린다.

전자의 경우라면 수탁자가 수익자의 이익을 추구하기 위해 다양한 방법을 활용할 여지가 커지고 공정성에 어긋나지 않는 최선의 노력이 기울여졌다고 볼 수 있으면 그 과정에서 제3자의 이익을 병행하여 추구하는 것도 무방하다고 이해한다.[13] 따라서 투자동기 판별이 어려운 경우에 ESG 투자가 용인될 여지를 넓혀준다. 이에 비해 후자라면, 수익자의 이익을 배타적으로 추구해야 하므로 수탁자나 제3자의 이익을 병행하여 고려하는 것은 결과와 상관없이 신인의무에 위배된다.[14] 물론 유일 이익의 원칙을 주장하더라도 경제적 이익을 추구하는 과정에서 제3자가 부수적 이익을 얻는 것까지 금지하는 것은 아니다. 따라서 ESG 투자가 재무적 관점에서 포트폴리오의 위험관리수단으로 활용되는 한 단순히 비재무지표인 ESG를 고려했다는 점만으로 당연히 신인의무에 위반한다고 볼 수는 없다.

---

11) John H. Langbein, "Questioning the Trust Law Duty of Loyalty: Sole Interest or Best Interest?," YALE L. J. Vol. 114 No. 5, Mar. 2005, pp. 980-87.

12) Melanie B. Leslie, "In Defense of the No Further Inquiry Rule: A Response to Professor John Langbein," WM. & MARY L. REV. Vol. 47 No. 2, Nov. 2005, pp. 544-46, pp.564-67.

13) Julian Velasco, "Fiduciary Principles in Corporate Law," in THE OXFORD HANDBOOK OF FIDUCIARY LAW, Evan J. Criddle, Paul B. Miller & Robert H. Sitkoff eds., 2019, pp. 66-69.

14) Schanzenbach & Sitkoff, "Reconciling Fiduciary Duty and Social Conscience," p. 401.

충실의무의 판단기준은 기관투자자에 따라 다를 수밖에 없으므로 획일적인 기준 제시가 어렵다. 누구의 이익을, 어떻게 보호하는 것이 수익자의 경제적 이익을 보장한다고 볼 것인가는 기관투자자의 유형에 따라 다르다. 투자약정의 내용과 수익자의 동의 여부를 달리 볼 여지가 크기 때문이다. 자산운용사나 일반적인 기관투자자는 수익자의 배타적 이익을 도모할 의무를 부담하므로 원칙적으로 ESG는 포트폴리오의 리스크 관리수단으로 활용된다.

수익성을 포기하는 투자결정은 타인의 재산을 대신하여 관리하는 수탁자로서의 본질에 위배되며 경쟁펀드와의 변별력을 스스로 포기하는 셈이므로 운용자금 유치에 실패할 위험을 높일 뿐이다. 다만, 이는 원칙(default rule)에 불과하므로 설정계약에서 다르게 정하거나 그 해석으로 수익자의 특별한 동의를 끌어낼 수 있다면 충실의무 판단에는 최상의 이익 원칙이 적용되어 재무적 수익을 양보하는 투자결정도 가능하다.[15)]

이에 비해 연기금이 부담하는 충실의무의 해석은 다른 기관투자자에 비해 엄격하다. 연기금의 수익자는 수탁자에 대한 의존도가 크고 신인관계를 해소하기도 어렵기 때문이다.[16)] 이런 문제를 해결하기 위해 수익자의 범위를 일반 대중까지 확대하거나 보편적 투자포트폴리오를 가지는 연금의 속성상 수익자의 의사를 유연하게 해석할 수 있다고 보는 견해가 있다.[17)]

하지만 ① 정부가 책임준비금의 재정결손을 법적으로 보증하는 것이 아니라면 납세자나 일반대중을 잔여위험을 부담하는 최종 수익자로 보긴 어렵고, ② 최상의

---

15) 최상의 이익 원칙이 주로 적용되는 곳은 대학기금이나 자선기금과 같은 공익신탁이다. 다만, 미국 스워스모어대학이 미국 내 주요 대학기금의 화석연료산업 투자 철회 운동을 촉발하였으나 정작 비영리회사(non-profit corporation)인 스워스모어대학기금(Swarthmore College Endowment)이 수년간의 격론 끝에 화석연료에 대한 투자를 유지하기로 한 사례에서 보듯 공익신탁이라고 하더라도 재무적성과가 분명히 뒷받침되지 않으면 ESG 투자를 적극적으로 진행하기 어렵다. Michael Katz, Swarthmore Endowment Will Not Divest from Fossil Fuels, June 15, 2018, https://www.ai-cio.com/news/swarthmore-endowment-will-not-divest-fossil-fuels.

16) 염미경, "사회책임투자와 기관투자자의 신인의무", 「강원법학」제50권, 강원대학교 비교법학연구소, 2017. 2, 728면.

17) Paul Rose, "Public Wealth Maximization: A New Framework for Fiduciary Duties in Public Funds," U. ILL. L. REV. Vol. 2018 No. 3, Sept. 2018, p. 894.

이익 원칙을 적용하는 것은 수익자가 어떠한 방법으로든 자신의 의사를 표명할 수 있는 경로가 마련되어 있다는 점을 전제로 수탁자에게 재량을 인정하는 것인데,[18] 연기금은 운용단계에서 수익자의 의사가 반영될 여지가 없고 연금급여의 안정적인 지급이라는 재무적 목표 이외에 이와 다른 수익자의 의사를 가늠하기도 어렵다. 따라서 연기금의 ESG 투자는 투자결정의 '유일한' 동기가 수익자의 이익을 직접적으로 꾀하는 경우로 한정된다고 보는 것이 바람직하다. 이때 충실의무는 금지규범(prohibitory rule)이므로 공정성을 해치지 않았다는 주장은 수탁자의 항변 사유가 될 수 없다.[19]

4. ESG 투자의 지속가능성과 과제

1) ESG 투자의 딜레마

최근 ESG 투자에 막대한 자금이 몰리면서 ESG는 수익성을 담보하는 지표처럼 인식되고 있다. 그런데 ESG 투자가 위험에 상응하는 수익을 '지속적'으로 낼 수 있을 것인지에 대해서는 추가적인 검토가 필요하다. 먼저 ESG 투자가 투자위험을 줄이는 효과가 있다면서도 ESG 점수가 높은 기업에 투자하는 것이 계속해서 높은 수익률을 가져올 것으로 기대하는 것은 논리적이지 않다.[20]

투자위험과 투자수익은 비례관계에 있으므로 낮아진 위험만큼 수익을 얻을 가능성이 떨어진다고 보아야 하기 때문이다. 이러한 결론은 ESG가 좋은 기업에 대한 투자를 늘리는 것이 수익성을 제고할 것이라는 ESG 투자의 기본 가정에 위배될 뿐만

18) 이사의 해임권을 가진 주주나 투자목적을 변경하거나 아예 투자를 회수할 수 있는 권한을 가진 수익자라면 수탁자가 수익자에게 최선의 이익을 보장하기 위한 수단을 선택함에 있어서 더 큰 재량을 갖는 것이 정당화된다.

19) Schanzenbach & Sitkoff, "Reconciling Fiduciary Duty and Social Conscience," p. 402.

20) Nadja Guenster, "Performance Implications of SR Investing: Past Versus Future," inSOCIALLY RESPONSIBLE FINANCE AND INVESTING: FINANCIAL INSTITUTIONS,CORPORATIONS, INVESTORS, AND ACTIVISTS, H. Kent Baker & John R. Nofsinger eds.,2012, p. 444

아니라 장기적으로는 ESG 수준이 높을수록 기대수익이 같거나 더 낮을 수 있다는 것을 의미한다.[21)]

다음으로 이른바 주가 효율성의 관점에서도 ESG 투자의 지속가능성을 설명하기 어렵다. ESG 투자는 시장의 가격괴리에 토대를 둔다. ESG 점수가 높은 기업의 성과가 높다는 전제에서 ESG를 적절히 고려하지 않아서 시장에서 과대평가를 받는 기업에 대한 투자를 지양하고, 낮게 평가된 기업에 대한 투자를 늘리거나 주주관여를 통해 기업가치를 높이는 데 관심을 두는 것이다. 그런데 효율적인 시장에서는 끊임없이 정보가 주가에 반영되고 투자자가 ESG 요소에 민감해질수록 그 정보가 주가에 반영될 가능성은 높아진다. 따라서 단순히 시장의 가격괴리에 기초한 투자전략만으로는 꾸준히 높은 수익률을 기대하기 어렵다. ESG가 높은 회사가 우량하다는 전제에서 ESG가 높은 기업에 투자자금이 몰리게 되면 이미 정보는 주가에 반영되었으므로 투자자로서는 계속해서 가격괴리를 활용해서 초과수익을 얻기가 곤란하기 때문이다.[22)]

반대로 ESG 점수가 낮은 기업에 투자를 확대하는 것도 여의치 않다. ESG 투자는 기본적으로 선별적 배제전략을 통해 특정 기업이나 산업군을 투자목록에서 제외하므로 수익개선 기회가 제한적이다. ESG 점수가 나쁜 기업에 투자하더라도 주주의 개입을 통해 초과수익률을 달성하려는 개입주의 역시 편익비용(benefit cost) 측면에서 비효율적일 가능성을 염두에 두어야 할 뿐만 아니라 ESG 점수가 낮은 기업에 대한 투자는 ESG 우대기조와도 배치되는 측면이 있어서 평판을 우려하는 연기금이 선뜻 나서기도 어렵다.

---

21) 박경서, "지속가능한 ESG 경영과 책임투자", 한국기업거버넌스포럼 1월 세미나 ESG 경영과 책임투자의 지속가능성, 한국기업거버넌스포럼, 2021. 1. 28 발표, 20면.

22) 과거에는 지배구조(G)가 우수한 기업에 투자를 확대함으로써 초과수익을 얻을 수 있었으나 차츰 주가에 지배구조 정보가 반영되면서 현재는 투자전략으로서 변별력을 잃었다고 분석한다. Lucian A.Bebchuk et al., "Learning and the Disappearing Association between Governance and Returns," J. FIN. ECON. Vol. 108 No. 2, May 2013, p. 324.

2) ESG 투자의 전략적 한계

(1) 개념 및 판단기준의 모호성

ESG의 재무적 가치를 새롭게 평가하기 시작하면서 투자기준으로서 ESG의 활용도는 높아질 전망이다. 하지만 투자기준으로서 ESG지표를 공격적으로 활용하는 것이 과연 투자자에게 수익을 안겨주는 수단으로 지속가능하게 작동할 것인지는 분명하지 않다. 개인투자자와 달리 수탁자인 기관투자자는 객관적 행위기준에 따른 투자결정을 내려야 하는데 ESG는 기본적으로 기업의 선행(goodness)에 바탕을 두는 주관적 지표이므로 객관성을 담보하는 데 한계가 있기 때문이다.

ESG는 기업활동을 둘러싼 이해관계자의 이익을 포괄적으로 설명하려는 개념(umbrella term)이다 보니 ESG가 무엇이고, 이를 구체적으로 어떻게 실현할 것인지는 여전히 불투명하다.[23] 특히 단일한 실체로서 ESG를 판단하려는 시도는 본질적인 한계를 가진다. 경영환경에 따라 강조되는 ESG의 내용과 범위가 같지 않을뿐더러 평가주체가 어떤 요소에 비중을 두고 ESG를 평가하느냐에 따라 그 결과도 전혀 다르게 나타나기 때문이다.[24] 이른바 죄악산업(sin industry)이 대표적이다.

ESG 투자가 윤리적 투자기준의 적용이라는 측면에서 출발한 것이다 보니 일반적으로 담배나 도박산업과 같은 죄악산업은 ESG와 거리가 먼 것으로 알려졌다. 그런데 이런 산업일수록 친환경 제조공정(E)을 갖추고 사회공헌(S)을 강조할 뿐만 아니라 정부 규제가 심하다 보니 지배구조(G)도 좋은 편이다.[25] 그 결과 이들 산업군

---

23) Aswath Damodaran, "Sounding good or Doing good? A Skeptical Look at ESG," Sept. 21, 2020, http://aswathdamodaran.blogspot.com/2020/09/sounding-good-or-doing-good-skepti cal.html.

24) 전국경제인연합회에 따르면 주요 ESG 평가기관 사이의 평가등급 격차는 7단계로 나누었을 때 최대5단계까지 벌어지는 것으로 나타났다. 전국경제인연합회, "국내외 ESG 평가 동향과 시사점", ESG MEMO Vol. 2, 2021. 4. 29, 1면. 76) 회사의 기부행위는 이사회의 견제나 주주의 감시가 약한 경우 그 횟수와 금액이 늘어나는 경향을 보인다. 특히 사외이사와 관련 있는 단체에 대한 회사의 기부는 사외이사의 감독 인센티브를 낮추기 때문에 CEO가 과도하게 높은 보수를 받거나 경영성과가 나쁘더라도 계속해서 자리보전할 확률을 높인다. Ye Cai et al, "Paying by Donating: Corporate Donations Affiliated with Independent Directors," REV. FIN. STUD. Vol. 34 No. 2, Feb. 2021, p. 620, pp. 652-53.

25) 카지노가 이익의 상당 부분을 지역사회와의 상생프로그램 같은 사회공헌에 투자하거나 주류업체가 태양광에너지로 맥주를 제조하거나 위스키를 종이에 담아 팔아 탄소배출을 낮추는 등의 방법이 활용된다. 한국경제, "술 · 담배회사

에 대한 ESG 점수는 기피산업에 해당하는지 여부를 ESG 평가기준에 반영하는지에 따라 전혀 다르게 나타난다. ESG 투자가 인간의 기본적인 욕망을 부정하면서 윤리적 판단을 절대시하는 투자방식이어야 하는지는 투자자들 사이에서도 의견이 엇갈리는 만큼 ESG를 단일한 개념으로 보거나 '착한투자'의 관점에서 평가결과를 해석하지 않도록 유의해야 한다. ESG가 추구하는 보편적 가치만 강조하고 지표 사이의 실질적인 차이를 염두에 두지 않거나 객관적인 이행방안을 마련하지 않으면 ESG 투자는 본래 의도와 다르게 단순한 테마투자로 전락할 위험이 있다.

(2) ESG의 분식가능성

ESG가 본질적으로 해석의 여지가 큰 지표임에도 불구하고 투자지표의 역할을 과도하게 강조하면 합리적 경제주체인 기업은 좀 더 용이한 지표관리 방법을 추구할 유인을 갖게 된다. ESG 경영에 실제로 나서기보다는 평가기관이 제시한 지표를 기술적으로 관리하려 들거나, ESG정보 중 불리한 사항을 축소하여 공시하는 등 실제로는 ESG와 거리가 있는 경영을 하면서도 ESG 경영을 가장하게 되는 것이다.

정부의 입김에 취약한 기업 · 산업군이나 주인 없는 회사의 경우, 실제로 기업가치를 높이기 위해 ESG를 추구하기보다는 정부나 공격적인 투자자와 타협하기 위한 수단으로 활용하는 경향을 보인다. 투자자가 ESG를 투자대상기업의 경영상태를 가늠하는 지표로 사용하는 점에 비춰보면 결국 투자자는 부실한 평가결과에 의존해서 기업가치를 산정하고 투자에 나서게 되는 셈이다.

(3) ESG지표의 변동성

투자자가 ESG를 활용하는 이유는 포트폴리오의 변동성을 낮추려는 것이지만

가 ESG 등급 높다고?…친환경 제조공정에 사회환원도 상당", 2021. 4. 12, https://www.hankyung.com/economy/article/2021041249741.

ESG지표를 기계적으로 강조하게 되면 오히려 투자위험이 커질 우려가 있다.[26] 환경(E)과 사회(S)지표의 경우, 규범적 · 정책적 판단과 연계되어 있어서 소비자 선호나 정책 기조가 바뀌게 되면 거꾸로 포트폴리오의 변동성을 높이기 때문이다. 최근의 ESG논의는 기후변화에 대응하기 위해 기업의 화석연료 사용을 줄이려는데 집중되어 있다.[27] 그런데 환경분야는 대표적인 정부보조산업이어서 정책 의존도가 높다.[28] ESG 투자를 강조하는 견해가 화석연료산업이나 담배산업이 규제리스크에 취약하다는 점에서 투자를 제한해야 한다고 주장한다는 점에서 보면 이러한 결과는 다소 모순적이다. 이처럼 ESG가 위험정보를 제대로 반영했다고 보기 어렵고 오히려 규제리스크에 취약할 수 있다는 점은 투자위험 관리수단으로 ESG가 가지는 한계를 보여준다.

(4) 투자동기 판단의 한계

개인투자자와 다르게 수탁자인 기관투자자는 타인의 재산을 맡아 운용한다는 점에서 신인의무를 부담하므로 투자의사를 결정하는 동기가 무엇인지가 중요하다. 이때 잉여현금흐름이나 자기자본수익률 같은 전통적인 재무지표와 달리 ESG는 비재무지표로서 구체적으로 무엇을 어디까지, 그리고 왜 고려하는지를 두고 다양한 판단이 내려질 수 있어 투자동기를 정확히 구분하기 곤란하다. 예컨대 미국의 주요 기관투자자인 캘리포니아주 공무원연금(California Public Employee Retirement System, CalPERS)은 2001년부터 담배회사에 대한 투자를 철회하였는데, 그 배경을 두고 담배

26) 한국경제, "WSJ "ESG에 돈 쏟아붓는 기업 느는데... 수익성은 '의문'", 2021. 6. 16.

27) MSCI는 인류가 직면한 가장 시급한 과제로 기후변화를 꼽으면서 투자자의 관심이 기후대책을 포트폴리오에 반영하는 단계로 급격히 옮겨가고 있다고 주장한다. MSCI, Exploring 30 Years of ESG Indexes: Climate Change the Greatest Challenge of Our Times, 2020, https://www.msci.com/esg/30-years-of-esg.

28) 미국의 전기차 회사인 테슬라는 대표적인 친환경기업으로 꼽히지만 전기차 구매자에 대한 세금보조에 의존하는 수익구조를 가지므로 정책기조의 변화에 따라 사업수익성이 낮아질 우려가 있다. ESG 점수가 좋더라도 정책 의존도가 높은 경우에는 역설적으로 심각한 규제리스크에 직면할 수 있다는 점은 평가지표로서 ESG가 갖는 모순이다. Schanzenbach & Sitkoff, "Reconciling Fiduciary Duty and Social Conscience," p. 433, p. 436.

산업에 대한 보건규제 리스크를 반영한 결정이라는 주장[29]과 단순히 죄악산업이라는 이유로 내려진 정치적 결정에 불과하다는 비판[30]이 극명하게 대립한다.

CalPERS의 투자수익이 10년 넘게 S&P 인덱스보다도 낮게 나타난 주요 원인으로 담배산업 투자철회에 따른 수익성 악화가 지목되면서 이러한 결정을 두고 신인의무 위배 논란이 확산하고 있다.[31] 이처럼 ESG 투자는 그 결정이 복합적 동기에서 비롯될 경우, 위험판단이 적정했는지를 두고 책임소재를 따지기 어려워서 수익자 보호에 취약해질 우려가 있다. 투자동기의 적절성은 자금운용 규모에 비해 정치적 영향력에 취약한 연기금의 의사결정에서 특히 문제된다.

(5) ESG 투자와 재무적 성과 사이의 인과관계

ESG 투자를 강조하는 견해는 경제위기 상황에서 ESG가 높은 기업에 투자하는 것이 다른 투자에 비해 좋은 성과를 보였다고 주장한다.[32] 그런데 ESG 투자성과에 대한 연구결과는 일관되지 않을 뿐더러 회귀분석의 속성상 상관관계만을 입증할 뿐 ESG와 기업가치 사이의 인과관계를 뒷받침하진 못한다. 경기침체기에 포트폴리오의 성과는 낮은 ESG까지도 망라한 경우가 오히려 시장평균수익보다 좋았다는 연구결과에서 보듯 ESG와 기업가치 사이의 상관관계 자체가 ESG 투자성과를 보장하는 것은 아니다.[33]

---

29) Investing; Diary; Calpers Puts Tobacco Behind It," N.Y. TIMES, Oct. 29. 2000, https://www.nytimes.com/2000/10/29/business/investing-diary-calpers-putstobacco-behind-it.html.

30) 담배산업 투자철회로 인한 적자가 오랜 기간 누적되자 이를 옹호했던 기존 이사 대신 당선된 CalPERS의 한 이사는 CalPERS가 퇴직연금이 아니라 정책위원회(political action committee)처럼 운영되었다면서 ESG를 강조하는 투자정책을 야바위(shenanigans)로 평가절하 하였다. "California Public Employees Vote Against Pension-Fund Activism," WALL ST. J., Oct. 18, 2018.

31) CalPERS는 담배산업에 대한 투자철회조치로 2001-2014년까지 30억불의 추정손실을 겪었으며 손실규모는 이후에도 계속 늘어나고 있다. "Pension Funds Review Tobacco Divestment," FIN. TIMES, Apr. 24, 2016.

32) John Nofsinger & Abhishek Varma, "Socially Responsible Funds and Market Crises," J. BANKING & FIN. Vol. 48, Nov. 2013, p. 192.

33) Pieter Jan Trinks & Bert Scholtens, "The Opportunity Cost of Negative Screening in Socially Responsible Investing," J. BUS. ETHICS, Vol. 140 No. 2, 2017, p. 202.

한편 다원적 이해관계자주의(pluralistic stakeholderism)에 따르면 모든 이해관계자들의 이익을 고르게 반영해야 하므로 이사나 경영진의 책임대상이 분산될 수밖에 없다. 하지만 ESG 투자는 그 성과가 나오기까지 오랜 시간이 걸리므로 수익을 계량화하기 어렵다. 따라서 ESG를 통해 장기 수익을 추구하겠다는 주장은 자칫 이들의 대리인 문제를 심화할 우려가 있다. 경영실패의 책임을 서로 다른 이해관계자에게 전가하는 구실이 되기 때문이다(이른바 두 주인의 문제).[34] 이럴 경우, ESG는 기업의 경영실패를 분식하는 결과를 초래하고 기업가치를 적절히 반영할 수도 없으므로 양호한 기업경영의 간접지표로서 ESG를 고려하는 투자자에게도 손해가 된다.

(6) 법 · 정책적 과제

최근 ESG 투자의 급격한 확산은 블랙록 등 자산운용사와 기술패권을 둘러싼 미국과 유럽의 정치 · 경제적 이해관계가 반영된 결과물이다.[35] 투자자를 중심으로 ESG 생태계가 새롭게 형성되는 현실에 비춰볼 때, ESG 투자는 투자수익을 높이는 것이 주된 목표임을 짐작할 수 있다. 따라서 ESG가 지속가능한 투자기준으로 활용되기 위해서는 ESG 투자자의 인센티브를 극대화할 방법을 살펴봐야 한다.

첫째, ESG 투자에 대해 경직된 접근을 지양해야 한다. 기관투자자의 투자전략은 기본적으로 시장의 불완전성에서 비롯되는 가격괴리를 이용한다. 이때 ESG 투자를 강조하는 견해는 기본적으로 과소평가된 테일리스크나 사회적 가치를 선제적으로 관리하게 되면 투자수익을 높일 것이라는 사고를 의미한다.[36] 그런데 가격괴리는 위

---

34) 누구에게도 책임지지 않는 이사회를 만들 뿐이라고 지적한다. Lucian A. Bebchuk, "The Myth of the Shareholder Franchise," VA. L. REV. Vol. 93 No. 3, May 2007, p. 731.

35) ESG 투자가 갑자기 부상한 것을 두고 미국과 유럽이 중국을 견제하기 위해 공급망 재편에 나서면서 이를 금융적으로 진작하려는 방편으로 해석하기도 한다. 매일경제, "[매경포럼] 요동치는 글로벌 밸류체인에 올라타기", 2021. 6. 1, https://www.mk.co.kr/opinion/columnists/view/2021/06/524795; 한국경제, "[한경 CFO Insight] ESG 밸류체인과 금융전쟁", 2020. 11. 23, https://www.hankyung.com/economy/article/202011201935i.

36) 투자자가 회사의 ESG에 대해 충분한 관심을 기울이면 부정적인 정보가 실제로 주가에 반영되기 전에 일찌감치 해당 주식을 처분할 수 있으므로 포트폴리오의 가격변동 리스크를 줄여준다고 한다. Christoph M. Klein, Integrating ESG into the Fixed-Income Portfolio, CFA INST. ANN.CONF. PROC. Q., Fourth Quarter 2015, pp. 46-48.

험에 대해 상반된 평가를 가져오므로 투자자는 과소평가된 위험에 대비하거나 과대평가된 위험을 헤지(hedge)하는 방법을 통해 수익을 추구한다.[37] 경영리스크인 ESG 리스크 역시 상반된 평가 여지를 가지므로 투자자는 상황에 따라 탄력적으로 대응할 수 있어야 하는데 ESG 리스크가 항상 과소평가될 것이라고 간주하는 것은 투자판단의 경직성을 가져와 수익성에 부정적인 영향을 준다.

둘째, ESG 투자과정 전반의 투명성을 높여야 한다. 이를 위해서는 ESG 판단기준을 분명하게 마련해 기업이 ESG 투자를 받기 위해 환경인증 등을 과장하거나 기업공시내용을 불완전하게 알리는 이른바 ESG 워싱을 통해 ESG 평가결과에 대한 신뢰를 훼손하지 않도록 해야 한다. 전통적으로 책임투자가 정착된 유럽의 경우, 오히려 최근 ESG 투자규모가 줄어든 것으로 조사되었다. 이는 ESG 투자에 대한 관심이 줄어든 것이 아니라 2018년 지속가능금융실행계획(European Sustainable Finance Action Plan)에 따라 법으로 지속가능투자의 정의를 새로 규정하면서 ESG 투자를 불명확하게 만드는 기준을 정비하였기 때문이다.[38] 기업의 ESG 평가결과가 자본시장에서 자금조달 기준으로 활용되는 점에 비추어 보면 ESG 기준을 운영하는 과정에서 투명성을 갖춰가려는 노력은 ESG 시장을 내실화하는 데 있어 필수적이다.

이러한 점은 회사가 안고 있는 리스크가 제각각임에도 ESG 열풍에 편승해서 ESG채권에 대해서 모두 최고등급을 부여하는 우리 금융시장에 시사하는 바가 크다.[39] 셋째, 투자성과를 높이려면 투자자가 ESG를 단일한 기업가치 평가기준으로

---

37) Schanzenbach & Sitkoff, "Reconciling Fiduciary Duty and Social Conscience," pp. 443-44.

38) EU집행위원회(European Commission)는 지속가능성장을 위한 금융의 역할을 강조하며 전반적인규제개선을 진행중이며 지속가능금융실행계획을 구체적으로 뒷받침하기 위한 핵심과제로 EU 분류체계(Taxonomy), 기관투자자와 운용사들에 대한 공시규제 개선, 탄소영향평가와 관련한 벤치마크 개발 등의 규제 방안을 발표하였다. 이 중 EU분류체계는 기후에 영향을 미치는 모든 산업에 적용되며 6개의 환경목표(① 기후변화 완화(mitigation), ② 기후변화 적응(adaptation), ③ 수자원 및 해양자원의 지속가능한 이용과 보호, ④ 순환경제로의 전환, ⑤ 오염방지와 조절, ⑥ 건강한 생태계 보호) 중1개 이상에 대한 실질적인 기여(substantial contribution)와 함께 환경목표 중 어떠한 항목에도 심각한 피해를 주지 않고(no significant harm), OECD 다국적기업 가이드라인과 같은 최소한의 안전기준과 기술적인 선별기준을 준수하는 경우에 한해 지속가능한 경제활동으로 인정한다. 김한조, "유럽의 그린 딜과 지속가능금융 관련 규제 발전 현황", 금융투자협회, 2020. 9. 22, 9-10면.

39) 최근 국내 3대 신용평가사들은 올해 발행된 ESG채권에 대해 '모두' 최고등급을 부여했다. 문제는 이들 사이의 회사채 등급이 무려 7노치(notch)까지 차이가 난다는 점이다. 회사채 시장에서 1노치만 등급이 벌어져도 조달금리가 크

보기보다는 기업·산업별로 중요하게 부각되는 개별 가치에 초점을 두고 투자결정에 반영하는 것이 바람직하다. 특히 높은 ESG 점수와 기금운용의 공공성을 연계시켜서 ESG 투자를 늘리기 쉬운 공적 연기금이 ESG를 불가분의 투자기준으로 삼는 것은 주의가 필요하다.

흔히 ESG를 이해관계자의 이익을 대변하는 지표로 뭉뚱그려서 설명하면서 ESG를 모두 잘하는 기업을 우수하게 여기는 경향이 있다. 하지만 애초에 ESG는 서로 다른 환경, 사회, 지배구조의 영역을 재무적 관점에서 대표하는 개념이고 사업환경이나 경영방식이 업종이나 기업의 형태와 규모에 따라 차이가 크기 때문에 통합적인 ESG 개념의 실체를 파악하기는 쉽지 않다.[40)] 예컨대 화석연료산업은 기후변화나 환경오염(E)이 핵심과제이지만 테크기업이나 플랫폼 산업은 오히려 개인정보 보호나 독과점(S, G)이 더 큰 문제가 된다. 기업가치에 대한 상관관계가 인정되는 지배구조(G) 역시 해당 산업의 성숙도와 시장 구조, 그리고 시장 내에서 기업의 지위에 따라 다르게 평가할 여지가 있다. 더욱이 실제로는 지배구조 상의 문제를 안고 있지만, 경영진이 E나 S에 대해 의도적으로 자원을 배분하여 ESG 평가결과를 높임으로써 문제를 포장할 우려도 있다. 이 경우, ESG는 수익성에 변별력을 주는 기준으로서의 가치가 낮아지게 된다.

이런 한계를 생각할 때 투자자로서는 ESG라는 단일 평가결과에 천착하기보다는 해당 섹터에서 요구하는 특별한 가치를 파악하여 투자 결정에 반영하여야 한다. 예컨대 G는 보편적으로 고려하되 E와 S는 해당 섹터에서의 업의 특성과 이슈화 정도에 따라 개별적으로 투자결정에 반영하는 것이다.[41)]

게 달라지는 점에서 보면 회사의 리스크 수준과 상관없이 ESG 투자라는 이유만으로 높은 등급을 인정하는 것은 사실상 ESG평가 결과가 투자자들에게 제대로 된 정보를 제공하지 못하고 있다는 점을 보여준다. 아주경제, "ESG채권 평가 'All 1등급' 코미디", 2021. 7. 23, https://www.ajunews.com/view/20210722154348249.

40) 강인수, "ESG, 규제로 인식하지 말고 경영전략으로 접근해야", 「나라경제」2021년 6월호, KDI 경제정보센터, 2021. 6, 20면.

41) 류영재, "ESG 투자와 기업의 대응방향", 2021 ESG 커넥트포럼, 뉴스트리, 2021. 4. 28 발표

G의 문제를 선행적으로 고려하는 것은 E, S를 합리적으로 판단하기 위한 조직적 기초를 마련하는 의미가 있다. 지배주주의 영향력이 견고한 우리 기업 현실에서는 전체 주주의 부가 지배주주에게 부당하게 이전될 위험성이 꾸준히 지적되어왔다.[42] 투자자 입장에서 이러한 결과는 투자가치의 희석을 의미하므로 투자수익의 변별력을 꾀하는 전략적 기초로써 사전적으로 관리에 나설 필요가 있다.[43] 넷째, 기관투자자의 ESG 투자는 경영리스크를 관리할 이사회의 책임성을 강화하는 것에 초점을 두어야 한다.

투자자가 ESG를 강조하면 결국에는 이를 판단하는 이사회의 권한이 확대된다. 이 경우, 이사회는 ESG를 판단하는 명확한 기준이 없는 상태에서 손쉽게 요구사항을 충족할 수 있으므로 자칫 부정적 외부효과를 효과적으로 내재화하기보다는 사회적 책임을 다하는 외관을 만들어내는 수단으로 ESG를 활용할 우려가 있다. 이는 애초에 투자자가 의도했던 리스크 관리효과를 기대하기 어렵게 하므로 ESG 투자를 이사회의 책임성을 아울러 높이는 계기로 삼는 것이 바람직하다. 물론 법규위반이나 회계부정과 같은 법률리스크와 달리 ESG와 같은 경영리스크가 리스크관리체계를 구축해야 하는 이사의 감시의무에 포함된다고 볼 것인지에 대해서는 다툼이 있다.[44]

그러나 회사가 직면한 위험이라는 측면에서 법률리스크와 경영리스크는 기능적으로 차이가 없고, 정보통신기술의 발달로 예전과 달리 경영리스크에서 비롯하는 부정적인 평판이 급속도로 확산하여 기업의 존망에도 영향을 주는 등 경영리스크가 기업가치에 미치는 영향이 커지고 있다.[45]

---

42) 최근 LG화학과 SK이노베이션의 배터리 자회사 물적 분할 및 상장이나 카카오의 지주회사와 자회사의 동시상장 사례에서도 보듯이 이중계산이나 이해상충의 문제에도 불구하고 경영상의 판단임을 들어 지배주주의 이익을 꾀할 위험성은 여전히 높다.

43) 다만, 지배주주가 존재하는 우리 기업 현실에서 G의 문제를 내부적으로 제기하기 쉽지 않다는 점, G factor는 주가에 이미 반영되어서 변별력을 찾기 어려울 수도 있다는 점 등은 앞으로 해결해나가야 할 과제다.

44) 미국의 경우, 이른바 케어마크(caremark) 기준을 적용하여 법률적 위험에 대해 회사가 내부적으로 적절한 리스크 관리체계를 구축하지 않았다면 이사의 감시의무 위반을 인정한다. 다만, 아직은 감시의무의 대상에 경영리스크를 포함하지는 않고 있다. 신석훈, 앞의 글, pp30-32.

45) 전통적인 흑자기업인 남양유업은 갑질과 소비자 기만이 잇따라 문제되면서 영업실적이 급격히 악화되었고 결국 주가가 곤두박질치면서 사모펀드로의 매각수순을 밟고 있다. 이코노미스트, ""남양이 남양했다"…'트러블메이커' 홍원식

이렇게 보면 ESG 투자는 기업의 경영리스크 관리를 규범적으로 강제하기 어려운 상황에서 이에 대한 시장의 압력을 통해 이사회의 역할을 진작함으로써 책임경영의 기반을 마련하는 역할을 한다.[46] 투자자는 이를 통해 높아진 기업가치를 바탕으로 초과수익과 포트폴리오의 변동성을 축소하는 효과를 기대할 수 있다. ESG 투자가 지속가능하려면 재무적 성과가 뒷받침되어야 하므로 리스크 관리관점에서 ESG를 바라보는 것은 기업과 투자자 모두에게 도움이 된다.

다섯째, 별도의 입법이 없다면,[47] 기관투자자에게 ESG를 의무적으로 고려할 것을 요구할 수는 없다. ESG는 투자대상기업의 경영위험을 판단하는 하나의 요소에 불과하고 투자동기의 적절성만 확인된다면 위험수준의 적정성에 대한 판단은 수탁자의 광범위한 재량이 인정되기 때문이다.[48] 신인관계에서 수익자는 수탁자의 전문적 역량을 활용하여 수익을 얻을 것을 기대한다. 이때 수탁자의 대리인 문제를 해결하기 위해 엄격한 신인의무를 부과하는 것 못지않게 수탁자가 전문성을 발휘할 여지를 마련해 주는 것은 신인관계 규율의 핵심이다.[49]

따라서 수탁자가 급격한 지배구조 위험을 확인하고도 별다른 조치를 하지 않은 경우나 투자성과를 악화시킬 수 있는 정책변경의 개연성이 있는 경우처럼 명백한 위험요소가 발견되지 않는 한 투자위험으로 ESG를 필수적으로 고려하지 않는 것이 수

의 시나리오는", 2021. 8. 6,

46) 최근 블랙록과 노르웨이 국부펀드는 세계 최대 의료용 장갑 제조업체인 톱 글로브(Top Glove)에서 비위생적인 근로환경 탓에 직원의 25%가 코로나에 감염되고 일부 사업장이 한 달 가까이 폐쇄되는 사태가 발생하자 근로자의 안전과 건강리스크를 적절히 관리 · 대비하지 못한 책임을 물어 현 이사들의 재선임에 반대하였다. 코로나 특수로 의료용 장갑의 수요가 늘어나면서 회사의 순이익과 주가가 폭등하였으나 ESG 리스크를 관리하지 못해서 기업의 장기적 수익기반에 심각한 영향을 주었다고 보았기 때문이다.

47) EU집행위원회는 환경적으로 지속가능한 경제활동을 지원하는 금융입법안을 발표하면서 환경목표에 대한 상세기준을 위임법률(Delegated Act)의 형태로 발의하였다. 이에 따르면 기관투자자는 투자, 금융상품 및 거버넌스 측면에서 리스크를 고려하는 것이 의무화된다. 오태현, "EU 지속가능금융 입법안의주요 내용과 전망", 「KIEP 세계경제 포커스」Vol. 4 No. 27, 대외경제정책연구원, 2021. 5, 6-7면.

48) Schanzenbach & Sitkoff, "Reconciling Fiduciary Duty and Social Conscience," p. 427.

49) 신중한 투자자의 원칙에 따르면 어떤 투자방식이 그 자체로 허용 여부가 정해져 있는 것은 아니고 투자목적에 비추어 위험 대비 경제적 가치를 따져서 투자자가 그 적정성을 결정하면 된다고 본다.Schanzenbach & Sitkoff, "Reconciling Fiduciary Duty and Social Conscience," p. 449.

탁자의 신인의무에 위배된다고 보긴 어렵다. 아직까지 ESG 지표의 신뢰성이 검증되지 않았고 현실적으로도 ESG는 투자실적에 명백한 영향을 줄 때 비로소 그 고려대상이 되므로 수익률 개선효과가 불분명하거나 직접적인 관련이 없는 경우까지도 사전에 ESG를 의무적으로 고려하도록 요구할 수는 없다. 마지막으로, 비재무적 지표를 투자결정에 반영하는 과정에서 나타나는 동기판단의 곤란함을 극복하기 위한 기준 마련이 필요하다. 기관투자자가 내세우는 ESG가 수익자의 이익을 해치지 않기 위해서는 그 투자동기를 명확히 구분하는 것이 중요하다. 수탁자가 부수적 목적을 달성하기 위해 ESG의 재무적 성과를 부풀리거나 가장하려는 시도를 제한해야 하기 때문이다.

그런데 ESG의 본질상 재무적 상관관계가 분명하지 않은 경우가 많으므로 투자를 결정한 이유가 과연 수익자의 이익을 앞세우는 데서 비롯한 것인지를 명쾌하게 구별하는 것은 매우 어려운 문제이다. 이때 수탁자가 부담하는 주의의무의 이행을 투자동기의 구체적인 내용을 가늠하는 하나의 지표로 삼을 수 있다. 사전에 ESG 투자를 통해 개입비용을 상쇄할 만한 수익이 발생할 것이라는 점에 대해 개연성을 갖추어 논증하고, 사후적으로 비용대비 이익의 관점에서 주기적으로 판단을 보완하는 절차를 마련하면 ESG 투자의 전 과정에서 투자동기가 적절했는지를 판단하는 것이 상대적으로 용이해진다.

글로벌 금융시장에서 시작된 ESG 열풍은 수출에 의존하는 우리 경제계에 직접적인 영향을 주고 있고 자본시장의 큰 손인 국민연금이 2022년까지 운용기금의 50%를 ESG 투자전략에 따라 투자하겠다고 밝히면서 국내 ESG 투자시장도 일대 전기를 맞을 전망이다. 그러나 최근의 논의에서 연기금이나 기관투자자가 ESG 투자에 나선 결과, 수익성이 떨어졌다면 이를 어떻게 설명할 것인지에 대한 진지한 고민이 있는지는 의문이다. 물론 이해관계자주의의 진정한 의미를 살리기 위해서는 ESG가 단순한 리스크 관리수단이 아니라 비즈니스와 투자의 전 과정에서 수익 기회를 발굴하는 데 활용되는 것이 바람직하다. 하지만 ESG 기준의 정립과 정보의 축적, 그리고 일관된 적용이 없이 ESG 열풍에 과도하게 편승하는 것은 기업과 투자자의 부담만을 가중할 뿐이다.

현재로서는 기존에 별다른 관심을 두지 않았던 경영리스크의 체계적 관리기준을 새롭게 마련하는 계기로 ESG 투자 운용의 묘를 살릴 필요가 있다. 아울러 ESG 투자가 늘어나면서 투자결정 동기가 불분명한 경우에도 ESG의 재무적 가치를 부각하여 투자를 정당화하려는 시도가 많아질 것이다. ESG가 투자실패의 변명거리로 전락하지 않도록 투자자의 충실의무 준수 여부를 판단할 때 투자의 전 과정에서 주의의무와에 대한 합리적인 설명이 있었는지를 점검할 수 있도록 사전에 구체적이고 객관적인 판별기준을 마련해야 한다.

ESG 해외사례

CHAPTER 08

기업의 사회적 책임을 고려하는 ESG 투자가 유럽을 중심으로 전 세계적으로 확대되는 추세인데 그중에서 EU와 미국이 ESG 투자에서도 앞서가고 있다. 2018년 전 세계의 ESG 투자 규모는 30조 달러에 달하며, Bank of America는 향후 20년간 ESG 펀드에 20조 달러의 신규 자금이 유입될 것으로 예측하고 있는데 글로벌 ESG 투자는 2016~2018년간 연평균 15.9%의 성장률을 보여서 2018년 기준으로 유럽과 미국이 전체 운용자산의 85%를 차지하고 있으며 기타지역의 비중이 점차 증가하는 추세에 있다.

ESG에 있어서도 선진국들이 앞서 나가고 있다. 따라서 프랑스, 영국, 미국, 일본, 스웨덴, 독일 등의 선진국의 ESG 경영과 투자를 살펴봄으로써 ESG의 사례를 연구하는 것이 필요하다. 미국과 일본은 자유민주주의 국가이고, 스웨덴 프랑스는 사회민주주의 국가이며 독일과 영국은 중간지대라고 할 수 있다. 따라서 위의 6개국 사례를 연구함으로써 ESG의 세계적인 동향을 알 수 있다.

1. 프랑스

1) ESG 현황

프랑스에서는 최근 ESG 경영이 새로운 경영의 패러다임으로 등장하고 있다. 글로벌 자금 시장에서 기업의 ESG 요소를 중요하게 평가해 투자하는 일명 'ESG 투자'가 본격화되면서 ESG 경영의 필요성도 커지고 있기 때문이다. 투자기관으로부터의 압박이 있다 보니 프랑스에서도 많은 기업들이 ESG 경영을 선언하고 있으며, EU 및 프랑스 정부 차원에서 이를 촉진하기 위해 투명한 정보 공시를 제도화하고 있다.

프랑스 정부는 기업의 ESG 경영을 촉진하기 위해 일련의 입법과정을 통해 ESG 관련 기준을 도입하고 기업의 공시의무를 확대해왔다. 우선, 2010년 그르넬법(loi Grenelle)으로 투자회사는 연간 보고서에 환경 및 사회적 영향, 지배구조의 질에 관한 기준을 투자정책을 어떻게 반영하고 있는지 의무적으로 명시하게 됐다.

2015년 공포된 녹색성장을 위한 에너지 전환법(LTECV)은 프랑스의 대표적인 ESG 관련 입법사례로 꼽히는 법안이다. 기후변화 대응 및 신재생에너지 개발을 통한 고용창출, 에너지 가격경쟁력 유지 및 에너지 비용 감소를 목표로 투자기관의 기업투자 기준을 높이도록 했다. 이에 투자회사 및 각종 공공기관은 투자원칙에 환경, 사회, 지배구조의 질에 관한 기준을 포함시켜야 하고 에너지 및 생태전환에 기여하기 위한 여러 조치를 도입해 연간 보고서에 그 내용을 의무적으로 공시하게 됐다. 또한, 프랑스 정부는 기업활동과 관련된 온실가스 배출에 대한 조치, 지구온난화 제한을 위한 국제적 연대 기여도 등 녹색성장을 위한 에너지 및 생태전환과 관련된 정보를 구체적으로 정의하도록 했다.[1)]

ESG 투자가 한때의 트렌드라는 우려에서 벗어나 지속적으로 성장할 것으로 예상된다. 프랑스 국내 ESG 투자 규모도 지속적으로 확대 중으로, Novethic Market Data에 따르면 프랑스의 ESG 투자의 연간 평균 성장률은 20%이며, 2021년 1분기 5,220억 유로의 투자 규모를 기록했다. 이처럼 ESG는 프랑스를 비롯한 유럽 전반에서 가장 중요한 트렌트로 자리 잡고 있다.[2)]

2017년 3월 프랑스에서는 광범위한 논의 끝에 모기업과 위탁기업의 경계의무에 관한 법률이 공포되었다. 이 법은 앞서 언급한 2021년의 EU가 채택한 '기업실사와 기업의 책임에 관한 지침 초안'에 많은 영향을 준 것으로 보인다. 이 법률은 기업활동에 의해 발생하는 인권과 환경에 관한 부정적 영향에 관하여 다루고 있고, ① 프랑스 내에서 5,000명을 직접 또는 간접적으로 그들의 자회사나 상업적 파트너를 통해 고용하고 있는 주사무소가 프랑스 내에 있는 기업과 ② 프랑스에서 최소 10,000명을 직접 또는 간접적으로 그들의 자회사나 상업적 파트너를 통해 고용하고 있는 주사무소가 외국에 있는 기업에게 적용된다.[3)]

---

1) 코트라, 프랑스 ESG 정책동향 및 기업 대응사례, 2021
2) Ibid.

이 법률의 적용을 받는 기업들은 실사의무 조치를 포함한 "경계 계획"(plan de vigilance)을 수립 · 공개 · 이행하여야 하고, 이 계획에는 인권과 기본적인 자유, 개인의 건강과 안전 및 환경에 관한 기업 활동에 의해 발생하는 위험을 명시해야 한다. 또한 조치의 이행과 효율성을 평가하는 후속조치뿐만 아니라 그러한 위험을 완화하거나 심각한 부정적 영향을 회피하기 위한 조치, 기존 위험 또는 실현에 대한 통지를 가능케 하는 조기 경보 메커니즘을 포함하여야 한다. 이 법률은 ① 의무의 대상이 되는 기업, ② 직접 또는 간접적으로 의무부담자가 지배하는 기업, ③ 해외에서의 활동을 포함하여 의무 부담자와 일정한 사업관계를 유지하는 하청업체 또는 공급자의 활동을 다루기 위한 계획을 요구하며, 그 시행에 관한 보고뿐만 아니라 상사법원(the Commercial Court)의 등록부에 대중이 이용할 수 있는 연례 경영보고서에 포함되어 공시되어야 한다고 규정하고 있다.[4)]

어떠한 개인 또는 단체는 정식으로 적용대상 기업에 대해 그러한 의무 준수를 요구할 수 있으며, 만일 3개월 이후 회사의 대응이 불충분하다고 간주되는 경우, 그 개인 또는 단체는 법원에 이행명령을 신청할 수 있고, 의무를 준수하지 않는 기업들은 일반불법행위법의 조건하에 손해배상책임을 부담하라는 판결을 받을 수도 있다. 이 법률은 기업에 경계 계획을 수립할 의무를 지우지만 그 수단에 대해서는 기업에게 판단의 여지를 두고 있기 때문에 경성법과 연성법의 원칙을 잘 조합한 것이라는 평가를 받는다.[5)]

2021년 3월부터는 EU 차원에서 지속가능금융 공시규제(SFDR)가 시행됐다. EU 역내 금융서비스 기관(은행, 연기금, 자산운용회사 등)은 투자 및 상품과 관련해 지속가능성 정보를 의무적으로 공시해야 한다. 기후 및 기타 환경요인에 부정적 영향을 주는 요소(온실가스 배출량, 탄소발자국, 재생불가 에너지 생산 점유율 등), 사

3) 조인호.(2022). ESG 실천 도구로서의 OECD 다국적기업 가이드라인. 사회법연구, 46, 37-70. p47.

4) Ibid.

5) Ibid.

회·노동자·인권에 부정적 영향을 주는 요소(UN Global Compact 및 OECD 지침 위반 기업에 대한 투자비중, 남녀 임금 격차가 개선되지 않는 기업에 대한 투자비중, 화학무기 및 생화학무기 제조 및 판매 관련 기업에 대한 투자비중 등에 관한 총 18개 지표들이 포함된다.

또한 500명 이상 근무하는 금융회사는 '지속 가능성에 대한 주요 부정적 영향' 관련 의무 공시사항을 2021년 6월까지 웹사이트에 공시해야 하고 연간 보고서에는 판매금융상품이 환경 및 사회적으로 지속가능한 투자기준에 어떻게 충족하는지 양적, 질적 지표를 첨부해야 한다.

2) 민간기업 사례

우선 민간기업의 사례를 살펴보면 호텔체인으로 유명한 Accor그룹은 2016년 'Planet 21－Acting here!' 프로그램을 출범하고, 제로 탄소건물 프로젝트를 시작했다. 파리기후변화총회에서 체결된 내용에 따라 '온도변화 1.5도 미만'을 목표로 설정하고 탄소 및 온실가스 배출 감소를 위한 자구책 등 다양한 사업을 도입하고 있다. 2020년 전체 탄소배출에서 Scope 1 배출 비율을 6%대로 낮추는 데 성공했다. 여기에다가 아동의 성적착취 방지. 에코디자인, 지속가능하고 건강에 좋은 음식이라는 4대 목표를 설정하고 ESG를 추진하고 있다.[6)]

또한, 제3자의 ESG 평가를 도입해 외부 평가전문기업인 Sustainalytic으로부터 ESG 실천현황에 대한 감사를 받고 있다. 2018년에는 1,200억 유로 규모의 ESG 연동대출을 받는 데 성공했다. BNP Paribas, Société Genérale 등 총 15개 은행의 컨소시엄으로부터 지속가능성을 평가하여 갱신이 가능한 조건의 대출을 승인받았다.

---

6) https://all.accor.com/ko/sustainable-development/index.shtml 2022년 7월 7일 검색.

르노(Renault) 자동차 그룹도 ESG 기준에 따른 친환경 기술개발로 주력사업을 신규분야로 전환하고 있다. 르노 그룹은 2018년 3월 환경을 위한 중기전략플랜(2017~2022년)을 발표했다. 전기자동차, 새로운 모빌리티, 순환경제라는 세 가지 키워드를 기반으로 한 친환경적 생산전환계획을 담았으며, 특히 연비개선과 전기로의 주요 동력원 전환, 'Off-Cycle' 기술 개발, 생산 및 단종(EOL)의 네 가지 영역을 발전시켜 해당 영역과 관련된 온실가스 배출량을 약 80%까지 줄이겠다는 계획이었다. 이에 따라 2017년 연간 보고서부터 기업 혁신의 주제로 전기자동차 개발을 대대적으로 소개하기 시작했으며, 2016년까지 주력사업으로 소개됐던 자율주행에 대한 안내는 빠지고 전기 모빌리티, 순환경제, 공유전기 모빌리티라는 키워드가 주요 주제로 등장했다.

2017년에는 2022년까지를 목표로 하는 'Drive the Future' 전략 플랜을 발표, 기술전환 핵심 사업의 키워드로 'Electric', 'Connected','Autonomous', 'Mobility Services'를 제시했다. 이 중 전기차 개발이 가장 먼저 소개될 정도로 기업 내 신사업별 추진 중요도가 바뀌기 시작했다.

르노 그룹은 COP21에서 채택된 협정에 따르기 위해 내연기관 대체기술개발을 통해 온실가스배출 감소 전략을 채택했다. 또한, 2030년까지 자동차 한 대당 온실가스 Scope 1, 2 범위 배출을 2012년 대비 60%까지 감소하겠다고 발표했다. 기술자문그룹을 운영하고 최신 기후과학을 반영한 방법론을 활용하고 있다고 밝혔다.7)

또한 기존의 공장을 새로운 지속가능형 공장으로 만드는 리팩토리(Refactory) 운동을 통하여 프랑스 플랑 공장이 기존 방식에서 벗어나 완전히 새로운 경제적, 사회적, 환경적 가치 창출을 해나갈 수 있도록 시스템을 구현하고 있다.8)

7) https://news.kotra.or.kr/user/globalAllBbs/kotranews/album/2/globalBbsDataAllView.do?dataIdx=188438.

8) http://www.efnews.co.kr/news/articleView.html?idxno=93176 2022년 7월 7일 검색.

3) Bpifrance

금융부분의 대표적인 투자 공기업이 프랑스 공공투자은행(Bpifrance)인데 이 은행의 ESG 투자 규모는 35억 유로 추정된다.[9] Bpifrance는 프랑스 정부와 예금수탁금고(Caisse de dépôt)가 각각 50%의 지분으로 설립한 프랑스 유일의 공공투자은행이다. 기업신용대출 및 보증, 펀드 운용 등 투자업무를 수행하며 특히 우수 중소기업, 혁신기술 보유기업, 특허기술 등을 가진 기업을 주로 투자, 지원한다. 2017년부터는 프랑스 수출 신용대출기관의 역할도 하고 있다. 현재 프랑스 정부의 코로나19 경제재건정책인 France Relance의 금융지원을 담당하고 있는데 친환경, 경쟁력, 사회통합이라는 세 개의 테마 아래 4,700억 유로 규모의 중단기 프로젝트를 지원한다.[10]

Bpifrance는 설립 초창기부터 ESG를 기관의 중요한 관심사로 설정했고 자체평가 시스템을 통해 투자대상 기업의 ESG 요소를 종합적으로 평가해왔다. 1등급에서 4등급으로 구별해 매년 투자대상 기업을 상대로 평가를 진행하고 있는데 2019년을 기준으로 할 때 255개 기업이 ESG 평가서를 제출하였다. 특히 기업의 사회적 책임을 우선적으로 고려해 평가하고 있다. 그 사회적 책임의 구체적인 내용은 '일자리 개발 및 청년고용, 직장 내 성평등 및 여성기업가 장려, 지배구조 및 경영의 질과 여성의 참여비율, 친환경 에너지 전환 및 천연자원의 최적화된 사용' 등이다.

Bpifrance의 ESG 관련 평가 항목은 다음과 같다. 지배구조, 인적자원, 환경, 이해관계자, 투명성 및 균형, 예측가능성, 고용관리 경쟁력, 다양성과 기회의 평등, 노동환경, 사회적 대화, 환경 관련 정책 및 운영 시스템, 에너지 소비 및 온실가스 배출, 생산요소, 폐기물, 기타 환경영향요소 숙지, 생산자와 지속적이고 윤리적인 관계 유지, 고객 만족도, 기타 외부 이해관계자와의 관계이다.[11]

---

9) 이 은행의 총자산은 450억 유로이다. 따라서 약 8% 정도를 ESG 투자에 할당하고 있다.

10) https://news.kotra.or.kr/user/globalAllBbs/kotranews/album/2/globalBbsDataAllView.do?dataIdx=188438)

11) Bpifrance 2019년 책임투자보고서

구체적인 운영사례로는 프랑스 디지털국가위원회가 마련한 SISTA 프로그램이 있다. Bpifrance를 비롯한 50여 개의 펀드가 참여한 프로그램으로, 2025년까지 여성이 창업 또는 공동 창업한 스타트업의 25%, 2030년까지 30%, 2050년까지 50%를 지원하는 것을 목표로 한다.

Bpifrance는 혁신기업 금융지원 시 에너지 자원소비현황, 온실가스 배출 정도, 천연자원 활용 및 기업경영에 친환경 콘셉트 반영 정도 등을 복합적으로 고려한다고 밝혔다. 또한, '녹색성장을 위한 에너지 전환'과 관련해 지원을 강화하고 있으며, 2019년 기준 29개 기업에 2년짜리 산학협력 프로그램을 지원한 바 있다. 저탄소 전환을 위해서는 투자대상기업 중 관련 기업에 저탄소 전환에 대한 평가서 제출을 요구하고 있다. 2020년 이사회는 12회 열렸다. 이사회의 논의 내용을 공시하고 있다. 이사회 구성원중 정부에서 파견하는 이사회 멤버가 존재한다.

4) FRR(Fonds de réserve pour les retraites)

또 다른 사례는 프랑스 연금준비기금(FRR)이다. 이 기금의 ESG 투자규모는 57억 유로이다.[12] 1999년 출범한 프랑스 연금준비기금(Fonds de Réserve pour les Retraites)은 유럽에서 가장 적극적으로 ESG 투자를 지향하는 기관으로 평가받고 있다. UN의 책임투자원칙 PRI(Principles for Responsible Investment) 설립멤버이고 S&P, Mooody's 등과 'Statement on ESG in credit ratings'에 서명했다. 저탄소 인덱스펀드를 설립했고 4년 단위로 책임투자(Responsible Investment) 전략을 발표하고 있다. 2015년 파리기후협약 발표 이후 '환경 친화적 프랑스 공공투자기관 헌장(2019)' 서명에 동참했다.[13]

FRR이 발표한 2019~2023년 책임투자전략은 다음과 같다. 책임경영을 구현하고,

---

12) 총자산은 337억 유로로 ESG 투자비율은 16%이다.
13) 프랑스 ESG 정책동향 및 기업 대응사례, 2021.

에너지 전환을 가속화시키는 투자전략을 사용하며, '녹색성장을 위한 에너지 전환'에 관한 법률 173조와 EU, TCFD, HLEG[14]의 권고사항을 이행하고, 글로벌 스튜어드쉽 코드를 도입하며, UN 지속가능개발 협약을 반영한다, 비재무적 성과에 대한 평가를 시행하고, 비재무적 리스크예산을 정의하여 위험관리에 사용하며, 생태발자국을 최소화하고, '녹색' 활동을 금융으로 지원하며, 모든 자산의 책임경영 등 모든 투자 과정에 ESG 목표를 반영하는 것이다. 또 '임팩트투자'를 연구하고 기업을 지원하며, 임팩트투자의 지표 및 척도를 정의하여 실제 투자에 적용하며 비재무적 지표에 대한 연구 제공자들과 함께 소통, 개발하고 전수, 협력한다.[15]

최근의 구체적인 적용사례를 살펴보면, 2019년 녹색성장을 위한 에너지 전환 관련 투자를 위해 3억4000만 유로 규모의 새로운 펀드가 6개가 개시됐다. 재생에너지, 바이오 가스, 수소전기, 하수처리, 스마트시티와 전기 모빌리티 등 다양한 섹터를 포괄하고 있다.

FRR은 2019년 무기, 대인지뢰, 담배, 화학무기, 생화학무기 생산 및 유통에 직접 및 간접적으로 관여하는 46개 기업에 대한 투자 배제 리스트를 작성 · 발표했는데 국내 5개 기업이 이 리스트에 포함됐다. ESG 중 S(Social) 요소와 관련해서는 UN의 'Women's Empowerment principles'에 서명하였고, 투자대상 기업 및 투자회사 내부의 양성평등문화를 적극 장려하고 있다. 또한 G(Govenrance) 요소와 관련해서는 투자대상기업의 주주로서 주주들에게 투명한 정보공개를 요구하고 주주권리 행사 시 ESG 요소를 고려하고 있다. 특히. 선진국 기업으로 투자 포트폴리오 구성할 때는 지배구조요소를 필수로 반영하고 있다.

2019년 11월, FRR은 Net-Zero Asset Owner Alliance에 서명했다. 이 동맹의 목표는 회원들의 투자 포트폴리오를 파리 협정에 부합하는 온실가스(GHG) 순배출로, 즉 넷제로로 전환하는 것이다.

---

14) High-Level Expert Group on sustainable finance (HLEG)
15) FRR 2020년 연간보고서

33개의 이 연합의 회원 기업은 이전 기온보다 섭씨 1.5도 상승하는 것으로 최고 기온으로 하기 위해 2050년까지 투자 포트폴리오의 순 배출량을 0으로 줄이기로 협약을 하였다. 회원기업들은 또한 5년마다 정기적으로 진행 상황을 보고하고 중간 목표를 설정하기로 하였다.

회원이 신탁 의무를 이행하고 위험을 관리하며 성과 목표를 달성할 수 있도록 하기 위해, 이 협정은 기후변화뿐만 아니라 ESG 전체를 고려하는 접근법을 채택하여야 한다고 생각한다.

2017년에 시작된 Climate Action 100+는 기후변화에 대한 가장 큰 모임이 되고 있는 이니셔티브이다. 그것은 현재 총 545명의 투자자를 유치하여 총 52조 달러를 관리하고 있는데 이 이니셔티브가 FRR이 회원인 Net-Zero Asset Owner Alliance의 기후변화 대응 활동의 중심에 있는 기구이다. 실제로 Climate Action 100+는 파리 협정의 목표 달성에 중요한 산업 배출량의 80%를 차지하는 세계 최대 온실가스 배출국 168국 이상을 동원하기 위하여 투자자들에 의해 주도된 이니셔티브이다. 기후와 관련된 재정 문제를 해결하고 기후 위험에 대한 거버넌스를 개선하는 것을 목표로 한다. 따라서 Net-Zero Asset Owner Alliance는 부분적으로 참여 목표를 달성하기 위해 이 이니셔티브에 의존하고 있다. 이러한 기업들과 대화함으로써 Climate Action 100+에 서명한 투자자들은 기업들이 제로 배출로 전환하게 하는 촉매제이다. 2020년에 이니셔티브는 기업을 공개적으로 비교하는 데 사용될 Climate Action 100+ Net-Zero Company Benchmark를 개발하였다.[16)]

또한 유엔 지속가능목표를 달성하기 위해 FRR은 노력하고 있는데 FRR의 이사회는 감독이사회와 집행이사회로 구성되어 있다. 감독이사회에는 국가를 대표하는 이사와 종업원을 대표하는 이사, 노동조합 등 사회단체를 대표하는 이사가 포함되어 있으며. 또한 경제 · 재정 · 산업 담당 장관과 재무부장관이 임명한 이사도 있다.

16) Ibid.

2. 독일

1) ESG 추진동향

국제신용평가사 무디스에 의해 ESG 평가 1등급을 획득한 독일은 1990년 대비 온실가스 40% 감축을 목표로 했던 2020년 목표를 초과 달성했으며, 2030년까지는 1990년 대비 55% 감축을 목표로 하는 기후보호 프로그램 2030에 서명하고 2050년까지 탄소중립을 목표로 강력한 정책을 펼치고 있다.[17)]

이와 같은 목표를 달성하기 위해서는 지속가능한 사업의 투자와 환경친화적인 기업의 발달을 장려하는 금융분야의 선도적인 역할이 중요하기 때문에, 독일 연방금융감독청(Bundesanstalt für Finanzdienstleistungaufsicht : Bafin)은 2019년 ESG 관련 위험 요소들을 어떻게 관리할 것인가에 대한 가이드라인을 발표했다. 이 보고서는 기업구조, 위기관리, 시나리오 경영, 아웃소싱 등을 포함해 기관의 전략적인 ESG 평가방식을 제시한다. 금융기관의 ESG 고려는 선택이 아닌 필수가 될 것이라고 주장하고 있다. 실제로 EU의 지속가능성 정보공시 규정이 입법됨으로써 독일의 모든 금융기관은 지속가능성 정보를 공개해야 한다.

지속가능성 위험요소 대처에 관한 가이드라인(Merkblatt zum Umgang mit Nachhaltigkeitsrisiken)의 내용은 다음과 같다. 기업전략 및 거버넌스(Business Strategy and Governance)의 경우 ESG에 반하는 정책들을 재검토하고, 새로운 정책 수립 혹은 ESG 요소들을 고려해 기존 정책을 수정한다. 조직 내 의사결정 과정에서의 ESG 관련 요소를 명시해야 하며, 이 요소들이 잠재적으로 미칠 수 있는 영향을 고려한다. ESG 관련 위험성을 위기대응전략 및 프레임워크 구상, 정책수립 보고 등 위기관리프로세스 전반에 포함시켜야 한다. ESG 관련 위험성을 고려한 시나리오를

---

17) 독일 탄소 중립 정책 관련 자세한 내용은 코트라 해외시장뉴스 2020년 독일의 탄소중립 성적표는? 에서 확인 가능하다. : https://news.kotra.or.kr/user/globalBbs/kotranews/782/globalBbsDataView.do?setIdx=243&dataIdx=187007

구성하여 기관의 대처능력을 평가하고 개선한다. 아웃소싱 가이드라인, 협약관리 등 과정 전반에 ESG에 반하는 요소가 없는지 검토한다.

ESG 관련 요소가 신용에 영향을 미치는 경우에는 신용등급평가에 포함하며, 그렇지 않다면 ESG 평가만을 실시한다. TCFD(Task Force on Climate-related Financial Disclosures) 권고안을 기반으로 공시하고 평가하지만, 세부사항은 아직 규정되지 않고 있다.

독일의 대표적 기업들은 2000년대 초반, 혹은 그 이전부터 지속가능성과 관련된 보고서를 자발적으로 발간했다. 글로벌 1위 화학기업 바스프(BASF SE)는 1973년부터 사회보고서, 1989년부터 환경보고서를 발간하였고 2003년부터는 두 요소를 통합한 기업보고서를 발간하기 시작했다. 세계 최대 보험금융사 중 하나인 알리안츠(Allianz SE)는 2003년도부터 지속가능성 보고서(Sustainability Report)를 발간하기 시작했다. 2016년 최고의 지속가능성 보고서상을 받은 BMW는 2001년부터 환경 관련 요소들을 보고하기 시작했으며, 2020년부터는 지속가능성 보고서를 재정보고서와 합쳐 통합보고서를 발간하기 시작했다.

독일 대기업들은 ESG를 기업 경영 전반에 내세우고, 매년 보고서를 발간하여 관련 정보를 투명하게 공개한다. 또한 장기적인 목표를 세워 세부전략을 구성하고, 달성하지 못할 시에는 문제점과 해결책을 강구하여 다음에 주어지는 목표는 달성할 수 있도록 한다.[18)]

2) 민간기업 사례

1890년 베를린에서 창립되어 현재 뮌헨에 본사를 두고 있는 알리안츠(Allianz SE)는 생명보험, 재산보험, 자산관리 서비스를 제공하며 독일, 미국, 프랑스, 이탈리아를 주력시장으로 삼고 있다. 2002년도 지속가능성 관련 웹페이지 개설 후 지속적

18) 독일 연방금융감독청 연차보고서.

으로 매년 지속가능보고서를 발간하고 있고 2012년에는 ESG 요소를 사업 전반에 통합하려는 시도의 일환으로 ESG 이사회를 구성하였고 2018년에는 자체적인 ESG 가이드라인을 수립했다.

알리안츠는 이사회, 실무진, 그리고 글로벌/로컬 단체들을 아우르는 전략적 ESG 프레임워크를 담당하는 기업책임관리팀(Corporate Responsibility Management Team)을 구성해서 기업 전반에 효율적으로 ESG 정책을 시행할 수 있도록 했다. 70개국이 넘는 국가에서 약 15만 명의 직원을 두고 있는 대기업으로 각 지사와 부서에 보다 더 깊숙이 ESG 요소를 적용할 수 있도록 담당부서를 구성한 것이다.[19)]

기업책임(Corporate Reponsibility)의 일환으로 알리안츠는 3가지 핵심 영역을 제시했는데, 각 영역은 ESG의 각 요소에 대응되고 있다. 핵심 영역은 환경(E): 기후변화와 탄소제거(Climate Change and Decarbonization), 사회(S): 사회적 포용(Social Inclusion), 지배구조(G): ESG 경영 통합(ESG Business Integration)이 바로 그것이다.

2017년부터는 매년 세금 투명성 보고서(Tax Transparency Report) 발간, 매출과 수입세금 등을 공개하고 있다, Allianz Global Corporate & Specialty(AGCS)가 사이버 보안을 담당하며, 사이버 범죄와 위협으로부터 보호, 즉 사이버 사고로 인한 당사자의 손해뿐만 아니라 고객 등 제3자의 피해까지 포함하고 있다.

또한 기업시민 프로그램(Corporate Citizenship Program)을 통해 아이들과 청년들의 교육을 지원하고 있으며, 2019년 그 수는 약 29만 명에 도달하였다. 2016년 미래 세대 격려 프로그램(Allianz's Encouraging Future Program)을 설립, 아이 및 청소년 육성 사업가를 지원하는 액셀러레이션 프로그램, 로컬 프로젝트를 지원하는 사회 혁신 펀드 프로그램(Allianz Social Innovation Fund)을 진행 중이다. 국제 봉사단체인 SOS Children's Village International과 협력하여 기후변화에 따른 응급상황 대처법과 직업교육을 제공하는 프로그램도 진행 중이며, 2019년에는 본 프로그램을 위

19) Allianz 연차보고서 2021

한 러닝 기부 행사를 개최하였다. 전체 직원 중 절반이 여성이며, 핵심 사업의 매니저 직군의 38%, 그리고 이사진의 31%가 여성이다.[20)]

알리안츠 개인정보 표준(Allianz Privacy Standard)은 개인정보를 어떤 방식으로 수집하고 처리하는가에 대한 원칙이며, 직원이 지켜야 할 6가지 수칙을 지칭하고 있다. 알리안츠는 기후변화 완화와 지구온난화 해결이 가장 큰 우선순위라고 생각하고 있고, 2015년 파리 기후협정을 이행하고 2019년 UN이 결성한 탄소제로를 위한 투자자연합에 가입하는 등 기후변화 문제에 대한 다양한 대응책을 보이고 있다. 향후 5년간 탄소배출량을 29%까지 감축하고 2050년까지 온실가스 순 배출 제로를 약속으로 내세웠다. 보험 및 투자사업 진행 시 파트너 기업이 지속가능성 관련 기준에 부합하는지 확인하고, 2040년까지는 투자 및 보험포트폴리오에서 석탄, 탄광 관련 사업을 제외할 것이라는 'Allianz Coal Phase-Out Plan'을 발표했다.

2017년 시작된 Allianz Climate Research Award를 통해 총 1만 7,000유로의 상금을 기후변화 관련 연구자들에게 지원하였다. 알리안츠 환경경영시스템(EMS: Environmental Management System)은 본사에서 사용하는 에너지, 배출하는 온실가스 등을 측정하고 투명하게 공개했다. 2018년 과학기반 목표 이니셔티브(Science-Based Targets Initiative)에 참여, 장기적인 기후위기 대책 수립하고 기업의 기후행동을 강화하고자 한다.

2023년까지 회사에서 사용되는 모든 에너지를 재생에너지로 전환할 것임을 밝혔고, 2019년의 경우 회사 전기사용량의 49%가 그린 에너지로 생산하고 있다. 2010년 대비 에너지 사용량 30% 감축을 목표로 내세웠는데, 2019년 37%를 감소하여 목표를 초과 달성하였다. 온실가스 배출량은 또한 데이터센터 통합, 출장 횟수 감소 등으로 인해 2010년도에 비해 35% 줄었으며 종이 사용량은 2014년에 비해 53% 감소하였다, 이처럼 Allianz는 ESG 경영과 투자에 있어서 모범을 보이고 있다.

---

20) Ibid.

1865년 만하임에서 창립되어 현재 독일 남서부 라인강의 루드비히스하펜에 위치한 바스프는 플라스틱, 농화학, 석유화학 등 다양한 제품과 솔루션을 제공하는 글로벌 화학기업이다. 한국에도 서울에 본사를, 군산, 울산, 여수 등에 생산 공장을, 안산, 동탄, 수원 등지에는 기술 연구소를 두고 있을 정도로 세계적인 기업이다.

바스프는 회사의 목적을 '지속가능한 미래를 위해 화학으로 더 좋은 인연을 만든다'라고 명시하고 있다. 이사회는 기업의 책임을 강조하면서도, 산업체계가 지속가능성을 향해 탈바꿈하기 위해서는 정책구조의 전반적인 변화가 필요하다고 주장하면서 6가지의 전략적 활동영역에 지속가능성을 내세웠다. 또한 기업지속가능성이사회(Corporate Sustainability Board)를 구성하고 기업의 세부 목표를 유엔의 지속가능발전목표(UN-SDGs)와 연계 설정하여 경영 전반에 ESG 관련 요소를 고려해 노력하고 있다.[21)]

바스프는 독일 기업 거버넌스 강령(German Corporate Governance Code)를 준수하고 있다. 기업 거버넌스는 집행이사회 6명과 감독위원회 12명으로 이루어져 있는데, 감독위원회는 주주와 근로자의 비율이 동일하다. 감독위원회는 재정 및 비재정보고서를 발간하여 기업의 재정상태 및 지속가능성 관련 요소를 투명하게 공개하고 있다.[22)]

바스프는 본사 제품을 지속가능성과 관련하여 4가지 카테고리로 나누는데, 지속가능성에 상당한 기여를 하는 제품은 Accelerator, 기본적 요건을 충족하는 제품은 Performer, 경우에 따라 문제가 생길 수 있는 제품은 Transitioner, 그리고 심각한 문제가 있는 제품은 Challenged라고 칭한다. 2020년 매출의 경우 Accelerator 30.9%(167억 유로), Performer 56.4%(305억 유로), Transitioner 12.6%(67억 유로), Challenged는 0.1%(7,200만 유로) 차지했다.

---

21) 2021년 바스프 연차보고서, 163.
22) Ibid.

2030년까지 탄소 중립 목표를 내세우고 있다. 2025년까지 Accelerator 제품 판매액 220억 유로 달성 목표 및 Challenged 제품 연구 및 대체재를 발굴하고 있다. 폐플라스틱 재활용하는 ChemCycling™ 프로젝트를 통해 자원순환을 추진하고, 이는 노르웨이 관련 스타트업 Quantafuel AS에 2000만 유로 투자하는 것을 포함하고 있다.

전 세계 80여 개 기업 및 단체와 연계해 폐플라스틱 감소목적의 Alliance to End Plastic Waste(AEPW) 프로젝트 시행에 15억 달러 예산 배정하고 있다. 전년 대비 온실가스배출량 0.75% 감소, 1990년 대비 약 50%를 감소시켰다. 재생가능한 에너지 사용하는 생산공장은 23곳으로, 2024년 완공될 재생에너지로만 운영될 공장을 포함하여 재생가능한 에너지 사용비율을 늘려나갈 예정이다. 2019년 환경보호 관련 운영비용은 10억 유로, 투자비용은 3억 3천 유로, 복원사업비용은 5억 5,000만 유로이다.

바스프는 UN 기업과 인권 이행 원칙(U.N. Guiding Principles on Business and Human Rights)에 부합하는 행동강령을 가지고 있다. 2030년까지 관리직 여성 비율을 30%로 목표로 하고 있으며 근로자 교육, 사건사고 분석 및 대책방안을 통해 2025년까지 200만 근무시간당 사고횟수 1번 이하를 목표로 삼고 있다.[23)]

1916년 창립되어 뮌헨에 본사를 두고 있는 BMW는 자동차, 모터사이클, 엔진 등을 제조하는 회사이며, 2020년 980억 유로의 매출을 달성했다. 2004년부터 Global Reporting Initiative(GRI) 기준을 적용하여 지속가능성 관련 요소들을 보고해 왔으며, 2001년부터 2년에 1번씩 발간하던 지속가능성 보고서를 2012년부터는 매년 발간하기 시작했다. 더불어 올해 2020년 프리미엄 제조업체로서는 처음으로 재정보고서와 지속가능성 보고서를 합친, 국제통합공시위원회(International Integrated Reporting Council)에 기초한 통합보고서를 발간했으며, 2020년 다우존스 지속가능경영지수 동종업계 내 선두주자를 차지했다.[24)]

---

23) 코트라, 독일 ESG 최신 동향, 2021.
24) BMW 그룹 리포트 2020

2020년 유럽의 새로운 차량 모델의 탄소배출량은 1995년에 비해 절반으로 감소했다. 2022년 독일 내 모든 공장에서 전기차 생산이 가능할 예정이다. 2025년까지 전체 판매량 중 25% 이상을 전기차에 할당하고 있다. 2030년까지 2019년과 비교하여 생산공정에서는 80%, 사용단계에서는 40% 이상, 공급망 내에서는 최소 20%의 탄소배출량 감축이 목표이다. 그리고 2050년까지 탄소중립기업이 목표이다.

BMW는 2025년까지 여성 이사진 비율 20% 이상 달성 목표를 가지고 있다. 시니어 전문가 프로그램(Senior Expert Program)을 통해 은퇴한 직원이 젊은 직원들에게 노하우 공유하고 있고 반대로 역멘토링 프로그램(Reverse Mentoring Program) 통해 젊은 세대들이 나이 더 많은 직원들에게 새로운 지식을 전수하고 있다.

BMW는 독일 기업 거버넌스 강령(German Corporate Governance Code)을 준수하고 있다. 독일 주식법(German Stock Corporation Act, AktG)에 따른 이사진 급여제도를 가지고 있으며, 경영이사진과 감독위원회 보수 및 지분 포함 관련 정보를 투명하게 보고서에 공개하고 있다. EU 투명성 등록부 행동강령(Transparency Register Code of Conduct)협약에도 가입하고 있다.[25)]

3. 미국

1) ESG 동향[26)]

바이든 대통령은 선거공약으로 ESG 경영에 방점을 둘 수 있는 정책을 내세웠다. 인권 강화, 기후변화 적극 대응과 청정에너지 확대, 지역사회 발전, 다양성 확대와 평등 실현, 기업투명성과 기업 책임의 확대 등을 강조하며 집권하였다. 그가 내세운 공약과 이에 근거하여 현재 펼치는 국가적 정책들은 미국 내 ESG 확산에 크게 기여

25) 코트라, 독일 ESG 최신 동향, 2021.

26) 이 부분은 대외경제연구원, 글로벌 ESG 동향 및 국가의 전략적 역할을 참조하였다.

하는 것으로 평가되며, 집권과 동시에 환경과 사회를 아우르는 매우 공격적인 ESG 정책을 펼치고 있다.

바이든 대통령의 기후변화 및 에너지 관련 주요 공약은 파리협정 재가입, 2050년 탄소중립(넷제로) 목표 달성, 화석연료 보조금 폐지, 2조 달러의 기후변화 대응 인프라 투자 확대 등이며, 공약을 실현하기 위해서 바이든 행정부는 적극적인 기후변화 대응 행정명령을 취임 초부터 발동하였다. 2021년 1월 20일 '공중보건 및 환경 보호, 기후변화 대응을 위한 과학복원' 행정명령(EO13990)[27]을 발표하여 Keystone XL 파이프라인[28] 사업허가취소, 북극 보호지역의 석유 시추 중단, 그리고 온실가스 배출에 따른 사회적 비용을 계산하도록 하였다.

2021년 1월 27일에는 '국내외 기후위기 대응을 위한 행정명령(EO 14008)을 발표하였는데 그 내용은 다음과 같다. 첫째, 기후변화 대응을 국가안보와 외교정책의 핵심 요소로 다루어 기후변화 대응 및 국제협력 관련 전권을 행사할 수 있는 기후특사직을 신설하였으며, 국가정보국장(Director of National Intelligence)에게 기후변화가 국가안보와 경제에 미치는 영향을 120일 내에 보고서로 제출하도록 하였다. 둘째, 기후변화 대응을 위한 연방정부 차원의 정책을 총괄하기 위해서 백악관 내에 국내기후정책실(Office of Domestic Climate Policy)을 설치하였다.[29] 셋째, 정부조달 측면에서 연방정부기관들이 저탄소 전력과 전기자동차를 우선 구매하도록 하여 청정에너지 산업 활성화를 촉진하도록 하였다. 넷째, 전향적인 국가온실가스 감축목표(NDC: Nationally Determined Contribution)의 개발과 감축전략을 담은 기후재정계획을 수립하도록 하였다.[30] 다섯째, 화석연료 보조금 폐지, 공유지에서 화석연료

---

27) White House(2021. 1. 20), "Executive Order on Protecting Public Health and the Environment and Restoring Science to Tackle the Climate Crisis," 온라인 자료(검색일: 2021. 8. 2).

28) 텍사스에서 캐나다 앨버타주까지 이어지는 1,800km의 송유관 건설 사업.

29) White House(2021. 1. 27), "Executive Order on Tackling the Climate Crisis at Home and Abroad," 온라인 자료(검색일: 2021. 8. 2).

30) White House(2021. 4.23), "FACT SHEET: President Biden's Leaders Summit on Climate," 온라인 자료(검색일 : 2021. 8. 6).

신규 채굴을 금지하고 현재 진행 중인 임대와 허가에 대한 재평가를 실시하도록 하였다.

2021년 5월 20일에는 '기후 관련 금융위험'의 행정명령(EO 14030)[31]이 발표되어 기후변화가 초래할 재무적 위험을 측정 · 평가하며 이를 공개하고 완화할 수 있는 전략을 수립하도록 하였다. 이 행정명령은 크게 다섯 가지 내용[32]을 담고 있는데, 첫째는 국가기후보좌관(National Climate Advisor)과 국가경제위원회(National Economic Council) 위원장으로 하여금 기후변화가 연방정부 프로그램과 정부 자산/부채에 초래할 재무적 위험을 파악하여 정보를 공개하며, 위험을 완화할 수 있는 범정부 차원의 전략을 향후 120일 내에 개발하도록 한 것이다. 이 전략에는 2050년 탄소중립 목표 달성과 관련된 자금조달 필요성 및 규모, 공공 및 민간 투자가 이러한 재정 수요를 충족하기 위해 수행하여야 할 역할 등을 담도록 하였다.

둘째, 금융규제 기관의 역할을 강조하여 기후변화 관련 금융위험을 평가하도록 권고하였다. 2021년 4월 22일에 개최된 기후정상회의에서 미국은 2030년까지 2005년 온실가스 배출량 대비 50~52%를 감축하겠다는 국가 온실가스 감축 목표(NDC)를 발표하였으며, 기후정상회담 직후 백악관은 NDC 달성을 위한 연방정부 차원의 범정부적 대응방안을 발표하였다.

회의의 의장을 맡고 있는 재무장관이 연준(FRB)[33]과 증권거래위원회(SEC) 등과 협력하여 기후위험이 연방정부와 금융시스템의 안정성에 미치는 영향을 평가하도록

---

31) White House(2021. 5. 20), "Executive Order on Climate-Related Financial Risk," 온라인자료(검색일: 2021. 8. 6).

32) The National Law Review(2021. 6. 30), "President Biden Issues Federal Direction on Disclosure of Climate-Related Financial Risk," 온라인 자료(검색일: 2021. 8. 23).

33) 2021년 3월 23일, 연준(FRB)의 Lael Brainard 이사는 연준이 금융안정기후위원회(FSCC: Financial Stability Climate Committee)를 설치할 것이라고 발표하였다. 이 기구는 기후변화가 금융시스템에 미칠 거시건전성 위험을 다루고, 그 대응책을 마련하는 업무를 수행하게 된다. 이미 동년 1월에는 기후감독위원회(SCC: Supervision Climate Committee)를 신설하여 기후변화로 인한 금융위험을 식별하고 평가하며, 이러한 위험에 대한 감독 대상 금융 기관의 회복력을 강화하는 프로그램 개발 업무를 수행하도록 하였다. Brown(2021), "US Federal Reserve Announces New Climate Committee and Provides More Guidance on Its Approach to Addressing Climate Change Risks," 온라인 자료(검색일 : 2021. 8. 23).

권고하였다. 또한 기후 관련 금융위험이 금융시스템에 미치는 영향을 완화하기 위한 권고사항을 정리하여 FSOC 회원기관 공동으로 보고서를 작성해 180일 이내에 제출하도록 하였다. 이 보고서에는 기후 관련 금융위험을 규제 · 감독하는 기관별 정책과 프로그램을 통합하고자 하는 FSOC 회원기관의 노력과 권장조치, 기후변화 관련 공시 강화를 위한 조치의 필요성, 그리고 그 시행계획에 대한 논의가 포함되도록 하였다.

셋째, 저축과 퇴직연금을 기후변화 관련 금융위험으로부터 보호하기 위해 취할 조치 내역을 보고하도록 하고, 연방퇴직저축투자위원회(FRTIB: Federal Retirement Thrift Investment Board)가 연기금 운영 시 ESG 요소를 포함한 비재무적 위험을 어떻게 고려하는지를 평가하도록 하였다. 또한 투자회사들의 퇴직연금 관련 투자결정 시 기후 관련 위험을 포함한 ESG 요소들의 고려를 금지할 수 있게 한 트럼프 행정부 시절의 규정에 대해 이를 취소 또는 개정할 것을 검토하도록 노동부장관에게 지시하였다.

넷째, 기후변화와 관련된 금융위험 정보를 연방정부 대출 프로그램, 정부조달, 정부계약과 통합하는 방법을 강구하도록 하였다. 주요 연방기관에 공급하는 업체의 탄소배출량과 기후 관련 금융위험을 공개하도록 하고 온실가스 배출의 '사회적 비용'이 낮은 공급업체에 특혜를 부여할 수 있도록 연방조달 규정의 변경을 검토할 것도 지시하였다. 또한 연방기관은 기후 관련 금융위험을 조달프로세스에 통합해야 하며, 조달 과정에서 발생 가능한 기후 관련 위험을 완화할 방법도 강구하도록 하였다.

다섯째, 연방정부 예산 계획 수립에 기후 관련 위험을 반영하도록 하여 미국 관리예산실(OMB: Office of Management and Budget)이 예산의 편성과 집행/감독 등을 통해 기후 관련 금융위험을 줄이는 노력을 할 수 있도록 하였다. 특히 기후 관련 금융위험 노출에 대한 평가 방법을 개발해 매년 발표하도록 하였다.

바이든 행정부는 에너지 및 환경 규제를 강화하고 청정에너지 전환을 가속화하기 위해서 트럼프 행정부가 수행했던 관련된 조치들을 모두 검토하여 Keystone XL

파이프라인 사업허가 취소, 공유지 내 석유/가스 시추 신규허가 중단, 연방정부 화석연료 직접 보조금 중단 등의 조치를 취하였다. 이와 함께 연방정부 자원을 활용한 청정에너지 개발과 생산 확대를 촉진하기 위해 '청정에너지 산업부흥 종합계획'을 범정부 차원에서 수립하도록 하였다. 2021년 8월 10일 발표된 행정명령(EO 14037)[34]에서는 2030년까지 승용차와 소형트럭 신차의 50%를 전기차 등의 친환경차로 생산하는 목표를 발표하였으며, 이와 관련된 인프라 확충 등의 친환경차 보급 지원정책의 수립과 신차 연비, 온실가스 배출, 질소산화물 규제 정비도 동시에 진행할 것임을 밝혔다.

EU의 탄소국경세 도입과 궤를 같이하여 2021년 3월 미국도 무역대표부(USTR)의 통상 의제 보고서[35]를 통해 탄소국경세(Carbon Border Adjustments) 도입을 검토하고 있다. 환경의무 미이행 국가에 대한 동맹국들의 대응에 미국도 참여할 계획이 있음을 밝혔다.

바이든 행정부는 환경문제 못지않게 ESG 요소 중 사회적 가치(S)를 중요한 정책과제로 인식하고 사회의 다양성, 형평성, 포용성 및 접근성에 대한 연방정부의 책임을 강조하고 있다. 취임 초부터 인종 형평성 향상, 노조와 노동권 강화, 최저임금 인상, 성별을 이유로 한 임금 차별 금지, 작업장 안전 확보를 위한 산업안전 보건 강화, 취약계층에 대한 디지털 교육격차 해소 등과 관련된 행정 및 입법조치를 적극적으로 수행하며 사회적 갈등과 소득 양극화를 해소하고 국민들의 사회 · 경제적 지위 향상을 꾀하고 있다.

2021년 1월 20일에 발표된 「인종 형평성(racial equity)에 대한 행정명령(EO 13985)」[36]은 인종 형평성 확보와 증진을 위한 연방정부 정책을 제도화하여 인종차

---

34) White House(2021. 8. 10), "Executive Order on Strengthening American Leadership in Clean Cars and Trucks," 온라인 자료(검색일: 2021. 9. 6).

35) USTR(2021. 3. 1), "2021 Trade Policy Agenda and 2020 Annual Report."

36) White House(2021. 1. 20), "Executive Order On Advancing Racial Equity and Support for Underserved Communities Through the Federal Government," 온라인 자료(검색일: 2021.

별 문제를 원천적으로 방지할 수 있도록 하였다. 각 연방정부기관의 프로그램과 정책 수혜와 기회에서 구조적인 인종차별적 요인이 있는지 조사하고, 관리예산실(OMB)은 연방자금이 필요한 지역에 인종과 관계없이 공평하게 분배되는지를 분석하도록 하였다. 특히 연방 주택정책에서 인종에 따라 차별적으로 적용되는 조항이 있는지 조사하여 이를 시정하도록 주택도시개발부에 지시하였다. 2020년 트럼프 행정부가 이념적 애국 교육을 홍보하기 위해 세운 1776 위원회(1776 Commission)를 인종차별적 요소를 이유로 폐지하였다. 연방정부 계약직 노동자에 대한 최저임금을 기존 시간당 10.95달러에서 15달러로 인상하는 행정명령(EO 14026)[37]을 동년 4월 27일 발표하였다. 인상된 최저임금[38]은 물가에 연동되며 2022년 1월 30일부터 적용된다. 약 500만 명 이상의 계약직 노동자가 혜택을 받을 것으로 예상된다. 통상에서도 노동자와 노동조합을 중시하는 무역정책을 강조하고 이를 무역대표부(USTR)의 통상 의제 보고서를 통해 구체화하고 있다. 2020년 7월 트럼프 행정부에서 발효된 미국 · 멕시코 · 캐나다 협정(USMCA)에는 민주당 요구로 노동자 권익이 보다 강화된 별도의 노동 관련 분쟁해결 절차인 노동 신속대응 메커니즘(Rapid Response Labor Enforcement Mechanism)이 도입되었다. 바이든 행정부는 이 규정을 엄격히 적용하여 멕시코나 캐나다의 위반사례 발생 시 직권 개시나 제소를 통한 해결에 적극 노력할 것을 밝혔다. 특히 새로운 통상정책을 수립할 경우 노동권 보호를 위해 강화된 노동 기준 및 조항을 포함하도록 함으로써 강제노동이나 노동착취 등의 인권침해가 발생하지 않도록 하였다.

지역경제 활성화와 지역불평등 해소를 위해서 바이든 행정부는 「지역사회재투자법(CRA: Community Reinvestment Act)[39]」을 개혁하고 지역사회 개발금융기관(CDFI:

---

37) White House(2021. 4. 27), "Executive Order on Increasing the Minimum Wage for Federal Contractors," 온라인 자료(검색일: 2021. 8. 12).

38) 기존 법정 최저임금인 7.25달러를 2025년까지 15달러로 2배 이상 인상하겠다고 한 바이든 대통령의 공약은 공화당의 반대로 의회에서 무산되었다.

39) 특정 지역에서 예금을 수취하는 피감 금융기관(총자산 10억 달러 이상의 대형은행)에 대해 영업지역 내 빈곤 지역과 저소득층, 소수민족, 소기업 등의 대출 수요에 부응하는 정도를 연방금융감독기관이 평가하여 지점 개설이나 인수 ·

Community Development Financial Institutions)의 역할을 강화하는 정책을 시행하였다. 우선 재무부 CDFI 펀드의 2022년 예산을 22.2% 대폭 증가시켜서 3.3억 달러를 배정하였는데, 이 자금은 CDFI를 통해 저소득 지역민, 소상공인, 소기업 등을 위한 주택 건설 등의 지역 공동체 사업에 지원된다. 2021년 6월에는 코로나바이러스로 타격을 입은 지역사회를 위해 12억 5천만 달러[40]가 CDFI에 긴급자금으로 지원되었다. 소수 인종과 가난한 사람들을 차별하지 못하게 한 CRA법의 인권법적 기능을 2020년 트럼프 행정부는 CRA법 개정 과정에서 크게 약화시켰는데, 바이든 행정부는 이 규정을 전격 폐지하고 이를 다시 논의하기로 하였다.

비재무적 정보 공시와 관련[41]하여 2010년에 이미 증권거래위원회(SEC)는 기업 정보공시 규정인 Regulation S-K에 근거하여 기후변화와 관련된 비재무적 정보를 사업보고서(10-K)에 보고하도록 하는 공시지침(Commission Guidance Regarding Disclosure Related to Climate Change)을 발표한 바 있다. 이 지침에 따르면 상장기업은 환경 법규 준수가 수익 및 지출에 미치는 영향과 비용 규모, 환경 관련 소송 내역 등을 사업보고서(10-K)에 담아야 한다.

바이든 대통령에 의해 임명된 게리 겐슬러(Gary Gensler) SEC 위원장은 기업들의 기후변화 정보 공시의 확대를 요구하는 이해관계자들의 의견을 반영하여 기후변화 관련 공시 규정을 개정하는 작업을 시작하였다. SEC는 2021년 3월 기후변화 공시 규정의 수정 및 보완 작업을 위해 의견 청취가 필요한 15가지 항목을 공개하였다. 공개된 15개 항목에는 기후변화 위험 관련 정보측정과 계량화 방법, 공시 표준 제정의 참여자 기준, 산업별 기후변화 공시 표준의 마련 여부, 공시 프레임워크(TCFD, SASB, CDSB)의 결정 문제, 글로벌 단일 ESG 기준의 사용 여부, 기후변화 정보 공시의 신뢰성, 기후변화 정보 공시의 의무화 여부, ESG 정보 공개와 기후 정보 공개의

합병 등의 인허가에 반영하도록 하는 연방법임.

40) OpportunityFinance(2021. 6. 15), "CDFI Fund Awards Historic $1.25 Billion in Rapid

41) "Biden reverses Trump changes to bank antidiscrimination law"(2021. 5. 18), 온라인 기사 (검색일: 2021. 8. 5).85) 법무법인 지평(2021. 9. 7),「미국 ESG 공시제도화와 국내 영향」

연관성 여부, ESG 감독의 범위, 기후변화 정보의 사업보고서 포함 여부 등의 사항이 포함되어 있다.

겐슬러 위원장은 새로운 SEC 기후변화 공시 규정의 방향성을 다음과 같이 밝혔다.[42] 기후변화 공시는 의무화될 가능성이 높으며, 공시 내용을 연간 사업보고서에 보고하여야 할 것이다. 기후변화와 관련된 '질적 측면'의 공시를 포함하여야 한다. 즉 기후변화의 위험과 기회는 무엇이고 이를 기업의 경영전략에 어떻게 반영하였는지, 규제나 정책, 시장의 변화에 어떤 방식으로 대응할 것인지에 관한 설명을 포함하여야 한다. 기후변화와 관련된 '양적 측면'의 공시를 포함할 가능성이 높다. 즉 탄소배출 관련 지표, 기후변화의 재무적 영향, 기후변화 달성 목표 및 달성률, 기업 자체(Scope 1, Scope 2)의 탄소배출량뿐만 아니라 공급망 내 협력업체(Scope 3)의 탄소배출량 등과 같은 수치적 정보를 공시해야 한다.

그리고 금융업, 운수업 등 산업별 특성을 반영한 공시기준을 만들 가능성이 높으며 기업의 탄소중립 목표 설정의 근거 및 목표 달성 여부와 · 그린워싱을 방지하기 위하여 그린, 지속가능, 저탄소 등의 이름을 가진 펀드들이 실제로 관련 자산에 80% 이상을 투자하도록 하고 이를 검증하는 새로운 규제가 도입될 수 있다. 새로운 규정의 공시 프레임워크는 기후 관련 재무정보 공시 태스크포스(TCFD) 프레임워크가 유력하다.

미국의 공시 규제와 관련하여 주목해야 할 점은 기후공시 또는 ESG 공시의 표준을 어떻게 정할지에 대한 것이다. 현재 국제적으로 서너 개의 공시 표준이 통용되는데, 그중에서 TCFD로 공시 표준을 단일화하기로 밝힌 국가는 영국, 뉴질랜드, 스위스 3개국이며, 블랙록의 래리 핑크 회장도 TCFD공시 표준 의무화를 지지하고 있다. 2021년 11월경에 공개될 국제회계기준(IFRS) 재단의 국제지속가능성기준위원회

---

42) UN PRI(2021. 7. 28), "Climate and global financial markets: Discussion with SEC Chair Gensler," 온라인 자료(검색일: 2021. 9. 10). 87) Gensler(2021. 7. 28), "Prepared Remarks Before the Principles for Responsible Investment

(ISSB)가 개발한 ESG 프레임워크도 미국이 채택할 가능성이 높은 공시 표준 중 하나이다. EU의 규제당국과 세계경제포럼(WEF) 및 국제증권감독기구(IOCSO) 등이 지원하며 블룸버그, MSCI, S&P 글로벌 등의 CEO들도 IFRS의 프레임워크를 공개적으로 지지하고 있다.[43)]

2020년 전 세계를 강타한 코로나19는 미국에서 ESG 도입을 가속화하는데 중대한 영향을 미쳤다. 코로나19로 미국은 사업장 폐쇄, 공급망 붕괴, 임직원 감염 위험, 고객가치의 본질적 변화 등을 경험했고 이로 인해 ESG로의 경영 패러다임 전환이 가속화되고 있는 것이다. 특히 인적 자본 관리, 다양성, 포용, 근로자 안전 및 복지, 공급망 탄력성과 관련된 S(Social: 노동 · 인권) 부문은 상당한 주목을 받았다. 코로나19가 미국의 주요 도시에서 빠르게 퍼지자 직원의 건강과 안전은 특히 필수 산업의 근로자들 사이에서 주요 화두로 부상했고 인종 차별에 대한 인식과 관심이 높아지면서 기업이 고용하는 인재, 투자 장소, 홍보 방법, 협력 업체, 제공하는 제품 및 서비스와 관련한 다양성과 포용성에 대한 관심도 폭발적으로 증가하고 있다. 또한 코로나19로 인해 공급망 취약성이 적나라하게 드러났는바, 특정 산업에서 지속되고 있는 공급망 불안과 관련해서 기업들은 효율성과 탄력성 사이의 균형을 맞출 수 있도록 역량을 집중하고 있으며 투자자들 역시 해당 분야를 고려해 신중하게 투자 여부를 결정하는 추세다.

한편, 미국의 글로벌 기업들은 인공지능, 블록체인과 같은 4차 산업혁명 신기술을 자사의 비즈니스에 접목해 기업이 직면한 이슈와 사회 · 환경 문제를 동시에 해결하고 있다. 신기술은 기업의 혁신과 지속가능한 발전을 가능하게 하는 핵심 역할을 수행하는바, 앞으로도 이러한 추세는 더욱 증가할 것으로 보인다.

이제 미국에서 ESG는 선택이 아닌 필수가 됐다. 이미 전 세계적 이슈가 된 기후변화와 탄소배출과 관련하여 미국 기업들 사이에서는 지속가능한 환경을 추구하려

43) 한상범 외, 글로벌 ESG 동향 및 국가의 전략적 역할, 대외경제연구원, p 99.

는 움직임이 확산되고 있고 미국의 소비자들은 지속가능성에 초점을 맞춘 소비를 지향하고 있다. 저탄소 경제에 적응이 느린 기업은 심각한 재정적 영향에 직면하고 평판 비용을 부담할 수도 있다. 또한 인적 자본 문제와 관련해서 투자자와 이해관계자들은 앞으로 기업들이 디지털화, 자동화, 지식경제 성장이라는 추세에 발 맞춰 민첩하고 선도적인 노동력을 형성할지 여부에 대해 주목할 것이다. 이처럼 ESG는 미국에서 기업의 지속가능성을 평가하는 가장 주요한 트렌드로 자리 잡고 있는바, 향후 미국 진출을 계획하고 있는 우리 기업들은 기존의 경영체계를 ESG 경영체계로 재설계할 필요가 있겠다.[44)]

미국에서는 ESG에 대한 관심이 높아지면서 자발적인 시장 주도형 대응이 이뤄지고 있는 가운데, 바이든 행정부가 정착해 주요 행정 기관에 책임자를 임명하기 시작하면서 ESG 관련 규제 변화에도 관심이 모아지고 있다. 연방 수준에서 ESG와 관련되거나 영향을 미치는 규정을 두고 있는 기관은 미국의 증권 거래위원회(SEC), 노동부(DOL), 환경보호국(EPA)이다.

먼저 미국 증권 거래위원회(SEC)는 현재 기업이 인적 자본 관리, 핵심 성과 지표 및 기후 위험과 관련된 공개를 포함해 투자자에게 중요한 ESG 정보를 공개할 것을 요구하고 있지만 법적 의무사항은 아니다. 최근 미국 증권 거래위원회는 ESG에 대한 투자자의 관심이 증가함에 따라 기후 및 ESG 문제에 초점을 맞춘 집행 태스크 포스를 발표했다. 해당 집행 태스크 포스는 ESG 관련 부정행위를 사전에 식별하기 위한 이니셔티브를 개발하고 투자자를 보호하는 데 노력을 강화할 예정이다.

또한 민간 부문 직원 복리후생 제도를 규제하는 노동부(DOL)는 ESG 투자와 관련된 최근의 추세에 비추어 민간 부문 은퇴 및 기타 직원 복리후생 제도의 수혜자에게 명확한 규제 지침을 제공함으로써 복리후생제도의 참가자와 수혜자의 이익을 보호하는 새로운 규칙을 제안했다.

---

44) 미국 증권거래위원회, 미국 노동부, 미국 환경부, New York Times, Bloomberg, Wall Street Journal, Clorox, ExxonMobil, KPMG, Community First Foundation, KOTRA 실리콘밸리 무역관 자료 종합.

환경보호국(EPA)은 기후변화에 대처하기 위한 바이든 행정부 접근방식의 핵심 부처가 될 전망이다. 환경보호국은 자체적으로 ESG에 대한 규제를 제정하지는 않으나 환경보호국의 규제조치(예를 들면 온실가스 배출을 제한하는 규제조치 등)는 기업의 리스크에 영향을 미칠 수 있으므로 예의주시해야 한다. 특히 바이든 행정부는 기후변화에 대한 노력을 거듭 피력하고 있는바, 미국의 기업들은 환경문제와 관련한 규제 변화에 촉각을 세우고 있다.

한편, 주 수준에서는 캘리포니아를 포함한 12개 주가 기업 이사회의 다양성을 강화하기 위한 요건을 제정했거나 제정할 준비가 되어있으며 캘리포니아, 코네티컷, 일리노이, 뉴저지, 뉴욕, 오레건 및 워싱턴을 포함한 일부 주에서는 지속가능한 투자를 발전시키기 위한 연금 시스템을 활용하고 있다. 또한 연방 및 주정부 기관은 환경, 작업장 안전, 차별 및 괴롭힘과 관련된 공개사항을 오랫동안 감독해오고 있다.[45]

미국 의회는 2010년 도드-프랭크법(Dood-Frank Wall Street Reform and Consumer Protection Act) 제1502조를 통해 콩고민주공화국(DRC)과 그 인접 국가로부터 유래한 분쟁광물에 대한 기업들의 조치 및 이에 관한 공개를 요구하였다. 이 법률은 콩고산 분쟁광물을 이용하여 제품을 생산하는 기업들에게 자신이 이용한 광물이 콩고분쟁에 기여했는지 여부를 공개하도록 강제함으로써, 이곳에서 벌어지는 극단적인 비인도적 상황을 종식시키려고 한다. 이 법은 미국 증권거래위원회(Securities and Exchange Commission, SEC)에 연례적인 공시를 요구하는 규정을 채택하도록 지시하였고, 기업은 제품의 "기능 또는 생산에 필요한" 분쟁 광물이 콩고민주공화국 또는 인접한 9개국으로부터 온 것인지 여부를 보고하여야 한다. 분쟁 광물의 출처가 이들 지역인 경우, 상장기업들은 해당 광물의 출처와 공급망에 대한 실사를 수행하기 위해 취한 조치들을 기술한 보고서를 제공해야 하고 이 보고서에는 독립적인 사적 감

---

45) Chicago, City of (2021). "City of Chicago Investment Policy." Illinois State Treasurer (2022). "Sustainable Investing Act."

사인의 감사 결과가 포함되어야 하며, 증권거래위원회에 대한 보고서 역시 해당 기업의 홈페이지상에서 열람될 수 있어야 한다.

SEC는 2012년 8월에 분쟁 광물 공개에 관한 규칙을 채택하였으나, "DRC 분쟁과 무관(DRC conflict free)"이라고 기술하도록 요구하는 것은 미국 헌법이 보장하는 표현의 자유 보장 위반이라는 판결이 이루어졌다. 그래서 2014년 4월에 지침을 발표하면서 적용 가능한 기업들에게 실사를 시행하고 공개할 의무는 보존하되, 적용 대상 기업들은 특정 제품을 "DRC 분쟁과 무관한 것으로 판명되지 않음"이라고 식별할 의무가 없다는 점을 명확하게 하였다. SEC는 2017년에 추가적인 지침을 발표하여 실사의무 또는 분쟁광물 보고서를 요구하는 것을 사실상 중단하였으나, 공급망에 있어 분쟁광물과 관련된 회사는 여전히 제한적인 공개에 참여하도록 요구되어 왔다. 이 법률은 ① 기업이 직접 침해한 인권침해가 아니라 공급망에서 발생한 인권침해를 문제 삼고 있고, ② 기업의 인권침해에 대해 자율적 규제가 아니라 법적 규제를 하고 있으며, ③ 인권침해 행위 자체를 규제하지 않고 이와 연결되어 있는지에 관한 정보의 '공개'만을 요구하며, ④ 실사를 명시적으로 요구하고 실사의 결과뿐만 아니라 실사의 과정에 대한 공개를 요구하고, 그리고 ⑤ 인권법이나 기타 특별법이 아니라 기존의 증권법상의 공개제도를 이용했다는 특징이 있다.[46)]

이 같은 추세에 따라 미국의 기업들은 1) 저탄소 경제에 대한 적응을 포함한 기후변화 위험관리, 2) 인적 자본 관리, 특히 인종 및 성별 다양성 및 직장 내 포용성, 3) 직원안전, 공급망 탄력성 및 규정 준수 등과 관련한 ESG 주요 요소들을 비즈니스 운영 및 전략에 통합하고 적극적으로 홍보하고 있다. 이하에서 ESG가 어떤 방식으로 구체화되고 있는지 미국 기업의 사례들을 통해 살펴보기로 한다.

46) 조인호. "ESG 실천 도구로서의 OECD 다국적기업 가이드라인." 社會法硏究 -.46 (2022): 37-70. p41.

2) 민간기업 사례

Clorox는 표백제 및 청소 관련 분야에서 미국 시장점유율 1위를 차지하고 있는 대표적 소비재 제조기업이다. Clorox는 제품 자체와 포장재의 지속가능성에 대한 대내외적 압력에 직면하자 2019년부터 플라스틱과 기타 폐기물 감소, 재생에너지 사용, 수질관리 등 기후와 환경의 지속가능성 목표를 본격적으로 제시했다. 먼저 플라스틱/기타 폐기물 감소 추진과 관련해서는 2030년까지 플라스틱 및 섬유 포장재는 50%까지 감소시키고 2025년까지는 100% 재활용 또는 재사용, 퇴비화 포장으로 대체하기로 했다.

재생에너지 사용과 관련해서 Clorox는 미국 텍사스에 위치한 Enel Green Power의 Roadrunner 태양 프로젝트로부터 12년간 매년 70MW의 재생에너지를 구입한다는 계획을 발표했고 2021년 가상전력구매계약(VPPA)[47] 및 신재생에너지 인증(REC) 구매를 통해 신재생에너지 목표를 유지할 계획이다. 또한 지속적인 수질개선을 추진하는 것은 물론, 삼림 벌채 관련해 재활용 또는 인증된 천연 섬유만 포장에 사용함으로써 지속가능한 환경을 추구하고 있다.

Clorox의 2020년 연례보고서에 따르면 해당 노력의 결과로 1차 및 2차 플라스틱 및 섬유 포장재의 63%가 재활용 또는 재생 가능한 재료로 만들어지고 있으며, 1차 포장의 79%는 재활용, 재사용 또는 퇴비화 처리 가능한 재료로 만들어지고 있다. 또한 2019년 11월 70MW급 VPPA가 체결된 이후 온실가스(GHG) 배출량도 다시 감소했고 2021년 미국과 캐나다에서 100% 재생전력 사용을 달성할 것으로 기대되고 있다.

한편 ESG를 신규 사업기회를 발굴하는 기회로 활용한 기업도 있다. 글로벌 석유기업인 ExxonMobil은 석유기업으로서 필연적일 수밖에 없는 온실가스 배출과 관련

---

47) VPPA : 신재생에너지로 발전한 전기를 에너지 저장 시스템(ESS)에 저장하고 각 ESS를 인터넷으로 연결해 하나의 발전소처럼 관리함으로써 전력수급을 조정하는 방식. REC : 실제 사용전력과는 별개로 재생에너지 사용을 '인정'하는 인증서. 기업이 실제로 석탄화력발전소로부터 전력을 공급받고 있다고 해도 REC를 구매하면 구매량만큼 재생에너지 사용을 인정 자료: Clorox 2020 Annual Report

한 대외적 압력에 직면하고 2020년 12월 탄소 포집기술 및 바이오 연료 기술에 적극적으로 투자하는 계획을 포함하여 온실가스 배출을 줄이기 위한 새로운 5개년 계획을 발표했다. 먼저 탄소 포집기술 개발과 관련해서는 2019년 미국 에너지부와 연구 파트너십을 맺고 국립 재생에너지 연구소 및 국립 에너지 기술 연구소와 협력해 본격적으로 탄소 포집기술을 개발 중이며, 2020년 12월에는 탄소 포집기술 및 바이오 연료 기술에 더욱 적극적으로 투자한다는 계획을 발표했다. 이와 관련해 ExxonMobil은 학술 협력을 통해 대기에서 탄소를 제거하는 자연적인 수단인 태양광, 풍력, 원자력 및 천연흡수원을 포함해 새롭게 부상하거나 영향력 있는 기술을 적극적으로 찾고 잠재적인 기회를 발굴할 것이라는 포부를 밝혔다. 또한 바이오 연료 기술 개발과 관련해서는 조류와 셀룰로오스 바이오 매스를 바이오 연료로 전환하기 위한 연구를 진행 중이다. 바이오 연료는 현재 대형 운송 연료에 비해 온실가스 배출을 50% 이상 감축할 수 있는바, 해당 기술 개발을 통해 온실가스를 획기적으로 감축할 수 있을 것으로 기대된다.

2020년 연례보고서에 따르면, ExxonMobil은 연간 탄소 포집 용량을 지속적으로 확대하고 있으며 다양한 셀룰로오스당으로부터 개발된 바이오 디젤의 생산량이 2배 이상 증가하는 등 제시한 목표에 맞춰 의미 있는 성과를 거두고 있다.

반도체 설계 · 제조 분야 글로벌 기업인 Intel은 2009년부터 현재까지 12년간 자사의 반도체 제조에 사용되는 광물과 관련해 책임감 있는 광물 공급망을 수립하는 데 기여하고 있다. 책임감 있는 광물 공급망이란 콩고민주공화국 또는 그 인접국가 등에서 전쟁, 범죄, 인권유린 등을 동원하여 채굴되는 천연자원인 '분쟁광물'의 판매로 인한 자금이 해당 국가의 범법단체로 유입되는 것을 방지하기 위해 공급망을 관리하는 것이다. 협력사들이 분쟁광물로부터 자유로운 제련소를 통해 3TG(텅스텐, 주석, 탄탈륨, 금) 및 코발트 등의 광물을 구매하도록 지원하는 것을 의미한다.

Intel은 2009년부터 24개국 116곳의 3TG 제련소 및 정제 시설을 방문해 분쟁광물 교육을 제공하고 책임 있는 광물 원산지 보증 참여를 장려하는 방식으로 분쟁광물 공급망을 관리하기 시작했다. 현재는 공급망 실사 표준, 업계 전반의 코발트 공급망을 구축하고 전 세계 코발트 정제소의 관리 시스템을 운영하고 있다.

Intel의 이 같은 노력은 전자산업에 있어서 분쟁광물에 대한 최초 검토 사례로 기록됐으며, 2020년 3월 기준으로 Intel 공급망에 속하는 3TG 제련소 및 정제소 227곳 중 226곳은 책임 있는 광물 조달 검증 프로그램을 준수하거나 참여한 것으로 나타났다.[48)]

엔터테인먼트 스트리밍 서비스를 제공하는 미국의 Netflix는 전 세계적으로 2억 명 이상의 회원을 보유한 글로벌 플랫폼으로 성장하면서 함께 증가하는 사회적 책임을 직시하고 2019년부터 ESG와 관련한 자사의 지속가능성 지표와 목표를 제시하고 있다. 먼저 사회적 지속가능성의 측면에서 다원주의를 보장하기 위해 여성, 유색인종, 소수인종, 성소수자 등으로 구성된 제작자 및 사내 인력 보유율을 개선하고 있고 2021년 3월 새로운 프로그램 'Netflix fund for creative equity'를 발표해 여성 인재를 식별하고 훈련하며 일자리를 제공하는 등의 프로그램을 통해 포괄적인 파이프라인을 구축하고 다양한 이니셔티브를 지원하는 데 향후 5년 동안 연간 2000만 달러를 투자할 계획임을 발표했다. 또한 소외계층 커뮤니티를 구축하는 데 도움이 되는 맞춤형 넷플릭스 프로그램을 기획하고 급여나 사내복지와 관련된 회사 관행을 개선함은 물론 공평하고 포괄적인 혜택을 제공할 계획이다.

Netflix의 2020년 ESG 보고서에 따르면 사내 인력과 관련한 다원주의 정책은 성과를 보였고 급여 측면에서는 이사 이상의 임원진에 대한 공개 보상 제도를 실시해 투명성을 보장하고 임금 격차에 대한 공개 토론을 장려한 결과 직원들의 만족도가 높은 것으로 나타났다. 또한 사내복지 측면에서 유연한 육아 휴가 정책을 실시함은 물론, 출산, 대리모, 입양 등의 과정에서 결혼 여부, 성별 또는 성적지향에 관계없이 모든 직원에게 혜택을 제공한 것으로 나타났다.

---

48) Intel Conflict Mineral White Paper.

3) 공공기관 사례

공공부문에 관하여[49] 국민들과 납세자들은 정부가 ESG 이슈에 대해 관심을 가질 것을 촉구하고 있다. 정부가 ESG를 추진하는 형태는 3가지가 있다. (1) 정부의 활동과 서비스에 ESG 목표를 도입하는 것 (2) ESG 정책을 집행하고 규제를 마련하는 것 (3) 정부의 자산과 부채에 대한 의사결정에서 ESG 요소를 결정하는 것이 바로 그것이다. 중앙정부와 지방정부는 ESG를 추진함에 있어서 공동선을 추구하기 위한 목표에서 선도적인 역할을 해야 한다. 미국은 오히려 주정부가 ESG에 더 열심이다. 주정부가 앞장서는 것은 주로 연기금의 투자에 ESG 요소를 넣는 것이다. 캘리포니아 주가 제일 앞서가고 있다. 주정부들은 기금들의 투자가 지속가능한 투자가 되도록 노력해야 한다는 조항을 입법화하고 있다. 일리노이주와 오레곤주는 ESG 팩터를 투자에 고려하는데 이것은 선관의무를 위배하지 않는 한 가능하다. 미국 주정부와 지방정부는 지속가능투자의 규모를 2.9 trillion까지 늘렸다.[50]

도시들은 전기차 충전소부터 폐기물 관리 그리고 기후회복에 관한 많은 일들을 하고 있다. 보스톤 시티가 투자할 때 고려하는 ESG 팩터는 다음과 같다, 환경은 녹색빌딩, 스마트 성장, 기후변화, 청정연료, 오염, 지속가능 자연자원, 물 사용과 보존이다. 사회는 인권, 담배 등 해로운 물품 자제, 지역사회 발전, 다양성, 직장안정, 노동관계이다. 지배구조는 이사회의 독립성, 반부패, 이사회 다양성, 최고경영진 보수, 기업의 정치적 기여 등이다. 교육자치구도 ESG를 추진하는 데 앞장서고 있다.[51]

미국의 국영기업들은 별도의 ESG 활동을 감독하는 이사회 수준의 위원회를 가지고 있다. 64%는 선임위원회나 지배구조위원회 형태로, 10%는 별도의 ESG 위원회로, 5%는 다른 위원회로, 21%는 위원회가 없다.[52] 또한 위원회의 구성원은 법률가,

---

49) *John Pelissero,* Trends in the Implementation of ESG Policies in State and Local Governments.
50) Ibid.
51) Boston, City of (2019). "Cash Investment Policy."
52) Orrick, Best Practices in ESG, 2022. 이 보고서는 미국의 공기업 19개의 담당자들을 직접 인터뷰하여 얻은 결과임.

HR, ESG leader, 제품생산 IR 담당자, 재무부서 담당자 등이다. 또한 47%의 기업들에는 ESG 팀이 없고 13%는 리포팅 부서만 37%는 실행부서만 가지고 있다. 95%가 ESG 보고서를 발간한다. 10-K에 의한 공시는 75%가 하고 89%는 Proxy Statement에 보고한다. 또한 89% 명확하게 정의된 목표를 발표하는데 그중 63%는 지속가능부서에서 발표하고, 47%는 법률부서에서 발표한다.[53)]

4) United States Postal Service

미국 우정청(USPS)은 우편 배송 서비스를 제공하는 미국 연방정부의 독립 기구이다. 1775년 제2차 대륙회의 당시 벤자민 프랭클린이 제안하여 체신부가 설립되었고 그 이후에 우편 재조직법에 따라 현재의 우정청이 되었다. 월마트 다음으로 미국에서 가장 많은 직원을 고용하고 있는 것으로 알려졌다.

USPS는 경영상 지속가능성을 높이기 위해 다양한 노력을 기울이고 있다. 우선 USPS는 다양한 조직들과 전략적 파트너십과 이니셔티브를 구축함으로써 환경 규제에 대한 준수 의지를 표명하고 우편 사업을 운영할 때 지속가능성에 기반한 의사결정을 하기 위해 노력한다. 또한 자원을 최대한 보존하고 효율적으로 사용하기 위해 새로운 방식을 발굴하고 혁신한다. 지속가능성에 대한 임직원들의 몰입과 열의는 참여를 통한 새로운 아이디어를 발굴하는 원동력이 되는데 그 방법으로 문제에 대한 지속 가능한 해결책을 식별하고 지속가능성 지표를 개발하는 것, 환경 준수 주제와 시설의 지속가능성을 높이는 방법에 대한 교육 자료를 제공하는 것, 지속가능성 조치와 성공을 강조하는 뉴스레터 및 내부 기사 배포 등이 있다.

53) cfranz@orrick.com Carolyn Franz

〈그림 17〉 USPS의 주요 환경관련 통계 출처:USPS 지속가능보고서 2021

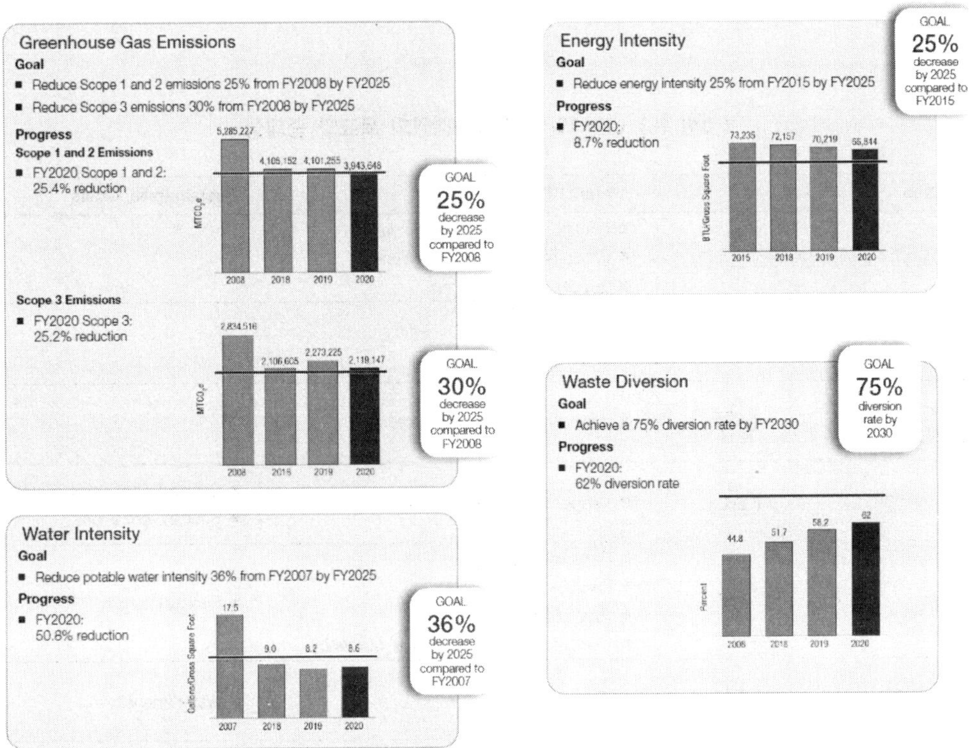

USPS는 환경과 관련해서 2025년에서 2030년까지 장기적인 목표를 설정하고 이를 달성하기 위해 노력하고 있다. 온실가스는 Scope 1과 Scope 2의 경우 2008년을 기준으로 2025년까지 25% 감축하고, Scope 3의 경우 30% 감축하는 것을 목표로 하였다. 그런데 Scope 1과 Scope 2는 2020년을 기점으로 이미 목표를 달성하였기 때문에 목표를 상향 조정하여 2019년을 기준으로 2030년까지 25%를 감축하기로 하였다. 에너지 사용량은 2015년 기준으로 2025년까지 25% 줄이는 것을 목표로 하고 있는데, 2020년에 8.7% 감소한 것으로 보고되었다. 물 사용량 목표는 2007년 기준으로 2025년까지 36% 감축시키는 것이었는데, 2020년에 50.8%가 감소하여 이미 목표치를 넘어서는 수준이 되었다. 그래서 2019년을 기준으로 2030년까지 20%를 줄이는 것으로 새로운 목표가 설정되었다. 폐기물을 최소화하고 재활용하는 부분은 2030년까지 재활용률 75% 달성을 목표로 하고 있는데 2020년에 62%까지 달성한 것으로 나타났다.

〈그림 18〉 USPS의 지속가능경영의 목표와 중대성

Section	Material Topic	Sustainability Goals
Sustainability Management Approach	■ Market relevance and innovation ■ Strategic business partnerships ■ Supply chain resilience	
Operations	■ Worker and customer safety ■ Customer satisfaction	
Environmental Management	■ Environmental management	
Emissions	■ Responsive to climate risk	■ Scope 1 and 2 emissions ■ Scope 3 emissions
Energy	■ Renewable energy ■ Facility energy efficiency ■ Fleet efficiency ■ Contract transportation fleet efficiency	■ Energy intensity
Water	■ Water stewardship	■ Water intensity
Recycling and Minimizing Waste	■ Waste reduction ■ Packaging footprint	■ Waste diversion ■ Secure destruction ■ Green purchasing

출처 : USPS 지속가능보고서 2021

USPS는 에너지 사용량을 줄이기 위해 재생에너지 사용을 적극적으로 추진하고, 모든 시설에서의 에너지 효율성을 높이기 위해 노력한다. USPS는 2020년에 New Jersey에 있는 우정국 시설에 13,000여 개의 태양광 패널을 설치하여 재생에너지 사용에 앞장서고 있다. 그 외에도 USPS는 이미 여러 지역에 있는 시설들에 태양광 패널을 설치하고 있는 상태이다. 더 나아가 풍력, 수력, 태양력 에너지를 생산하는 공급자들로부터 사용권을 구매하여 USPS 사업장에서 사용하는 에너지를 점차 녹색 에너지로 전환하는 기회를 포착하고자 한다. 사업장 내 에너지 효율성을 높이는 일환으로 USPS는 시설의 장비들을 지속적으로 이용할 수 있도록 정기적인 유지보수 작업을 수행한다. 벨트, 필터, 냉매, 실내외 청소, 모터와 베어링에 윤활유 점검, 냉각 타워의 유지 보수 등 많은 품목들을 점검하고 교체함으로써 작업장의 전반적인 효율성이 향상된다.

USPS는 배송 차량의 현대화를 통해 직원이 안전하게 배송을 하면서도 연료 효율을 높일 수 있는 차량을 도입하고자 한다. 배송을 위해 30년 넘게 사용된 노후화 된 차량들을 교체하기 위해 향후 10년간 수십억 달러의 예산이 투입될 예정이고 이를 통해 연비가 개선된 내연기관 혹은 전기 배터리가 장착된 차량이 운행될 것이다. 여기에 더해 차량의 배출가스를 줄이기 위해 대체 연료 차량을 활용할 수 있다. 현재 운행되는 200,000대의 차량 중에서 40,000대는 전기, 천연가스, 프로판 가스, 하이브리드 등으로 동력을 공급하고 있다. 이를 좀 더 확대함으로써 에너지를 절약함과 동시에 온실가스 배출량도 줄일 수 있다. 또한 특정 계절에 한정되어 도보나 자전거를 이용하여 배송하는 것도 온실가스를 줄이는 한 방법이 될 것이다.

USPS에서는 종이, 골판지, 플라스틱, 수축제, 스트레치 랩, 배터리, 오일 등의 폐기물이 발생한다. 지속가능한 경영을 위해서는 책임 있는 폐기물 관리가 필요하고 이를 위해서는 재활용 비율을 높여야 한다. 재활용 비율을 높일수록 폐기물 처리 비용뿐만 아니라 새로운 재료를 구입하는 비용도 감소한다. 또한 재활용을 생활화할 때 조직 내 구성원들이 지속가능한 경영에 대해 배우고 몰입하게 된다.[54]

4. 영국

1) ESG 추진상황

영국의 ESG 추진상황은 다음과 같다. 2020년 11월, 영국 정부는 코로나19 팬데

54) USPS Annual Report 와 Web Site

믹으로부터 회복을 추진하기 위한 '녹색 산업혁명'을 발표했다. 여기에는 TCFD (Taskforce on Climate-related Financial Disclosures) 의 권고에 따라 2025년까지 경제 전반에 걸쳐 기후 관련 재무정보의 의무 보고를 도입하고 2023년까지 의무 요건의 상당 부분이 시행되도록 한다는 계획이 포함됐다. 또한 기후변화와 환경 악화에 대처하는 경제활동을 정의하는 녹색 분류체계를 구현해 투자자에게 더 나은 지침을 제공할 예정이다. 2021년부터 일부 상장기업은 자발적으로 기후 관련 재무보고를 시작할 것으로 알려졌다. 이러한 조치들은 투자자들에게 2050년까지 탄소 순제로 경제에 필요한 저탄소 금융을 제공하기 위한 명확성과 뚜렷한 프레임워크를 제공할 것으로 보인다.

한편 영국은 더 이상 EU 회원국이 아니기 때문에 2021년 3월부터 EEA 회원국에서 시행되는 지속가능 금융 공시규제(SFDR)는 영국에서 적용되지 않는다. 그래서 영국 정부는 자체 ESG 규제 프레임워크를 마련하고 있다. 이 프레임워크는 EU 분류체계의 과학적 메트릭(metrics)을 기반으로 하겠지만 영국 시장에 대한 적합성을 보장하기 위해 새로 설립된 영국 녹색 자문그룹(Technical Advisory Group)의 검토를 거쳐 메트릭이 적용되는 체계이다. 영국이 런던을 세계의 녹색 금융의 수도로 만들고자 하는 포부를 가지고 있는 만큼 이를 달성하기 위한 더 많은 규제 조치가 생겨날 것으로 생각된다. 영국의 규제나 법률 형식은 아직 불분명한데 영국 기업은 추가적인 규정 준수 문제를 피하기 위해 EU 규정과 어느 정도 일치하기를 원하고 있다.[55]

영국의 경제에서 큰 축을 차지하는 금융 서비스 및 시장은 지속가능한 미래로의 전환에서 중요한 역할을 하고 있다. 영국의 대형 은행들은 ESG 공개에 앞장서고 있다. 자산 규모가 큰 대형 은행들은 소규모 은행보다 ESG 보고에서 훨씬 더 투명하며 모든 영역에서 높은 점수를 받았으며 소규모 은행보다 25% 더 많은 정보를 공개하

---

55) https://dream.kotra.or.kr/kotranews/cms/news/actionKotraBoardDetail.do?SITE_NO=3&MENU_ID=410&CONTENTS_NO=1&bbsGbn=242&bbsSn=242&pNttSn=189905 22년 7월 13일 검색

는 것으로 나타났다. 이는 이들이 운영하는 정교한 규제 감독과 이사회의 면밀성 및 상대적 효율성을 비롯한 여러 요인에 의해 이루어진다. 기관의 규모가 클수록 일반적으로 좋은 지배구조, 투명한 프로세스 및 강력한 통제에 리소스를 더 집중할 수 있으며 데이터 및 개인 정보 보호와 같은 주요 ESG 관련 영역에 대해서 더 강력한 정책 및 조치를 공개할 수 있다.

UN 기후변화회의(COP26, Climate Change Conference)가 2021년 가을에 개최되었다. 이를 계기로 자연스럽게 대중과 영국 정부의 기후변화에 대한 관심이 높아지고 있다. 기후변화와 지속가능성은 상장기업, 규제 대상 기업 및 소비자에게 점점 더 많은 영향을 미치고 있다.

영국의 금융시장은 지배구조에서 글로벌 경쟁자를 앞서고 있지만 환경 및 사회적 부문에 있어서는 뒤처져 있다. 영국 은행은 이사회 독립성 및 주주 보호와 지배구조 기준에서 1위를 차지하지만 환경 및 사회적 측정 기준에서는 전 세계에서 상위 30개국에 속하는 데 그쳤다. 특히 영국의 주요 산업분야인 은행 부문은 환경 부분에 있어 뒤처져 있다. 금융권이 최근 녹색 금융에 초점을 맞추고 있음에도 불구하고 기후변화에 대처하기 위한 조치가 충분하지 않다는 우려가 제기된다.

영국의 투자서비스기관인 Hargreaves Lansdown에 따르면 전체 고객 중 포트폴리오에서 책임 투자 펀드가 하나 이상 있는 고객의 비중이 5년 전 1.9%에서 최근 11%로 증가하는 등 금융권의 책임 투자가 대중화되고 있다. 그러나 19개 영국 은행 중 8개만이 녹색 또는 환경친화적인 상품을 출시하고 있고, 그리고 환경 또는 생물다양성 위험을 기반으로 대출 프로젝트를 평가하고 있는 것으로 알려져 있다. 금융기업의 목적성 있고 책임감 있는 행동이 크게 요구되는 가운데 일각에서는 자산운용사가 ESG와 연계된 포트폴리오를 더 많이 제공하는 것 외에도 규제기관, 특히 중앙은행인 영란은행(Bank of England)이 녹색금융과 관련하여 더 진취적인 역할을 할 수 있다는 시각도 존재한다.

영국 재무장관은 2020년 11월 영국이 2021년 'Green Gilts'이라는 그린본드 국채를 발행할 것이라 발표했다. 2021/22년 회계연도의 최소 발생액은 최소 150억 파운드가 될 것이며, 2021년에 2회 발행되어 총 160억 파운드를 조달하였다.[56] 녹색 저축 채권(Green Savings Bonds)은 2021년 10월에 1회차가 판매되었고, 2022년 2월에 2회차가 판매되었다. 금리는 1회차의 0.75%가 2회차에 1.5%로 인상되었다.[57]

영국 정부는 또한 2021년 6월 지역 성장을 지원하고 기후변화에 대처하기 위해 영국 인프라 은행(UK Infrastructure Bank)을 설립하여 영국 기업과 지역 사회의 프로젝트에 금융 자금을 지원하기 시작했다. 영국 인프라 은행은 120억 파운드의 초기 자본과 100억 파운드의 정부 보증을 발행해 전체 투자에서 400억 파운드 이상을 확보할 예정이다. 이를 통해 저탄소 기반시설에 대한 투자 기회를 찾고 순제로 경제를 이루기 위한 협력을 통해 영국 정부의 야심찬 환경 목표를 달성하도록 지원할 계획이다.

금융안정위원회(Financial Stability Board)는 2017년 발행된 TCFD의 최종 보고서에 포함되는 주제로 지배구조(Governance), 전략(Strategy), 위기관리(Risk Management), 메트릭스 및 목표(Metrics and targets)의 내용을 포함하기를 희망하였다. 영국 정부는 같은 해 TCFD의 권장사항을 승인하고 이를 2019년 녹색 금융 전략(Green Finance Strategy)의 핵심 부분으로 구현했다. 영국의 금융감독원(FCA)은 2020년 11월 영국 정부가 발표한 기후 관련 재무정보 공개를 위한 전략 수립 중간보고서 및 로드맵에 따라 기후공시 의무를 부과하였다. 2022년 1월 1일부터 적용되는 기후공시 의무 대상자는 자산 운용사, 투자 포트폴리오 관리업체, 이전 가능한 증권에 대한 집합 투자를 위한 사업(UCITS) 관리 업체, 대안투자 펀드 운용사(AIFMs), FCA가 규제하는 연

56) https://www.google.com/search?q=Green+Glit&rlz=1C1OKWM_enKR896KR896&oq=Green+Glit&aqs=chrome..69i57j0i512l9.2296j0j4&sourceid=chrome&ie=UTF-8 22년 7월 13일 검색

57) https://www.moneysavingexpert.com/savings/green-savings-bond/#:~:text=Past%20Emails%20Unsubscribe-,What%20is%20the%20Green%20Savings%20Bond%3F,projects%20get%20off%20the%20ground. 22년 7월 13일 검색

금 운용사, 보험 기반 투자 상품 및 확정기여형(DC) 연금 상품 관련 생명 보험사 등이다. 의무 대상자는 연금 수탁자, 기업 투자자, 개인 투자자 등에게 투자 관리의 기후 관련 위험과 기회를 TCFD에 기초해 공개해야 한다. 더불어 투자 상품의 기후 영향도 공시 내용에 담아야 한다.

FCA는 기후공시의 안정적인 확대를 위해 먼저 46개의 운용 규모가 상위에 있는 자산 운용사 등에 먼저 의무화가 도입할 방침이다. 이들은 늦어도 2023년 6월까지 첫 번째 기후공시를 이행해야 한다. 그리고 2023년부터 50억 파운드(7조 8,000억원) 이상을 운용하는 170여 개의 보다 작은 규모의 기관에 의무화가 도입된다.[58)]

다양성, 근무 조건 및 근로자의 의견 반영 등에 대한 관심이 높아짐에 따라 사회적 영역은 회사에서 새로운 검토 대상이 됐고 기업들은 ESG 중 S인 사회적 책임에 더욱 집중하고 있다. 그동안 투자자들은 투자가치를 평가할 때 환경(E, Environment)과 지배구조(G, Governance) 대응에 초점을 맞추면서도 사회적(S, Social) 요인은 간과했다. 그러나 최근 추세는 사회적 요소도 환경 및 지배구조 요소와 똑같이 기업과 주주들에게 중요한 사항이 됐다,

코로나19를 겪으며 영국 사회는 ESG와 관련 이슈들에 더욱 관심이 높아지는 상황에서 영국 정부와 민간기업들도 이에 빠르게 응답하고 있다. 영국의 기업들은 이미 ESG 지표 및 공개가 투자자 및 규제기관부터 직원, 고객, 대중에 이르기까지 이해 관계자의 주요 관심 사항이 되는 추세에 따라 ESG와 관련한 이슈에 더 중점을 두고 경영에도 이를 적극 반영하고 있음을 확인할 수 있다. 특히 투자자들은 팬데믹 기간 직원에 대한 처우와 공급망 투명성을 비롯한 사회적 책임에 관심을 가질 가능성이 높은 만큼 기업을 운영할 때 사회적 책임이 잘 반영됐는지에 대해 더 면밀한 조사를 요구하고 있다.[59)]

---

58) https://www.impacton.net/news/articleView.html?idxno=3105 22년 7월 13일 검색

59) https://dream.kotra.or.kr/kotranews/cms/news/actionKotraBoardDetail.do?SITE_NO=3&MENU_ID=410&CONTENTS_NO=1&bbsGbn=242&bbsSn=242&pNttSn=189905 22년 7월 13일 검색

금융 서비스 기업들은 영국과 EU 시장에 대한 접근을 유지하기 위해 ESG와 관련해 EU 규정과 영국 규정을 따로 고려해야 하는 점도 유의사항이다. 영국이 자체적으로 규제 프레임워크를 개발하고 있기 때문에 영국과 EU의 규제 프레임워크가 달라지게 된다면 두 가지 체제를 준수하는 데 부담이 높아질 수 있으므로 모니터링을 통한 이에 대한 대비가 필요하다.[60)]

또한 영국의 경우 ESG가 공공부문의 조달에서 중요한 역할을 해야 한다고 생각한다.[61)] 공공기관도 이제 ESG에 관련된 좋은 성과를 내는 것은 ESG 이슈를 중요하게 생각한다는 신념을 반영하고 있다. 영국의 경우 2015년 현대 노예제 법은 36만 파운드를 넘어가는 기업은 연간보고서에 자산뿐 아니라 공급망에도 현대적 노예제도가 일어나지 않는다는 것을 공시해야 한다. 그리고 2010년의 평등법에서는 종업원 수가 250명을 넘어가는 기업은 성별에 따른 임금의 차이를 공표해야 한다. 또한 CDP, TCFD, GRI, PRI 이 네 가지 원칙을 영국의 공공부분은 준수해야 한다. 영국 정부는 이러한 비의무적인 가이드라인도 의무가 되도록 노력하고 있다.

COP26의 의장국으로 영국 정부는 Net-Zero를 달성하도록 입법화하려고 있다. 영국 정부의 조달은 앞으로 최소 10%의 ESG 점수를 고려하여 이루어질 것이다. 2021년부터 영국 정부의 조달정책인 PPN 06/20은 5개 영역을 가지고 있는데 코로나19로부터의 회복 지원, 경제적 불평등 완화와 신규 일자리 창출, Net-Zero로 가는 것을 목표로 하는 기후변화에 대응하는 노력, 장애인 고용과 일반적인 불평등 완화 노력, 고용인의 복지와 건강 향상과 지역 통합을 위한 노력이다.

영국 정부는 최소평가치를 10%로 하는 것으로 되어있지만 계약당국이 재량적으로 10% 이상으로 정할 수 있도록 해줌으로써 사회적 가치 모델을 충족하지 못하는 공급자는 10%의 이상의 불이익을 보도록 하고 있다.

---

60) https://dream.kotra.or.kr/kotranews/cms/news/actionKotraBoardDetail.do?SITE_NO=3&MENU_ID=410&CONTENTS_NO=1&bbsGbn=242&bbsSn=242&pNttSn=189905 22년 7월 13일 검색

61) Peter Collins, ESG and its relevance to the public sector, 2021.

영국은 2015년 현대 노예방지법에서 기업 활동 또는 공급망에서 노예나 인신매매와 같은 문제가 발생하지 않는 것을 보장하고 이를 해결하기 위한 노력을 담은 연례보고서의 발간을 요구하고 있으며 동 법률은 영국에서 사업을 영위하는 자로서 전 세계 매출액이 미화 3,600만 달러 이상인 기업을 대상으로 하며, 영국법인으로 한정하지 않는다. 웹사이트가 있는 경우 동 보고서를 게시하여야 하고, 연도 종료 후 6개월 이내에 발행하도록 하고 있다.[62]

또한 영국의 경우 2012년에 이른바 사회적 가치법을 제정하였는데 그것의 정식 명칭은 '행정기관들로 하여금 공공서비스계약과 관련하여 그리고 연관된 목적들을 위하여 경제적 사회적 환경적 후생에 대하여 고려할 것을 요구하는 법률'이다. 즉 공공기관들이 공공조달을 할 때 사회적 가치를 반영하라는 법률이다. 그러니까 공공부문의 조달에 있어서 사회적 가치를 고려하라는 법이다.[63]

2) 민간기업 사례

2020년 말 영국에서는 임시직 분야의 근로자 지위에 대한 새로운 접근 방식을 보이기 시작했다. 배달 기업인 Just Eat은 배달 기사에 연금 기여금, 휴일 수당, 병가 수당, 육아 휴직과 같은 추가 혜택뿐만 아니라 배달 건수당 급여를 지급하는 대신 시간당 급여를 지급할 것이라고 발표했다. 유럽에서는 유사한 접근 방식이 이미 운영되고 있지만 영국에서는 이러한 모델이 최초로 도입된 것이다. Just Eat은 이번 조치로 인해 근로자에 최저 임금을 보장하면서 소득의 안정성이 높아질 것이라 설명했다. ESG의 S의 실천이다.

한편, 2020년 후반, 영국의 온라인 패션기업인 Boohoo의 공급망 전반에 걸친 고용 및 현대 노예 방지법 위반 혐의는 영국 대중의 관심 대상이었다. Boohoo는 영국

62) 조인호. (2022). ESG 실천 도구로서의 OECD 다국적기업 가이드라인. 사회법연구, 46, 37-70.
63) 전재경, 영국의 사회적 가치법, 2014.

공급망의 공장 근로자가 최저 임금에 미치지 않는 급여를 받고 코로나19 봉쇄기간 사회적 거리두기 조치나 보호장비가 없는 상태에서 근로하도록 한 것이 드러났다. 이 혐의로 인해 Boohoo의 최대 주주인 스탠다드 라이프 애버딘(SLA)은 Boohoo 지분 전체를 매각했다. SLA는 책임감 있는 투자를 목표로 하는 여러 펀드를 보유하고 있으며, Boohoo가 즉시 문제가 불거진 공급업체를 정리했음에도 Boohoo 경영진의 대응이 부적절하다고 판단한 것으로 알려졌다.

Boohoo는 주요 브랜드의 공급망에서 이와 관련한 인식을 개선하고 조사를 강화하기 시작했다. 전 공급망에 걸친 근무 조건을 개선하려는 노력의 일환으로 담당관을 임명해 이들에 대한 모니터링을 강화하기 시작했다. 이는 브랜드와 투자자가 이 혐의를 얼마나 진지하게 받아들이는지를 반영한다. ESG의 S 부문 중 공급망과 관련된 사건이다.

2020년 9월 영-호주의 광산기업인 Rio Tinto의 CEO는 서호주에서 46,000년 된 원주민 유적지가 파괴된 것에 대한 투자자의 반발에 따라 사임했고 같은 달 다른 광산기업 BHP는 경영진의 보수의 최소 10%를 환경 목표와 연계할 것이라 발표했다. 이러한 결정은 사회적, 고용에 대한 고려 사항을 통해 임원의 급여를 결정하고 대중의 감정을 관리하며 주주의 행동에 대한 회사의 취약성을 줄이는 데 중요한 역할을 하고 있음을 보여준다.

코로나19 팬데믹으로 인해 일반 대중과 투자자들은 일터에서의 환경에 대해 더 많은 관심을 기울이게 됐다. 직장에서 안전의 중요성을 강조하고 현대판 노예 방지법(MSA)에 따른 의무를 기업에 상기시켰으며 이를 더 강화할 계획이다. 이러한 증가된 관심으로 비춰 고용주는 공급망에 속한 작업장 및 근로자 처우에 대한 의무를 경영에 반영하고 있다.

영국의 제약회사인 GSK(GlaxoSmithKline)는 질병 치료를 감당할 수 없는 취약계층에 치료제와 치료법을 제공하고 2030년까지 기후에 대한 영향을 순 제로로 달성하는 것을 목표로 한다. 모든 영업 직원에 전기자동차를 지급하고 현장에서 100%

재생에너지를 사용하며 공급망 전반에 걸쳐 폐기물 제로 목표를 세웠다. 제품 개발, 건강 및 안전, 규제 요구 사항에 플라스틱제품 제외, 일회용 플라스틱 사용 금지를 시행하고 종이 포장, 콩 및 동물 유래 제품이 공급망 전반에 걸쳐 지속가능한 방식으로 공급되도록 노력하고 있다. 2010년 야심찬 환경 목표를 설정한 최초의 제약사로 이후 탄소 배출량의 34%, 매립 폐기물의 78%, 총 물사용량을 1/3로 감소시켰다.

브리티쉬 아메리칸 토바코(British American Tobacco)는 생산 공장을 보다 효율적인 장비로 업그레이드하고 재생 가능 에너지 사용을 확대하고 있다. 2030년까지 직접 운영에서 탄소 중립화 목표를 이룩하려고 하고 재활용에 집중하며 물 사용량과 폐기물을 줄이고 있다. 사회적으로 지속가능한 농업과 고용 농부들의 생계 개선에 중점을 둔 글로벌 프로그램을 설정하고 있다. 해당 프로그램은 생산을 개선하기 위한 다양한 교육 및 자료를 제공함으로써 농부 네트워크를 지원하며 아동 노동 및 인권 침해와 같은 문제 또한 예방하기 위해 노력하고 있다.

영국과 스위스의 세계적인 원자재 공급업체인 글렌코어(Glencore)도 2035년까지 총 탄소배출량을 40% 줄이고 궁극적으로 2050년까지 총 배출량 제로달성 계획을 가지고 있다. 석탄 생산량을 감소시키고 전기자동차 개발을 지원하는 금속 포트폴리오에 초점을 맞추고 있다. 채굴 산업 투명성 이니셔티브에 적극 참여하고 있다.

3) 영국우체국(Royal Mail)

국영기업이었으나 만성적자로 인하여 2014년 민영화된 영국우체국(Royal Mail)은 ESG 분야에서도 선두주자이다. FTSE Good Ranking에 포함되고 DJSI Global Leader 지수에 편입되었으며 CDP rating에서 B를 받고 MSCI에서 AA등급을 받고 있는 우수한 회사이다. 영국우체국은 CR(Corporate Responsibility)위원회에서 그룹의 ESG 어젠더를 관리하고 모니터링한다. 이 위원회는 건강, 안전과 복지, 문화와 다양성, 환경 전략, 이해관계자 등을 다루는 위원회로 위원장은 비상임이사이지만 CEO

도 위원으로 참여하고 있다. 영국우체국의 지속가능성보고서를 보면 중대성 이슈는 기후변화와 탄소배출, 문화, 노동과 인권 고객서비스, 건강과 안전 그리고 복지 다양성과 지역사회 등이다. 유엔 SDGs를 추구하며 또한 개인정보 보호에 힘쓰고 있고 종업원의 정신건강에도 노력해서 상까지 받았다. 직원의 97%가 정규직인데 비정규직 직원들에게도 높은 급여를 제공하고 있다. 장애인 고용과 차별 없는 고용을 실시하고 있으며 성에 의한 임금의 차별이 없도록 하고 있다. 또한 소수인종을 배려하는 정책을 사용하고 있다. 그리고 직원들의 역량을 증대시키기 위해 코칭 프로그램도 운영하고 있다.

환경적인 측면에서는 대체연료나 재생가능 연료를 사용하는 차량을 운영하고 있다. 그리고 2050년 Net-Zero를 달성하는 목표를 가지고 있다. 2050년까지 모든 차량이 대체연료로 움직이도록 목표를 세우고 있다. 또한 2025년까지 폐기물과 물 사용량을 25% 감축하는 것을 목표로 하고 있다. 2021~2022년까지는 1회용 플라스틱 사용을 재검토하고 TCFD의 권고에 따른 분석을 마치려는 계획을 가지고 있다.

사회적인 측면에서 경제적인 사회적인 편익을 커뮤니티에 제공하는 것이 영국우체국의 CSR 정책의 핵심이다. 2021년에 7.2백만 파운드를 지역사회에 투자하고 2.3백만 파운드의 자금을 모아 기부하였다. 또한 Action for Children을 돕는 파트너로서 지난 4년간 2백만 파운드를 지원하였다, 실종자 찾기 프로그램도 운영하고 있다. 또한 공급망 관리기준도 사회적이고 윤리적이고 환경적인 기준을 적용하여 관리하고 있다. 공급망도 다양성의 기준을 존중하여 관리하고 있으며 공급자 리스크를 식별하고 관리한다. 또한 현대판 노예 방지와 인신매매를 방지하는 등 인권의 신장을 위해서 노력하고 있다. 이사회는 10명 중 4명이 여성이다. 그리고 총 10명의 이사 중 6명이 비상임이사이다.[64] 이사회 산하 위원회로는 인사위원회, 감사 및 리스크 위원회, 보상위원회, 사회적 책임위원회가 있다.

---

64) Royal Maill Annual Report 2021-22.

5. 스웨덴

1) 스웨덴의 ESG 추진상황

스웨덴에 ESG 개념이 처음 도입된 것은 2000년 영국에 이어 스웨덴 연기금 중 하나인 AP2(Andra AP－fonden)가 지속가능성 정보를 공시하면서 시작됐고 2006년 출범한 유엔책임투자원칙(UN PRI)을 통해 ESG 이슈를 고려한 사회적 책임투자를 장려하면서 확대되었다.

이후 EU 집행위가 2017년 1월부터 500인 이상 사업장, 자산규모 2000만 유로(혹은 매출 4000만 유로) 이상인 EU 상장기업(은행, 보험사, 공익재단 포함)에 대해 기업 연차보고서에 비재무적 정보인 ESG 항목 보고를 의무화하면서 EU 회원국인 스웨덴에서도 준수 의무가 생겼다.

스웨덴 금융감독청은 유럽연합의 비금융 정보보고지침 (Non－Financial Reporting Directive/ NFRD)에 의거해 스웨덴 내 모든 금융회사는 2021년 3월부터 투자 및 상품 관련 지속가능성 정보를 공시토록 하고 2022년 1월 1일부터는 정기보고서에 지속가능성 요인을 공개하도록 의무화했다. 특히 신용 포트폴리오의 경우, 금융기관의 대출이 기후목표와 일치하는지 여부를 우선적으로 검토하도록 했다. 스웨덴 금융감독청이 발표한 기업의 지속가능성 정보 공시는 스웨덴 진출 기업은 물론 유럽 금융기관으로부터 투자를 받은 기업에도 해당된다.

그동안 투자의 주류가 된 ESG 경영이 최근 전 산업계로 파급되면서 탄소저감, 순환경제, 사회공헌, 투명한 기업지배구조 등이 기업의 지속가능성을 평가하는 지표로 부상함에 따라 ESG 경영이 더 이상 투자자에게만 국한되지 않고 사회적 가치에 부합하는 소비를 원하는 소비자들에게도 큰 영향을 미치고 있다. 스웨덴 민간 기업들의 ESG 대응 사례를 살펴보면 다음과 같다.

2) 민간기업 사례

세계 최대 가구업체 중 하나인 IKEA사는 기후변화를 최소화하는 노력에 동참하고 있다. 2012년에 지속가능성 전략으로 'People & Planet Positive'를 채택하여, 사회적 · 환경적 책임을 다하기 위해 노력하는 한편 새로운 일자리 창출을 비롯해 혁신 추진, 에너지 의존도 감소를 위해 노력하고 있다.

2025년까지 가정배송 시 온실가스 배출 0%를 달성하고 2030년까지 IKEA 제품의 탄소발자국을 평균 70% 이하로 감축하며, 전 생산단계에서 재생에너지 사용률을 100%로 올릴 계획이다. 또한 제품 생산 시 재생 · 재활용 물질의 사용을 늘리고 관리가 쉽고 재사용이 가능한 가구를 설계하려고 노력하고 있다.

이런 노력을 통해 IKEA사는 2020년 해당사가 세운 조립사업에서의 목표를 달성했고 가구제작 시 FSC® 인증[65]을 획득한 목재 사용률을 98%로 높였다. 또한 IKEA 중고 매장을 열고 중고가구를 평가할 수 있는 온라인 도구를 출시해 소비자들이 지속가능한 삶의 방식을 선택할 수 있도록 노력하고 있다.

패스트패션산업이 야기한 환경 및 노동문제에 대한 각성이 전 세계적으로 이루어지면서 H&M사는 지속가능 패션을 목표로 해안 폐기물을 재활용해 만들어낸 폴리에스테 '바이오닉'을 주재료로 사용한 'Conscicous Collection'을 선보였다. 매장 내 의류 수거함을 설치했으며, 업사이클 신소재 원단 개발에 힘쓰는 등 새로운 소재와 생산 프로세스의 혁신을 통해 타산업과 협력할 수 있는 패션산업을 만들기 위해 노력했다.

'순환 패션'을 매력적으로 만들기 위해 2030년까지 지속가능한 재료만을 사용하고 2040년까지 온실가스 배출량을 더 많이 감축할 수 있도록 '기후에 긍정적인' 가치사슬 구축하기 위해 노력 중이다. 특히 패션산업의 순환 생태계를 구성하는 순환 공

---

65) FSC® 인증이란 산림자원을 보호하고 지속가능한 산림경영을 확대하고자 설립된 국제 NGO단체인 Forest Stewardship Council에서 구축한 산림경영 인증시스템이다.

급망과 순환제품, 순환 고객에 집중하고 있는데, 순환 공급망의 경우 수요와 공급 조정을 통해 판매할 수 있는 것만 생산하며, 순환 제품을 위해 스톡홀름 매장 중 한 곳에 있는 의류 업사이클링 시스템인 LOOOP를 설치했고 순환 고객 여정을 위해서는 소비자가 손쉽게 의류를 교환 또는 공유할 수 있도록 하는 Product ID 기술을 개발했다.[66)]

H&M사는 의류수거프로그램을 통해 2019년 약 2만 9,005톤의 의류를 수거했다. 이는 전년 대비 40% 이상 증가한 것으로 1억 4,500만 개의 티셔츠에 상응하는 분량이다. 자원순환경제를 위해 노력하고 있으며, 2020년에는 패션 투명성 지수에서 1위를 차지했다.

펄프 · 제지 생산업체인 Stora Enso사의 주요 주주들은 지속가능한 비즈니스를 중시하는 장기투자자들로 지속가능성경영의 성과를 지속적으로 모니터링해 평가하고 있으며, 지속가능성을 장기 주주가치 창출 기회를 부여하는 중요한 요인으로 생각하고 있다.

주요 추진 내용은 영국 현대 노예법 2015, 호주 현대 노예법 2018의 정신에 따라 공급망에서의 현대 노예제도 방지를 위해 공급망 위험평가에 ESG 요소를 통합하여 현대사회에서의 노예 위험성을 감시하고 있다. 한편, 글로벌 원칙과 표준, 지역 규제 및 회사 가치를 따라 사내 인권지침을 만들고 건강과 안전, 공정한 노동, 토지 및 천연자원 권리 취득 및 관리, 분쟁 조정 메커니즘, 아동의 권리 등 5가지 인권항목을 우선시하는 ESG 경영을 하고 있다.

주요 성과로는 2015년 Idara-e-Taleem-o-Aagahi(ITA) NGO와 협력해 파키스탄의 6개 학교 640명 아동 근로자들을 지원했고, 2020년에는 인권 e-러닝을 출시해 동사 직원들에게 인권 존중이 개인과 기업에 미치는 영향과 의미를 교육시켰다.[67)]

---

66) 코트라, 사례로 보는 스웨덴의 ESG 현황, 2021.
67) Ibid.

Axfood사는 스웨덴 최대 생필품체인 중 하나로 스웨덴의 환경 목표와 UN의 지속가능발전 목표 중 하나인 '책임 있는 소비 및 생산'과 '기후 조치'를 위해 노력 중이다. 각 가정의 탄소발자국 비율 중 약 30%를 식료품이 차지하고 있는데, 지속가능한 식료품 생산을 통해 글로벌 기후목표와 스웨덴의 기후목표를 달성하기 위한 노력하고 있다.

추진 내용으로는 Axfood가 판매하는 상품을 생산하거나 또는 다양한 방식으로 생산작업에 참여하는 사람들에게 좋은 고용조건을 장려하고 있으며 공급업체들이 사람과 동물, 환경에 대한 Axfood의 요구사항을 충족시키도록 관리 통제하고 있다. 특히, 아시아지역 공급업체 직원 대상으로 지식 함양과 직장 내 권리에 대해 교육하고 있다.

한편, Axfood사의 모든 공급업체들에 그룹의 행동강령인 인권, 근무 조건, 환경 및 부정부패 방지에 대한 국제 인증 협약에 서명하도록 하고 이를 준수하는지 여부를 상시 모니터링 감독하고 있다.

주요 성과로는 UN의 사회개발 목표 중 하나인 '빈곤퇴치'를 위해 2019년 파키스탄 내 쌀농사 농민을 위한 프로젝트를 진행해 농민들의 수익을 향상시켰고 2020년에는 과일과 채소를 공급하는 모든 공급업체들이 근로자들에게 안전한 작업환경을 보장할 수 있도록 하는 '노동권 표준 근무인증'을 도입했다.

스웨덴의 엔지니어링 회사인 Sandvik사는 국가와 성별, 연령 등에 상관없이 유능한 인재를 필요로 하며 특히, 회사 수익에 영향을 미치는 인재 유치를 위해 노력 중이다. 그리고 여성 인재의 중요성이 매우 높아지고 있다고 판단하여 Sandvik사는 지속가능성 목표 중 하나로 2030년까지 여성 관리자 비율을 33%까지 늘릴 계획이며 이를 위해 채용 프로세스를 다시 만들고 있다. 채용공고문에서 성별에 따른 대명사를 최대한 피한 현대적이면서도 포괄적인 문구로 조정하였고 이와 함께 여성 리더 엔지니어(Female Leader Engineer)및 여성 장인 수상 (Women in Manufacturing awards)을 포함한 여러 이니셔티브를 도입해 여성의 취업과 승진을 지원하고 있다.

현재 Sandvik사의 글로벌 인력 중 여성의 비율은 19.6%이며, 2020년 기준 관리직 여성의 비율이 최근 5년간 16.5%에서 18.5%로 2.0%p 증가했다.

다국적 제약회사인 AstraZeneca[68]사는 환자들의 삶을 변화시켜줄 수 있는 의약품의 개발 · 생산을 통해 지속가능성을 높여가는 것이 장기적인 비즈니스 상생수단이라고 판단, UN의 지속가능개발 목표를 ESG의 청사진으로 삼았다. 17개의 목표 중 SDG3 좋은 건강과 웰빙, SDG5 남녀 평등, SDG8 양질의 일자리와 경제 성장, SDG12 책임 있는 소비 및 생산, SDG13 기후 행동, SDG17 목표를 위한 파트너십 등 6개 목표를 우선 항목으로 정해 관리 중이다.

포용적 리더십을 강화하고 직원들이 자유롭게 의사 표현할 수 있는 환경을 육성하고 다양한 리더십과 인재 파이프라인 구축에 힘쓰고 모든 수준의 의사결정 과정에 여성 직원들이 적극적으로 참여할 수 있도록 하며, 동등한 리더십 기회를 보장하기 위해 노력 중이다. AstraZeneca사는 오는 2025년까지 고위 중간 관리직 이상 여성 비율을 50%까지 끌어올릴 계획이다. 2019년 기준, 여성직원 비율은 50.5%, 이사회의 여성비율 35.7%, 고위 중간관리직 이상 여성 비율은 46.9%를 기록했다.[69]

3) PostNord[70]

PostNord는 스웨덴의 공기업으로 덴마크 정부가 40%의 지분을 가지고 스웨덴 정부가 60%의 지분을 보유하고 있지만 의결권은 양 정부가 50%씩 행사한다. PostNord 스웨덴은 스웨덴의 우편서비스와 전자상거래, 물류 분야에서 광범위한 유통 솔루션을 제공한다. PostNord는 지속가능성을 중요하게 생각하는 기업으로 다음과 같은 3가지 어젠다를 지속가능성의 목표로 정하고 있다. 첫 번째로 기후변화에 대처하는데 있어서 리더십을 발휘한다. PostNord는 그 사업의 특징상 탄소배출의 중요한 원

68) 아스트라제네카는 영국과 스웨덴을 거점으로 하는 다국적기업이다.
69) 코트라 Ibid.
70) 이 섹숀의 내용은 PostNord 2021년 연치보고서를 참조하였음.

천이었다. 하지만 급격한 기후변화에 대처하여 에너지원 전환을 시도하는 데 있어서도 선두주자가 되었다. 그래서 2030년까지 탄소배출 없는 교통수단과 운영으로 전환하려고 하고 있다. 그리고 PostNord는 파리협정에 따라 에너지 전환을 추진하며 또한 SBTi의 감축목표를 준수할 것이다.

두 번째는 우리는 우리의 사람을 돌본다. 종업원들과 하청업자들이 안전한 환경에서 일하도록 하고 공급망에 속해 있는 사람들에게 공정한 조건을 보장한다. 그리하여 운송부문에서 큰 비중을 차지하는 PostNord가 근로환경을 개선하는 데 선두주자가 되도록 노력한다.

세 번째로 PostNord는 다양성의 힘이 이 사회에 나타나도록 노력한다. 우리의 직원들은 다양한 배경과 기술과 관점을 가지고 있다. 우리의 직원들이 포용되고 존중받는 느낌을 받는 것은 경영상 매우 중요한 지표이다. 이러한 다양성이 기존의 매니저와 미래에 매니저가 될 직원들을 양성하고 교육하는데 매우 중요한 지표이다.

이러한 3가지 어젠다는 UN SDGs에 부합한다. 실제로 PostNord는 2020년에 탄소배출을 2009년의 40%로 감축했다. 그리고 2022년 중에 SBTi에 검증자료를 제출하였다. PostNord사의 탄소배출의 90%는 운송수단으로부터 나온다.

직원들의 사고로 인한 부상은 51.7%에서 59.7%로 증가하였다. 그리고 공급망관리에 있어서 PostNord의 행위준칙을 준수하는 공급자의 비율이 2021년에는 83%가 되었다. 또한 회사는 종업원의 만족도를 개선하기 위하여 설문조사를 하고 있으며, 또한 남녀의 성비를 유지하고 정규직과 비정규직의 비율을 관리하고 있다. 또한 연령별 종업원 분포도 관리하고 있다.

지속가능성 보고체계는 GRI 스탠다드를 사용하고 있다. 한편 PostNord는 이미 화석 기반 연료로부터 전환을 시작했다. 이 회사는 석유등 화석기반 연료를 사용하는 자동차로부터 바이오연료를 사용하는 자동차 모델로 전환하고 있는데 이 회사는 화석연료를 사용하여 만드는 전기를 사용하는 전기차도 화석연료 모델로 간주하고 있다.

그래서 이 회사는 배기가스를 충분히 빨리 줄이기 위해서 우리는 가능한 한 많은 차량을 디젤에서 HVO와 바이오 연료를 사용하는 차량으로 전환하고 있다. 화석연료는 만들어지는 데 수백만 년이 걸렸지만 바이오 연료는 지금도 끊임없이 만들어지고 있다. 바이오 연료에 의한 배출은 장기적으로 기후 중립으로 간주된다. 그래서 최종적인 목표는 화석에너지 사용 없이 만들어진 수소를 연료원으로 사용하는 것이고 바이오연료를 트럭등에 사용하는 것이다. 이것이 탄소배출 제로인 운송수단을 만들어 낼 것이다. 그래서 2030년까지 탄소배출 제로인 수송수단을 PostNord는 사용할 것이다.

2021년에 이미 소형차량 중 95%의 차량이 전기차로 구성되어 있다. 그리고 전체 차량중 재생가능 연료를 사용하는 차량은 37% 정도를 차지하는 데 주된 동력원은 HVO100이다. 이 연료는 기존에 디젤유를 사용하는 차량에 그대로 주입할 수 있는 연료이다. 또한 터미널 운영함에 있어서 지열에너지를 사용하고 있어서 탄소배출을 줄이고 있다. PostNord는 아예 탄소 없는 배달을 추구하고 있으며 탄소 배출 없는 지역까지 설정하고 추진하고 있다. 2022년에는 스톡홀롬의 전체를 탄소 배출 없는 지역으로 확대하였다.

사회측면에서 보면 2021년에 인권 듀딜리젼스가 수행되었다. 그 결과 소포배달 과정에서 직업적인 안전과 건강이 이슈이고 계약된 운송업자의 운전요원의 근무환경과 공급망 내에서 다른 공급자들의 고용인들의 근무여건이 문제인 것으로 판명되었다. 그래서 이 문제를 해결하기 위하여 '비전 제로 – 안전한 근무처" 라는 목표를 세우고 자체의 종업원이든 공급망 속의 근로자이건 간에 안전한 작업환경을 만들어 주는 것을 그룹의 지속가능성 목표로 하였다. 사고는 주로 무거운 것을 들거나 작업자세, 그리고 짐을 내리고 올리는 과정에서 발생한다는 것을 발견하여 거기에 맞는 대책을 수립하였다.

또한 전자상거래의 증가가 또한 새로운 도전을 주고 있는데 집에 배달하는 과정에서 무거운 화물이 증가한 것이다. 이 회사는 자체뿐만 아니라 유럽 전체의 74만 명의 트럭 운전사들의 작업환경을 개선하는 것을 목표로 한다. 우리의 공급망 속에

속해 있는 Volvo, Scania, H&M, IKEA와 함께 책임있는 트럭운송 이니셔티브에 가입하여 물류에서 발생하는 여러 가지 사회적 문제들을 해결하기 위해 노력하고 있다.

스웨덴 경제에서 차지하는 PostNord의 영향력이 크기 때문에 이 회사의 건강과 안전과 근무환경은 전 스웨덴에 영향을 미치고 있다. PostNord의 공급망 관리는 'PostNord 공급망을 위한 행위규범'에 의하여 이루어지고 있다. 이 규범은 법률의 준수와 훌륭한 근무환경, 건강하고 안전한 환경, 부패의 방지등에 초점이 맞추어져 있다. 이 회사의 공급망에 속한 회사들은 이 규범에 따라 자체적으로 평가하고 리스크를 관리한다. 또한 트랜스젠더를 포함한 성적 취향, 종족, 종교나 신념에 따른 차별이 없도록 한다.

PostNord의 의사결정은 연차총회(Annual General Meeting)이다. 그리고 이사회와 이사회 의장, 그룹 CEO가 경영을 주도한다. 이사회는 부 CEO를 임명하고 소유권자가 이사회 의장을 지명하고, 부회장과 다른 이사회 맴버를 지명하고 이사들의 보수를 결정하며 연차총회의 의장과 외부 감사인을 지명한다.

연차총회가 최고의 의사결정기관이며 이사회는 회사의 업무를 주관하며 이사회 의장은 이사회를 감독한다. 감사위원회와 보상위원회가 이사회를 보조한다. 대표이사 및 그룹 CEO가 이사회의 가이드라인과 지시를 수행하는 최고 책임자이다. 외부감사인은 연차총회에서 결정되며 외부감사인이 지속가능성보고서에 대하여 감사하고 검토 의견을 제시한다. 이 회사의 내부감사 기능이 내부지배구조와 통제시스템을 평가한다.

이사회는 8명으로 구성되며 현재 50%가 여성이다. 이사회 멤버는 연차총회에서 결정되고 또한 종업원 단체에 의하여 선출된 3명의 이사를 포함하고 있다. 스웨덴 정부의 소유권 관리 정책은 이사회는 동일한 각 성별로 3명 이상이 이사로 임명되는 것이 규칙이다.

PostNord의 지배구조에서 특이한 점은 소유권자에 의하여 임명된 이사회 의장과 연차총회에서 선출된 부의장이 상호 협의를 해야 하는 것이다. 이들은 이사회가 열리기 전에 의제에 대하여 서로 건설적으로 협의를 해야 한다. 부이사장은 이사장이

유고시 그 역할을 대행한다. CEO는 시장의 상황과 회사의 비지니스 상황에 대하여 보고하고 CFO는 회사의 경제적인 상황과 재무적인 상황을 보고한다.

이사회는 그룹의 전략적 사업계획을 승인하고 내부통제나 재무적 행위에 대한 보고서를 검토한다. 그리고 회사의 감사인은 자신들의 감사업무에 대하여 보고한다. PostNord가 준수하는 외부 규범은 스웨덴 회사법, 스웨덴 연차보고서법, 스웨덴 기업지배구조 규범, 스웨덴 정부의 소유권 관리정책과 공기업에 대한 가이드라인, 나스탁 스톡홀름 규정, IFRS 규정, GRI, UN Global Compact, EU 텍사노미 규정이다.

6. 일본

1) ESG 동향[71]

일본 정부는 해외 투자자들을 비롯한 이해관계자들의 점증하는 기후변화 관련 기업정보 공시 요구를 반영하여 경제산업성을 중심으로 기업의 기후변화 관련 위험과 기회를 적정하게 평가할 수 있는 정보공시 가이드라인을 마련하였다. 경제산업성은 금융안정위원회(FSB)가 2017년 제시한 'TCFD 권고안'의 해설과 주요 업종(자동차, 철강, 화학, 전기 · 전자, 에너지)별 지침, 그리고 사례 소개 등을 담은 '기후 관련 재무정보 공시에 관한 TCFD지침'[72]을 2018년 12월 발표하였다. 이를 계기로 TCFD 권고안에 의한 기업의 효과적인 정보 공개를 돕기 위해 2019년 5월 TCFD 컨소시엄이 민간 주도로 설립되었다. 경제산업성은 TCFD 컨소시엄과 함께 업종별 지침을 추가하고 일본기업들의 TCFD 공시 사례 등을 추가하여 개정판인 「TCFD지침 2.0」[73]을 2020년 7월 공개하였다. 거기에다가 시가총액이 큰 기업이나 글로벌기업들

71) 이 부분은 대외경제연구원, 글로벌 ESG 동향 및 국가의 전략적 역할 주로 참고하였음.
72) 経済産業省(2018), 「TCFDガイダンスの策定とTCFDへの署名を行いました」, 온라인 자료(검색일: 2021. 8. 5).
73) 経済産業省(2020a), 「TCFDガイダンス2.0」, 온라인 자료(검색일: 2021. 8. 5).

은 국제적인 주요 ESG 정보공시 표준인 SASB 스탠더드와 GRI 스탠더드, IIRC 프레임워크등에 의거하여 정보를 공시한다.

환경성은 2019년부터「TCFD를 활용한 경영전략 수립 권고: 기후관련 리스크·기회를 포함한 시나리오분석 실천가이드」[74]라는 안내서를 매년 발표하고 있다. 환경성은 2018년부터 기후변화의 영향을 받기 쉬운 업종을 중심으로 'TCFD에 따른 기후관련 리스크 및 기회에 관한 시나리오분석 지원 사업'을 매년 실시하는데, 이 안내서는 이 지원 사업의 시나리오 분석 사례와 지원성과, 그리고 시나리오 분석을 위한 구체적인 절차 및 관련 데이터 등을 정리한 것이다. 2021년 3월 현재「TCFD 시나리오 분석 실천 가이드 ver3.0」까지 발표되었다.

국토교통성에서도 2021년 3월 부동산 분야에 종사하는 기업이나 기관투자가 등을 대상으로 일본 부동산 분야에 특화된 '부동산 분야 TCFD 대응지침'[75]을 발표하였다. 일본은 특히 태풍이나 해일 등의 자연재해가 많아 풍수해에 직접 노출되는 부동산의 경우 기후변화로 인한 물리적 위험의 영향이 매우 클 수 있다. 따라서 이러한 기후변화 리스크에 대응한 부동산 분야의 정보공개를 진작하고 TCFD 권고안의 활용을 적극적으로 지원하기 위해 일본 부동산 분야의 고유한 상황이 고려된 시나리오 분석 개념과 방법을 해설하고 국내외 사례들도 소개하고 있다.

일본 정부는 유엔 산하 '기후변화에 관한 정부 간 협의체'인 IPCC의 2015년 파리협정과 2018년 권고안[76]에 따라 2020년 12월, "2050년 탄소중립 실현을 위한 녹색성장전략"의 초안을 발표하고 2021년 6월 이를 확정하였다.[77]

74) 環境省(2020), 「「TCFDを活用した経営戦略立案のススメ～気候関連リスク・機会を織り込むシナリ オ分析実践ガイド～」の改訂について」, 온라인 자료(검색일: 2021. 8. 6). 한상범에서 재인용.
75) 国土交通省(2021), 「不動産分野TCFD対応ガイダンス」, 온라인 자료(검색일: 2021. 8. 6).
76) IPCC(2018. 10. 8), "Special Report on Global Warming of 1.5° C," 온라인 자료(검색일: 2021.8. 6).
77) 経済産業省(2021b), 「2050年カーボンニュートラルに伴うグリーン成長戦略」.

정책의 특징은 기후변화 대응을 경제성장의 제약으로 보지 않고 새로운 성장의 기회로 삼아 산업구조와 사회경제적 변혁을 도모하기 위한 산업정책으로서 '녹색성장전략'을 수립하였다는 점이다. 일본 정부는 산업정책의 관점에서 성장이 기대되는 분야나 산업을 선별하기 위해 우선 2050년 탄소중립을 실현하기 위한 에너지 정책 및 에너지 수급의 목표를 안전(Safety)을 대전제로 에너지의 안정공급(Energy Security), 경제성(Economy), 친환경(Environment)을 동시에 달성하는 S + 3E 차원에서 설정하였다. 이러한 설정하에 성장이 기대되는 산업 14개 분야를 도출하고 분야별 세부 목표를 설정한 후 그 정책대응 방안을 제시하는 녹색성장전략이 마련되었다. 녹색성장전략에는 2050년 탄소중립 실현을 위해 혁신적인 민간기업의 참여와 투자를 독려하고 지원하며, 예산지원(녹색혁신기금의 조성), 세제개혁, 금융지원, 규제개혁 · 표준화, 국제협력, 대학지원, 인력 육성 등의 정책을 망라하였다.

예산 측면에서 탄소중립을 위한 기술개발을 촉진하기 위하여 2조 엔 규모의 녹색혁신기금을 '신에너지 · 산업기술종합개발기구(NEDO)'에 조성하여 관련된 혁신기업을 향후 10년간 지원한다. 세제개혁 측면에서는 탄소중립을 위한 투자촉진세제, 연구개발세제를 확충하며, 사업재구축 또는 사업재편 등에 참여하는 기업에 대해 이월결손금의 공제 한도를 높이는 특례를 도입한다. 금융 측면에서는 2020년 12월 발표된 '전환금융(transition finance)에 대한 국제원칙'[78]을 근거로 2021년 5월 '기후 및 전환금융에 대한 기본지침[79] 을 제정하였으며, 이를 바탕으로 저탄소화와 탈탄소화 전환을 위한 혁신적인 해상풍력 · 태양광 · 지열, 수소 · 연료암모니아, 차세대열에너지, 원자력, 자동차 · 배터리, 반도체 · 정보통신, 선박, 물류 · 인적 유통 · 토목인프라, 식료 · 농림수산업, 탄소재활용, 주택 · 건축물 · 차세대전력관리, 자원순환 관련, 일상생활 관련 산업의 14개 분야이다.

---

78) ICMA(2020), Climate Transition Finance Handbook, 온라인 자료(검색일: 2021. 8. 19).
79) 金融庁 · 経済産業省 · 環境省(2021. 5. 7), 「クライメート · トランジション · ファイナンスに関する 基本指針」.

기술 보유 기업에 대해 금융지원을 촉진한다. 특히 간접금융 중심의 일본에서 각 지역의 탈탄소화를 진행하는 데 지역금융의 역할이 중요하다고 보고 지역금융기관과 연계해 각종 정보 제공, 노하우 공유 등을 통해 지역 자원을 활용한 비즈니스 구축과 지역의 환경적 · 사회적 과제 해결 모델 만들기를 추진한다. 또한 지역금융기관에 의한 환경 · 경제 · 사회에 미치는 영향을 중시한 ESG 금융을 촉진한다.

규제개혁 · 표준화에서는 14개 산업에서 탄소중립을 위한 신기술을 고려하지 않은 규제나 제도를 합리적으로 정비하며, 신기술의 수요를 창출하도록 일부 분야의 규제를 강화한다. 온난화 대책에 관한 국제적 규칙 형성에 부응하여 국제 표준화 등에 적극적으로 대응하고, 일본의 이해나 사회적 사정을 국제규칙에 반영하며, 우수한 신기술이 제대로 평가되는 환경을 만든다. 특히 표준화와 관련해 주목할 내용은 탄소중립을 위해서 연구개발된 신기술이 빠르게 사회에 구현되고 세계시장 확보를 촉진하기 위한 기업경쟁력 강화로 이어지기 위해서 규칙형성과 표준화를 사업 전략의 도구로 활용하는 방안을 국가 차원에서 적극 지원한다는 점이다.

필연적으로 단기실적에 쫓기는 기업은 중장기적으로 성과를 내는 규칙형성의 필요성을 이해하기 어렵다. 기업을 둘러싼 외부환경이 크게 변화하는 가운데 ESG로 대표되는 지속가능성의 가치를 고려한 폭넓은 이해관계자와의 연계가 중요해지지만, 그 중요성을 많은 기업이 인지하지 못하며, 이러한 변화에 적합한 신기술을 개발하고 새로운 시장을 형성하는 데 어려움을 겪고 있다. 이러한 상황에서 벗어나기 위하여 연구개발이나 외부 연계 등을 통해서 제품과 서비스를 창출하는 활동뿐만 아니라 사회 및 환경문제 해결을 목표로 사회 및 공공 부문을 포함한 다양한 이해관계자를 끌어들임으로써 개발된 제품 · 서비스가 적절하게 공급되고 가치로 수용되는 사회 · 경제 생태계 구축을 목표로 하는 규칙형성과 표준화 활동이 필요하게 된다.

이러한 관점에서 2021년 4월 일본 경제산업성은 중장기적으로 시장의 틀을 초월하여 사회적 이슈 및 환경문제의 해결이 시장에서 가치로 평가되도록 하는 시스템을 만들어 배포하였다. 이 시스템은 기업의 새로운 시장 창출로 이루어지도록 각각의 기업 프로젝트에 대하여 '시장형성력'을 객관적으로 나타내는 지표를 만들어내는 것으로 '시장형성능력 지표' Ver1.099이라고 명명되어 일반에 공개되었다. 이 지표는 '의제 구상력', '사회문제 해결력', '규칙 형성력'으로 구성되어 있다. 이들 각각은 이해관계자가 공감하는 의제를 설정하고 내재된 사회적 과제의 해결이 가치로 평가받는 시장을 형성하는 스토리를 설계하는 힘, 자사의 자원이나 외부 연계를 이용해 사회적 과제를 해결하는 능력, 설계한 스토리를 바탕으로 이해관계자를 끌어들임으로써 시장형성에 필요한 규칙형성을 실현하는 힘을 측정하고자 한다. 기업들은 자신이 생성한 이 지표를 탄소중립 목표 달성을 위한 프로젝트에 적용함으로써 ESG 관련 규칙형성 주도형 시장의 창출을 주도하고 탄소중립 실현을 수반하는 신기술 시장개척을 위한 전략적 정보로 활용할 수 있다.

일본 경제산업성은 중장기적인 기업가치 창출을 위해 ESG의 사회적 가치(S) 측면에서 기업이 추구해야 할 다양성 경영의 방향을 제시하고 이를 위해 기업이 취해야 할 행동을 정리한 'Diversity 2.0 행동지침'을 2017년 발표하였다.[80] 이 지침은 기업의 '다양성 경영'을 수많은 이해관계자의 요구와 글로벌 환경변화 속에서 서로 다른 감성 · 능력 · 가치관 · 경험 등의 특성을 가진 다양한 인재를 확보하여 이들이 각자 능력을 최대한 발휘하게 함으로써 혁신의 촉진과 이를 통한 새로운 기업가치 창출을 위해 전사적 · 지속적으로 추진해야 할 경영상의 노력으로 정의하고 있다.[81]

지침에서는 '다양성 경영'을 위해 기업 CEO의 강한 리더십이 필요함을 강조하며, 기업이 지속적으로 실천해야 할 일곱 가지 행동원칙과 이에 대한 구체적 사례를 보여준다.[82] 또한 기업의 다양성을 평가할 수 있는 핵심성과지표(KPI)들을 소개하고

---

80) 経済産業省(2017. 3. 23),「ダイバーシティ2.0 検討会報告書~競争戦略としてのダイバーシティの 実践に向けて~」. 99) 経済産業省(2021a),「市場形成力指標 ver1.0」. 이 가이드라인은 2018년 개정되었다. 経済産業省(2018. 6. 8),「ダイバーシティ2.0 行動ガイドラ イン改訂版」, 온라인 자료(검색일: 2021. 8. 25).

81) '다양한 인재'는 성별, 나이, 인종이나 국적, 장애 유무, 성적 취향, 종교 · 신념, 가치관 등의 다양성뿐만 아니라 경력과 경험, 일하는 방식 등의 다양성도 포함한다.

82) 일곱가지 행동은 다양성을 고려한 경영전략 수립, 다양성 추진체제의 구축, 지배구조의 개혁, 환경과 규칙의 전사적인 정비, 관리직의 행동 및 의식 개혁, 종업원의 행동 및 의식 개혁, 노동시장 및 자본시장에 대한 정보 공개와 대화로 구분된다.

이를 사업보고서 등에 공개하도록 하였다. 공개해야 할 KPI의 예로서 이사회의 여성 및 국제인재[83] 비율, 사외이사 비율, 이사회 구성원이 보유한 기술 포트폴리오 현황, 이사 및 감사에 여성과 국제인재가 없는 경우 그 사유와 충원목표[84]를 달성하기까지의 인재육성 계획 등이 있다. 또한 채용 시 여성 비율, 채용 시 남녀 경쟁률, 남녀의 평균근속기간 차이, 성별의 육아휴직 취득률, 전체 및 남녀별 이직률, 남녀별 재고용 또는 중도채용 실적, 다른 직종이나 고용 형태의 남녀별 전환 실적 등도 공개해야 할 항목으로 제시되어 있다. 수치적인 다양성 활동 결과를 나타내는 항목 이외에, 그 결과에 이르기까지의 경영 방침과 구체적인 활동, 그리고 결과에 대한 평가 및 해석도 공개하도록 강조하고 있다.

2012년부터 2020년 동안 경제산업성은 다양성 경영의 저변이 확대될 수 있도록 기업의 다양성 경영 추진을 통해 높은 경영성과를 달성한 모범사례를 소개하는 100대 우수사례를 선정 및 표창하는 제도를 운영하였다.

급격한 인구노령화 문제를 겪고 있는 일본은 국민 건강수명 연장이라는 사회적 목표를 달성하기 위한 국가전략의 하나[85]로 종업원들의 건강관리를 경영적인 관점에서 전략적으로 실천하는 '건강경영'[86]을 2014년부터 적극 지원하고 있다. '건강경영'은 직원의 건강관리와 증진을 기업경영의 문제로 보고, 직원 건강의 유지와 개선을 위한 기업의 노력을 통해 생산성을 향상하고자 하는 경영전략을 의미한다. 이 개념은 미국 조지워싱턴대학의 로버트 H. 로젠(Robert H. Rosen) 교수의 1991년 저서(Rosen 1991)인 The Healthy Company로 시작되었으며, '건강경영'이란 용어는 이를 일본식으로 번역한 것이다.

경영전략으로서 건강경영에 대한 일본 대기업의 관심은 일찍이 2000년대 말 시작되었는데, 경제산업성은 2015년부터 매년 도쿄증권거래소 상장기업 가운데 건강

83) 외국인이나 해외에서 상당 정도의 장기간에 걸친 풍부한 실무 경험과 현저한 업적을 가진 자.
84) 이사 및 감사에 대한 여성과 국제인재를 1명 이상 임명하는 것을 목표로 해야 한다는 가이드라인을 제시.
85) 内閣府(2014. 6. 24), 「「日本再興戦略」改訂 2014」.
86) 経済産業省(2020. 9. 25), 「健康経営の推進の概要についてはこちら」, 온라인 자료(검색일: 2021.

경영을 경영전략 차원에서 적극 실천하는 우수기업을 '건강경영종목(健康經営銘柄)'으로 선정하는 제도를 도입하였다. 2021년에 48개 기업이 '건강경영종목'으로 선정되었다. 2017년에는 중소기업을 포함하는 모든 기업을 대상으로 '건강경영 우량법인 인증제도(健康經営優良法人認定制度)'를 도입해 운영하고 있다. 이 제도는 대기업 부문과 중소법인 부문으로 나누어 '일본보건회의(日本健康会議)'에서 우량법인을 인증하는데, 2021년 3월 현재 대기업 부문에서 1,794개사, 중소법인 부문에서 7,933개 법인이 인증을 받았다. 인증 획득 기업은 '건강경영 우량법인' 로고를 사용할 수 있으며, 지자체와 금융기관 등에서 다양한 혜택과 인센티브를 받을 수 있다.

일본은 특이하게도 기업지배구조 강화를 경제부흥전략의 하나로 채택하여 지배구조 개선을 통해 일본기업들의 공격적 경영을 뒷받침함으로써 글로벌 경쟁우위를 확보하도록 하는 ESG 정책을 실행하고 있다. 다양한 지배구조 가이드라인을 제시해 이사회의 독립성과 다양성, 사외이사의 전문성, 이사의 평가, 성과보수 도입, 준법감시와 감사제도의 운용 등과 관련된 기업지배구조 제도의 정비와 개선이 이루어지도록 하고 있다.

기업의 지속적 성장과 중장기적 기업가치 향상을 위해 금융청과 도쿄증권거래소는 2015년 3월 5일 '기업지배구조코드'를 공표하여 상장기업이 준수해야 할 다섯 가지 지배구조 원칙을 제시하였으며, 이와 관련된 상장규정을 개정하였다. 5개 기본원칙은 '주주의 권리 · 평등성의 확보','주주 이외 이해관계자와의 소통','적절한 정보공시 및 투명성 확보','이사회 등의 책무', 그리고 '주주와의 대화'이다.

이 '지배구조코드'의 특징 중 하나는 연성규범(soft law)인 '준수 또는 설명(comply or explain)' 원칙을 따른다는 것이다. 이는 기업이 자신에게 적합한 지배구조를 선택할 수 있는 재량권을 부여하는 것으로, '지배구조코드'에 제시된 모든 원칙을 준수할 의무는 없으나, 준수하지 않는 경우 왜 준수하지 않는지를 필수적으로 투자가에게 설명하여야 한다.

2018년 9월, 경제산업성은 2017년 3월에 발표한 '기업지배구조시스템에 관한 실무지침(CGS 지침)'의 개정판을 내놓았다.[87] 개정된 'CGS 지침'의 주요 내용은 사장 또는 CEO의 지명과 후계자 계획, 사외이사의 이사회 의장 역할수행의 의의와 이를 위한 환경정비 방안, CEO 지명위원회와 보수위원회의 독립성 확보와 활용방안, 사외이사의 자질과 배경 요건 및 활용방안, 상담역과 고문의 역할 등 구체적인 기업지배구조 구축 및 운용 방안을 담고 있다.

경제산업성은 사외이사의 역할과 자세, 구체적인 대처 방법, 기업의 사외이사 지원체제 구축 등의 우수사례를 소개하고 그 성과를 정리한 사외이사 지침을 2020년 7월 발표하였다. 일본 부흥전략의 하나로 기업지배구조 강화가 중요한 정책 수단으로 등장한 이후, 기업지배구조의 근본적인 변혁을 위해서는 핵심적으로 사외이사의 실질적인 역할 수행 및 기능 강화가 중요하다는 문제의식에서 별도의 사외이사 지침이 마련된 것이다. 본 지침은 회사법 및 '기업지배구조코드'의 제정 취지를 바탕으로 실무적인 관점에서 사외이사의 역할과 대응을 다룬 지침으로, 사외이사에게 기대되는 기본적 역할을 정리하고, 그 역할을 완수하기 위해서 필요한 구체적인 대응 방법과 기업 측의 지원체계에 대한 모범사례들을 소개하고 있다.

일본 금융청은 2021년 6월 11일, '기업지배구조코드 및 투자자 · 기업 간 대화 지침'의 개정안을 발표하였는데, 개정된 가이드라인은 이사회의 원활한 기능 수행방안, 기업 핵심인력의 다양성 확보, 지속가능성 과제에 대한 대응방안, 도쿄증권거래소의 프라임시장 관련 지배구조 과제 등의 내용을 담고 있으며 주요 내용은 다음과 같다.

기업의 이사회와 관련하여 프라임시장의 상장기업은 독립 사외이사를 3분의 1 이상 선임하여야 하며, 지명 · 보수위원회를 설치하여야 한다. 지속가능성 대응 차원에서 TCFD 권고안 또는 이와 동등한 국제적 프레임워크에 근거하여 기후변화 공시의 양적 · 질적 내실화를 기해야 하고 지속가능성에 대한 기본 방침을 수립하고 회사

---

87) 経済産業省(2018. 9. 28), 「「コーポレート · ガバナンス · システムに関する実務指針」(CGSガイドライン)の改訂版」, 온라인 자료(검색일: 2021. 8. 25).

의 대응활동을 공시하여야 한다. 기업 핵심인력의 다양성 확보를 위해 측정 가능한 목표를 설정하고 인재육성 방침 · 사내 환경정비 방침을 그 실시 현황과 함께 공개하여야 한다.

지침에서는 '다양성 경영'을 위해 기업 CEO의 강한 리더십이 필요함을 강조하며, 기업이 지속적으로 실천해야 할 일곱 가지 행동원칙과 이에 대한 구체적 사례를 보여준다. 또한 기업의 다양성을 평가할 수 있는 핵심성과지표(KPI)들을 소개하고 이를 사업보고서 등에 공개하도록 하였다. 공개해야 할 KPI의 예로서 이사회의 여성 및 국제인재 비율, 사외이사 비율, 이사회 구성원이 보유한 기술 포트폴리오 현황, 이사 및 감사에 여성과 국제인재가 없는 경우 그 사유와 충원목표를 달성하기까지의 인재육성 계획 등이 있다. 또한 채용 시 여성 비율, 채용 시 남녀 경쟁률, 남녀의 평균 근속기간 차이, 성별의 육아휴직 취득률, 전체 및 남녀별 이직률, 남녀별 재고용 또는 중도채용 실적, 다른 직종이나 고용 형태의 남녀별 전환 실적 등도 공개해야 할 항목으로 제시되어 있다. 수치적인 다양성 활동 결과를 나타내는 항목 이외에, 그 결과에 이르기까지의 경영 방침과 구체적인 활동도 공개하도록 강조하고 있다.[88)]

2) 민간기업 사례

미쓰비시상사는 2018년에 마련한「중기경영전략 2021」에서 사업을 통해 경제 · 사회 · 환경의 세 가지 가치를 동시에 실현한다는 방침을 표명하였다. 사회·환경 과제는 위험인 동시에 사업기회라는 인식 아래 경제 가치뿐만 아니라 사회·환경 가치의 동시 창출이 자사의 지속적 성장을 위해 필요 불가결하다고 파악하고 있다. 사업을 통한 사회·환경 가치 창출을 지속가능성(sustainability)이라고 정의하고, 기부를 통한 사회공헌활동(CSR)과는 구분하고 이를 위해 지속가능성 중요과제(materiality)를 설

88) 대외경제연구원, (2021) p 104.

정·대응하여 사회의 요구와 기대에 부응하고 UN의 지속가능발전목표(SDGs)의 달성에도 공헌하고자 한다.

미쓰비시 상사는 저탄소사회 이행, 지속가능한 조달·공급 실현, 지역과제 대응과 해결책 제공, 차세대사업을 통한 사회과제 해결, 자연환경 보건, 지역·커뮤니티와의 공생, 매력적인 직장 실현– TCFD 기준에 따른 정보공시 확충, 정부·업계 등 외부 이해관계자와의 적극적인 대화 실시, UN 글로벌 콤팩트 지지(2010년), WBCSD참가 등 7대 중요과제로 추진하고 있다.

미쓰비시상사의 지속가능성·CSR부장은 2018년 TCFD 멤버로 참여하고 지속가능 발전을 위한 세계경제인회의(WBCSD)에 1995년부터 참가하고 2016년부터 직원을 파견해 기업의 SDGs 대응 관련 정보교환을 추진하고 있다, 지속가능성은 이사·담당 임원(지속가능성 및 CSR)이 관장하며, 지속가능성·CSR부서가 방침·시책을 기획·입안, 연간 2회를 목표로 지속가능성·CSR위원회에서 토의한 후 사장 및 이사회에 부의·보고되는 체제를 구축하고 있다.

또한 '지속가능성 자문위원회' 운영하고 있다. NGO, 국제기구, ESG 투자분야 등 각 이해관계자의 폭넓은 시점을 대표하는 외부전문가 6명으로 구성된「Sustainability Advisory Committee」를 담당임원의 자문기관으로 설치하고, 지속가능성 대응에 대해 조언을 받고 있다.

미쓰비시상사는 2017년부터 ESG 통합보고서를 발표하였다. 2017~2019년에 ESG 정보를 포함한 통합 보고서, 홈페이지웹 등으로 공개(「ESG데이터북」)했으며, 2020년부터는 기존 ESG 내용을 유지하면서 지속가능성 부분을 확대한「지속가능성 보고서」(Sustainability Report)를 발행하고 있다.[89)]

89) 코트라, 일본의 ESG 대응 전략 분석과 시사점, 2021.

3) 일본 우정그룹(Japan Post Group)

일본 우정그룹은 일본 우편(Japan Post)과 일본 우편은행(Japan Post Bank), 일본 우편 보험(Japan Post Insurance)으로 구성되어 있는 그룹으로 민영화를 진행 중이지만 아직도 정부부문이 33.33%를 보유하고 있는 공기업이다. 일본 우정그룹은 ESG 경영에 있어서도 선도적인 역할을 수행하고 있다. 일본 우정그룹은 2020년에 새로운 ESG 위원회를 만들었고 경영진 중 여성 비율을 높이는 조치를 취했다. 2019년에 비해 2031년까지 온실가스 배출량을 46% 줄이기로 하였고 2050년에 Net-Zero를 달성하도록 목표를 세우고 있다. Scope 1, 2, 3 배출량을 계산해 발표하고 있다. 또한 고객들을 위하여 전기차 충전소를 설치하고 태양광 발전설비를 설치하고 있다.

일본 우정그룹의 지속가능 경영의 원칙은 1. 지역사회와 함께, 2. 지구와 함께, 3. 사람과 함께인데 JP Vision 2025를 통하여 사회를 재활성화시키고 환경을 보전하는 지속가능경영을 추진하고 있다. 그리고 2030년까지 본부의 여성관리직 비율이 30%이 되도록 할 것이며 또한 유엔의 지속가능목표 SDGs에 초점을 맞추어 ESG 경영을 하고 있다.

사회의 측면에서는 100세까지 지원한다는 개념으로 건강관리 서비스를 지원하고 다음 세대를 위한 교육을 지원하고 있다. 또한 지역사회에 자금이 흘러가도록 하는 상생경영에 힘쓰고 있다. 또한 온실가스 배출을 줄이고 재난피난 시설을 건축하여 주고 재생에너지를 도입하고 새로운 기술개발로 탄소배출을 감소시키는 것을 ESG 경영의 목표로 하고 있다. 에너지 소비를 줄이는 목표를 설정하고 이를 따르고 있다. 종이 없는 업무환경와 물자 재사용 정책을 채택하고 있다. 이 회사의 이해관계자는 소비자, NGO, 공급망 속의 공급자, 주주와 투자자 지역사회와 고용인이다.

대외적으로는 UN Global Compact에 적극 참여하고 TCFD 공시에 적극적으로 찬성하여 지지하고 있다. 지속가능위원회를 두어 ESG 경영을 돕고 있는데 1년에 4번 회의를 하고 있고 그 결과를 이사회에 리포트하고 있다. 이사회 산하 위원회로는 후보추천위원회(4명 3명 비상임이사)가 2번 열리고 감사위원회(3명 모두 비상임이사)는 20회 열렸으며 보상위원회(3명 비상임이사 2명)는 6회 열렸다, 이사회는 총정원이 20명인데 현재 13명이며 그중 9명이 사외이사이다. 3명은 여성이고 1명은 외국인이다. 이사회는 2021년에 총 14회 열렸다. 이사회의 효율성에 대하여 이사들이 자체 평가를 한다.

일본 우정그룹은 이사회 중심의 경영을 하고 있다. 그래서 이사들의 활동을 지원하기 위한 시스템을 갖추고 있고 교육훈련도 시키고 있다. 그룹 전체의 내부통제 시스템과 리스크 관리시스템을 가지고 있고 금융리스크나 판매리스크 등 10개의 리스크 종류를 만들어 관리하고 있다. 인권에 대한 정책을 공시하고 있고 사이버안전 조달정책 이해상충 정책들을 공시하고 있다. 또한 비정규직의 수, 신규고용 수, 지역별 고용 수, 육아휴직, 가족돌봄 휴가, 초과근무 감축 등의 데이터와 산업재해율과 질병률 등을 공시하고 있다. 특이하게도 지속가능보고서에 대하여 Rikko University 교수가 검증의견을 제시하고 있다.

공공기관과 ESG 경영

CHAPTER 09

1. 공공부문의 ESG 경영

이러한 민간으로부터 시발된 ESG 운동이 ESG 경영으로 확산되고 있다. 이러한 움직임은 최근 민간기업뿐 아니라 공공기관으로도 확산되고 있어[1] 한국의 공공기관 경영평가에도 반영되고 있다. 그러나 한국의 공기업과 준정부기관은 ESG 경영에 있어서도 선도적인 역할을 하며 민간기업의 변화를 유도해야 함에도 불구하고 제대로 된 ESG 경영전략이 수립되지 못하고 있는 것이 현실이다.

한편 공공부분의 ESG의 세 영역은 민간기업과는 이론적으로 다른 측면을 가지고 있다. 영리를 목적으로 하는 민간기업의 경우 지배구조(G)의 핵심은 주인인 주주의 이익을 극대화하는 것이다. 그래서 이사회의 구조나 이사의 임명들은 주주총회를 거치게 되어 있고 이사회가 지배구조의 핵심을 이루고 있다.

그러나 공공부분의 공기업은 민간기업과 유사한 측면이 있어서 민간회사와 같이 주주의 이익을 추구하지만 한편으로는 국가라는 주주의 요구사항인 공공성과 정책목표라는 목표도 추구해야 한다. 그리고 비영리기관인 준정부 공공기관의 경우 지배구조는 국민의 이익을 추구한다는 목적에 맞추어서 설계되어야 한다. 그러나 많은 경우 공기업이나 공공기관의 지배구조는 국가나 지방자치단체, 그리고 정치권과 NGO등의 개입이 강하게 작용하고 있어 경영효율성을 저해하고 있고 지배구조의 독립성이 이루어지고 있지 않다. 특히나 민간의 지분참여가 허용되는 공기업의 경우에도 국가나 정치권의 개입으로 이사회의 독립성이 보장되지 못하고 의사결정의 자율성이 없어서 경영상의 난맥상을 보이고 있는데, 대표적인 예로 누적적인 적자에도 전기요금을 인상하지 못했던 한국전력을 들 수 있다. 즉 전기의 공급가격이 인상됨

---

1) 공공기관을 어떻게 정의해야 하는가도 어려운 문제이다. 공공부문이라고 함은 국가나 지방정부를 포함하는 개념이고 공공기관은 한국식 정의를 사용한다면 공기업과 준정부기관 그리고 기타 공공기관이라고 분류할 수 있을 것이다. 본 연구는 정부나 지방정부를 제외한 공공기관을 다루도록 하겠다. 또한 공공기관은 민간과 소유를 나누고 있는 공기업과 정부가 100% 소유한 준정부기관이 있다. 본 연구는 국민경제에서 차지하는 비중이 커서 중요한 공기업을 대상으로 주로 ESG 경영을 다루도록 하겠다. 실제로 공기업과 준정부기관의 차이는 지배구조 차이이다.

에 따라서 전기요금을 인상해야 함에도 불구하고 정부의 관여로 인하여 전기요금을 동결하고 있어 막대한 적자를 기록하고 있는 것이 현실이다. 따라서 어떻게 지배구조를 구성해야 하는 가가 공공부분의 핵심적인 요소이다.

사회분야(S)의 경우 보편적인 인권과 노동 그리고 고객과 협력회사, 사회공헌등의 크게 네 부분은 크게 민간과는 다르지 않으나 민간기업보다 사회적 가치를 더 반영해야 한다는 측면에서 차별이 된다. 그러니까 공공부분은 민간 기업에 비하여 더 많은 사회적 가치를 추구해야 하는 것이다. 그것은 공공부분 자체가 사회적 가치나 사회적 효용의 증가를 위해 설립된 것이기에 그 설립목적 자체가 사회적 가치 추구이기 때문이다. 또한 부패방지라는 문제가 공공기관에서는 더욱 더 중요하게 작동한다. 왜냐하면 공공기관의 경우 주주라는 주인이 없기 때문에 더욱 더 부패에 노출되기가 쉽기 때문이다.

환경(E)의 경우는 공공부분의 주요 사업이 무엇인가에 따라 처한 입장이 다를 수 있다. 예를 들어 환경공단 같은 경우 주요 사업 자체가 환경보전이기 때문에 환경의 중요성이 100%라면, 발전자회사의 경우 석탄을 사용해서라도 발전을 해서 전기를 공급하기는 것이 주요 사업이기 때문에 발전자회사의 환경에 대한 관심은 다르다. 하지만 전 세계적인 기후변화에 대응하기 위해 탄소배출량을 감소시키고 재생에너지 사용을 증가시키며 폐기물 배출을 줄이는 등의 사업에 공공부분이 앞장서는 것은 반드시 필요하며 또한 실행에 있어서도 모범이 되어야 한다. 특히 2050년까지 순 탄소배출량을 제로로 만든다는 Net-Zero가 대부분의 선진국 공공기관들이 채택함으로써 공공기관들의 목표로 중요하다.

결국 공공기관의 ESG의 중요한 강조점은 공공부문에 적합한 지배구조의 확립과 사회적 가치를 더욱 증진시키는 것과 기후변화에 대처하는 일에 있어서 선도적인 역할을 수행해야 하는 것이다. 정혜섭(2021)은 "공공기관이 업의 특성에 맞게 어떤 부분을 ESG 가치와 접목할지, 이를 위해 기관 내 생태계를 어떻게 변화시켜 나갈지 내부에서부터 치열한 고민이 우선시 되어야 하며, 공공기관은 국가 인프라를 담당하기 때문에 환경(E)분야에서 선도적 역할을 수행하고, 업의 특성과 차이를 고려한 사회적가치 실현(S)을 추구하면서 솔선수범하여 민간영역으로 확산하는 책무를 담당해야 한다고 주장한다.[2] 태생적으로 기관의 성격과 활동 방향이 결정된 공공기관에서는 ESG 경영 대응방식에서 각각의 특성을 가질 수밖에 없다고 주장한다."[3]

2. OECD 공기업 지배구조 가이드라인[4]

OECD에서는 좋은 지배구조의 확립을 위해 기업지배구조 가이드라인과 공기업 지배구조 가이드라인을 발표했다. 비록 이름은 구별되어 있지만 실질적으로 내용은 동일하다. 따라서 본 장에서는 가장 최근에 발표된 공기업지배구조 가이드라인을 살펴보도록 하겠다. '공기업 지배구조 가이드라인'을 2005년 제정 발표하여, 2015년에 개정되었다. OECD 주요 회원국의 공공기관들은 상당부분 OECD의 공기업 지배구조 가이드라인을 적용받아 따르고 있는 추세다.

OECD의 공공기관 지배구조 가이드라인은 2015년에 개정되었다. 이 가이드라인의 주요 내용을 살펴보면 복잡한 책임(주인–대리인)관계의 체계화, 공기업 경영의 자율성 확보 및 정부개입 배제, 이사회의 독립성 확보 및 책무의 자율적 수행 등의 내용을 담고 있다.

또한 공기업 내부 준법 감시 프로그램의 개발과 활용, 효율적인 내부 감사절차 개발 및 내부감사 기능 확립, 공기업 성과에 대한 이사회의 궁극적 책임 확보, 이사회의 객관적이고 독립적 판단을 위한 이사회 구성의 적절성, 공기업 이사회 성과에 대한 평가 실시 등을 포함하고 있다.

---

2) 정혜섭, 공공기관의 ESG 가치 실현을 위한 노력, 월간 HR Insight 2021, 4월호.

3) 손수득외, 공공기관의 ESG 지배구조(G) 추진 전략: 대한무역투자진흥공사 사례를 중심으로, 서비스경영학회지 제22권 제5호 2021년 12월 p 163,

4) 기본적으로 이 가이드라인은 공기업을 대상으로 하는데 만약 정부가 50% 이상 소유권을 가지지 못한 공기업의 경우에도 그 공기업은 OECD 기업지배구조 가이드라인을 따라야 한다.

이 가이드라인에서 제시된 권고사항에 따르면, 이사회와 기관장, 내부감사제도 등에 대한 내용을 포괄하는데, 그중에서도 이사회 관련 사항이 큰 비중을 차지한다. 이사회의 독립성 확보 및 책무의 자율적 수행이 핵심 내용이다.

'공기업 지배구조 가이드라인'을 제정을 주도한 것은 OECD 이사회다. 이사회의 지시를 받은 실무 그룹은 2004년 10월 초안을 발표한 후 각국의 공기업 경영관리 총괄기관, 의회, 지배구조 전문가, World Bank, IMF 등 국제기구의 의견을 수렴하여 2005년 3월 가이드라인(안)을 확정하였다.

이후, 4월 OECD 이사회가 이를 공식 의결하고 대외 공표하였다. 위와 같은 과정을 거쳐 발표된 OECD 가이드라인은 그 뒤 민간기업을 대상으로 한 'OECD 기업지배구조 원칙(OECD Principles of Corporate Governance)'이 탄생하는데 토대가 되었다.

2001년 엔론 등의 대형 회계부정 사건과 같은 기업경영 부정행위가 발각된 이후, OECD는 시장 자본주의의 건전성 확보 및 투자자 보호라는 차원에서 기존의 기업지배구조 원칙을 개선할 필요성을 절감하게 된다. OECD는 기존의 기업지배구조 원칙을 수정·보완하여 새로운 원칙을 만들었다. 개선된 OECD 기업지배구조 원칙은 기존에 비하여 주주의 권리를 강화한 것이 특징이었다. 실제 OECD 기업지배구조 원칙은 비록 의무사항이 아니지만, 기업들이 국제적으로 준수하여야 할 최소한의 규범을 담고 있기 때문에 국제법보다 오히려 더 강력한 규제수단으로 작용할 것이란 전망이 나왔다. 특히, IMF나 세계은행 등이 OECD 기업지배구조 원칙을 회원국에 대한 정책권고로 활용할 경우 사실상의 구속성을 가질 것으로 파악되었다.[5)]

기업지배구조 모범규준은 전문을 포함하여 주주, 이사회 감사기구, 이해관계자, 시장에 의한 경영감시와 권고사항으로 이루어져 있다. 우리나라 기업지배구조에서도 가장 취약한 부분으로 평가되었던 이사회 운영과 기업에 대한 감사기구 등이 중

5) 이성봉·이형근, OECD 기업지배구조 원칙의 제정과 한국경제에 대한 시사점, 1999.

점적으로 다루어졌다.

주주의 권리 강화, 사외이사 선임의무비율의 확대 및 독립성 강화, 감사위원회제도의 도입, 공시제도 강화 등을 골자로 하는 기업지배구조 모범규준은 주주자본주의 모델의 기업지배구조를 기초로 이해관계자 자본주의 모델을 보완적으로 수용한 것이다.

투자자의 역할, 이사회의 독립성 제고, 그리고 사회적 책임을 강화하는데 초점을 두었는데, 이러한 내용은 2005년 공기업 가이드라인에서도 그대로 반영된다. 2005년 가이드라인이 발표되고 10년 후, OECD는 새롭게 업데이트된 공기업 지배구조 가이드라인을 제시하였다.

2015년 가이드라인은 국가소유권 관련 부분의 신설, 공기업의 설립 및 유지에 관한 명확한 근거 제시, 공기업 효율성에 관한 기준 명확화, 공기업의 특수성 관련 부분 명확화 등을 골자로 한다. 이처럼 2015년 가이드라인은 정부가 시장 혹은 공기업 운영에 개입할 때 필요한 책임성 확보와 관련된 사항을 제시하고 있다.[6)]

2015년 가이드라인 구성을 살펴보면, 총 6개 장으로 구성되었던 2005년에 비해 1개 장을 추가해 더 세분화되었다. 그 구성을 보면 ① 국가소유권에 대한 근거 ② 소유주로서 국가의 역할 ③ 시장에서의 공기업 ④ 주주 및 기타 투자자들에 대한 공평한 대우 ⑤ 주주관계와 책임경영 ⑥ 공시와 투명성 ⑦ 공기업 이사회의 책임 등이다.

2005년에 비하여 변동된 내용을 검토하면 다음과 같다. 우선 소유권 관련 내용을 구체화하였다. 국가는 일반 대중의 이익을 위해 공기업에 대한 소유권을 행사하고 국가는 국가의 소유권을 정당화할 만한 목표들을 신중히 평가하고 공개해야 하며 반복적으로 검토해야 한다고 규정하고 있다.

또한 시장에서의 공기업의 역할 중 공기업과 민간기업의 공정한 경쟁을 강조하고 있다. 시장기능의 작동을 보장하기 위하여는 공기업의 경쟁 중립성이 보장되어야

6) 박정수, 이민창. "[2015년 국가소유기업의 기업 지배구조에 대한 OECD 가이드라인]의 정책적 시사점." 서울행정학회 학술대회 발표논문집 2016.1 (2016): 253-273.

한다는 것이다.

완전한 국가 소유가 아닌 공기업에 다른 주주들이 있는 경우 모든 주주에게 동등한 권리를 보장해야 한다. 이것은 정보에 대한 접근성을 보장하고 주주총회 의결권 행사 시 차별이 없어야 함을 의미한다.

또한 공기업은 높은 수준의 투명성을 준수하고 상장기업과 동일한 수준의 회계, 공시, 준수 및 감사기준을 적용받아야 한다. 공기업의 이사회는 필요한 권한, 역량, 객관성을 가지고 전략적 방향설정과 경영에 대한 감시를 수행하여야 한다. 이사회는 신의성실의 원칙 아래 그 행동에 책임감을 가져야 한다.

공기업 임원의 임면, 경영목표 설정, 경영공시 등의 이슈는 주무부처가 공공기관에 대한 정책 규제 기능에 입각하여 통제권을 행사하는 점에서 이중구조로 인한 여러 문제점을 안고 있다.

따라서 공공기관, 주무부처, 공기업운영위 등의 상호 관계를 재검토할 필요가 있다. 이러한 문제를 해결하기 위해 정부의 역할은 제한적이고 사후적인 것이 바람직하다. 이것은 소유권에 대한 근거를 확인해야 한다는 측면에서 바람직한 방향이다.

그런데 이러한 방향은 한국에서는 여전히 어려운 숙제다. 현실적으로 진행 중이거나 예정인 국책 사업의 경우 투자 및 부채 관리 등이 사전통제 방식으로 이루어져서 OECD가 권장하는 자율경영과는 거리가 멀기 때문이다.

한편 공기업 또한 이해관계자들과의 건설적 관계정립을 위하여는 정기적인 보고서 발간이 필요하다. 연차보고서 형식으로 지속가능경영보고서를 민간기업들처럼 발간하는 것이 바람직하다.

공기업 지배구조의 개선을 위해선 결국 현존 제도의 실효성을 높이는 한편 소유권 주체인 정부 부처와 조정기관이 회사 직무를 수행하는 이사회에 대한 견제 기능을 재설계하는 게 필요하다.

공공기관 지배구조에 대한 최근 논의는 국가 소유권 정책프레임과 경쟁 중립성으로 세분화되는 특징을 보이고 있다. 경쟁중립성에 대한 논의는 2010년대 이후

OECD를 중심으로 지속적으로 확대되어 왔다. 경쟁중립성에 대한 강조는 세계 각국 기업의 글로벌 경쟁이 심화 속에서 각국 공기업의 특혜에 대한 다른 국가들의 우려를 반영한 것이다.

가이드라인의 이론적인 근거는 주인-대리인 문제이다. 공공기관의 경우 주인인 국민은 공공기관 관리를 정부에 위임한 셈인데, 이 과정에서 정치인이 매개하고 정부는 다시 그것을 경영자에게 위임한다.

이런 다단계적인 복층구조는 대리인들의 사익추구가 용이한 것이 문제다. 주인-대리인 문제는 정보의 비대칭성으로부터 나오는데, 복층 대리인 구조는 이를 더욱 심화시킬 수 있기 때문이다.

OECD는 지배구조 가이드라인 덕분에 세계 각국이 공기업 지배구조 개혁에 주요한 메시지와 교훈을 얻었으며 공기업 이사회 운영 등을 개선하기 위한 작업을 용이하게 하고 있다고 자평하고 있다. 하지만 OECD 가이드라인은 여전히 몇 가지 쟁점을 안고 있다.

우선, OECD 가이드라인은 공기업과 민간기업이 본질적으로 차이가 없다고 파악한다. 둘째, 공공기관을 규제하는 법·제도가 공공성을 확보하기 위한 것이 아니라 공정한 시장경쟁을 보장하기 위한 것이라고 본다. 셋째, 주인-대리인 이론에 기반한 주인-대리인 관계를 전제로 하는데 과연 이 이론이 공공부문에도 적합한지 의문이 남는다.

이처럼 신공공관리론의 관점을 견지하고 있는 OECD 가이드라인은 한국에도 쉽게 수용됐다. 외환위기 직후인 2000년대 초반 한국의 공기업 지배구조 개편 논의를 주도했던 기획예산처 관료들과 학계의 공공부문 개혁정책은 OECD의 시각과 거의 일치했다. OECD 가이드라인이 한국 공공기관 지배구조 개편 논의에 미친 영향을 정리해 보면 다음과 같다.

1) OCED 가이드라인은 2005년과 2015년 버전 모두 공통적으로 소유권 행사기관의 명확화와 기능 정립을 강조하고 있다. 국가의 공기업에 소유권 행사 기능과 산업정책 기능의 분리를 바탕으로 공기업 지배구조를 설계해야 한다는 것이다. 하지만 우리나라는 소유권 기능을 행사하는 기관인 공운위가 기획재정부에 종속되면서, 기획재정부의 권한이 너무 커진 측면이 있다. 기획재정부는 인사관리와 예산권한을 통하여 공공기관에 대해 이미 절대적인 권한을 행사하고 있다. 여기에 소유권 행사까지 좌우할 수 있는 관리체계가 마련되었다. 이는 공공기관 지배구조 측면에서 부정적인 측면으로 볼 수밖에 없다.
2) OECD 가이드라인은 공기업에 사전적 자율성을 전제로 사후적 평가를 통해 책임성을 높이는 전략을 취하고 있다. 이에 반해, 우리나라의 경우에는 총인건비제도나 증원심사제도 등과 같은 투입자원에 대한 사전적 통제기능에 의존하고 있다.

   정부 재정이 투입되는 공공기관의 무분별한 조직팽창과 방만한 예산운영을 차단한다는 명목으로 공기업과 준정부기관을 통합적으로 관리하면서 공공기관의 자율성을 제약하고 있는 것이다. 경영지침, 인사지침, 예산지침 등에 의한 개입은 물론, 경영효율화와 관련한 각종 사항들을 평가지표화하여 사실상 공공기관에 대한 일상적인 경영 간섭을 제도화하고 있는 것이다. 이 과정에서 공공기관 경영평가는 사실상 사전적 통제의 강력한 보조수단으로 활용되고 있다. 이는 공공기관에 대해 사전적 자율성을 부여하는 OECD 가이드라인의 권고 내용과 괴리된다.
3) OECD 가이드라인은 이사회 중심의 공기업 지배구조 구축을 강조하고 있다. 하지만 우리나라는 독립성이 확보된 이사회 중심의 공공기관 지배구조 구축을 위해 비상임이사 및 감사를 활용한 감독체계가 강화되어야 한다는 권고는 사실상 무시되고 있다.

4) OECD 가이드라인의 원래 의도된 적용대상은 상업적 수익을 추구하는 '공기업'이었다. 이에 비해 우리나라는 이를 확장하여 정책사업을 위탁받거나 대행하는 '준정부기관'까지 포함하는 통합적 관리체계를 구축했다.

OECD 가이드라인은 공공정책 목적을 달성하기 위해서 운영되고 있는 공공기관에 대해서는 소유권 기능의 집중화를 요구하지 않았으나, 한국의 경우에는 준정부기관마저도 소유권 기능을 집중시켰다. 공기업과 준정부기관을 상이하게 관리해야 함에도 불구하고, 준정부기관에도 사실상 공기업과 동일한 지배구조나 관리방식을 적용하고 있는 것이다.

경영평가를 예로 들면, 준정부기관의 경영평가를 소유권 부처인 기재부가 주관하면서, 공기업의 평가모형을 기준으로 준정부기관을 평가하고 있다. 이로 인해 각 공공기관의 주무 부처들은 이들 기관의 소유권 정책에 해당하는 부분에 대해 관여하지 못하고 있고, 산업정책에 해당하는 경영평가의 주요 사업 범주에 대해서도 주도적인 역할을 수행하지 못하는 상황이다.

5) 2015년에 개정된 OECD 가이드라인은 이해관계자 중심의 관리모델을 일부 도입하는 등 국내 및 국제적 맥락에서 새롭게 등장하고 있는 문제들을 반영하고 있으나, 우리나라의 현실은 그러한 변화에서 여전히 동떨어져 있다.

OECD의 공기업 지배구조 가이드라인의 핵심 내용을 다시 요약하면 "정부가 주주로서의 권한 행사와 공기업의 경영에 영향을 줄 수 있는 정부의 다른 역할(특히 시장규제자로서의 역할)을 명확하게 분리"할 것과 아울러 "이원적 소유·지배권 배분 구조의 단순화, 영리추구 목적이 큰 공기업에 대해 시장규제 기능을 수행하는 주무부처의 개입을 최소화"를 권유하고 있다고 볼 수 있다.[7]

현재 진행되는 우리 정부의 공공기관 정책은 주로 사회적 책임과 이를 위한 ESG 경영 개선에 초점을 두고 있다. 이는 OECD가 강조하는 공기업의 자율

---

7) 박석희 외, 2012.

보장 및 책임경영과 다른 효과를 나타낼 수도 있다. 정부의 과도한 개입이 빚어질 우려가 크기 때문이다. 우리나라 공공기관의 근본 문제점은 적정수입을 보장 못하는 낮은 공공요금, 낙하산 인사, 공공기관에 대한 과도한 사전규제, 정치적 사업 수행 등이다.

이러한 것을 막을 수 있는 제도적 장치는 공기업의 자율 책임경영체제이고 그래서 공기업 내외부의 지배구조 개선 및 실질적 운영이 중요하다. 구체적으로는 임원 인사제도의 설계 및 운영의 탈정치화가 요구된다. 소유와 경영의 분리원칙에 입각하여 소유권 기능을 담당하는 정부기관 역할 구조의 재설계가 필요하다.

3. OECD 공기업 반부패 가이드라인(Anti-Corruption and Intergrity Guidelines for State-Owned Enterprises.)[8]

OECD의 연구에 따르면 공기업은 부패 위험에 노출될 가능성이 더 큰 것으로 나타났다. 국가가 소유하는 공기업은 중요한 계약 또는 대규모 공공조달 프로젝트를 통해 공공과 민간이 교차하는 채굴산업, 사회기반시설 등의 고위험 산업에 집중된다. 공기업의 부패 위험을 효과적으로 완화하기 위해서는 강력하고 책임 있는 국가소유권이 필수적이다. 이와 동시에 많은 국가에서 공기업은 필수 공공서비스를 지속적으로 제공하고 있다. 공기업의 부패에 따른 공공재원의 비용 증가와 잘못된 자원배분의 악영향은 공공기관에 대한 국민의 신뢰를 위험한 수준으로 약화시킬 수 있다.[9]

8) 김종훈, 공기업 반부패 가이드라인 제정 논의 동향, 2019.
9) Ibid.

많은 부패 문제는 기업지배구조 개선과 국가 소유권 행사 방법으로 해결할 수 있다. 일부 공기업은 경제적 목표를 갖고 시장에서 경쟁하고 있음에도 불구하고 여전히 정부기관처럼 운영되고 있다. 민간 기업에서 적용하는 모범사례로 삼을 만한 정교한 리스크 관리 제도와 규정준수 메카니즘을 도입한 공기업은 많지 않다. 또한 공기업은 고위 공직자나 기타 제3자의 부당한 개입을 받을 수도 있다.

'공기업 반부패 및 청렴 가이드라인(ACI Guidelines)'에 대한 OECD 이사회 권고문은 공기업의 청렴도를 제고하고 부패를 척결할 수 있도록 공기업의 소유권자인 국가를 돕는 데 목적이 있다. '공기업 반부패 및 청렴 가이드라인'은 기존의 'OECD 공기업 지배구조 가이드라인'을 보완하고 있다.[10]

'공기업 반부패 및 청렴 가이드라인(ACI Guidelines)'은 국가가 기업 소유주로서의 역할에서 'OECD 공기업 지배구조 가이드라인'에서 제시한 것과 유사한 4가지 기본원칙을 준수해야 한다는 조건하에 개발되었다.

첫째 원칙은 국가 소유권이 각각의 경제 행위자가 관련 법률에 따라 권한을 위임받고 행동해야 하는 규칙 기반의 경제적 환경에서 행사되어야 한다는 것이다. 둘째 원칙은 국가가 공기업의 완전한 경영 자율성을 보장해 줌으로써 소유권자인 국가와 공기업 경영진 간의 역할을 엄격하게 구분하는 것이다. 셋째 전제는 국가가 소유주로서의 역할을 규제, 정책수립 등 그 밖의 역할과 명확히 구분할 필요가 있다는 것이다. 넷째 원칙은 공기업이 국가와 가까운 관계라는 이유만으로 부당한 이득을 받아서도 안 되고 민간기업에 비해 과도한 규제와 통제의 부담을 받아서도 안 된다는 것이다.

공기업은 정치활동 자금조달 조성을 위한 도구로 이용되어선 안 된다. 이해충돌, 비전략적 또는 실무적인 정치개입 기회, 기타 국가의 과도한 영향력 행사, 정치인이나 정치적으로 연결된 공기업 이해관계자에 대한 지원 등을 최소화하기 위한 노력이

10) 조세재정연구원. 공기업 반부패 및 청렴 가이드라인 한국어판, 2020.

필요하다. 이를 위해 공기업 소유권 기능은 다른 정부 기능과 분리되어야 한다. 소유권 기능이 공기업과 관련된 다른 기능을 가진 부처에 부여된 경우 두 가지 기능을 분리할 수 있는 적절한 조치가 취해져야 한다.

빈부패 가이드라인에 따르면 공기업 이사는 이사회 전체, 개별 이사직 및 이사회 의장에 대한 명확하고 일관적이며 사전에 정해진 일련의 기준에 따라 개인의 청렴성과 전문자격에 근거하여 선임되어야 한다. 또한 이사 후보는 다양성, 신원 및 결격사유 조사와 필요한 경우 재산신고와 같은 미래의 잠재적 이해충돌 방지 방안을 포함하는 투명한 선임 절차를 적용받아야 한다.

또한 공기업 이사가 기업 이익을 위해 임무를 제대로 수행하고 이사회의 의사결정과정에서의 정치적 개입을 제한하기 위해 이해충돌을 관리할 수 있는 수단이 있어야 한다. 공기업 이사회의 성과와 독립성을 평가하고 효율성을 유지하기 위한 수단이 존재해야 한다. 특히 연임 횟수 또는 재임이 가능한 이사의 수를 제한하는 방법이나 개별 정보나 전문지식에 대한 이사의 접근을 제한하는 것이 그러한 수단에 포함될 수 있다.

국가는 이사회가 전문적인 기준에 따라 임명되어야 하는 최고 경영진과 기타 임원의 고용과 품행에 대한 엄격한 기준을 적용해야 할 것이라는 기대를 표명해야 한다. 이해충돌의 관리와 이와 관련된 공공과 민간 사이 행위자의 인사이동, 즉 일종의 "회전문 인사 관행(revolving door practices)"에 각별히 주의해야 한다.

반부패 가이드라인은 국가별로 공기업 개념이 상이하지만, 법률에 의해 사업체로 간주되는 모든 기업 실체 중 국가가 소유권을 행사하는 실체 모두를 공기업이라 정의하고 OECD가 2008년 채택한 형법상의 부패에 관한 국제기준을 동일하게 사용하여 부패를 개인적 이익을 위한 공적 또는 사적 지위의 남용이란 개념을 사용한다. 또한 청렴성을 개인적 이익에 우선하여 공적 이익을 우선시하는 공유된 도덕적 가치 내지 원칙·규범을 의미하게 사용한다. 그리고 다음과 같이 권고한다.

공기업은 공적 분야의 일부이면서 정부, 고위관료 및 법의 일반원칙에 의해 감독을 받는다. 그러나 자율적으로 행동하는 법적 실체이며 국가는 공기업의 청렴성을 강화하기 위해 높은 행동기준과 모범 관행을 마련해야 한다.

또 국가는 공기업의 성과와 청렴성에 관한 높은 기준을 보유하면서 불필요하게 공기업 활동에 개입하거나 직접적으로 공기업 경영을 통제해서는 안 된다. 공기업 소유자는 법률적 근거에 기초하여 공기업 소유권을 행사하여야 하며 공기업의 성과와 청렴성에 관한 높은 기준을 충족할 수 있도록 능력과 정보를 보유해야 한다.

국가의 공기업 소유정책은 공기업 청렴성을 증진하고 부패방지를 위해 공기업 내부에서 내부통제, 윤리와 준법수단을 통해 부패와 관련된 위험을 감지, 방지, 감축하기 위한 방안을 포함하여야 한다.

공기업의 임원진이 소유자인 국가로부터 공기업이 자율적으로 활동할 수 있도록 그리고 공기업 활동을 감독할 수 있도록 능력 있고 효과적인 사람들도 임명될 필요가 있다. 부패의 적절한 감지와 조사, 제재를 위한 절차의 핵심적 사항은 동 절차에 영향력을 행사하는 요소로부터 독립된 기구에 의해서 진행되는 것이다. 강력하고 투명한 외부감사절차는 재무적 정직성, 주주에 대한 정보 제공 등을 보장하기 위한 수단이다. 이와 같은 OECD 공기업 반부패 가이드라인의 제정안은 이 분야 최초의 국제규범이란 점에서 회원국 등의 공기업 청렴성 등을 평가하는 기준으로 작용할 수 있다.

4. 한국의 공공기관 ESG의 현황과 나아갈 방향

1) 한국 공공기관의 ESG 경영 현주소

우리나라 기업 중에서 2019년 기준으로 다우존스 지속가능성 지수인 DJSI World에 편입된 기업은 LG전자(주) 등 19개에 그치고 있고, DJSI Asia Pacific이나 DJSI

Korea에 편입된 공기업은 한국가스공사나 한전KPS(주), 한국전력공사에 불과하다.[11] 우리나라 상장 공공기관은 2019년 기준으로 한국전력공사 등 8개인데, 이들 기관 중에서 일부만 DJSI에 편입되어 있을 뿐이다. 그러나 2020년 지정된 공공기관은 340개나 되고, 이 중에서 공기업과 준정부기관의 유형으로 분류된 129개가 소유권 부처인 기획재정부가 실시하는 공기업·준정부기관의 경영평가를 받고 있다. 우리나라 공공기관의 ESG 경영의 현주소를 보여주고 있다.[12]

아직 한국의 공공기관의 ESG 경영은 답보상태이다. 특히 환경분야에서 Net-Zero 선언이나 RE100 그리고 SBTi 검증을 받거나 신청한 공공기관은 극소수에 불과하다. SK 그룹이 선도적으로 환경부문에서 ESG 경영을 선도하는 것과는 비교가 된다.

전체 63개의 RE100 선언기업 중 공공기관은 13개 불과하다.[13] 또한 넷제로를 위한 과학적 방법론인 SBTi에 가입한 공기업은 한국농수산물 유통공사뿐이다. 따라서 대부분의 주요 선진국의 공공기관들이 Net-Zero를 선언하고 RE100과 SBTi로 이것을 달성하려고 노력하는 것에 비하면 우리나라 공공기관은 아직도 본격적인 ESG 경영에 나서지 못하고 있다.

한편 사회부문은 2018년부터 시작된 공공기관 경영평가에서 사회적 가치의 비중이 증가하는 것을 통하여 상당히 발전을 이루었다. 그러나 아직도 임직원, 소비자, 공급망, 사회공헌 전반에 걸친 ESG 경영은 본격화되지 못하고 있는데 최근 경영평가에서 사회적 가치부문의 배점을 감소시키기로 결정을 하였다.

무엇보다도 한국 공공기관의 문제점은 바로 지배구조에 있다. 우선 이사회 중심의 경영이 아니라 기관장 중심의 경영이 문제이다. 또한 경영을 책임지는 공공기관의 기관장이 능력이나 전문성 위주로 임명되는 것이 아니라 연고나 선거에서의 공헌에 대한 보상으로 임명되나 보니 기관경영이 제대로 이루어지지 못하고 있다. 이러

11) 한국생산성본부 보도자료, 2019.9.14.
12) 라영제 "공공기관 사회적 가치 평가지표의 변화와 영향 분석", 한국부패학회보 제25권 제4호.2020.
13) https://www.k-re100.or.kr/bbs/board.php?bo_table=sub2_2_2&page=1

한 기관장을 견제하고 감시해야 하는 이사회의 이사들도 같은 이유로 임명되어 제대로 된 역할을 수행하지 못하고 있다. 또한 이들을 감시해야 하는 감사마저도 같은 이유로 임명되어 제대로 된 공공기관의 경영이 이루어지지 않고 있다. 최근 노동이사제의 도입은 이러한 상황을 타개할 수 있는 하나의 방안이지만 만약 노동이사의 경영전문성이 확보되지 못한다면 또 하나의 자리싸움이 될 뿐이다.

가장 최근에 발표된 정책은 공공기관의 ESG(환경 · 사회 · 지배구조) 공시 확대 정책이다. 기획재정부가 22년 2월 전체 공공기관에 배포한 '공공기관의 통합공시에 관한 기준' 개정안에 따르면 공공기관은 환경 · 사회 · 지배구조 각 부문에서 10개 항목을 공시해야 한다.

먼저 환경 부문에서는 기후 위기 대응을 위해 에너지 사용량, 폐기물 사용량, 용수 사용량 등을 4월부터 공시해야 한다. 환경법규 위반 현황에 대한 공시는 수시로 진행한다. 저공해 자동차 구매 · 보유 현황 공시는 7월부터 의무화된다.

사회 부문 공시는 7월부터 시작한다. 개인정보위원회의 공공기관 개인정보보호 진단 결과(개인정보보호), 기관의 인권 경영 체계 구축 및 이행 현황(인권경영), 중소벤처기업부의 공공기관 동반성장 평가 결과(동반성장 평가결과)를 공시해야 한다.

지배구조 부문에서는 자체 감사부서 현황과 청렴도 평가결과 공시가 신설됐다. 기획재정부는 공공기관의 윤리경영 강화를 위해 조직 자체적으로 반부패 · 청렴 활동 쇄신을 점검하는 것이 주요 목표라고 밝혔다. 기관 자체 감사부서 설치 및 운영 현황은 4월부터, 국민권익위원회 공공기관 종합청렴도 평가 결과는 7월부터 공시한다. 그러나 문제는 지배구조에서 중요하여 오히려 강조되어야 할 이사회 회의록이 공시항목에서 빠진 것이다.

2022년 2월에도 안전경영책임 보고서, 온실가스 감축 실적, 봉사 · 기부 실적, 중증장애인 생산품 구매 실적, 가족 돌봄 휴가 현황 및 사용자 수 등이 공시 항목에 추가되며 ESG 공시 확대가 한 차례 이루어진 바 있다. 그리고 지난 2월에 발표한 공시기준 개정안에는 경영평가 제도 개편도 포함돼 있다. 정부는 윤리경영 배점을

3점에서 5점으로 확대해 경영 평가상 윤리 · 안전 경영의 철저한 점검을 강조했다. 또 윤리 · 안전 평가를 확대하고 평가 오류를 차단할 수 있도록 다단계 검증 시스템을 도입했다. 앞으로 중대한 위법 · 위반 행위 적발 시 윤리경영 지표는 0점 처리된다.

정부는 지난해 안전경영 확보를 위해 공공기관 안전등급 평가제도를 실시했다. 올해부터는 이 평가 결과가 공공기관 경영 실적 평가 중 '재난 · 안전관리 지표'에 반영된다. 지표는 재난관리 시스템 구축, 사이버 보안, 안전관리 등급 결과 등으로 구성돼 있다. 이 중 안전관리 등급 결과에 최대 가중치를 부여할 예정이다. 안전관리 능력이 없는 시공사의 경우 공공기관이 발주하는 공사에 입찰이 제한되는 계약 특례도 올 1분기 내 승인될 예정이다.

공공기관도 최근 달라진 흐름에 맞춰 선제적으로 ESG 경영 확대에 힘쓰고 있다. 현재 대부분의 공공기관은 동반성장을 주제로 협력사와 함께 성장할 수 있는 방안을 고민 중이다. 특히 지역경제 견인을 위한 다양한 사업을 구상, 발굴하는 곳이 늘고 있다. 한국남부발전은 지난해 5월 발전사 최초로 ESG 경영위원회를 설립하고 ESG 경영전략을 수립했다. 하반기에는 K-ESG 가이드라인에 부합하는 전담 부서를 꾸리며 보다 적극적인 ESG 경영 내재화를 선언했다. 중소 협력기업을 지원하기 위해 한국표준협회, KSR인증원과 함께 'KOSPO ESG 상생 키움 프로그램'을 마련하기도 했다.

한국농수산식품유통공사(aT)는 지난해 4월 ESG 경영을 선포하고 ESG 경영 목표를 세웠다. 이후 공격적으로 각 교육청 · 시청과 ESG 관련 업무협약을 맺으며 저탄소 친환경 식생활 문화 확산, 로컬 푸드 소비 확대 등을 위해 노력하고 있다. 이 외에도 한국수력원자력, 코레일유통, 한전KDN 등 다양한 업계에서 ESG 위원회를 설치하고 추진 전략을 발표하는 등 공공기관의 ESG 경영이 빠르게 확산되고 있다.

하지만 한동숙 한국조세재정연구원 부연구위원은 〈공공기관의 ESG 도입을 위한 정책 방안〉 보고서에서 '아직 공공부문의 지속 가능 경영 준수를 유도하는 인센티브가 구체화되어 있지 않고 ESG 경영 방식을 기존 공공기관 경영평가 지표에 반영하는 수준에 그치고 있어 점차 확대가 필요한 상황'이라고 현재의 상황을 요약하고 있다.

2) 공공기관의 나아가야 할 방향

지금까지 공공기관의 ESG 경영의 벤치마크를 도출하기 위하여 주요 선진국 공기업의 ESG 경영사례를 살펴보았고 UN과 OECD의 각종 목표와 가이드라인, 그리고 이니셔티브를 연구해 보았다. 결국 공공기관의 ESG 경영이란 '유엔의 지속가능목표 SDGs를 OECD의 다국적기업 가이드라인과 공기업지배구조 가이드라인 그리고 반부패 가이드라인을 따라 추구하되 환경경영의 측면에서 2050 탄소중립을 RE100과 SBTi로 추구하고 지배구조는 이해관계자 중심 지배구조이론을 따르고 사회는 적극적 사회적 가치이론을 따르는 것을 의미하는 것'이라고 볼 수 있다.

〈그림 19〉 ESG와 지속가능개발목표의 연계

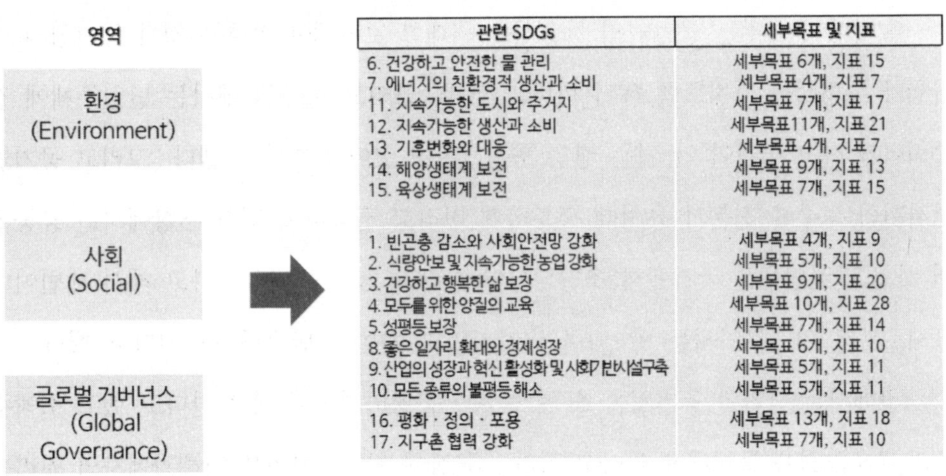

출처 : 손수득외 공공기관의 ESG 지배구조(G) 추진 전략: 대한무역투자진흥공사 사례를 중심으로, 서비스경영학회지 제22권 제5호 2021년 12월,에서 재구성

이러한 내용은 결국 우리나라 공공기관의 ESG 경영이 나아가야 할 방향을 제시해 주고 있다. 우선 공공기관의 경영목표와 미션은 유엔의 지속가능목표 중에서 선정되어야 한다. 앞에서 언급된 지속가능목표는 ESG에 정확하게 매핑될 수 있다.

이러한 17개의 목표 중 자신의 설립목적에 맞는 목표를 선정하여 경영목표를 선정하는 것이 선진 각국의 공공기관들이 ESG 경영의 목표를 선정하는 방식이다. 목표를 선정하였으면 지배구조 환경 사회의 각 분야별로 가이드라인을 따라 그것을 달성해야 한다.

(1) 지배구조

앞서 살펴본 공기업 지배구조 가이드라인의 주제는 ① 국가소유권에 대한 근거, ② 소유주로서 국가의 역할, ③ 시장에서의 공기업, ④ 주주 및 기타 투자자들에 대한 공평한 대우, ⑤ 주주관계와 책임경영, ⑥ 공시와 투명성, ⑦ 공기업 이사회의 책임 등 총 7개 장이다. 이 중에서 우리나라에 중요한 내용을 간추려 보면 다음과 같다.[14)]

제2장에서 정부는 공기업의 자율성을 최대한 보장해야 한다는 것과 공기업의 이사회가 독립성을 가지도록 해야 한다고 했다. 그리고 소유권 행사는 단일주체에 집중되어야 하고 이것이 안 되는 경우 조정기관이 있어야 한다고 했다. 그리고 공기업 이사회의 보수를 전문가 유치에 충분하게 하라고 권고하고 있다. 3장에서는 공공정책 사업 관련비용은 국가에서 조달되어야 한다고 했고 공기업이라고 해서 세법이나 규제로부터 자유로와서는 안 되며 민간기업과 차별을 받으면 안 된다고 했다.

4장에서는 국가와 공기업은 모든 주주를 공평하게 대우해야 한다고 했고 소액주주의 주총참석을 독려해야 한다고 했다. 제5장에서는 공기업은 이해관계자의 권리를 인정하고 그 관계를 보고해야 한다. 공기업은 정치자금 기부를 해서는 안 된다라고

14) OECD 대표부 공기업지배구조 가이드라인 관련 정책권고 이행현황 보고서 주요 내용, 2022.

권고했다. 제6장에서는 공기업은 모든 정보를 투명하게 공시해야 하는데 거기에는 소유구조, 의결권 구조, 이사진과 이사진의 보수, 이사들의 독립성 여부, 이사들의 자격요건들이 포함되어 있다. 또한 국가의 소유권 주체는 모든 공기업을 포괄하는 통합 연차보고서를 발행해야 한다고 했다.

제7장에서는 공기업 이사회가 궁극적으로 책임을 지는 형태가 되어야 하며 이사회는 최고 경영자를 임명하고 해임하는 권한을 가져야 하고 경영진 보수도 설정할 수 있어야 한다고 했다. 공기업 이사회는 객관적이고 독립적인 판단을 해야 하고 이사들은 자격요건을 갖추어야 한다. 독립된 사외이사는 기업, 경영진, 대주주 및 소유주체와 물질적인 이해관계나 인간관계로부터 자유로워야 한다. 이사회 의장은 최고 경영자와 분리되는 것이 바람직하다. 근로자 이사제도가 있으면 그 이사는 전문성, 정보력, 독립성을 가져야 한다고 되어 있다. 그리고 이사회 산하에 특별위원회를 두는 것이 좋으며 이사회도 평가를 받아야 한다. 그리고 감사위원회등의 효율적인 내부감사체제를 갖추어야 한다고 했다.[15)]

그 다음은 OECD 반부패 가이드라인이다. 공기업은 지배구조의 취약성 때문에 방만경영의 우려도 높고 또한 뇌물 등 부패사건이 발생하기 쉽다. 그래서 OECD 반부패 가이드라인은 다음과 같이 권고하고 있다.

공기업은 정부에 의해 감독을 받는 자율적으로 행동하는 법적 실체이며 국가는 공기업의 청렴성을 강화하기 위해 높은 행동기준과 모범 관행을 마련해야 하는데 사전에 결정된 효율성 청렴성의 원칙과 기준에 의하여 고용 유지 퇴직 등의 절차를 밟아야 한다. 그리고 소유권 기관은 이해충돌 방지 규정을 가지고 공기업의 임직원들을 통제해야 한다. 그리고 내부자 거래를 방지하기 위하여 민감정보 취급규정이 있어야 한다.

소유권 주체는 국회에 공기업에 대한 책임을 져야 한다. 또한 공기업이 외국이나

15) 박한준, OECD 공기업지배구조 가이드라인. 2015년 개정판.

자국의 뇌물수수의 수단이 되지 않도록 해야 하고 정치자금의 조달활동에 이용되지 않도록 해야 한다. 소유권 행사는 단일 주체에 의하여 행하여지도록 해야 한다. 공기업의 소유권은 다른 정부 기능과 분리되어야 한다.

국가는 국가의 투자, 지분매각, 인적자원관리, 재화 및 서비스의 조달, 이사회 및 경영진의 보수, 이해충돌, 정치 기부금, 급행료, 청탁 및 공갈, 편마주의, 연고주의, 정실인사, 기증품 수수, 환대 및 접대, 자선기부와 후원금의 고위험 영역에 대하여 반부패 및 청렴에 대한 목표와 기대치를 파악하고 명시해야 한다. 정부는 투명하고 일관된 방식으로 공기업에 대한 재정지원을 공시해야 한다.

국가는 공기업의 경영진이 위와 같은 리스크를 관리하기 위한 리스크 관리제도를 도입해야 한다. 리스크 관리를 책임지는 공기업 임원은 충분한 권한을 가지며 다른 업무와 분리되어야 한다. 공기업은 이러한 청렴에 관련된 문제와 리스크를 국민에게 공개하여야 한다. 이러한 공기업의 청렴기제는 공급망에도 적용되어야 한다. 이러한 청렴도는 경영진과 분리된 이사회에서 모니터링해야 한다.

또한 정치인은 공기업 이사회에 참여해서는 안 되고 공무원도 자격요건과 공익 및 사익충돌 방지요건이 충족되는 경우에 한해 이사회에 참여할 수 있다. 그리고 비상임인 독립적인 이사가 이사회에 있어야 한다. 이사는 전문자격과 청렴성에 의하여 선임되어야 하고 이해충돌 방지 절차를 거쳐야 한다. 그리고 민간과 공공을 오가는 회전문 인사(revolving door practices)에 특히 유의해야 한다.

OECD 공기업 지배구조 가이드라인에 근거하여 감사를 선임해야 하고 공익신고인은 보호되어야 한다. 그리고 국가나 공기업 대표는 시민단체, 노동조합, 민간부문 대표자, 국민과 언론의 비판과 조사의 자유를 포함하여 시민의 자유 또는 인권을 억압하거나 제한하는 행위를 삼가야 한다.[16]

이러한 가이드라인과 해외사례에 기초해서 볼 때 지배구조 측면에서 개선되어야

16) 조세재정연구원, 공기업 반부패 및 청렴 가이드라인, 2019.

할 사항은 우선 외부지배구조에서 소유권 관리제도이다. 우리나라는「공공기관의 운영에 관한 법률」제정 이전에는 공공기관들에 대한 소유·지배권 기능이 분산적 소유권 모형(sectoral model)에 따라 소관부처별로 공기업의 관리 기능이 분산되어 있었다. 그러나 2007년「공공기관의 운영에 관한 법률」제정을 통해 이들에 대한 관리를 원칙상 기획재정부 소관 공공기관운영위원회(공운위)로 단일화하게 되었다.

하지만 아직까지 우리나라는 소유기능으로 인한 지배권과 정책기능으로 인한 지배권이 조화롭게 설계되지 못하고 있다. 공공기관들에 대한 과도한 규제와 감독이 야기되고 이로 인해 공공기관들의 자율적이고 투명한 경영이 이루어지지 못하는 것이다. 이러한 문제의 원인은 공기업의 운영과 관련된 명확한 기준과 원칙이 부재하는 점이 지적된다. 그리고 예산권과 소유권을 가지고 있는 기획재정부의 권한이 너무나 커서 주무부처의 포괄적인 지도감독이 어렵고 공공기관이 실질적인 자율성을 확보하기가 어렵다.[17] 그리고 지금 현재 공운위는 기획재정부에 소속된 기관으로 독립성이 그렇게 높지 못하다. 따라서 프랑스의 공기업 관리청(APE)처럼 독립된 소유권 관리기구로 개편하는 것도 좋은 방안으로 보인다.

외부지배구조의 두 번째는 공공기관의 기관장 임면 등에서의 투명성 확보를 위한 제도개선이다. 우리나라 공기업과 관련된 고질적인 문제 중 하나가 정권교체와 공기업 기관장의 임면 문제이다. 이 문제는 단순히 공기업 기관장 임기 보장이 아닌, 공기업이 정권교체에 따라 정책적 역할이나 포지션을 달리할 것인가 하는 문제와 맞물려 있는 만큼 공기업의 역할 및 위상 정립에 대한 논의와 합의를 거쳐야 할 문제이다. 또한 OECD 반부패 가이드라인은 전문성이 없는 정치권 인사의 공공기관 임직원 임명과 민간과 관을 오고가는 회전문 인사를 금지하기를 권면하고 있다. 투명한 공기업 기관장 임면이 이루어져야 할 것이다. 또한 우리나라가 공기업 관리와 관련하여 기관장의 역할이나 임면에만 집중하고, 이사회의 비중이 낮은 만큼 여기에

17) 박한준(2013), p 116.

대한 고려 역시 필요하다. 다른 선진 주요국같이 이사회 중심의 공기업 경영이 이루어져야 한다.[18)]

공기업의 투명성 확보는 공기업이 공익적 목표를 추구한다는 점에서 당연한 부분이다. 대리인에 의해 운영된다는 점에서 공기업은 언제나 방만경영의 문제에서 자유로울 수 없으며, 이에 대한 내·외부적 통제제도는 필수적이다. 제도가 아무리 완벽하더라도 공기업 역시 사람에 의해 운영되는 조직이니만큼 다양한 꾸준한 감시 노력이 필요하며, 이것이 가능할 수 있는 다양한 공시제도를 마련하도록 해야 한다.

내부지배구조 개선에 있어 OECD 가이드라인은 이사회를 공기업 경영에 중요한 요소로 보아 실질적인 경영전략을 결정하고 경영진을 감시·견제자로서의 역할을 강조하여 기관장의 역할보다 이사회 역할에 초점을 맞추고 있는 반면, 우리나라의 경우 「공공기관 운영에 관한 법률」과 같은 법·규정뿐 아니라 실제 운영에 있어서 기관장에게 권한과 책임을 집중시키는 경향이 있다. 이사회 중심으로 공공기관의 내부지배구조를 개선해야 한다.

이사회의 자율성 부분에 대하여는 우리나라 공기업의 이사회는 「공공기관의 운영에 관한 법률」에서 명시된 바와 같이 기관 운영에 관한 자율성을 보장하고 있으며, 이러한 자율성을 토대로 책임성을 요구하고 있다. 자율성을 판단하는 기준은 이사회 의장과 기관장의 분리 여부, 이사회 내의 비상임이사 비중, 기관장 임명 및 해임권 여부 등 3가지로 가이드라인은 보고 있는데 우리나라의 경우 이사회 구성원의 과반수 이하를 상임이사로 구성하도록 법으로 규정하고 있으며, 대규모 기관과 공기업의 기관장은 대통령이 임명하고, 준정부기관의 기관장은 주무장관이 임명하도록 하고 있다. 우리나라 공공기관 이사회의 자율성은 상당히 약하다고 볼 수 있다.

현재 우리나라는 공기업 등 공공기관의 감사선임 절차는 해당 기관이 공모를 거쳐 3배수를 추천하고, 기획재정부 공공기관운영위원회 검토를 거친 2배수 추천, 대

18) 박한준(2013), p 122.

통령 임명 등 형식상으로는 여러 단계를 거치도록 되어 있다 그러나 대부분 정치적 영향력을 배제하지 못하는 가운데, 공공기관의 감사가 임명되고 전문성이 부족하다는 지적을 받기도 한다. 그리고 이러한 임명이 독립적 입장에서의 감사기능 수행을 어렵게 한다는 비판을 받기도 한다. 공공기관의 내부감사제도가 외부감사제도에 비해 실제 감사인의 책임성이 명확히 부여되어 있지 않다는 등의 이유로 내부감사인이 그 역할을 제대로 하지 못한다는 지적도 있다.

이사회는 공공기관장과 더불어 공공기관의 경영에 대한 전반적인 책임을 지는 핵심적인 주체이다. 그런데 우리나라의 공공기관 이사회의 구성과 관련하여, 공운법 제18조에서는 이사회를 기관장을 포함하여 15인 이내의 이사로 구성한다고 규정하고 있으며, 동법 제30조에서는 임원의 자격과 관련하여 '업무 수행에 필요한 학식과 경험이 풍부하고, 능력을 갖춘 사람'이라고 규정하고 있어 구체성을 결여하고 있다. 현행 공공기관의 이사회 구성은 기관 특징이나 규모와 상관없이 주무부처의 관행·규정 등을 반영한 정관 내용에 따라 서로 다르게 이루어지고 있다. 이사의 자격과 요건을 명확하게 규정해야 할 것이다.

최근 에너지 및 자원 관련 공기업을 중심으로 해외사업 실패에 따른 재무적 손실 등 부채의 급증으로 공공기관에서의 리스크 관리에 대한 중요성이 더욱 부각되고 있다. 공공기관의 해외 진출이 확대되면서 이와 같은 위험성은 더욱 더 증가될 수밖에 없다. 그런데 이와 같은 위험성의 증가에도 불구하고, 이를 효과적으로 제어할 수 있는 시스템은 매우 취약하다. 현재 공공기관의 운영에 관한 법률에서는 공공기관 이사회의 기능을 다양하게 열거하고 있지만, 리스크 관리와 관련한 역할은 명확하게 규정되어 있지 않다. OECD도 공공기관 지배구조로서의 이사회의 역할 중에 위기관리 정책(risk policy)을 강조하고 있다. 특히 경영활동에 직접 참여하지 않는 비상임 이사의 역할이 더욱 강조될 수밖에 없을 것이다.

OECD 역시 지배구조로서 이사회의 투명한 경영을 강조하였다. 공공기관의 경영과 관련한 사항들은 이미 알리오(www.alio.go.kr)를 통해서 공시되고 있다. 이 사이트에서 이사회 운영과 관련한 각종 회의록이 공개되고 있다. 그러나 공개되고 있는 회의록은 기관별로 그 수준이 매우 상이하다. 원문에 가깝게 공개하는 기관이 있는가 하면, 매우 간단하게 요약만 제공하여 사실상 공개의 의미가 없는 기관까지 다양하다. 현재와 같이 다수의 공공기관들이 부실한 회의록을 공개하는 것은 공공기관 이사회의 책임성은 물론 공공기관의 경영투명성 확보에도 도움이 되지 않는 것이다. 이사회 회의록이 투명하게 공개되어야 한다.

이사진의 임기를 보장하는 것이 공공기관의 운영에 관한 법률에서 말하고 있는 책임경영과 자율경영의 핵심적인 전제조건이라고 할 수 있다. 물론 이와 같은 문제는 이사진의 전문성 확보, 독립성의 문제와 밀접하게 연관되어 있다는 점에서 간단한 문제는 아니다. 뿐만 아니라 현재 공공기관 이사의 임기가 2~3년에 불과하다는 점에서 경영의 지속성과 안정성을 확보하는 것이 구조적으로 어렵게 되어 있다. 현재와 같은 단기간의 임용기간을 확대할 필요성이 있으며, 실적에 따라서 장기적인 임용이 될 수 있는 장치와 풍토의 마련이 필요하다.

많은 국가에서 공공기관 이사회 및 이사에 대해서 평가하고 있다. 뿐만 아니라 OECD(2013)가 제시한 각국의 지배구조에 대한 평가에서도 이에 대한 내용을 포함하는 등 이사회에 대한 평가가 강조되고 있다. 이사회 전체에 대한 평가와 더불어, 상임이사 및 비상임이사에 대해서 '이사'로서의 역할과 책무 등에 대한 실질적 평가제도가 마련되어야 할 것이다. 다만 이와 같은 평가가 의미 있게 이루어지기 위해서는 이사, 특히 이 중에서도 비상임이사에게 충분한 권한을 부여할 수 있어야 할 것이다. 권한에 비례하는 책임의 부여가 이루어져야 하며, 이를 기초로 보다 의미 있는 평가가 이루어질 수 있기 때문이다.[19)]

OECD 가이드라인은 공기업에 사전적 자율성을 전제로 사후적 평가를 통해 책임성을 높이는 전략을 취하고 있는 데 반해 우리나라의 경우에는 총인건비제도나 증원

---

19) 윤태범(2016), p 99.

심사제도 등과 같은 투입자원에 대한 사전적 통제기능에 의존하고 있다는 점에서 차이를 보인다. 정부 재정이 투입되는 공공기관의 무분별한 조직 팽창과 방만한 예산 운영을 차단하기 위한 명분으로 사전적인 통제수단을 활용하고 있으나, 자율책임경영을 강조하는 국제규범과는 괴리가 크다는 점을 비판한 것이다. 이러한 상황에서 예산편성지침을 반영하여 공공기관경영평가 평가항목을 구성하면서 공공기관 경영평가는 사실상 사전적 통제의 강력한 보조수단으로 기능하고 있는 특징을 보인다.[20)]

우리나라 제도는 기획재정부에 2중 3중으로 예속되어 있는 구조 정부가 총인건비제도 등을 통하여 공기업의 자율적인 경영을 통제하고 있다. 이사회를 중심으로 경영해야 한다는 OECD 권고에 반하여 전직 소관부처 공무원들이 이사회의 대부분을 장악하고 있는 현실이다.

(2) 환경

주요국의 공공기관들은 대부분 파리협정에 의거한 Net-Zero에 앞장서고 있다. 그리하여 대부분 2050년까지 Net-Zero를 달성하는 것을 목표로 하고 있고 어떤 공기업들은 2050년보다 더 이른 시기에 Net-Zero를 달성하는 것을 목표로 하고 있다. 주요국의 공공기관들은 자체적인 탄소중립을 먼저 달성하고 그 후 공급망까지 포함한 탄소중립을 달성하는 것을 목표로 하고 있다. 그런데 재생에너지의 사용없이 이러한 탄소중립을 달성하는 것은 어렵기 때문에 전기조달을 재생에너지를 통하여 이룩한다는 RE100 또한 목표로 제시하고 있다. 그런데 이러한 탄소중립을 달성하는 방법은 쉽지 않다. 그래서 과학적 방법으로 탄소중립을 달성하는 SBTi에 가입하고 목표를 제시하고 인증을 받는다.

또한 탄소중립뿐 아니라 에너지 사용 자체를 줄이는 것과 생물다양성을 존중하는 것과 자원을 순환하여 사용하는 순환경제를 통하여 주요국의 공기업들은 환경경

20) 정동관외, 공공기관 경영평가제도에 관한 비판적 분석, 한국노동연구원, 2020.

영을 하고 있고 이러한 노력은 ISO 14001와 50001에 의하여 인증을 받고 있다.

따라서 우리나라의 공공기관들은 2050 탄소중립을 선언하고 SBTi에 목표를 제시하고 방법론을 인증을 받아야 할 것이다. 2022년 현재 농수산물 유통공사만이 SBTi에 가입하고 있다[21]. 또한 환경부 산하 한국수자원공사 · 한국환경공단 · 국립공원공단 · 한국환경산업기술원 · 국립생태원 · 수도권매립지관리공사 · 한국상하수도협회 등 7개 기관은 2035년까지 탄소중립(Net Zero · 넷제로) 달성을 선언했다. 다른 공공기관까지 이러한 움직임이 확산되어야 할 것이다.

또한 에너지 사용량과 물 사용량을 줄이며 신재생에너지 사용과 재활용품과 친환경제품의 사용량을 늘리며 유해화학물질, 수질오염물질, 대기오염 물질 배출을 줄이며 이 모든 정보를 투명하게 공개하는 환경경영을 해야 한다.

(3) 사회

사회부문을 한마디로 정의하자면 바로 사회정의(Social Justice)라고 할 수 있다. 사회정의란 각 이해관계자들과 다양성, 평등, 포용이라는 가치 아래 공정한 배분과 대우가 이루어져야 한다는 것을 의미한다. 그래서 주요국의 공기업들은 인권선언을 채택하고 공급망을 관리하며 자선사업을 한다. 또한 종업원에 대한 관리도 다양성과 평등과 포용을 존중하여 이룩하고 있고 소비자와의 관계에서도 소비자의 만족도를 향상시키기 위해 노력하고 있다.

하지만 이러한 주요국의 공기업들이 모두 사회적 가치를 추구하고 있다고 하기는 어렵다. 왜냐하면 사회적 가치라는 단어가 의미하는 바가 다양하기 때문이다. 경제적 가치를 제외한 비경제적 가치를 사회적 가치라고 한다는 견해부터 단순히 국가의 물자를 조달할 때 지역 공급업자를 더 고려해야 한다는 개념까지 그 개념이 다양

21)http://www.wwfkorea.or.kr/data/file/korean_report/3554271915_vQFRHUut_2e5bfe95367de1c58004b1048da9e005c4af0570.pdf

하기 때문이다. 영국의 경우 사회적 가치법은 단순히 공공서비스 조달에 사회적 가치를 고려하려는 수준이지만 스웨덴의 공기업들은 공동체라는 개념에 입각하여 사회적 가치를 추구하고 있다. 이 문제도 공기업은 상업성도 추구하기 때문에 경제적 가치와 동등하게 사회적 가치를 추구해야 한다로 하기에는 아직 무리라고 할 수 있다. OECD 다국적기업 가이드라인에서 규정하고 있는 기업의 사회적 책임으로 규정하는 것이 올바른 접근방법으로 판단된다.

한편 사회부분을 잘 정의하고 있는 가이드라인은 OECD 다국적기업 가이드라인이다. 이 가이드라인 자체가 다국적기업의 사회적 책임을 위한 가이드라인이기 때문이다. 그런데 이 가이드라인은 그 나라의 모든 기업을 대상으로 하기에 공공기관도 포함된다. 이것은 UN 인권선언과 비즈니스와 인권에 대한 가이드라인 자체를 포괄하고 있다. 그 내용 중 특히 한국과 관련 있는 내용만 살펴보면 다음과 같다.

"제1장 개념 및 원칙 : 가이드라인은 경제의 전 부문에 적용되며 OECD와 가이드라인 가입국들 내에서 혹은 가입국들에 소속된 모든 기업의 세계적인 운영에도 적용된다. 제2장 일반 정책 : 기업은 국내의 법규를 위반하지 않으면서 지속 가능한 발전을 달성하기 위한 운영활동을 해야 한다. 또한 그들의 공급망, 그리고 그 밖의 비즈니스 관계에 의한 실제적, 잠재적인 부정적 영향을 파악, 예방, 완화(실사)해야 한다. 기업은 이해관계자들의 관점이 반영될 수 있게 이들을 참여시키고, 모범적인 관리원칙을 유지하며 부적절한 정치적 관여를 삼가야 한다.

제3장 정보 공개 : 기업은 기업의 활동, 구조, 재무 실적과 비재무(사회적, 환경적) 실적, 소유권과 지배구조와 관련된 모든 사항에 대한 정보를 공개해야 한다. 또한 비즈니스 관계와 기업활동들, 그리고 이러한 관계에서 발생한 결과와 영향에 대한 정보도 공개해야 한다. 제4장 인권 : 기업은 정책상의 의지와 실제 집행과정 모두에서 인권을 존중해야 한다. 우선 인권 실사를 시행함으로써 인권에 대한 실제적, 잠재적 영향을 평가하고, 인권의 침해를 구제하는 절차들 또한 마련해야 한다. 다국적기업에 대한 가이드라인(이하 '가이드라인')은 다국적기업들이 전 세계적으로 책임

있는 경영활동을 할 수 있도록 각국 정부들의 공통된 인식하에 탄생한 권고안을 말한다. 이는 인권에서부터 노사관계, 환경, 정보공개, 부패와 조세 등의 다양한 주제를 포함한다. 또한 가이드라인을 바탕으로 하는 분쟁해결절차는 기업의 잘못된 경영을 해결하는 유일한 수단이 되기도 한다. 이 가이드라인에는 그와 관련한 이의제기 장치를 개괄적으로 소개할 것이다. 제5장 고용 및 노사관계 : 기업은 기본노동권을 존중하고 노동자 개인과 그의 가족들의 기본적인 욕구를 충족하는 수준의 임금과 근무조건을 제공해야 한다. 제6장 환경 : 기업은 환경과 공중보건 및 안전에 대한 부정적인 영향들을 파악, 예방, 완화해야 한다. 이를 위한 환경경영체계를 수립하고 지속적으로 환경성과를 개선하도록 노력해야 하고, 이는 온실가스 배출 감소를 포함한다. 제7장 뇌물공여, 뇌물청탁 및 강요 방지 : 기업은 뇌물을 직접적으로든 간접적으로든 주거나 받지 않아야 한다. 또한 뇌물을 방지하고 감지하기 위한 적절한 내부통제, 윤리 및 준법 프로그램이나 조치를 개발하고 도입해야 하며 그 과정에 대해서는 투명한 자세로 일관해야 한다.

제8장 소비자 보호 : 기업은 공정한 영업, 마케팅 및 광고 관행에 따라 행동해야 하고, 기업이 공급하는 제품과 서비스의 질과 신뢰성을 보장할 수 있어야 한다. 또한 소비자가 올바른 정보에 기초한 선택을 할 수 있도록 정확하고 검증가능하며 명확한 정보를 제공해야 한다. 제9장 과학 및 기술 : 기업은 진출국가 및 지역의 혁신역량 발전에 기여할 수 있도록 새로운 기술의 이전, 지적재산권 사용의 승인, 진출국 인력 고용에 힘써야 한다. 제10장 경쟁 : 기업은 경쟁활동을 할 때에 관련 법규를 준수해야 하며 반경쟁적 영향을 미칠 수 있는 모든 행위를 삼가야 한다. 제11장 조세 : 기업은 진출국의 조세법규의 형식과 내용 모두에 의거하여 적기에 조세부담액을 납부함으로써 진출국의 공공재정에 기여해야 한다. 또한 그들의 부담액을 줄이기 위해 손익의 부적절한 이동은 하지 않아야 한다."[22]

22) OECD Watch, 다국적기업에 대한 OECD 가이드라인, 2012.

이러한 사회부문의 가치들은 2018년 이후 경영평가에 도입된 사회적 가치부문에 이미 잘 도입되어 있다. 다만 아직도 개선이 미흡한 다양성과 포용지표는 개선이 되어야 할 것이다. 즉 소수자에 대한 배려가 더욱 더 고려가 될 필요가 있다.

대학의 ESG 경영

E · S · G · 의 · 이 · 해 · 와 · 실 · 천

CHAPTER 10

이제 ESG는 영리 기업을 벗어나 비영리 재단, 공공기관 등으로 확산하는 추세인데 대학도 이러한 ESG 경영을 더 이상 회피할 수 없다. 왜냐하면 인구 감소에 따른 총체적인 위기에 처한 대학은 신입생 모집에 있어서도 ESG를 중요하게 생각해야 한다. 왜냐하면 신입생들인 MZ 세대는 ESG 이슈에 민감하기 때문에 ESG를 중요하게 생각하여 실천하는 대학에 지원하게 될 것이며 또 ESG를 가르치는 대학을 선호할 것이다. 학령인구 감소 등 대학의 위기에 대응하기 위하여 학교도 지속가능 성장으로 포커스를 변화시켜야 한다.

또한 ESG는 대학의 새로운 재원 마련의 수단이 될 수 있다. 탄소배출권 거래 시장이 활성화되면 대학은 탄소배출권을 한전이나 포스코 등에 판매하여 수익을 낼 수 있다. 태양광 등 친환경 에너지를 생산하여 공급함으로써 RE 100을 실천하려는 기업에 전력을 판매할 수 있다.

전 세계적으로 대학의 ESG를 평가하는 움직임이 시작되었고 이것이 이미 한국에도 도입이 되어 있어 여기에 대비하는 것이 중요하다. 르몽드 디플로마티크와 한국 CSR 연구소는 대학사회책임지수를 개발하여 해마다 대학을 평가하고 있는데 그 기준은 ISO 26000에 따라 평가하고 있다. 지배구조, 인권, 노동관행, 공정거래, 소비자 보호, 공동체 참여 등이 주요 기준인데 2020년 평가에서는 한양대가 1등 포스텍과 한국 기술교육대가 그 다음을 차지하고 있다.

전 세계적인 기후위기는 대학만이 외면할 수 있는 것이 아니다. 중국 난징대 이창언 박사의 연구에 의하면 대학이 지속가능발전목표를 통한 ESG 경영에서 얻을 수 있는 이득은 새로운 대학의 연구와 교육에 대한 수요 확보, 대학 내부의 거버넌스 운영과 대학 혁신, 외부와 협력체계 구축, 글로벌 대학 이미지, 새로운 자금조달접근성 확보를 통한 대학의 자립력 강화라고 한다.

2019년 신설된 영국의 세계대학 영향력 순위도 대학의 지속가능성을 평가한다. 유엔의 17가지 SDGs에 따라 대학을 양성평등, 기후변화, 인류의 지속가능성에 얼마나 기여하는가를 평가하는데 이러한 평가는 ESG 채권의 발행과도 연계된다.

구체적인 예를 보면 하바드 대학은 Net−Zero 2050을 선언하였는데 이것은 2050

년까지 파리기후협약을 목표에 맞게 온실가스를 감축하여 플러스 마이너스 제로가 되게 하겠다는 선언이고 아리조나 주립대학은 ESG 위원회를 만들고 대학의 투자 위험관리를 담당하는 자리에 ESG 실천에 앞장서고 있는 BlackRock을 임명하고 1억 달러 규모의 지속가능책임투자 풀을 구성하였으며 캘리포니아 주립대학도 ESG를 다른 팩터와 동일한 비중으로 고려하여 투자를 하고 있다.

한국의 대학들도 활발하게 ESG 운동을 펼치고 있다. 한양대와 건국대는 법인 산하에 ESG 위원회를 발족하였는데 건국대는 학사운영에도 ESG를 적용하고 있다. 또한 여러 대학들이 ESG 관련 교육커리큘럼을 개발하고 있다. 대학들의 구체적인 움직임은 환경보호, 사회공헌, 윤리경영, 탈플라스틱, 리사이클링, 지역상생, 사회공헌, 학생소통, 노사소통등을 실천하고 있다. 한편 인하대는 ESG 대학원을 설립하였으며 연세대학은 ESG 최고경영자 과정을 설립하였다 또한 전주지역의 지역대학들은 연합하여 ESG 공동실천 협약을 맺기도 하였다.

대학들도 지속가능보고서를 발간하고 있다. 잘 작성된 지속가능보고서는 대학에게 유리한 홍보수단이다. 또한 대학은 자금을 운용함에 있어서 ESG 펀드와 채권에 투자하고 있다. 또한 대학은 대학의 ESG 평가에서 우수한 등급을 받기 위하여 환경, 사회, 지배구조에 있어서 개선작업을 하고 있으며 홈페이지 등도 ESG를 고려하는 형식으로 개편해서 신입생들을 유치하는 전략을 사용하고 있다. 그리고 새로운 사업으로 탄소배출권 거래에 참여하고 있으며 태양광 등 친환경 전기생산자가 되어 부수적이고 추가적인 수입을 올릴 계획을 가지고 있다.

결론적으로 대학도 지속가능보고서를 발간해야 한다. 잘 작성된 지속가능보고서는 대학에게 유리한 홍보수단이다. 대학은 자금을 운용함에 있어서 ESG 펀드와 채권에 투자해야 한다. 대학은 대학의 ESG 평가에서 우수한 등급을 받기 위하여 환경, 사회, 지배구조에 있어서 개선작업을 해야 한다. 홈페이지 등도 ESG를 고려하는 형식으로 개편해서 신입생들을 유치하는 전략을 사용해야 한다. 새로운 사업으로 탄소배출권 거래에 참여해야 한다. 태양광 등 친환경 전기생산자가 되어 부수적이고 추가적인 수입을 올려야 한다.

ESG와 중소기업*

* 대한 상공회의소, 중소기업 ESG 추진전략 연구 보고서, 2021.

CHAPTER 11

1. 중소기업 ESG 경영 필요성

국내외 ESG 경영 트렌드 확산에 따라 대기업뿐만 아니라 중소기업 ESG 경영에 대한 관심도 증대되었다. 실제로 EU 공급망 실사 법안 도입이 논의되고 국내에서도 대기업의 협력사 ESG 관리 요구가 증가함에 따라 중소기업의 자발적인 ESG 경영을 촉진하기 위해 어떠한 준비와 지원이 필요한지에 대한 논의와 해답이 요구되고 있다. 이를 위해 본 장에서는 중소기업 특성을 반영한 ESG 경영상의 당면 과제를 진단하고 향후 중소기업이 관리해야 할 ESG 실천과제를 제시해 보고자 한다.

1) 탄소중립 관련 규제 강화

파리협정과 기후변화 정부 간 협의체(IPCC) 6차 특별보고서의 채택에 따라 UN 기후변화협약 당사국들은 2050년까지 탄소중립을 달성하고 산업화 이전 대비 기온 상승을 1.5~2℃ 이하로 유지하기 위해 장기저탄소발전전략(LEDS)과 국가온실가스감축목표(NDC)를 제출하고 있다. 설정된 감축목표에 대한 1차 이행 현황을 2023년 글로벌 차원에서 점검할 예정인데, 우리나라는 아직 IPCC 요구 수준과 국가 NDC 설정 수준 간의 정책적 격차(Policy gap)와 NDC 설정 수준과 국내 기업 이행 현황 간의 격차가 모두 심각한 수준이다.

이에 향후 국제사회의 대한민국 정부에 대한 탄소배출 규제 강화 요구와 이에 따른 국내 기업 탄소 비용 상향은 필연적이라고 볼 수 있다. 이는 중소기업에게도 생산단계 및 제품 사용단계의 탄소 영향 감축 부담을 가중시킬 것이다. 그러나 곧 다가올 현실에 비해 아직까지 국내 중소기업의 온실가스 감축에 대한 인식과 준비도는 매우 낮은 수준이다.

2) 공급망 ESG 관리 요구 확산

한편 환경뿐만 아니라 사회, 지배구조 측면의 리스크 관리 강화 요구도 확산되고 있는데, 이를 가속화하는 대표적인 요인의 예시로 EU의 공급망 ESG 관리 의무화를 들 수 있다. 2021년 3월 발의되어 2022년 말 Directive 형태로 채택된 이 법안은 EU 역내 대기업 및 상장사 또는 고위험 중소·중견기업, 금융기업을 대상으로 자사의 협력사에 대한 ESG 관리 원칙 협의와 해당 원칙에 대한 협력사 이행 여부의 정기 검증을 요구하고 있다. 규제 대상이 되는 기업은 ESG 실사를 기반으로 공급망 ESG 실사 방법론과 실사에 따라 확인된 잠재 ESG 부정영향, 공급망 ESG 관리 우선순위를 '실사 전략 보고서'의 형태로 매년 공시해야 하며, 공급망 ESG 실사를 미이행하거나 공급망에서 주요 ESG 이슈가 발생됐을 경우 벌과금부터 공공조달 입찰 배제, 정책적 지원 박탈과 수입 제재에 이르는 패널티를 받을 수 있다.

이와 같은 공급망 ESG 실사 의무화 움직임은 중소기업으로 하여금 고객사의 ESG 평가 확대로 파생되어 비즈니스 관점의 ESG 관리 필요성에 대한 기폭제로 작용한다. 이미 국내외의 다국적기업들은 자사 제품을 생산하는 데 발생 가능한 사회·환경적 리스크에 대해 공급망 전반으로 범위를 확대하여 관리하기 시작했다. 전통적인 공급망 ESG 리스크 관리는 아동노동, 강제노동, 인신매매나 생산공정 내 불법적인 유해물질 배출과 같이 가치사슬 내 존재할 수 있는 규제 위반의 가능성을 최소화할 것을 요구했다. 그러나 최근의 공급망 ESG 리스크 관리는 자사 제품 생산에 소요되는 전력을 신재생에너지로 조달할 것을 요구하거나, 제품 생산 과정과 그 공급망에 어떠한 환경/사회적 리스크가 발생하지 않았는지 추적하고 이를 협력사가 스스로 관리할 것을 요구한다.

이와 같이 ESG를 둘러싼 정책 급변과 고객사의 ESG 요구 강화는 곧 ESG에 대한 사회적 관심이 증가하고, ESG를 바라보는 기준이 높아지고 있음을 의미한다. ESG로 인해 중소기업에 발생 가능한 기회 요인과 리스크 요인은 향후 더욱 더 증가할 것이다. 이에 중소기업은 늦지 않게 ESG 경영 체계를 도입하고 정부 규제와 고객사 및 소비자의 관련 요구사항에 대응할 준비를 시작해야 한다. 이를 위해 먼저 중소기업이 최근 직면하고 있는 ESG 추진 관점의 경영환경 변화를 살펴보자.

2. 중소기업 ESG 추진 환경 분석

1) 정책지원 및 기회요인

최근 들어 중소기업의 ESG 경영 확산을 위한 정책적 지원과 대·중소 협력사업이 활성화되고 있다. 이는 ESG 경영 도입 또는 성과 창출 확대를 희망하는 중소기업에게 좋은 기회가 될 수 있다. 현재 진행/발굴되고 있는 주요 중소기업 ESG 지원사업은 크게 금융지원과 ESG 역량 지원 두 갈래로 분류 가능하다. 전자는 주로 ESG 성과 우수 중소기업에게 인센티브를 제공하는 관점에서 자본조달 시 여신에 가점을 부여하는 형태로 대출/지원 한도 증액 및 금리우대 등의 금융혜택을 부여한다. 예컨대 중소벤처기업부에서는 중소기업 ESG 진단을 통한 인증기업 대상 정책자금 융자 우대 혹은 중소기업 사업 지원 시 가점을 부여하는 혜택을 도입 추진 중에 있다. 시중은행은 기업의 ESG 경영활동에 등급을 부여하여 우수 중소기업 대상 별도 지수를 구성하거나, 우수 기업을 대상으로 0.2%p에서 많게는 1.5%p까지 우대금리를 제공하는 대출상품을 운영 중이다.

ESG 우수기업뿐만 아니라 우수기업이 추천한 협력사도 대출 이용이 가능한 상품도 생겨나고 있다. 특히 탄소중립 이행 가속화를 위한 민·관의 친환경사업 투자 확대 흐름을 주목해야 하는데, 실제로 기업의 온실가스 감축 여건과 감축 역량, 기대효과 등을 고려한 우대금리 제공이나 신·재생에너지 사용 확대 등에 대한 자본조달이 급격히 확대되고 있다. 단적인 예시로 산업은행은 지난 2년간 친환경 산업을 영위하는 중소·중견기업에 약 7천억 원을 투입한 바 있다. 후자는 대기업의 주도로

ESG 경영을 희망하나 관련 자원 또는 기술이 부족한 중소기업을 선정하여 대기업의 관련 인프라를 공유하거나 ESG 관련 교육을 제공하는 동반성장형 모델이다.

국내 반도체 제조사인 A사는 협력사의 친환경 경영 이행에 필요한 역량 공유 및 산업 내 ESG 생태계 활성화를 위한 파트너십을 운영 중으로, 협력사와 환경 가치 창출을 위한 아이디어를 공모하고 공유하거나 유망 기술에 대한 자금 지원을 이행한다. ESG 경영 역량이 부족하여 고위험 협력사로 판별된 중소기업에 대해서는 ESG 역량지원 및 컨설팅을 실시하기도 한다.

그러나 아직까지 국내에서 이러한 형태의 중소기업 ESG 정책지원이나 육성사업의 경우 ESG 경영 도입기이거나 혹은 ESG 경영에 대한 필요성을 체감하지 못하는 중소기업보다는 어느 정도 ESG 추진에 대한 의지를 보유하고 이미 관련 역량을 축적하기 시작한 ESG 성숙기 중소기업의 육성에 초점이 맞추어져 있다는 한계가 존재한다. 실질적으로 ESG에 대한 개념 인지가 부족하거나 ESG 경영을 막 시작하고자 하는 단계의 중소기업은 앞서 언급된 정책지원 및 육성사업의 대상이 되지 못하는 사각지대가 존재하는 것이다.

2) 리스크 요인

ESG 경영 역량을 확보하지 않은 중소기업은 기업의 지속가능성에 리스크를 부담하게 된다. 첫 번째로는 고객사 또는 최종소비자의 구매의사 결정에서 경쟁열위에 놓여 수익성이 악화될 수 있다. 기존의 공급망 ESG 리스크 관리는 제3세계 분쟁광물 사용을 근절하고자 하는 전기 · 전자 업종과 아동노동/강제노동에 취약한 글로벌 의류/식품 제조기업에 그 영향력이 국한되었다. 그러나 글로벌 기업과 EU를 중심으로 공급망 ESG 리스크 관리 요구를 점차 확장함에 따라 공급망 ESG 평가는 산업 경계를 막론하고 확장되기 시작하여 ESG 경쟁력을 확보하지 않은 기업은 거래계약에서 배제될 가능성이 높아졌다.

실제로 국내 대기업의 상당수가 협력사 선정 시 환경, 안전/보건, 인권, 법률적 측면의 리스크 관리 역량을 이미 평가 기준에 반영하고 있다. 나아가 협력사의 ESG 관리 현황에 대해 주기적으로 평가하고 재계약 여부에 이를 반영하는 기업도 증가하고 있다. 중소제조업의 42.1%가 수급기업이며, 위탁기업에 대한 매출의존도가 83.3%에 달하는 우리 중소기업의 특성상 공급망으로부터의 위험 요인이 매우 강력하게 작용할 것으로 보인다.

최종소비자 역시 기업의 제품과 서비스를 구매할 때 기업의 ESG 경영 여부를 고려하는 것으로 나타났다. 제품 구매 시 기업의 ESG 활동을 고려한다는 응답비율은 63%였으며, ESG 활동에 부정적인 기업의 제품을 의도적으로 구매하지 않은 경험이 있다는 응답도 70.3%에 달했다.(2021.5, 대한상의 ESG 경영에 대한 국민인식 조사 결과)

두 번째로 ESG 경영 수준으로 기업의 리스크를 판단하는 금융권의 ESG 투자 확산으로, ESG 리스크가 높은 기업은 자본조달 비용이 상승함에 따라 재무건전성 또한 위험에 놓일 수 있다. EU는 금융기관 투자 및 금융거래대상의 지속가능금융 공시 규제(SFDR)을 2021년 3월부터 시행 중이며, 글로벌 3대 자산운용사인 BlackRock, Vanguard, SSGA는 모두 ESG 요소를 투자의사결정과 의결권 행사에 반영하고 있다. 신용평가기관 역시 자체 ESG 평가 기법 도입을 통해 ESG 성과를 기업 신용등급 조정에 반영한다. 이러한 자본시장의 움직임은 국내에도 영향을 미쳐 은행의 투자포트폴리오 설계와 여신 프로세스에 기업의 ESG 리스크를 보다 깊숙이 침투시키고 있다.

3) 내부 제약요인

중소기업은 다국적기업, 대기업과는 달리 ESG 경영 추진의 제약 요인으로 작용할 수 있는 몇 가지 주요 특성을 보유한다. 중소기업의 ESG 경영 지원과 가이드가 보다 높은 효과성을 확보하기 위해서는 이러한 중소기업의 경영특수성과 운영상의 구조적 특징을 인지해야 할 필요가 있다.

(1) 소유와 경영의 미분리

일반적으로 기업 오너가 경영인의 역할을 부담하는 중소기업 특성상 경영 방향이 전적으로 오너 개인에게 의지되며, 대기업의 ESG 경영에서 가장 중요하게 다루어지는 요소 중 하나인 거버넌스(G) 요소들을 적용할 수 없는 경우가 일반적이다. 예컨대 절대적 다수의 중소기업이 비상장기업이므로 대리인 문제(Agency Problem)를 우려할 필요가 없고, 따라서 주주권 보호와 배당 확대를 위한 일체의 경영상의 장치가 불필요하다. 한편 이사회를 통한 경영진의 의사결정 견제와 감독을 적용하기 어렵다.

상장사의 경우 주주행동을 통해 ESG 리스크 관리 및 감독에 대한 중대한 미비사항 발생 시 경영진 재선임 반대 등의 형태로 책임을 묻는 행위가 가능한 반면, 중소기업의 경우 실질적으로 ESG 관련 정부 규제가 매우 강화되지 않는 이상 기업의 오너이자 경영인인 CEO에게 ESG 관리 미비에 대한 책임을 물을 수 있는 방안이 매우 제한적이다.

이에 따라 기업의 ESG 경영 추진 여부와 방향의 상당 부분을 중소기업 경영진의 자발적 의지에 기대할 수밖에 없는 현실이다. 또한 중소기업은 지주회사/자회사 관계가 존재하지 않으므로 운영상의 상당한 자율성이 확보된다. 이는 대기업에 비해 신속한 의사결정과 이행이 가능하다는 장점으로 작용할 여지가 있는 한편, ESG 추진 방향 설정과 전략적 자원 배분 방식도 CEO 개인과 조직 내 보유 역량에 따라 크게 좌우될 우려가 있다.

(2) 단기지향적 의사결정

중소기업은 현금흐름과 단기실적 중심의 의사결정을 하는 경향이 있으므로 기업의 ESG 경영 추진 과정에서 비용 또는 투자가 요구될 시 ESG 경영에 소요되는 자원 투입을 지연 또는 유보하기 쉽다. 이에 따라 중소기업은 ESG를 통한 중장기 관점의 경쟁력 확보보다는 ESG 경영을 이행하지 않았을 시 발생 가능한 규제비용이나 영업 손실 등 단기적 영향에 훨씬 더 민감하게 반응할 가능성이 높다.

(3) 내부 자원 및 업무/역할 분배의 비공식성

국내 중소기업은 2019년 기준 100인 미만 사업장이 전체의 87%로 기업 규모 고려 시 업무 분배가 비체계적이며 유동적이고, 겸직이 많아 ESG 경영에 필요한 전문성 확보와 체계적인 역할 분배가 어렵다. 이에 중소기업의 ESG 추진 가이드는 ESG 각 영역에서 요구되는 보편적이고도 단순한 형태의 관리 방향을 안내하고, 해당 영역의 관리에 필요한 중점 사항에 대해 ESG 전문성이 낮은 일반 근로자가 이해하기에도 명확한 수준으로 제시되어야 할 필요가 있다.

ESG 평가와 이니셔티브

E · S · G · 의 · 이 · 해 · 와 · 실 · 천

CHAPTER 12

실제 ESG 투자를 시행하는 데 있어서의 어려움으로 여러 다수의 ESG 평가기관이 제공하는 ESG 점수 간 비일관성 및 낮은 투명성의 문제가 지적되고 있다. 지속가능성 평가를 위한 글로벌 이니셔티브(The Global Initiative for Sustainability Ratings, GISR)에 따르면 2016년 기준 전 세계적으로 약 125개 이상의 ESG 정보 제공기관이 존재하는 것으로 추산되고 있는데, 이 중에는 Bloomberg, FTSE Russell, MSCI(舊 KLD), Sustainalytics, Vigeo−Eiris, RobecoSAM 등의 ESG 종합 평가기관들과 ESG 특정 세부 분야에 특화된 S&P의 Trucost, GRESB 등이 포함되어 있다.

문제는 이러한 ESG 정보 제공기관들은 정보 수집, 분석, 평가 단계에 있어서 각기 다양한 방법론을 개발 · 적용하고 있어 각 기관이 서로 반대되는 ESG 점수를 내놓는 현상이 자주 발견되고 있다는 점이 문제로 지적되고 있다. 일례로 테슬라(Tesla)에 대해 FTSE는 자동차 제작 과정에서 발생하는 탄소량을 고려하여 테슬라에 환경부문 평가에서 매우 낮은 점수를 주었으나, MSCI는 생산된 자동차 자체에서 발생하는 탄소량과 클린테크놀로지(clean technology) 가능성을 긍정적으로 평가하여 환경부문에서 거의 만점에 가까운 점수를 주었던 게 화제가 된 적이 있다.[14] 실제로 State Street Global Advisors의 분석에 따르면 2017년 6월 말 기준 MSCI World Index 구성종목에 대한 MSCI와 Sustainalystics의 ESG 점수 간 상관관계는 0.53으로 상당히 낮은 것으로 나타났다.[15]

한편, 국내의 ESG 평가체계는 주로 기업지배구조 평가에 집중되어 오면서 사회책임과 친환경경영에 대한 평가 능력은 선진국에 비해 다소 뒤처져 있다는 게 대체적인 평가이다. 일부 평가기관의 ESG 평가 데이터가 공개되지 않아 기관별 평가등급 간 상관관계를 추정하긴 어렵지만 다양한 비정형 데이터를 기반으로 구성되는 ESG 정보의 특성상 해외와 마찬가지로 우리나라에서도 평가과정에 있어 평가기관에 따라 다른 결과가 도출될 가능성을 배제할 수는 없을 것이다. 이러한 문제의 원인으로는 Berg et al.(2019)[16] 이 지적한 바와 같이 기관 간 평가항목 범위, 개별 ESG 항목에 대한 가중치, 측정 방법의 차이 등에 기인한 것일 수도 있겠으나, ESG 투자

역사가 길지 않은 우리나라의 경우에는 ESG 정보를 엄밀하게 수치화·계량화할 만큼 개별 기업의 다양한 사례와 자료가 충분히 축적되지 않아서일 가능성도 있다. 이와 관련해서는 장기간 데이터를 축적해 나가면서 향후 평가 모형과 기법의 발전 상황을 지켜볼 필요가 있다. 현재 글로벌하게 중요한 평가사를 정리해 보면 다음과 같다.

1. MSCI

MSCI는 1999년부터 ESG 지수 평가를 해온 글로벌 대표 ESG 평가기관으로서, MSCI의 ESG 지수를 추종하는 펀드 운용자금 규모는 1000억 달러(약 115조 원)가 넘는 것으로 알려져 있다. 세계 운용규모 1위, 블랙록 자산운용 또한 MSCI ESG 지수를 추종하는 글로벌 ETF를 운용한다. 우리나라 ETF들도 다수 MSCI와 연계되어 있는 만큼 MSIC ESG 지수는 그 영향력이 상당하다.

MSCI는 매년 전 세계의 8,500여 개 기업들을 대상으로 37개의 핵심 ESG 이슈 중 해당 기업들이 속한 산업분야에서 특히 중요한 ESG 이슈와 관련된 리스크를 얼마나 잘 관리하고 있는지를 평가하여 등급을 부여하고 있다. MSCI ESG 평가는 다음과 같은 네 가지 질문에 대한 답을 찾는 과정을 통해 이루어진다. 첫째, 평가대상 회사와 그 회사가 속한 산업이 직면하고 있는 가장 중요한 ESG 리스크와 기회는 무엇인가. 둘째, 대상 회사가 이러한 중요한 리스크와 기회에 얼마나 노출되어 있는가. 셋째, 대상 회사가 이러한 중요 리스크와 기회를 얼마나 잘 관리하고 있는가. 넷째, 동종 산업에 속한 글로벌 기업들과 비교했을 때 대상 회사의 ESG 리스크 관리 수준은 어느 정도인가.

기본적으로 MSCI의 평가는 MSCI의 지수에 편입하기 위한 목적의 평가이다. 부정적인 외부효과로 인한 비용 발생과 ESG 이슈를 통한 기회를 비교하여 기관투자자에 안정적인 수익률을 제공할 수 있는지가 주안점을 두고 있다. AAA－CCC까지의 점수를 주는데 이것은 동종 업종 내 상대평가이다. 3개 필라와 10가지 테마로 구성되어 있다. 환경필라에는 기후변화, 천연자원, 오염, 친환경으로 구분된다. 사회필라는 인권, 제조과정에서의 책임, 복지 등 근무환경과 관련된 카테고리가 있다. 지배구조에는 기업지배구조, 이사회 오너십, 회계와 세무 투명성이 있다. 6만 5천개의 개별지표, 600개의 정책 매트릭스, 240개의 성과매트릭스를 활용해 평가하고 있다. 평가의 핵심은 기업의 비재무적 요소들을 기업실적과 어떻게 연관시키고 이를 어떻게 투자에 반영하는가이다. 설문조사에 응하면 무료로 자신의 기업의 평가결과를 받아볼 수 있다. 주요 이슈(Key Issue)는 전략과 지배구조(Strategy and Governance), 이니셔티브(Initiative), 성과(Performance)의 세 가지 요소를 가지고 있다. 통상적으로 기업은 자신의 속한 산업의 가장 중요한 ESG 이슈의 4개 내지 7개의 이슈에 대하여 평가를 받는다. MSCI World Index에 들어가는 기업은 탄소배출(Carbon Emission), 유독물질 배출(Toxic Emissions & Waste), 용수부족(Water Stress), 노무관리(Labor Management), 보건과 건강(Health and Safety)에 대하여는 매년 평가를 받는다.

각 주요 이슈의 평가는 0점에서 10점 사이로 평가가 된다. 또한 ESG Controversies의 평가는 별도로 이루어지는데 이것도 0점에서 10점 사이이다. 이것은 주로 부정적인 사건사고에 대한 평가이다. 이것의 판단기준은 인권선언(Universal Declaration of Human Rights), ILO 선언(ILO Declaration on Fundamental Principles and Rights at Work), UN Global Compact의 기준을 따른다.

또한 Risk에 대한 노출과 그것에 대한 관리를 종합하여 평가한다. 또한 기회도 노출에 대한 것과 그것에 대한 관리를 종합하여 평가한다. Controversies의 경우 구조적인 문제로부터 발생하는 회사에 리스크를 주는 사건 사고, 규제, 누출, 불공정행위, 소송을 의미한다. 지배구조는 10점에서 시작하여 감점하는 구조로 되어 있는데 기업지배구조 점수와 기업 행위 스코어로 나누어 있는데 이것은 세부적으로 소유점

수, 이사회 점수, 급여점수, 회계점수, 기업윤리점수, 납세점수로 구성되어 있다. 데이터는 실시간으로 업데이트하고 공개되어 있지 않은 자료는 사용하지 않는다. 학계, 정부, NGO 등과 기업이 공시한 자료 그리고 언론매체들의 자료를 찾아 원자료를 확보한다. 예를 들어 지속가능보고서, 정기주총자료 문서, Transparency International, US EPA, World Bank 등으로부터 자료를 확보한다. MSCI의 Index에 들어있는 8,700개 기업에 대하여 ESG 등급이 주어진다. 리스크는 지역적 리스크, 사업리스크, 회사리스크 3가지 종류로 나눈다.

2. 기타 해외평가회사

FTSE Rusell은 영국의 FTSE지수, 러셀 2000 등 영국의 주가지수를 제공하는 기관으로 런던 증권거래소가 소유하고 있다. 평가지표는 환경, 사회, 지배라는 3개의 필라와 14개 테마로 구성되어 있다. 14개 테마 중 환경은 생물다양성, 기후변화, 공급망, 물부족, 오염과 자원, 사회는 건강, 인권, 노동표준, 소비자 책임, 지배구조는 반부패, 위험관리, 세금투명성, 기업지배구조이다.

300개 넘는 지표를 사용하고 각 테마마다 10개 내지 35개 지표로 구성되어 있다. 기업의 사업 특성을 바탕으로 잠재적인 ESG 리스크에 대한 대응을 평가한다. 한편 런던 증권거래소는 Refinitiv라고 주로 우발적인 사건사고(contingency)를 중심으로 하는 회사도 소유하고 있다.

S&P global은 세계 3대 신용평가기관으로 전 세계 7,300개 기업의 ESG 평가를 위해 2020년 RobecoSAM의 기업지속가능성 부분(CSA)을 인수하였는데 2016년에는 기후변화 전문기관인 Trucost를 인수한 바 있다. CSA에 의한 평가는 다우존스 지속가능성지수와 S&P 500 ESG 지수, S&P Global ESG 데이터의 기초 데이터로 활용된다. CSA의 특징은 평가대상 기업을 61개 업종으로 나누어 설문조사를 실시하여 평

가한다는 점이다.

평가항목은 경제적 측면(지배구조, 리스크 관리, 윤리강령), 환경적 측면(환경보고서), 사회적 측면(인적자원개발, 인적자원보유, 노동지표, 기업시민의식, 사회보고서)로 이루어져 있다. 기업의 ESG 설문 제출 평가방식을 통해 자본시장에 필요한 정보를 제공하는데 지표 수는 120가지이며 대외공시를 통하여 신뢰성을 확보한다.[1)]

유럽의 평가기관인 Susyainytics가 최근 Moring Star에 인수되었다. 대상기업을 138개 산업으로 분류, 그리고 산업별로 중요한 20개의 이슈로 분류한다. 주로 다루는 것은 20개의 중요한 이슈에 대한 노출도와 그것을 관리하는 기업의 대책을 평가한다. 리스크를 대처 가능한 리스크와 대처 가능하지 않은 리스크로 구분한다. 그래서 발표하는 ESG Risk Score는 관리되지 않은 Risk의 합으로 나온다.

톰슨 로이터는 2009년 11월, 스위스 소재 ESG 정보 분석·제공업체인 에셋4(ASSET4)를 인수하여 ASSET4 ESG Database 서비스를 런칭하였다. 이를 위해 120여 명의 사내 ESG 애널리스트들이 전 세계 4,300여 개 기업들을 대상으로 4개 영역(pillar) 경제·환경·사회·지배구조 성과에 대한 750여 개 데이터 포인트를 추출하고, 그로부터 280여 개 핵심성과지표(KPI)를 도출하고 있다. 이 KPI들은 18개 카테고리로 분류되어 점수화되고 ESG 통합, E, S, G 각각의 점수를 산출하는 데 쓰이고 있다. 블룸버그와 마찬가지로, 정확하고 표준화된 KPI 산출을 위해 사내 애널리스트들이 지속가능경영보고서, 기업 홈페이지와 애뉴얼 리포트, 프록시 파일, 미디어, 증권거래소 제출 서류, NGO 등 공개된(Publicly Sourced) 자료만 대상으로 삼으며 여러 단계의 검증, 표준화 작업을 거치고 있다.

EcoVadis는 글로벌 클라우드 기반 SaaS 플랫폼을 통해 기업의 총체적 지속가능성 평가 서비스를 제공한다. EcoVadis 평가는 환경, 노동 및 인권, 윤리, 지속가능한 조달의 영향을 포함한 광범위한 비금융 관리 시스템을 대상으로 한다. 각 기업은 자

---

1) 유영준, ESG 경영핸드북, 미래인증교육컨설팅, 2022.

사의 규모, 위치 및 산업과 관련된 중요한 이슈에 대해 평가를 받는다.

이와 같은 증거 기반 평가는 읽기 쉬운 스코어카드로 정리되며, 0~100의 스코어와, 해당될 경우 메달(브론즈, 실버, 골드)이 수여된다. 또한 스코어카드는 강점 및 개선점에 대한 가이던스를 제공하며, 평가 기업은 이를 이용해 지속가능성 노력에 중점을 두고 시정 조치 계획을 개발함으로써 지속가능성 퍼포먼스를 개선할 수 있다.

다국적기업들은 글로벌 공급망의 지속가능성을 증진하기 위해 EcoVadis와의 협력을 통해 준법을 넘어 거래업체를 압박하기 위한 "선을 위한 힘"으로서 지출의 영향을 활용할 수 있다. 피평가 기업은 같은 업계의 벤치마크와 비교하여 자사의 스코어가 어떤지 볼 수 있다.

EcoVadis는 Enterprise 구독 및 관련 서비스를 통해 아웃소싱 된 지속가능성 관리 플랫폼을 제공함으로써 대규모 조직들이 거래업체의 평가를 의뢰하고, 거래업체의 퍼포먼스를 관리하며, 지속적인 개선을 추진하는 데 도움을 준다.

구매 조직들은 EcoVadis 스코어카드를 자신들의 일일 사업 관행(판매업자 등록, 준법, 소싱, 공급업체 퍼포먼스 및 관계 관리 등)에 쉽게 통합함으로써 더욱 지속가능한 조달 결정을 내릴 수 있을 뿐만 아니라, 거래업체들이 자신들의 지속가능성 관행에 맞추도록 긍정적인 동기를 부여할 수 있다.

지금까지 EcoVadis는 전 세계적으로 100,000개 이상의 거래업체를 평가함으로써 세계 최대 조직들의 위험을 줄여주었으며, 한편으로는 환경에 긍정적인 영향을 미쳤고, 투명성을 제고했으며, 혁신을 추진하였다.[2)]

또한 EcoVadis는 대표적인 공급망 평가기관이다. 에코바디스는 노동 및 인권, 윤리. 지속가능조달의 네 가지 영역에서 21개 기준으로 평가를 진행하며 온라인으로 평가한다. 평가진행 단계는 등록, 설문지, 전문가 분석, 결과의 4단계로 되어 있다.[3)]

---

2) https://support.ecovadis.com/hc/ko/articles/115002531307-%EC%97%90%EC%BD%94%EB%B0%94%EB%94%94%EC%8A%A4%EB%9E%80- 2022년 7월 13일 검색

세계 최대 의결권 자문기관으로 알려진 ISS가 ESG 평가 온라인 포털인 'ISS ESG 게이트웨이'를 출시했다. 이들이 제공하는 데이터에는 ISS ESG 기업 등급 및 점수, 등급을 받은 회사의 '우수' 상태, 지배 구조 품질 점수, SDG 영향 등급 및 ESG 펀드 등급이 포함된다. ISS ESG 게이트웨이는 전 세계적으로 6,100개 이상의 회사에 대한 등급 및 점수 등의 정보를 제공하고, 45개 관할 지역에 분산된 약 3만개 펀드에 대한 평가도 확인할 수 있다. ISS ESG 게이트웨이를 통해 제공되는 정보는 매월 1일에 변동된 등급과 점수를 반영해 업데이트된다. 액세스는 무료다.

ISS ESG는 "ESG 투자에 관심 있는 이해관계자가 ISS ESG 게이트웨이를 통해 관련 정보에 접근할 수 있도록 함으로써 '투명성'에 대한 우리의 약속을 이행하게 됐다"며 "최상위 ISS ESG 등급 및 점수의 가용성은 자본시장 이해관계자인, 기관투자자와 포트폴리오 회사가 모두 직면하고 있는 지속 가능성 및 거버넌스에 대한 귀중한 통찰력을 얻을 수 있을 것"이라고 했다.

ISS ESG 등급 및 점수는 투명한 방법론, 검증된 데이터, 고객이 지속 가능한 투자 전략 및 목표의 전체 범위를 실행할 수 있도록 약 300명의 연구 분석가가 품질을 관리하고 뒷받침하고 있다.[4)]

국제 신용평가사 무디스는 최근 국제적으로 환경, 사회, 지배구조가 강조되는 추세에 따라 전 세계 144개국에 대한 ESG 평가보고서를 발표했다. ESG 평가보고서는 각국의 E(환경), S(사회), G(지배구조) 및 국가신용등급에 대한 ESG의 종합적인 영향을 평가하며, 각 분야별 세부항목에 대한 평가에 기초해 국가별로 ESG 각각의 점수를 5개 등급척도로 평가한다.

전 세계 144개국을 대상으로 이루어진 무디스 평가에서 한국, 독일, 스위스 등 11개국이 ESG 신용영향점수에서 최고등급인 1등급을 부여받았다. 우리나라는 세부 분야별 평가에서 '환경' 2등급(중립적), '사회' 2등급(중립적), '지배구조' 1등급(긍정

---

3) 진성한, 양덕모, 이종희, 중견 중소기업과 스타업의 ESG, 학지사, 2023, p 190.

4) https://www.impacton.net/news/articleView.html?idxno=3584. 22년 7월 13일 검색

적)을 획득해 종합적으로 'ESG 신용영향 점수에서 최고등급인 1등급(긍정적)으로 평가받았다.

환경은 탄소 전환, 기후변화, 수자원 관리, 폐기물 및 공해, 자연 자본 등 5가지 세부항목에서 모두 2등급을 부여받아 종합적으로 2등급을 획득했고, 사회는 교육, 보건 및 안전, 기본 서비스 접근성에서 1등급을 받았으나, 여타 선진국과 같이 빠른 고령화 등으로 인구 등 분야에서 낮은 평가를 받으면서 종합적으로 2등급을 받았다. 마지막으로 지배구조는 제도, 정책 신뢰성 및 효과성, 투명성 및 정보공개, 예산 관리 등 4가지 세부 항목에서 모두 1등급을 받아 종합적으로 최고등급인 1등급을 획득했다.

종합적으로 현재 한국의 ESG 관련 요소들이 국가신용등급을 결정하는 과정에서 긍정적인 영향을 미치는 것으로 평가됐다.[5)]

〈표 7〉 무디스 평가 분야별 세부항목

분야	환 경(E)	사 회(S)	지배구조(G)
세부 항목	• 탄소 전환	• 인구	• 제도적 구조
	• 기후변화	• 노동 및 소득	• 정책 신뢰성 및 효과성
	• 수자원 관리	• 교육	• 투명성 및 정보공개
	• 폐기물 및 공해	• 주거	• 예산 관리
	• 자연 자본	• 보건 및 안전	
	(토지, 숲, 생태다양성 등)	• 기본 서비스 접근성	

3. 한국의 평가기관

국내에 알려진 주요 ESG 평가기관은 한국ESG기준원(이하 'KCGS'), 한국ESG연구소, 서스틴베스트 등이 있다. 해외의 ESG 평가기관이 시장 중심으로 인수 및 합병

5) 정혜섭(2021).

이 활발하여 온 데에 비해, 국내 ESG 평가기관은 위 3사를 중심으로 이루어져 왔으며 그 역사가 비교적 단순하다. KCGS는 금융위원회 인가 비영리사단법인으로, 1997년 금융위기에 대한 반성으로 기업지배구조의 개선을 위해 제정된 기업지배구조 모범규준의 승계 기관이다. KCGS는 모범규준 준수 여부 평가를 위해 2003년부터 기업지배구조 평가를 실시하였으며, 2011년부터 ESG 평가로 그 범위를 확장하였다. KCGS는 비영리법인으로 현행법상 인수 및 합병은 불가능하고 우회적으로 인수될 가능성 또한 희박하다.

서스틴베스트와 한국ESG연구소는 국민연금의 ESG 모델 설계 및 개정을 맡은 바 있다 국민연금은 국내에서 운용자산 규모가 가장 큰 기관투자자로서, 국민연금의 투자에 대하여는 국내의 관심이 지대하다. 이에 국민연금의 자문을 경험한 서스틴베스트와 한국ESG연구소 역시 국내에서[6] 인지도가 높으며 주목할 필요가 있다. 서스틴베스트는 2006년 지속가능성 평가모델을 개발하여 2010년부터 주요기업의 ESG 분석보고서를 발간하고 있고, 2015년부터 2019년까지 국민연금에 ESG 평가 데이터를 제공하였다.[33]

한국ESG연구소는 2014년부터 지배구조 관련 연구와 용역 업무를 시작하였으며,[34] 2020년부터 국민연금에 ESG 평가 데이터 및 관련 서비스를 제공하고 있다. 해외에서 주로 알려진 ESG 평가가 투자자에게 영향을 미치는 금융 서비스 제공 기관인 데 비해, 국내에서는 다양한 주체가 ESG 평가에 나서고 있다. 국민연금은 2015년 12월에 국내주식 ESG 평가체계를 구축하여, 2017년 9월부터 국내주식 액티브형 직접운용에 ESG 평가등급이 하위인 경우 검토의견을 작성하는 방법으로 투자전략에 ESG를 통합하고 최근에는 국민연금공단 이사장이 국민연금의 ESG 평가 모형이 대한민국 ESG의 표준 또는 기준이 될 것을 공언한 바 있다.[36]

---

6) 장윤제, ESG 평가기관의 현황과 문제점, 商事判例硏究 第34卷 第3號(2021.9.30.) 연구논문.

그 외에 투자의사 결정과 관계가 없는 직접적 ESG 평가 모형도 다수 부상하고 있다 산업통상자원부는 K-ESG 모델을 제정하여 기업에 가이던스 역할을 하고자 하고 있다.[37] 최근에는 언론사, 특히 경제지에서 ESG 평가를 추진하고 있다.[38]

특히 국내의 ESG 평가를 선도한 KCGS는 ESG 평가 시작 당시 투자의사 결정 지원의 목적이 아니었으며, 피평가 객체인 상장회사의 개선 지원을 목적으로 하였다. 이에 KCGS의 평가등급은 타 평가기관과 다르게 보도 자료를 통해 공개되며, 이에 따라 학술지에 다수 인용된 바 있어 인지도가 높은 면도 있다.[39]

우리나라의 대기업 지배구조에 대한 개선 요구는 코리아 디스카운트 현상에 대한 반성, 즉 해외 투자자의 국내 기업에 대한 평가에 의해 이루어졌다 그런데 실제로 지배구조 및 ESG의 개선을 요구하는 목소리는 오히려 투자자보다는 시민단체나 언론, 학계, 대중으로부터 높여져 왔다. 실제로 인지도가 높다고 알려진 KCGS의 ESG 평가는 목적이 상장회사의 개선 목적 및 이해관계자에 대한 정보 제공, KRX 지수 종목 제공으로 투자자에게 집중되어 있지 않다.[40]

이러한 점을 종합하면 국내의 ESG 평가는 전통적으로 투자자의 투자의사 결정보다 오히려 학계, 언론 및 기업 자체 등 사회적 이해관계자에게 정보를 제공하여 기업의 지속가능성 및 평판을 판단하도록 하는 역할을 했을 것으로 생각된다. 주요 국내의 영리 ESG 평가기관 중, 해외와 같이 금융 서비스 전반을 제공하는 기관에서 ESG 서비스를 제공하는 경우는 드물다. 금융정보 서비스 업체인 FnGuide가 ESG 평가 등급을 제공할 것을 선언하였으며, 신용평가기관 역시 ESG 관련 채권 인증을 제공하는 등 ESG 관련 서비스를 제공하려는 움직임을 보이고 있지만 아직까지 해외와 같이 대형 영리 법인 수준에서 활발하게 ESG 상품을 취급하고 있지는 않다. 한국ESG연구소는 대신증권의 자회사이지만 모회사와 별도로 사업을 영위하고 있으며 모회사의 금융 관련 서비스에 통합되지 않는다. 한국ESG연구소에서 ESG 관련 서비스를 제공하며, 금융공학연구소에서 금융투자 솔루션, 투자 컨설팅, 투자정보 컨텐츠 등을 제공한다. 향후 별도 자회사에서 ESG 서비스를 제공할 예정으로 알려져 있다.

서스틴베스트는 한국ESG연구소의 지배구조연구소와 동일하게 ESG 관련 서비스에 특화되어 있으며, 모든 사업 분야가 ESG 관련 분야이다. 다만 실무자 교육, 외부 용역 등을 적극적으로 한다는 점에서 기존의 사업분야와 더불어 연구소로서의 역할도 겸하는 것으로 보인다.

또한 언론으로는 ESG 경제가 있다. ESG에 특화된 뉴스를 보도하는 ESG경제는 부설 ESG 경제연구소와 ESG 평가원과 함께 한국의 ESG 발전을 위하여 노력하고 있다.

4. 지속가능보고서의 작성과 공시

1) 지속가능보고서의 작성

지속가능경영보고서는 기업 및 이해관계자에 중요하다고 판단되는 ESG 이슈를 중점적으로 다룬다. 일반적으로 기업은 GRI, SASB 등 ESG 정보 보고 기준을 비롯하여 기업에 전략적으로 중요하다고 판단하는 ESG 평가 기준을 고려해 해당 기업의 ESG 관리 항목을 도출한다. 이를 바탕으로 동종업계 기업 벤치마킹, 산업 이슈, 신문 방송 기사 등 미디어 조사, 외부 이해관계자 설문조사 등을 통해 내·외부환경 분석을 수행하여 기업의 ESG 이슈를 파악한다.

ESG 이슈를 사업 관련 영향도(Business Relevance) 및 이해관계자 관심도(Stakeholder Interest)에 따른 중대성 평가(Materiality Test)를 실시하여 이슈별로 우선순위를 정하고, 1순위(1st Tier)에 해당하는 환경, 사회 및 지배구조 이슈들을 중점적으로 보고서에 서술한다. 2순위(2nd Tier) 및 3순위(3rd Tier)에 해당하는 ESG 이슈는 지속가능경영보고서에 중점적으로 다루지 않더라도 기업 내부에서는 지속적으로 모니터링을 수행하여 관리해야 한다.

2) 중대성 평가

이때 고려해야 할 점은 ESG 정보 보고 기준에 따라 중요하다고 생각하는 정보가 다르기 때문에 어떠한 ESG 이슈를 지속가능보고서에 기재하여 외부 이해관계자와 커뮤니케이션 할 것인지에 대한 전략적 판단이 필요하다. 기업이 어떤 기준에 중점을 두고 지속가능보고서를 작성하느냐에 따라 이해관계자에게 제공하는 정보의 수준이 달라지게 되고 이는 ESG 평가 및 이해관계자 의사결정에 중대한 영향을 미치게 된다. 중요성의 개념은 세 가지로 범주화할 수 있다.

(a) 재무제표에 반영되는 사항에 대한 보고
(b) 기업가치 창출에 재무적으로 중요한 지속가능성 토픽에 대한 보고
(c) 경제, 환경. 사회에 중대한 영향을 미치는 기업의 활동에 대하여 보고

3) 지속가능보고서의 인증

ESG 경영정보의 인증이란 독립된 전문가가 기업의 ESG 경영정보가 준거기준에 따라 적정하게 작성 및 공시되었는지에 대한 확신을 제공하는 업무로서 이에 따라 기업의 경영자는 적합한 인증서비스 제공자를 선정하는 기준을 마련할 필요가 있다. 기업은 인증서비스 제공자 평가 기준으로 다음과 같은 사항을 고려한다. 기업 보고와 공시에 대한 이해도, 인증 기술과 인증 경험, 다양한 인증 대상 정보에 대한 숙련도, 해당 산업에 대한 경력, 윤리적 수준(독립성과 객관성 등) 등을 고려해야 한다.

지속가능 보고서 인증에 사용되는 기준은 영국의 비영리 기업인 어카운트빌러티사에서 만든 AA1000AS와 국제감사인증기준위원회에서 만든 ISAE 3000이 있다. 국내의 경우 80% 가량이 AA1000AS기준을 따라 인증을 받고 있다. 인증은 아직 의무화와 규격화가 이루어지지 않고 있다.[7]

---

7) 공인회계사회 139.

5. ESG와 국제이니셔티브

1) UNGC(United Nations Global Compact) 10대 원칙[8)]

유엔글로벌콤팩트는 기업이 유엔글로벌콤팩트의 핵심 가치인 인권, 노동, 환경, 반부패 분야의 10대 원칙을 기업의 운영과 경영전략에 내재화시켜 지속가능성과 기업시민의식 향상에 동참할 수 있도록 권장하고, 이를 위한 실질적 방안을 제시하는 세계 최대의 자발적 기업시민 이니셔티브이다.[9)]

원칙 1 국제적으로 선언된 인권보호를 지지하고 존중한다

원칙 2 인권침해에 가담하지 않는다.

원칙 3 결사의 자유 및 단체교섭권을 인정한다

원칙 4 모든 형태의 강제노동을 철폐한다.

원칙 5 아동노동을 효과적으로 철폐한다

원칙 6 고용과 업무상 차별을 철폐한다.

원칙 7 환경문제에 대한 예방적 접근을 지지한다.

원칙 8 환경적 책임을 증진하는 조치를 수행하며

원칙 9 환경친화적 기술의 개발과 확산을 촉진한다

원칙 10 기업은 부당취득 및 뇌물 등을 포함하는 모든 형태의 부패에 반대한다.[10)]

이 원칙은 인권과 노동권 그리고 환경과 부패방지를 반영하고 있는 원칙이다.

---

8) 공인회계사회, 132.

9) http://unglobalcompact.kr/%ec%9c%a0%ec%97%94%ea%b8%80%eb%a1%9c%eb%b2%8c%ec%bd%a4%ed%8c%a9%ed%8a%b8-%ec%86%8c%ea%b0%9c/ 23년 7월 20일 검색

10) http://unglobalcompact.kr/%EC%9C%A0%EC%97%94%EA%B8%80%EB%A1%9C%EB%B2%8C%EC%BD%A4%ED%8C%A9%ED%8A%B8-%EC%86%8C%EA%B0%9C/10%EB%8C%80-%EC%9B%90%EC%B9%99/

2) UN 기업인권 이행지침(UN Guiding Principle on Business and Human Right)

2008년 6월 하버드대학교 John Ruggie 교수팀은 기업과 인권을 위한 프레임워크(A framework for Business and Human Rights)를 유엔 인권이사회에 제출하고 승인을 얻은 후 구체적인 지침을 개발하였는데 그것이 바로 UN 기업과 인권지침이다. 이 지침은 1. 인권을 보호할 국가의 의무, 2, 인권을 존중할 기업의 책임, 3. 구제에 대한 접근을 포함하고 있다.

기업에게 법적인 책임을 부과하고 있지는 않고 인권만 다루고 있지만 기업과 인권을 다루는 가장 권위 있는 기준이다. 실사책임까지 다루는 중요한 문서이다. 이 지침에서 말하는 인권실사(human rights due diligence)는 기업활동이 인권에 미치는 부정적 영향을 식별해내고 발견된 내용을 기업에 피드백하여 의사결정의 변화를 가져오고 이해관계자들로부터 피드백을 받아 실제로 영향을 줄었는지를 검증하고 대외적으로 소통한다는 것을 의미한다. 이 지침은 2011 OECD 다국적기업 가이드라인에도 채택 반영되어 있다.

3) 노동의 기본적 원칙과 권리에 관한 ILO 선언

ILO의 핵심협약은 노동자의 최소한의 권리를 보장하기 위해 국제 노동기구(International labour Organization)에서 정한 국제노동기준으로 세계의 모든 노동자는 기본적인 노동권을 보장받아야 한다는 보편적인 국제규범이다.

1998년 제 86차 ILO 총회에서 노동의 기본 원칙과 권리에 대한 ILO 선언과 1999년 후속조치로 아동노동금지 분야를 추가함으로써 결사의 자유, 차별금지, 아동노동금지, 강제노동금지의 4분야 8가지 협약이 체결되었다. 선언을 제대로 이행하기 위해 ILO는 미비준국가들로 하여금 보고서를 매년 내게 하여 검토하고 협약의 준수사항에 대한 전 세계적인 이행 상황에 대한 글로벌 리포트를 발간하고 선언을 실행하도록 회원국의 역량을 강화시키는 조치를 하고 있다.

국제노동기구(ILO)는 1919년에 설립된 유엔(UN) 산하 노동분야 전문 국제기구이다. 총 187개 회원국이 활동 중이며, 우리나라는 1991년, 152번째 회원국으로 가입했다. 현재까지 총 190개의 협약과 206개의 권고를 채택했다. 각 회원국은 ILO의 협약을 자국의 국내적 절차에 따라 비준한다. 협약의 비준은 회원국의 자율이지만, 비준된 협약은 그 국가에 대한 법적 구속력을 갖는다.

ILO에서는 노동은 상품이 아니라고 명시한 1944년의 필라델피아 선언과 1998년의 노동자 기본권 선언을 모든 회원국이 지켜야 할 노동 분야의 규범으로 삼고, 회원국에게 관련 규약을 비준하고 준수하도록 하고 있다.[11)]

4) GRI

1999년 미국 비영리 지속가능성 단체인 세레스(Ceres)와 유엔환경계획(UNEP, UN Environment Programme)을 중심으로 설립된 글로벌 리포팅 이니셔티브(GRI, Global Reporting Initiative)는 기업의 지속가능성 보고를 위한 가이드라인을 개발했으며, 2002년 지속가능발전 세계정상회의(WSSD) 이행계획에 기업 보고의 권고사항으로 포함된 이래 여러 차례 수정을 거쳐 2016년 GRI 표준으로 정립되었다.[12)]

GRI 표준은 기업의 지속가능성 보고를 위한 국제표준이며 크게 '공통표준(Universal Standards)'과 '특정주제 표준(Topic-specific Standards)'으로 구성되어 있고, 환경(E)부문에 대한 지표는 주로 특정주제 표준에서 확인할 수 있다.

공통 표준은 기초(GRI 101), 일반공개(GRI 102), 경영접근 방식(GRI 103) 세 가지의 주제로 구성되어 있다. 특정주제 표준은 경제(GRI 200), 환경(GRI 300), 사회(GRI 400)부문의 하위에 각 부문과 관련된 다양한 주제로 구성되어 있으며, ESG 상

11) https://www.korea.kr/special/policyCurationView.do?newsId=148862514 23년 7월 24일 검색

12) 한민지, ESG 체제에 따른 유럽연합의 대응과 동향, 법과 기업연구 11권 제2호, 2021 p 10.

의 환경(E)부문과 관련된 주제와 지표는 GRI 표준의 환경(GRI 300)부문에서 확인할 수 있다.

GRI 표준에서 환경부문은 원재료, 에너지, 용수 및 폐수, 생물다양성, 배출, 폐기물, 환경적 규범준수, 공급업체 환경평가 등 총 8개의 주제로 구성되어 있고 세부 지표로는 총 32개의 지표가 마련되어 있어 상당히 넓은 범위를 포괄하는 주제와 지표를 제시하고 있다.

GRI Standards는 많은 기업이 ESG 활동 보고의 표준으로 활용하고 있다. 2021년 6월 현재, GRI Standards는 39개 주제별로 구성된 세부항목에서 ESG 관련 항목에 대한 공시 표준을 제시한다. GRI Standards의 특징 가운데 하나는 UN의 SDGs와 관련된 활동을 지속가능성 보고에 반영하는 부분에 관심을 기울인다는 점이다. GRI Satandards의 세부항목에는 ESG 가운데 환경과 사회 관련 항목에 대한 공시 기준은 존재하나 기업의 지배구조에 관한 기준은 정비되어 있지 않다. 그러나 국제적인 비교를 위해서는 지배구조 관련 내용이 누락된 점은 단점일 수 있다.

GRI Standards는 이름에서 일견 재무제표를 위한 회계기준과 유사하게 보이지만 몇 가지 점에서는 차이가 있다. 우선 재무제표는 정형화된 형식으로 계량화된 수치들을 제공하는 반면, GRI Standards를 따라 작성된 공시는 관련 내용에 대한 서술 형태로 제공된다. 그러므로 어느 정도 표준화된 것으로는 볼 수 있으나, 재무제표와 같은 형태로 양적인 표준화는 되지 않는다. 둘째로는 일반적으로 재무제표는 제3자에 의한 인증(회계감사)이 의무화되어 있는 반면, GRI Standards에 따른 지속가능보고서는 공시정보의 정확성과 적절성에 관한 제3자에 의한 인증이 의무화되어 있지는 않다. 이러한 점은 지속가능보고서의 공시정보로서 가치에 제약점이 된다. 이 점은 GRI Standards에 제한된 문제가 아니라 모든 지속가능보고기준에 공통된 문제점이다. 제도적으로나 관행적으로 통용되는 ESG 표준 보고양식이 등장하기 전까지는 이 부분은 해결되기가 쉽지 않을 것이다.[13)]

13) 대외경제연구원(2021), p 130.

5) SASB

미국의 비영리단체인 '지속가능성회계기준위원회(Sustainable Accounting Standard Board(SASB) 또한 ESG 관련 공시를 하기 위해 SASB Standards라는 기준을 제시하였다. 2018년 초안이 발표된 이 공시 표준은 기업을 77개 산업별로 분류하고 산업별로 중요성 기준으로 공시기준을 별도로 제공한다는 점이 특징이다. 산업별로 중요한 ESG 측면들을 설정하여 이들에 대한 선별적인 공시요구를 제시한다. 예컨대 삼성전자의 주요 사업 분야 가운데 하나인 반도체(Semiconductor) 산업 관련 공시에는 환경이나 임직원의 건강 등에 관한 내용이 주를 이루나, 투자은행 및 증권업(Investment banking & brokerage)에서는 직원의 다양성이나 윤리성 등 내부통제와 지배구조 관련 내용들이 공시요구의 주를 이루고 있다.

모든 이해관계자를 공시정보의 주요한 이용자로 설정하는 GRI와 달리 SASB Standards는 투자자들을 주요 대상으로 한다. 따라서 재무적으로 중요한 ESG 요소들을 선별하고 재무적 영향을 평가하는 데 초점을 맞춘다. 재무적으로 중요한 ESG 요소에 초점을 맞추었다는 점에서 TCFD의 권고안과 일맥상통한다. TCFD의 권고안과 마찬가지로 SASB Standards도 미국 상장기업의 연차보고서(10-K)에 지속가능성 보고서를 통합하는 안을 추진 중이다.

국제적인 표준으로 급격히 대두되고 있는 기준은 SASB다. 물론 기업의 성격과 대응 방법을 충분히 반영하지 못하고 있다는 지적도 있지만 문제를 쉽게 접근해가는 보고 표준인 것만은 분명하다.

SASB 기준은 다른 정보공개 기준이 다양한 이해관계자를 대상으로 하는 반면에 기업 투자자를 주요 정보 이용자로 특정한다는 데 차이점이 있다. 2022년 IFRS 재단은 IIRC(Integrated Reporting)와 SASB가 합병한 가치보고재단(Value Reporting Foundation)을 합병하였는데 SASB의 산업별 기준은 유용하기 때문에 계속 해서 이 포맷을 사용할 것으로 보인다.[14)]

---

14) 공인회계사회, p8.9

6) 글로벌 공시지표의 비교

〈표 8〉 글로벌 공시지표의 상호 비교

영역	공시항목	GRI	TCFD	SASB
환경	원재로	○	○	○
	에너지	○	○	○
	용수와 폐수	○	○	○
	생물다양성	○	○	
	온실가스배출	○	○	○
	폐기물배출	○	○	○
	환경법 규제 위반	○	○	○
	공급업체 환경평가	○	○	○
사회	고용안정	○		○
	공정한 노사관계	○		○
	산업안전 및 보건	○		○
	훈련 및 교육	○		○
	다양성과 기회균등	○		○
	차별금지	○		
	결사의 자유 및 단체교섭	○		
	아동노동	○		
	강제노동	○		
	보안관행	○		
	원주민 권리	○		
	인권	○		
	지역사회공헌	○		○
	공급망 관리	○		○
	고객편익	○		○
	고객정보보호	○		○
	공정한 마케팅 및 라벨링	○		○
	사회법 규제 위반	○		○
지배 구조	리스크 관리	○	○	○
	윤리경영	○	○	○
	감사기구	○	○	○
	부정경쟁행위	○		○
	지배구조 법 규제 위반	○	○	○

출처 : 최신인 · 윤천성, ESG 주요 평가지표 탐색-기후변화 대응의 관점에서에서 재구성

먼저 환경(Environment)은 기업의 경영활동 과정에서 환경에 미치는 영향을 포괄하는 요소들로, 가장 핵심적인 사안은 기후변화와 이에 따른 탄소배출 관련 이슈이다. 세 가이드라인[15] 모두 환경 관련 정보 공시를 매우 중요하게 다루고 있는데, 기후위기와 더불어 자원고갈, 물, 폐기물 관리, 에너지 효율화도 중요한 정보공개 지표로 다루어지고 있었다.

사회(Social)는 일반적으로 현대 노예, 아동 근로, 근로 조건, 근로자 관계 등으로 인권과 노동권과 관련된 요소들이다. 나아가 임직원, 고객, 협력회사, 지역사회 등 다양한 이해관계자에 대한 기업의 권리와 의무, 책임 등의 요소가 포함되고 있다. 특히 GRI 표준은 지속가능한 발전을 목표로 하기 때문에 인권, 환경, 경제, 사회에 미치는 영향 등을 공개할 수 있도록 SDGs와 관련한 포괄적인 지표를 제시하고 있다.

마지막으로 거버넌스(Governance)는 기업의 경영진과 이사회, 주주 및 회사의 다양한 이해관계자의 권리와 책임에 대한 요소들로, 이사회의 다양성, 임원 급여, 윤리경영 및 감사기구 등이 강조되고 있다. 특히 TCFD에서는 기후위기 대응이라는 새로운 가치 결정이 요구되는 상황에서 기업의 경영진이 기후변화와 관련한 목표를 설정하고 의사결정 과정에서 기후변화를 중심적으로 다룰 것을 강조하고 있다.[16]

결국 기업이 추구하는 보고기준은 위의 표와 같이 GRI, TCFD, SASB 공시기준을 서로 비교해 보았을 때 가장 포괄적인 GRI이다. 따라서 GRI 보고기준으로 공시하면 될 것이다. GRI 기준에 지배구조, 감사에 대한 항목을 포함시키면 가장 포괄적인 공시기준이 될 것이다. 결국 기업의 ESG 경영은 한마디로 GRI 보고기준을 중심으로 OECD 가이드라인과 UN SDGs 목표를 추구하는 내용이 될 것이다.

---

15) 최신인(Choi Shin-In),and 윤천성(Youn Chun-Sung). "ESG 주요 평가지표 탐색 : 기후변화 대응의 관점에서." 평생교육리더십연구 8.2 (2021): pp79-97.

16) Ibid.

결론

E · S · G · 의 · 이 · 해 · 와 · 실 · 천

CHAPTER 13

지금까지 ESG 경영과 투자와 관련된 주요한 주제에 대하여 기술해 보았다. ESG는 2019년부터 본격적으로 두각을 나타난 신생 학문이다. 사실 아직 정확하게 ESG가 무엇인지 정의조차 되어 있지 않다. 하지만 대학 강단에서의 조속한 필요에 의하여 본서를 집필하게 되었다. 쓰고 나서 보니 여러 가지로 미흡하지만 요즈음 논의되는 거의 모든 주제를 포괄하였고 또한 정의론으로 이론적 기초를 세우려고 한 면에서 어느 정도는 기여한 것으로 보인다.

ESG는 화석과 같이 고정되어 있는 것이 아니라 끊임없이 변화하는 것이다. 이 책이 쓰여지고 있는 순간에도 지속적인 변화가 일어나고 있다. 따라서 본 저서도 지속적인 업데이트가 필요한 책이라고 할 수 있다.

ESG는 인류의 미래를 좌우할 운동이다. 현재 일어나고 있는 글로벌 기후변화와 글로벌 불평등에 따른 사회변화의 요구 등을 평화적으로 지속가능한 방식으로 수용할 수 있는 유일한 운동이 ESG이다. ESG는 자본이 주도하기에 실효적이다. 따라서 미완으로 그친 CSR과는 달리 성공적인 운동으로 마무리지어질 것이라고 예측해 본다. ESG가 성공적으로 달성되었을 때 지속가능한 환경과 경제가 이루어져 인류가 자연과 공생하는 세상이 될 것이다.

참고문헌

강노경, 한승권(2021), EU의 ESG 관련 입법동향과 시사점, KITA Market Report, 한국 무역협회

강애림(2021), EU 의회 기업실사안의 주요 내용과 시사점. KIEP 세계경제포커스 21-32, 대외경제정책연구원

고문현 외, 기후변화와 환경의 미래, 21세기북스, 2019

공공기관정책연구센터, 주요국의 공공기관 I, 한국 조세연구원, 2010.

공공기관정책연구센터, 주요국의 공공기관 II, 한국 조세연구원, 2010

공공기관정책연구센터, 주요국의 공공기관 III, 한국 조세연구원. 2011.

공공기관정책 연구센터 공기업 반부패 및 청렴가이드라인, 2019.

국회예산정책처, 해외 공공기관 관리기구 연구, 2012,

기획재정부, 2021 공공기관 현황편람, 2021.

김재구, 공공기관 ESG 경영도입 및 지속가능성 실현방안, 공공경제 2021 Vol 7.

김종훈, 공기업 반부패 가이드라인 제정논의동향, 2019

김지영, 경영평가제도와 공기업의 수익성 한국조세연구원, 2010.

김택, 공기업 윤리경영, 한국학술정보, 2010

나석권, ESG 경영의 과거, 현재, 미래, 사회적 가치연구원, 2022.

라영재, 공공기관의 지속가능경영 수준과 모델개발, 한국조세연구원, 2012

라영재, 윤태범, 공공기관 지속가능경영의 성과와 한계, 한국조세연구원, 2010.

라영재, 윤태범, 공공기관 경영평가제도 분석과 새로운 모형 개발, 2013.

라영재, 공공기관 사회적 가치 평가지표의 변화와 영향 분석, 2018.

라영재, "공공기관 사회적 가치 평가지표의 변화와 영향 분석", 한국부패학회보 제25권 제4호

문진영, 국제사회의 온실가스 감축 목표 상향과 한국의 대응방안. 대외경제정책연구원, 2020

민경률 외, 공공기관이 이해관계자 중심 사회적 가치 측정연구, 사회적 가치연구원, 2020

박명규·이재열, 사회적가치와 사회혁신, 한울, 2018.

박석희, 해외 공공기관 관리기구 연구, 국회예산정책처, 2012.

박정수, 공공기관 ESG 경영 : 지배구조, 한국공공기관연구원, 2021

박정수, and 이민창. "[2015년 국가소유기업의 기업 지배구조에 대한 OECD 가이드라인]의 정책적 시사점." 서울행정학회 학술대회 발표논문집 2016.1 (2016): 253-273.

박창균, 김민기, 황세운, 국민연금의 주주활동: 의미와 제반 이슈, 자본시장연구원, 2019.

박한준, 주요국의 공공기관 관리방식, 조세재정연구원, 2013.

박한준, 주요국의 공공기관 관리방식(2018), OECD 공기업가이드라인의 주요내용과 시사점 , 재정포럼 4월호,

배종석, ESG 시대의 사회적 가치와 지속가능경영. 서울: 클라우드나인, 2021.

사회적 가치연구원, S in ESG, 파라프로젝트 2022.

성승제외 금융기관 지배구조에 대한 공공기관운영법 법제개선방안 연구, 한국법제연구원, 2012.

손수득외 공공기관의 ESG 지배구조(G) 추진 전략: 대한무역투자진흥공사 사례를 중심으로, 서비스

경영학회지 제22권 제5호 2021년 12월,

안건형 · 박상희,「기업책임경영과 OECD 다국적기업 가이드라인」, 삼영사, 2018,

오엔 워커, 이사회로 들어간 투자자, Water Baer press, 2020

윤태범, 우리나라 공공기관 지배구조의 쟁점과 개선방안: 이사회를 중심으로, The 2016 SAPA International Conference, 2016.

이상수, "다국적기업에 의한 인권침해와 OECD 다국적기업 가이드라인",「서울대학교 법학」제55권 제3호, 서울대학교 법학연구소, 2014, 226쪽.

이성봉·이형근, OECD 기업지배구조 원칙의 제정과 한국경제에 대한 시사점, 1999.

이석환, 공공기관 ESG 경영 : 사회적 가치, 한국공공기관연구원, 2021

이천기, 박지현, 박혜리 (2021), EU 탄소국경조정 메커니즘에 대한 통상법적 분석 및 우리 산업에의 시사점

장영욱, 오태현(2021). EU 탄소감축 입법안('Fit for 55')의 주요 내용과 시사점, 대외경제연구원

정동관외, 공공기관 경영평가제도에 관한 비판적 분석, 한국노동연구원, 2020.

정혜섭, 공공기관의 ESG 가치실현을 위한 노력, 월간 HRinsight 2021, 4월호

전재경, 영국의 사회적 가치법, 2014.

조대형, (2021). ESG 글로벌 추진 현황과 사례 분석. 인문사회 21, 12(3), 2651-2662.

조인호, (2022). ESG 실천 도구로서의 OECD 다국적기업 가이드라인. 사회법연구, 46, 37-70.

진성한, 양덕모, 이종희, 중견 중소기업과 스타업의 ESG, 학지사, 2023.

최남수, 이해관계자 자본주의, 도서출판 새빛, 2021

최신인(Choi, Shin-In);윤천성(Youn, Chun-Sung). (2021). ESG 주요 평가지표 탐색. 평생교육리더십연구, 8(2), 79-97.

한국 법제연구원,「공공기관의 운영에 관한 법률 비교법적 연구」, 2008

한국생산성본부 보도자료, 2019.9.14..

한동숙, 공공기관의 ESG 도입을 위한 정책 방안, 한국 조세재정연구원, 2021

한상범외, 글로벌 ESG 동향 및 국가의 전략적 역할, 대외경제연구원, p99.

한민지, ESG체제에 따른 유럽연합의 대응과 동향. 법과 기업연구 11권 제2호, 2021

허경선 · 한동숙 · 김봉환, 『공공기관의 사회적 가치 추구와 재무성과 연구』 한국조세재정연구원, 2020

허경선, 해외주요국의 산업별 시장구조와 경쟁연구: 공공기관을 중심으로

Abate, C., A. Elgouacem, T. Kozluk, J. Stráský and C. Vitale (2020), "State ownership will gain importance as a result of COVID-19", policy paper issued by VoxEU and CEPR, 7 July 2020, https://voxeu.org/article/state-ownership-will-gain-importance-result-covid-19.

Amtrak (2021). Amtrak Sustainability Report

Boston, City of (2019). "Cash Investment Policy."

Bowen, H. R.(1953), Social Responsibilities of the Businessman, NY: Harper & Brothers

Business & Human Rights Resource Centre (2021), "European Commission promises mandatory due diligence legislation in 2021,"

Christian Danford, Impact of national government ownership on ESG performance in the EU, 2017, Aalto University

CDP (2022). "Cities A List 2021."

Chicago, City of (2021). "City of Chicago Investment Policy."

Christiansen, H. (2013), "Balancing Commercial and Non-Commercial Priorities of State-Owned Enterprises", OECD Corporate Governance Working Papers, No. 6,

OECD Publishing. http://dx.doi.org/10.1787/5k4dkhztkp9r-en.

Cullen, J., Mähönen, J., & Nilsen, H. R. (2020). Financing the transition to sustainability: SMART reform proposals. University of Oslo Faculty of Law Research Paper, (2020-10).

Deutsch TeleKom, Corporate Responsibility Report 2021

European Union(2020), "Regulation(EU) 2020/852 of the European Parliament and of the Council 18 June 2020 on the establishment of a framework to facilitate sustainable investment, and amending Regulation(EU) 2019/2088."

European Commission(2021), "Proposal for a Directive of the European Parliament and of the

Council amending Directive 2013/34/EU, Directive 2004/1 09/EC, Directive 2006/43/EC and Regulation(EU) No537/2014, as regards corporate sustainability reporting."

European Union(2014), "Directive 2014/95/EU of the European Parliament and of the Council of 22 October 2014, amending Directive 2013/34/EU as regards disclosure of non-financial and diversity information by certain large undertakings and groups."

European Commission(2019),"Guidelines on non-financial reporting: Supplement on reporting climate-related information (2019/C209/01)."

European Commission(2017), "Guidelines on non-financial reporting(methodology for reporting non-financial information) (2017/C215/01)."

European Parliament(2021. 3. 10), "(Resolution) Corporate due diligence and corporate accountability."

Fannie Mae (2021). 2020 Green Bond Impact Report

Goldstein, B., Gounaridis, D., & Newell, J. P. (2020). The carbon footprint of household energy use in the United States. Proceedings of the National Academy of Sciences, 117(32), 19122-19130.

Government Office of Sweden," Annual Report State-Owned Companies, 2010.

Gunnar Friede et al, ESG and financial performance: aggregated evidence from more than 2000 empirical studies, Journal of Sustainable Finance & Investment, 5:4, 210-233, 2015

Helene Sagstad et al, The Impact of State Ownership on Companies' Sustainability: An Empirical Analysis of the ESG Scores of Companies in the EU/EEA

Hill, J, (2020) ESG Investing, Academic Press

Hodges, C. (2016), "Ethical Business Regulation: Understanding the Evidence", UK Department for Business Innovation &Skills, Monograph.

Illinois State Treasurer (2022). "Sustainable Investing Act."

IEA (2020a), Share of state-owned energy investments by economy type and sector, 2019, IEA, Paris https://www.iea.org/data-and-statistics/charts/share-of-state-owned-energy-investments-by-economy-type-and-sector-2019

IEA (2020b), World Energy Investment 2020, IEA, Paris https://www.iea.org/reports/world-energy-investment-2020

IMF (2019), IMF Working Paper WP/19/253, "Governance and State-owned enterprises: How co stly is corruption?" https://www.imf.org/en/Publications/WP/Issues/2019/11/22/Governance-and-State-Owned-Enterprises-How-Costly-is-Corruption-48800.

Impact Management Project(2020), "Statement of intent to work together towards comprehensive corporate reporting," 온라인 자료(검색일: 2021. 8. 18).

Johnson, Lin III (2020). "School Districts Must Embrace Social Responsibility." Philanthropy News Digest (December 30).

John Pelissero, Trends in the Implementation of ESG Policies in State and Local Governments

Jones, Dave, Ted Lamm, and Ethan Elkind (2020). Fiduciary Duty in the 21st Century: California Roadmap. Berkeley, CA: UC Berkeley School of Law, Center for Law, Energy and Environment.

Kotsantonis, S., Pinney, C., & Serafeim, G. (2016). ESG integration in investment management: Myths and realities. Journal of Applied Corporate Finance, 28(2), 10-16.

Los Angeles Times (2021). "Q&A: Social &Environmental Governance (ESG) Panel." Los Angeles Times (November 16).

Minn, Sarah (2020). "Oregon Integrates ESG Formally into Investment Policy." (September 15).

National League of Cities (2022). "Sustainability and Resilience."

Nicola Bonucci and Catherine Kessedjian, "Preface" 40 years of the OECD Guidelines for Multinational Enterprises, Editions A. Pedone, 2018, p. 11.

OECD, OECD 회원국과 파트너국의 공기업 규모 및 산업별 분포, 2019.

OECD, 공기업 이사회의 전문성 강화: 9개국 사례연구, OECD, 2019

OECD, 아시아 주요국 공기업 현황과 성과관리, OECD, 2016

OECD (2020a), Implementing the OECD Guidelines on Corporate Governance of State-Owned Enterprises: Review of Recent Developments, OECD Publishing, Paris, https://doi.org/10.1787/4caa0c3b-en.

OECD (2020b) "Equity injections and unforeseen state ownership of Enterprises during the COVID-19 crisis", Paris. https://read.oecd-ilibrary.org/view/?ref=131_131932-wj071ujbxy&title=Equity-injections-and-unforeseen-state-ownership-of-enterprises-during-the-COVID-19-crisis.

OECD (2020c), "Shaping Government interventions for a faster and more resilient economic recovery", Statement by the OECD Secretary-General [link to be provided].

OECD (2020d), Behavioural Insights and Organisations: Fostering Safety Culture, http://www.oecd.

org/gov/regulatory-policy/behavioural-insights-and-organisations-e6ef217d-en.htm.

OECD (2020 - forthcoming), Responsible business conduct in state-owned enterprise sector: Stocktaking of national practices, OECD Publishing, Paris.

OECD (2020- forthcoming), "Transparency and Disclosure Practices of State-Owned Enterprises and their Owners," OECD Publishing, Paris.

OECD (2019), Guidelines on Anti-Corruption and Integrity in State-Owned Enterprises, Paris www.oecd.org/corporate/oecd-guidelines-anti-corruption-integrity-state-owned-enterprises.htm..

OECD (2018a), Ownership and Governance of State-Owned Enterprises: A Compendium of National Practices, http://www.oecd.org/corporate/ca/Ownership-and-Governance-of-State-Owned-Enterprises-A-Compendium-of-National-Practices.pdf.

OECD (2018b), State-Owned Enterprises and Corruption: What Are the Risks and What Can Be Done? Paris, https://doi.org/10.1787/9789264303058-en.

OECD (2017), The Size and Sectoral Distribution of State-Owned Enterprises, OECD Publishing, Paris, https://doi.org/10.1787/9789264280663-en.

OECD (2015), OECD Guidelines on Corporate Governance of State-Owned Enterprises, 2015 Edition, OECD Publishing, Paris, http://dx.doi.org/10.1787/9789264244160-en.

OECD (2014), The Governance of Regulators, https://www.oecd.org/gov/regulatory-policy/the-governance-of-regulators-9789264209015-en.htm.

OECD (2012a), Competitive Neutrality: Maintaining a level playing field between public and private business, https://www.oecd.org/competition/competitiveneutralitymaintainingalevelplayingfieldbetweenpublicandprivatebusiness.htm.

OECD (2012b), Recommendation of the Council on Regulatory Policy and Governance, https://www.oecd.org/governance/regulatory-policy/49990817.pdf.

OECD (2011), Guidelines for Multinational nterprises, http://www.oecd.org/daf/inv/mne/48004323.pdf.

OECD, State-Owned Enterprise Governance Relorm: An Inventory ol Recent change, 2011.

OECD, State-Owned Enterprise Governance Reform: An Inventory ol Recent change, 2011. U.S. Conference of Mayors (2022). "Alliance for a Sustainable Future."

Pelissero, John P. (2022). "The federal government and the ethical value of ESG policy." Markkula Center for Applied Ethics (January 26).

Porter, M. E. and Kramer, M. R.(2002), "The Competitive Advantage of Corporate Philanthropy," Harvard Business Review, 80(12), 56-69.

Prag, A., D. Röttgers and I. Scherrer (2018), "State-Owned Enterprises and the Low-Carbon Transition", OECD Environment Working Papers, No. 129, OECD Publishing, paris, https://doi.org/10.1787/06ff826b-en.

Rajna Gibson Brandon et al. ESG Rating Disagreement and Stock Returns, ECGI Working Paper Series in Finance, Working Paper N° 651/2020, 2021

Steffy Earnest, Government owned firms'emphasis on ESG, BI Norwegian Business School, Oslo, 2020

Stewart, L. S. (2015). Growing demand for ESG information and standards: Understanding corporate opportunities as well as risks. Journal of Applied Corporate Finance, 27(2), 58-63.

Swedish Coroprate Governance Board, Swedish Corporate Governance Code, Stockholm, 2015.

The National Law Review(2021. 6. 30), "President Biden Issues Federal Direction on Disclosure of Climate-Related Financial Risk," 온라인 자료(검색일: 2021. 8. 23).

United States Postal Service (2021). 2021 Annual Sustainability Report

Porter, M. E., & Kramer, M. R. (2011). Creating shared value: Harvard Business Review. January 1-17.

U.S. Congress(2021), "Fair, Affordable, Innovative, and Resilient Transition and Competition Act."

USTR(2021. 3. 1), "2021 Trade Policy Agenda and 2020 Annual Report."

White House(2021. 1. 20), "Executive Order on Protecting Public Health and the Environment and Restoring Science to Tackle the Climate Crisis," 온라인 자료.

White House(2021. 1. 20), "Executive Order On Advancing Racial Equity and Support for Underserved Communities Through the Federal Government," 온라인 자료(검색일: 2021.

White House(2021. 5. 20), "Executive Order on Climate-Related Financial Risk," 온라인자료(검색일: 2021. 8. 6).

White House(2021. 8. 10), "Executive Order on Strengthening American Leadership in Clean Cars and Trucks," 온라인 자료(검색일: 2021. 9. 6).

White House(2021. 4. 27), "Executive Order on Increasing the Minimum Wage for Federal Contractors," 온라인 자료(검색일: 2021. 8. 12).

World Economic Forum(2020), "Measuring Stakeholder Capitalism: Towards Common Metrics and Consistent Reporting of Sustainable Value Creation," 온라인 자료(검색일: 2021. 8. 19).163).

Woll, Lisa (2019). "State and Local Governments Eye ESG Investing Strategies for Returns and Impact." (June 25).

Zaidi, Ali (2019). "Insight: States take lead on ESG investment regulations while Feds stand still." Bloomberg Law.

지은이에 대하여

이태호

서울대학교 사회과학대학 경제학과 졸업(경제학사)
서울대학교 대학원 경제학과 졸(경제학 석사)
미국 UCLA 대학원 박사과정 수학(경제학 박사과정)
미국 Fuller 대학원 박사과정 졸(철학박사, 기독교경제윤리)
한국채권연구원 부원장
Equities First Holdings Korea CEO
숙명여대 경상대학 경제학부 겸임교수
한경대학교 공공정책대학원 객원교수
현, 연세대학교 국제학대학원 객원교수
 ESG 평가원 평가위원

〈주요 저서 및 논문〉
『공공기관 ESG 현황과 경영전략 : 해외사례를 중심으로』(공저), 대외경제연구원, 2022.
「퇴직연금제도에 대한 기독교윤리적 고찰」, 기독교 윤리학회.
「퇴직일시금의 효과적인 연금화 방안」, 대한경영학회.
「예수와 사회정의」, 성경과 신학.
「퇴직연금으로의 퇴직급여제도 단일화 방안」, 한국연금학회.
외 다수

ESG의 이해와 실천

초판 1쇄 발행 2023년 9월 6일
초판 2쇄 발행 2024년 3월 5일

지은이 이태호
펴낸이 박기남
기획 · 영업 박정헌
펴낸곳 **율곡출판사**
08590 서울시 금천구 가산디지털1로 84(에이스하이엔드 8차), 803호
전화 (代) 02) 718-9872/3
팩스 02) 718-9874
홈페이지 http://www.yulgokbooks.co.kr
이메일 yulgokbook@naver.com
등록 1989.11.10. 제2014-000031호
ISBN 979-11-91812-51-0 93320

정가 25,000원